KB071465

분석심리학에 기초한

이야기 심리치료

박종수 저

학지사

머리말

　옛날에 이야기를 너무나도 좋아하는 총각이 살고 있었다. 그 총각은 만나는 사람마다 졸라 대서 이야기를 들은 후에, 그 이야기를 자루에 넣어 대청마루에 걸어 놓았다. 이야기자루는 자꾸만 커가고, 총각도 나이가 들어 장가를 들게 되었다. 색시를 만나러 가기 위해 총각이 분주한 사이, 한 하인이 대청마루를 지나면서 수군거리는 소리를 들었다. 조용히 듣자 하니 마루 위의 커다란 자루에서 나오는 소리인데, 그 내용이 심각했다. 자루 속에 든 이야기들은 이구동성으로 총각의 처사를 못마땅하게 생각하는 것이 아닌가? 본시 이야기라는 것은 이 사람 저 사람 사이를 넘나들며 그 생명력을 유지하는 것인데, 그 총각은 자기가 들은 이야기를 남에게 전하지 않고 자루 속에 넣어 자기만을 위한 이야기보따리로 만들었다는 것이다. 그래서 이야기들은 서로 작당하여 총각을 죽일 계획을 하고 있었다. 자신들이 독버섯, 돌멩이, 독사, 양잿물 등이 되어 신랑이 신부 집에 가는 도중에 신랑을 죽인다는 것이다. 다행히 하인의 기지로 총각은 목숨을 건지게 되었고, 이야기들은 자유를 얻어 자기 갈 길을 갔다.

　이야기를 좋아하지 않은 사람이 있을까? 사람들은 이야기를 통해 자신을 드러내고 다른 사람을 이해한다. 이야기를 듣다보면 때론 우습기도하고 때론 슬퍼서 마치 자신이 이야기의 주인공이 된 것처럼 착각할 때가 있다. 이야기를 좋아하는 총각은 다른 사람들의 이야기를 들을 때마다 자루에 담아서 대청마루에 걸어 놓았다. 이야기를 듣고 나서 다른 사람에게 전하지 않은 것이다. 그래서 그는 다른 사람의 사정은 잘 아는데 정작 자신의 문제는 잘 모른다. 이야기들이 가슴속에 쌓이면서 그것들이 분출되지 못하고 한이 되어 폭발하기 직전이다. 이야기는 흐르는 물과 같다. 그것들이 자연스럽게 흘러가면서 사람들의 가슴과 만날 때, 그 생명력은 이어진다. 이사람 저사람 만나면서 이야기도 변한다. 이야기는 이 사람에게는 이런 모습으로, 저 사람에게는 저런 모습으로 둔갑을 하는 요술 지팡이와도 같다. 누구나 이야기의 그물에 걸려들면 무엇인가를 낚아챈다. 이야기 안에서 무엇인가를 건져내지 못하고 담아두기만 하면 그는 이야기의 함정에 빠지게 된다. 그때 이야기는 괴물이 되어 우리를 삼킨다.

　이야기를 좋아하는 총각이 나이가 들어 장가를 가야 한다. 남자가 여자를 만날 때 비로소 인간이 된다고 한다. 남녀의 만남은 육체적 결합 이상의 의미가 있다. 남자와 여자는 결혼을 통해 한번도 경험해 보지 못한 신비한 세계를 여행하게 된다. 그 세계는 이전에 상상했던 것과는 전혀 다른 미지의 세계다. 그곳은 마녀가 살고 있는 깊은 숲 속이기도 하고, 용왕님이 살고 있다는 바닷속 한가운데일 수도 있다. 총각은 이제 그 미지의 세계로 여행을 떠나려고 한다. 말을 타고 신부 집으로 가던 도중에 신랑은 여러 가지 어려움을 겪는다. 이야기 중에 어떤 녀석은 돌이 되어 신랑을 태운 말을 넘어뜨리려고 했다. 그것을 미리 알아챈 하인이 돌을 치운다. 어떤 이야기는 뱀이 되어 신랑이 용변을 볼 때 거시기를 물려고 했다. 하인이 담뱃재를 뿌려 뱀이 신랑에게 접근하지 못하게 하여 미연에 사고를 막았다는 이야기다.

　이야기를 좋아했던 신랑이 하인의 기지로 위기를 모면한 셈이다. 이런 이야기를 들을 때마다 우리는 이야기 안에 담긴 의미나 교훈을 찾고자 한다. 그렇게 훈련을 받았다. 그렇다면 우리도 신랑처럼 똑똑한 하인을 옆에 두어야 한다는 말인가? 아니면 그 신랑처럼 이야기를 너무 좋아하지 말자는 얘긴가? 그것도 아니면 길 가다가 돌부리에 걸려 넘어지지 않도록 앞을 잘 보고 다니란 말인가? 한술 더 떠서 시골 밭에서 용변을 볼 때 뱀을 조심하라는 것인가? 이야기를 보는 시각이 여기에 머물 때 우리는 이야기의 영혼과 만날 수 없다. 이야기의 영혼은 그것을 만들어낸 사람과의 공동체 정신이다. 어떤 사람의 입에서 시작한 이야기는 여러 형태로 변하면서 집단의 이야기가 되고 때로는 여러 문화에 퍼져 세계인의 이야기가 되기도 한다. 이야기는 전해질 가치가 있을 때 살아남는다. 그 가치는 이야기의 영혼과 우리의 영혼이 만날 때 드러난다.

　이야기보따리는 인간의 마음을 그리고 있다. 마음속에 있는 심상(心象)들이 다양한 색채로 드러난 것이 바로 이야다. 그 심상들은 평범한 언어로 표현되지 않고 상징과 은유를 통해 전달된다. 만약 일상적인 언어로 전달되면 이야기를 전한 사람의 속내가 그대로 노출된다. 사람들은 상징적 언어를 통해 마음속 깊은 곳에 있는 상상의 세계를 표현한다. 그것은 의식의 언어가 아니라 무의식의 언어다. 이 점에서 볼 때 이야기는 꿈이나 환상과도 같다. 다만 다른 점은 꿈과 환상은 저절로 표출되지만, 이야기는 의식적인

가공을 통해 만들어진다는 것이다. 꿈이나 환상보다는 이야기가 좀더 정교한 모습을 갖춘 것도 바로 이런 이유에서다.

이야기 안에 나타난 이미지들과 대상들이 주인공의 인격적 요소라고 볼 때, 이야기는 주인공과 관련된 삶의 내용들이다. 총각은 그것들을 좋아한 나머지 자신 안에 감추고 드러내지 않는다. 이야기들은 콤플렉스가 되어 심층에 쌓이게 된다. 그 안에는 다시 생각하기 싫은 어두운 이야기도 있을 것이다. 그것은 자신도 알지 못하는 사이에 그림자가 되어 열등감을 조장한다. 이것들은 건전한 정신 에너지와 함께 흘러가야 한다. 흘러가야 할 길을 찾지 못한 이야기들은 의식이 약화되거나 흥분된 틈을 타서 수면 위로 올라온다. 그래도 여전히 총각은 이야기들의 활동을 억압한다. 자신의 문제를 외부에 표출하지 않고 자신만의 세계에 가둘 때 그것들은 자신도 모르게 위협적인 흉기로 변한다. 너무 좋아하는 것도 그렇다. 남자가 여자를 너무 좋아해서 정신을 차리지 못한다면 그것은 사고로 이어진다. 아들과 딸이 엄마와 아빠를 너무 좋아하면, 지나치게 의존하게 되고 평생 부모의 그늘에서 벗어나지 못하게 된다. 이야기를 좋아한 총각 역시 자신이 지나치게 좋아한 것의 함정에 빠져 있다. 한번 그 함정에 빠지면 스스로 벗어나기 어렵다. 그때 구원자가 필요하다. 총각의 하인은 겉으로 볼 때 비천한 계급에 속한다. 그에게 아무런 능력도 없어 보이고 지식도 없어 보인다. 하지만 그에게 주인을 능가하는 지혜가 있다. 이야기들의 속삭임은 아무나 듣지 못한다. 그것은 이미 콤플렉스의 화신이 되어 무의식에 잠긴 상태이기 때문이다. 우리가 알지 못하는 무의식에 귀를 기울이는 사람만이 그 세계에서 흘러나오는 세미한 음성을 듣는다.

　주인공은 지금 흥분된 상태다. 남성이 여성을 만날 때 얼마나 흥분되겠는가? 그것도 결혼하고 첫날밤을 치르게 되는데 그야말로 혼이 나갈 지경이다. 사고는 바로 이런 때 발생한다. 무의식에 잠재된 온갖 콤플렉스들은 의식의 기능이 약화될 때 활성화된다. 흥분된 의식으로 인해 정상적인 판단을 하지 못하고 정감에 휩싸이는 경우가 많다. 의식과 무의식의 불균형은 심리적 억압을 가중시키고 그 결과 예상치 못한 일들이 자신을 위협한다. 바로 그 순간 하인과 같은 '현자'가 필요하다. 심리상담가나 선생님과 같은 사람들은 우리 자신을 객관화시킬 수 있는 환경을 제공한다. 하인은 돌과 뱀으로 변한 이야기를 분별할 능력이 있다. 돌과 뱀은 자연의 상징이다. 자연은 태고 상태의 모습을 지금까지 보존하면서 인간의 역사와 함께 한다. 자연을 보면 깊은 내면세계까지도 보게 된다. 자연은 파괴력과 생명력을 동시에 지닌다. 거대한 홍수는 인류를 멸절시키고 새로운 세계를 창조한다. 무의식의 세계는 곧잘 자연에 비유된다. 파괴적인 본능과 함께 의식에게 새 힘을 주는 원천이 무의식에 있다. 이것이 의식에 대한 무의식의 보상기능이요 자율기능이다. 신랑이 무의식의 파괴적 속성을 극복하려면 먼저 그림자의 정체를 알아야 한다. 돌과 뱀의 정체가 자신이 좋아했던 이야기임을 깨달을 때 비로소 내면세계의 여행은 시작된다. 내가 좋아했던 것들이 흉기로 변해 나를 공격하고 있다는 사실이 확인될 때 그 흉기들은 파괴력을 잃고 무섭지 않게 된다. 그림자와 친구가 될 때 주인공의 자아는 비로소 내적 영혼인 신부를 만나게 된다. 이처럼 대개의 이야기들은 자아(ego)가 그림자(shadow)를 극복하고 아니마(anima)나 아니무스(animus)를 만나 자기(self)에 이르는 개성화를 보여 준다.

정신분석학과 함께 분석심리학 역시 인간의 심층을 연구하는 학문이다. 심층심리학은 의식적 차원에서 인식되지 않은 무의식의 내용을 분석함으로써 심리적 질병을 치유하는 방법을 제시한다. 칼 융과 융학파 분석가들은 동화, 민담, 신화, 전설 등의 이야기를 통해 인간의 심성을 연구하는 데 크게 공헌하고 있다. 융이 제창한 분석심리학의 개념들은 사실 꿈이나 환상, 그리고 전래 동화를 통해 간접적으로 경험되어 진다. 꿈이나 환상은 철저히 개인의 심리작용과 관련되어 있다. 그러나 이야기는 개인과 집단의 정신작용과 관련이 있기 때문에 오래된 옛 이야기를 연구하는 것은 분석심리학 연구에서 대단히 중요하다. 그렇다면 옛 이야기만 유용하다는 말인가? 사실 삶의 주변에서 발생하는 모든 이야기들은 상담이나 심리치료를 위한 소재가 된다. 융학파에서 이야기를 중시하는 것은 이와는 다른 관점에서 출발한다. 우리 주변에서 발생하는 이야기는 한 사례를 제공할 수 있다. 어떤 사례들은 많은 사람들의 공감을 불러일으키기도 하고 공동체의 이야기가 되기도 한다. 그러나 대부분의 삶의 이야기는 개인적 차원에서 머물게 된다. 이와 달리 전래 동화나 민담 등의 옛 이야기는 이미 개인적 차원을 넘어 집단적 정신작용을 보여 준다. 따라서 옛 이야기 안에는 많은 원형적 이미지가 담겨 있다. 분석심리학은 이야기 안에 담긴 원형적 요소에 주목한다. 내담자와 함께 이야기의 원형적 요소를 분석함으로써 내담자 자신을 돌아보게 한다. 분석심리학의 이야기 치료는 이런 관점에서 진행된다.

이제 제 이야기를 해볼까 합니다. 10년 전에 『히브리설화연구─한국인의 문화통전적 성서이해』라는 책을 세상에 선보인 적이 있습니다. 나는 그때 상황으로 돌아가서 다시 한 번 나의 '이야기보따리'를 들여다 보았습니다. 나는 그 총각과는 달리 내가 들은 이야기들을 그때그때 전한 줄 알았는데, 그동안 이야기들이 많이 쌓였더군요. 그 책의 서두에서도 이야기보따리를 열었는데 지금 다시 열고 보니 감회가 새롭습니다. 그런데 놀라운 사실은 이야기보따리가 많이 변했다는 것입니다. 그때 보지 못한 이야기도 많고, 내가 전하고 싶지 않아 마음속에 숨겨놓은 것까지도 어느새 이야기보따리 안에 있지 않겠어요? 이야기보따리를 이해하는 시각에도 많은 변화가 있었습니다. 예전에는 보편적 이야기를 통해 성서와 한국인의 심성을 만나게 하고 싶었죠. 이제는 우선 내 자신부터 들여다 보겠다는 욕심이 더 많아진 것 같습니다. 이야기를 통해 나를 볼 수 있다는 생각은 이전부터 '알아 왔지만' 지금은 분석심리학을 통해 그것을 뼈저리게 '경험하고' 있습니다.

원래 성서해석학이 전공인 내가 분석심리학에 매료된 것은 참으로 이상한 일처럼 느껴졌습니다. 처음에는 학문적인 관심에서 시작한 분석심리학이 이제는 내 삶이 될 줄은 꿈에도 상상하지 못했죠. 그런데 공부하는 과정에서 나는 내가 의도하지 않은 방향으로 이끌림을 당하고 있다는 생각을 지우지 못합니다. 공부를 하면 할수록 심리학에 대한 이론적인 연구에 한계가 있음을 절감하게 되었습니다. 그래서 연구년을 맞아 취리히에 있는 융연구소에서 공부를 하고 올 계획을 세우게 되었습니다. 비록 짧은 기간에 이루어진 심화과정(2003 ISP)이었지만 나는 그곳에서 칼 구스타프 융을 만날 수 있었습니다. 그는 비록 세상을 떠났지만 나에게 큰 선물을 주었습니다. 분석심리학을 통해 나를 볼 수 있다는 것이 저에게는 코페르니쿠스의 혁명적 사건이었습니다. 나는 신학을 하면서 내 자신을 보게 되었고, 목회를 하면서 사람을 보게 되었고, 학문을 통해서 세상을 보게 된 것으로 생각했습니다. 그런데 융은 내가 나를 제대로 보고 있지 못한 사실을 너무도 분명하게 보여 주었습니다. 이런 말을 한다고 해서 내가 융을 절대화하는 것은 결코 아닙니다. 내가 융을 사랑하는 것이 예수를 멀리하는 것 또한 아닙니다. 오히려 융을 통해 나를 보았으며 그 과정에서 그동안 발견하지 못한 그리스도를 만나고 있습니다.

성서해석학을 전공한 나는 심리분석이 바로 해석학에 기초하고 있다는 사실을 발견했습니다. 이야기의 줄거리를 파악하고, 이야기에 있는 다양한 요소들 사이의 관계를 조명하고, 사건의 역사적 배경과 영향을 분석하는 작업은 심리학과 성서해석학이 서로 깊은 관련이 있다는 것을 보여 줍니다. 그동안 성서해석학은 문학, 역사학, 사회학, 인류학 등과의 교류를 통해 해석의 영역을 확대해 왔습니다. 최근에는 성서해석학과 심리학의 만남이 세계 도처에서 이루어지고 있습니다. 특히 융학파의 이야기 해석은 성서해석학의 방법론과 크게 다르지 않습니다. 오히려 심리학은 성서해석학의 지평을 확대해 주고 있습니다. 성서해석학 역시 심리학이 그동안 보지 못했던 많은 영적인 자료를 제공하고 있습니다. 융은 또한 동양종교에 대단한 관심이 있었습니다. 티벳 불교와 인도의 요가, 중국의 주역 등을 통해 자신의 학문적 차원을 넓혔습니다. 동시에 융은 아프리카 여행을 통해 자연의 원초적 신비와 인간의 심성을 경험하면서 집단무의식의 보편성을 설명하기도 했습니다. 융의 학문적 여정은 사실 분석심리학의 이론적 정립에 있다기보다는 인간의 영혼에 대한 사랑에 있었습니다. 마음의 아픔으로 고통당하는 인간을 치유하기 위해 그는 어떤 사상이나 대상의 제한

도 받을 수 없었습니다. 그것이 프로이트와 결별한 가장 큰 이유
였습니다. 사람을 살리는 것이라면 그 어떤 것도 용납될 수 있다
는 것이 융의 자세였습니다. 동양을 사랑하는 마음, 인간을 사랑
하는 마음, 어떤 종교적 신념에도 치우치지 않으면서 그리스도인
의 정신을 지녔던 융에게 나는 인간적인 매력을 느낀 것입니다.
융의 이런 자세가 보수적인 신앙의 소유자였던 목회자 아버지를
이해하게 했습니다. 참된 그리스도인의 자세는 예수를 사랑하면서
다른 신념을 중시하는 사람을 존중하는 것이라고 생각합니다. 심
리학 역시 사람을 사랑하고 인간에게 생명을 부여하는 귀중한 학
문이라면 그것은 하나님의 선물일 것입니다. 따라서 심리학과 성
서해석학의 만남은 시대가 요구하는 지극히 당연한 결과라 여겨
집니다.

『분석심리학에 기초한 이야기 심리치료』는 융학파의 동화해석
에 기초하고 있습니다. 저는 동화(fairy tale)나 민담(folk tale)이라는
용어보다는 이야기(story)라는 용어를 선택했습니다. 왜냐하면 이
야기는 다양한 종류의 담론(narrative)을 포괄하기 때문입니다. 또
한 이야기는 신화나 전설 등의 태고의 이야기를 포함합니다. 따라
서 이야기 안에는 인류 역사의 흔적이 배태되어 있습니다. 그 안
에는 인간 영혼의 발자취가 묻어 있습니다. 개인적 차원을 넘어
이미 집단의 삶이 되어버린 이야기는 그만큼 공감대가 넓습니다.
개인의 삶과 관련된 이야기보다 전래 동화를 비롯한 이야기의 상
징성은 시공을 초월해서 인류의 정신활동을 보여 줍니다. 분석심
리학의 이야기 해석은 이런 전제에서 출발합니다.

이 책은 모두 3부로 구성되어 있습니다. 제1부에서 분석심리학
과 방어기제를 다루고자 합니다. 분석심리학의 정신구조에 대한

일반적인 내용을 소개한 다음에 심리분석 과정에서 주로 활용되는 방어기제들에 관해 서술하고자 합니다. 제2부에서는 분석심리학에서 주로 취급하는 원형의 속성과 그 표현방식을 살펴볼 것입니다. 페르소나, 그림자, 아니마와 아니무스, 그리고 자기원형들이 인간의 심리활동에 어떻게 표출되며 그것들이 개성화과정에 어떤 영향을 미치는가를 제시할 것입니다. 제3부에서는 심리치료를 위한 이야기를 모았습니다. 여러 가지 사례에 적합한 이야기들이 심리치료에 적용되는 과정을 소개하려 합니다.

이 책의 특징은 매 단원마다 이야기로 시작한다는 것입니다. 각 단원의 내용을 함축적으로 보여 주는 이야기를 선정했습니다. 명상에 잠긴 채 이야기를 듣거나 읽은 다음에 마음에 떠오르는 상을 그림으로 그려보거나 그룹원들과 느낀 점을 나눌 수 있습니다. '심리여행'을 위한 설문은 내담자에게 개인적 견해를 표현할 기회를 제공합니다. 이때 설문에 대한 해석은 필요하지 않습니다. 다만 느끼게 할 뿐입니다. 이것은 일종의 심리검사로서, 내담자의 심리상태를 간접적으로 볼 수 있는 질문들입니다. 심리여행을 위한 설문을 통해 내담자는 이야기 안에 담긴 다양한 의미를 보게 됩니다. 이 과정에서 상담자와 내담자 사이의 치료관계가 자연스럽게 형성될 것입니다. 심리여행을 끝마친 다음 이야기에 대한 분석심리학적 해석이 이어집니다. 마지막으로 임상사례를 들어 분석심리학 이론이 치료현장에서 적용되는 과정을 제시할 것입니다.

이 책을 쓰게 되기까지 많은 망설임이 있었습니다. 연구하면 할수록 어려워지는 분석심리학의 세계를 충분히 경험하기도 전에 이 책을 세상에 내놓은 것이 마음에 걸립니다. 여러분의 따뜻한 충고가 저에게 큰 힘이 될 것이라 믿습니다. 내가 분석심리학을 연구하도록 항상 격려를 아끼지 않는 친구 김병훈 박사에게 진심으로 감사드립니다. 상담과 심리치료를 위한 서적 간행에 헌신하시고 계시는 학지사의 김진환 사장님의 특별한 배려와 송회주 님의 정성어린 편집작업이 이 책을 아름답게 만들었습니다. 내용도 아름다워서 많은 사람이 즐거움을 얻는 책이 되길 바랍니다. 매 단원마다 삽화를 그려준 한정규, 이은희 선생님께 감사드립니다. 어느새 분석심리학의 동료가 된 한정규, 이은희 부부의 애정 어린 삽화는 이 책을 한층 수준 높게 만들었습니다. 이 삽화에 대한 심리분석은 동화를 분석하는 과정에서 자연스럽게 다루어질 것입니다. 항상 곁에서 위로와 충고를 아끼지 않으면서 교정을 맡아 준 아내 조례와 사랑하는 딸 선형이, 그리고 한의학을 공부하고 있는 아들 성과 함께 이 책의 즐거움을 나누기를 원합니다. 마지막으로, 이 책은 강남대학교 2004년 학술연구기금으로 저술된 것임을 밝혀 둡니다. 저의 삶의 터전이자 기독교 정신의 요람인 강남대학교에 진심으로 감사드립니다.

2005년 새해 벽두에
저자 박종수

차 례

제**6**장
그림자: 열등감 극복을 위한 이야기 175

제**7**장
아니마: 남성이 여성을 찾는 이야기 199

제**8**장
아니무스: 여성이 남성을 찾는 이야기 223

제**3**부 심리치료를 위한 이야기

제 1 부

분석심리학과 이야기

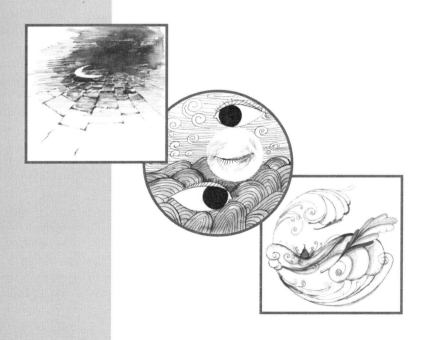

분석심리학과 방어기제

1. 물총새

　　물총새는 고독을 좋아하고, 언제나 바다 위에서만 살아가는 새다. 이 새는 혹시 있을지도 모를 인간들의 공격으로부터 스스로를 지키기 위해 강둑이나 바닷가의 바위 위에 보금자리를 마련한다. 어느 날, 새끼를 거느린 물총새 한 마리가 여기저기를 날아다니다가 바다 위로 삐죽 솟아 오른 바위를 하나 발견하고는 거기에다 둥지를 틀었다. 하지만 얼마 지나지 않아 그 물총새가 먹이를 찾아 나선 사이, 돌풍이 몰아쳤다. 엄청난 기세로 몰아닥치는 바람 때문에 바닷물은 미친 듯이 춤을 추었고, 급기야는 물총새의 둥지까지 파도가 덮쳐 어린 새끼들은 그만 물에 빠져 죽고 말았다. 나중에야 돌아와서 이런 사실을 알게 된 물총새는 이렇게 울부짖었다. "나처럼 불운한 새가 또 있을까! 뭍에서 생길지도 모를 갖가지 위험을 피하기 위해 바다 위에다 보금자리를 마련했는데, 그렇게 믿었던 바로 그 바다가 이토록 끔찍하게 나를 배신할 줄이야!"[1]

2. 심리여행

　　본 설문에 편안한 마음으로 임하기 바랍니다. 하나 이상의 항목을 선택하거나 개인의 의견을 제시해도 좋습니다.

1. 물총새는 왜 고독을 좋아했나요?

　　① 다른 물총새가 같이 놀아주지 않으니까
　　② 어렸을 때부터 혼자 있기를 좋아했기 때문에
　　③ 어미 물총새가 다른 애들하고 어울리지 말라고 했기 때문에

④ 사람들로부터 공격을 많이 당하니까
⑤ 기타(   )

2. **물총새는 왜 바다 위의 바위에다 둥지를 틀었나요?**

① 사람들이 공격할 것에 대비해서
② 사람들이 물총새를 수시로 괴롭히기 때문에
③ 바다 위에 홀로 서 있는 바위가 좋아 보여서
④ 친구인 바다가 바위에 있는 둥지를 지켜줄 것이라고 믿었기에
⑤ 기타(   )

3. **내가 물총새라면 새끼들이 죽은 다음에 어떤 심정이었을까요?**

① 내가 좋아했던 바다가 둥지를 지켜주지 않은 것에 대한 분노를 느꼈을 것이다.
② 나의 판단 착오를 한탄하고 실의에 잠겼을 것이다.
③ 죽은 새끼들 생각에 아무 일도 못하고 절망감에 빠져 있을 것이다.
④ 나의 바보같은 행동에 스스로 자존심이 상해 혼자 고독에 잠겼을 것이다.
⑤ 기타(   )

4. **내가 가장 좋아하는 것 3~5개 정도 소개해 봅시다.**

5. **내가 가장 싫어하는 것 3~5개 정도 소개해 봅시다.**

6. **내가 가장 의지하고 있는 사람은 누구입니까?**

7. **물총새에게 결핍된 요소는 무엇이며 그것이 보완되는 과정을 살펴봅시다.**

8. **'물총새' 이야기를 듣고 느낀 소감을 나누어 봅시다.**

9. **내가 다시 쓴 '물총새' 이야기를 소개해 봅시다.**

> **Tip**
>
> - 1번은 고독과 관련된 물총새의 과거경험을 찾아보기 위함이다.
> - 2번은 자기가 좋아하는 것에 무의식적으로 이끌리는 현상을 보기 위함이다.
> - 3번은 무의식 중에 일어난 불행한 사건에 대한 자기반성의 척도다.
> - 4-5번은 좋아하는 것과 싫어하는 것에 대한 자기감정을 살펴보기 위함이다.
> - 6번은 가장 의지하는 사람에 대한 객관적인 평가를 해 보기 위함이다.
> - 7번은 물총새에게 결핍된 요소가 파생하는 콤플렉스와 그림자를 발견하는 과정이다.
> - 8번은 물총새를 생각하면서 자신의 방어기제를 살펴보기 위함이다.
> - 9번은 이야기를 다시 씀으로써 방어기제에 대한 극복 방안을 생각해 본다.

3. 물총새의 기대심리

　물총새처럼 고독을 좋아하는 사람은 다른 사람들과 교제하기보다는 혼자 사색하거나 자기만의 세계에 몰두하는 경향이 있다. 물총새는 혹시 발생할지도 모르는 인간의 공격에 대비해서 바다 위로 우뚝 솟아 오른 바위에 둥지를 튼다. 하지만 자기의 생각과는 달리 파도가 둥지를 덮쳐 새끼들을 죽이는 일이 벌어진 것이다. 사람들은 누구나 자신을 위험으로부터 지키려고 하는 방어적 본능이 있다. 운전하는 도중 갑자기 끼어드는 차가 있을 때 반대편으로 핸들을 돌리는 현상은 무의식적으로 이루어진다. 위험한 요소가 없는 반대편이 안전하다고 느끼기 때문이다. 물총새 역시 자신이 안전하다고 생각하는 바다 한가운데 솟은 바위 위에 둥지를 튼 것이다. 물총새의 방어적 행동은 과연 합리적인가? 다른 사람이 볼 때 위험하기 짝이 없는 상황인데도 정작 본인은 안전하게 느끼는 경우가 있다. 어린 아이들은 어른들의 만류에도 불구하고 위험한 놀이에 몰두하는 경향이 있다. 아이들의 놀이는 의식적 차원에서 이루어지기보다는 거의 본능적으로 이루어진다. 하지만 의식적 세계관에 익숙한 성인들의 관점에서 볼 때 아이들의 행동이 무척 위험하게 보인다. 사실 아이들의 행동에는 많은 위험 요소가 따른다. 의식활동이 구체화되기 이전 어린 아이의 경우는 더욱 그렇다. 그것은 어린아이일수록 본능과 무의식의 지배를 강하게 받기 때문이다.

물총새는 왜 위험한 바다 위에 솟아 있는 바위에 둥지를 틀었을까? 다른 사람이 볼 때 위험한 곳이지만 물총새에게는 그곳이 더욱 안전하게 느껴지기 때문이다. 그것은 물총새의 본능적 욕구가 의식적 판단을 앞서가기 때문이다. 평소에 고독을 즐긴 물총새는 바다 위에 홀로 있는 바위가 좋게 느껴졌고, 자신이 좋아하는 바위가 가장 안전하다고 느낀다. 그것은 무의식적으로 이루어진다. 하지만 물총새가 선택한 바위는 현실적으로 안전한 곳이 못 된다. 결국 자신이 안전하다고 느낀 곳은 위험한 곳이 되어 자신과 가족을 파멸로 이끈 원인이 된다. 예를 들어보자.

결혼 적령기에 있는 한 여성이 남편감을 고르고 있었다. 자신이 원하는 유능하고 멋있는 남성이 그녀 앞에 나타났다. 그녀는 꿈에 부풀어 그 남성과의 행복한 결혼생활을 설계했다. 만난 지 한 달도 안됐지만 그들은 열정적인 사랑을 나누었고 교제한지 한 달 만에 결혼에 골인했다. 문제는 결혼한 다음부터 발생했다. 그렇게도 지성적이고 유능한 남편이 하루아침에 돌변해서 결혼예물이 적다는 이유로 스트레

스를 주기 시작했다. 남편의 가족들마저 남편을 두둔하면서 결국 1년
도 채 넘기지 못하고 두 사람의 결혼 생활은 파국을 맞았다.

간단한 실례지만 이런 경우는 한국사회에서 종종 발생한다. 외
모나 경제적 조건만을 보고 결혼했다가 낭패를 보는 경우가 허다
하다. 자신의 사려 깊지 못한 결정으로 인해 그 결혼은 불행하게
끝난 것이다. 왜 이런 일이 발생할까? 외모가 준수하고 경제력이
있고 학벌이 좋으면 모든 것이 잘될 것이라는 기대심리가 작용하
기 때문이다. 사람들은 어떤 일이 닥칠 때 자신이 유리한 쪽으로
생각하는 경향이 있다. 대인관계에서 이런 경향은 현저하게 드러
난다. 첫인상이 좋다고 해서 지나치게 믿었다가 사기를 당하고 나
서 '그 사람 그렇게 보지 않았는데 나를 배신했다'고 속상해 한
다. 상대방을 일방적으로 좋게 생각한다든지, 아니면 반대로 만나
자마자 인상이 나쁘다는 이유로 거칠게 대하는 사람이 있다. 이런
현상은 무의식의 방어기제에서 기인한다. 거의 본능적으로 매사를
자기중심적으로 판단하려는 경향이 바로 그것이다. 이것은 자신을
위험으로부터 보호하려는 방어적 본능에서 출발한다. 인간의 방어
본능은 때론 긍정적으로 때로는 부정적으로 작용하여 정신세계에
많은 영향을 끼치고 있다. 이러한 방어본능을 인식하는 순간 인격
은 성숙의 단계로 접어든다.

방어적 본능은 의식적 차원에서 이루어지지 않는다. 물총새의
기대심리는 방어적 본능에서 출발했지만 그 결과는 부정적이었다.
그렇게 믿은 바다가 물총새를 배반한 것이다. 심사숙고하지 않고
내린 결정이 부정적인 결과를 초래하자 물총새는 죄 없는 바다를
탓한다. 언제 바다가 물총새더러 자신을 믿어달라고 했던가? 혼자

일방적으로 바다를 믿고 그 바다가 자신의 뜻대로 해 주지 않자 바다를 원망한다. 끝까지 방어하면서 자신의 행동을 정당화함으로써 물총새는 결국 자신을 돌아볼 수 있는 마지막 기회마저 놓치고 만 것이다. 어떤 물총새는 바다에 대한 분노를 외부로 표출하는 대신 자신을 비하한다. '그런 멍청한 결정을 한 내가 밉다'는 식으로 자신의 행동에 대해 지나치게 비판적이다. 지나친 자기비하 역시 외부에 대한 공격성이 내면으로 향하는 방어기제다. 이런 방어는 우울증(depression)과 피학증(masochism)에 주로 나타난다.[2] 의식적 차원에서 이루어지지 않은 방어적 행위는 결과적으로 자신을 위험한 상황으로 내몰 수 있다. 방어기제는 무의식적 차원에서 이루어지기 때문에 의식활동을 위축시켜 건전한 판단을 방해한다. 그렇다면 물총새가 재난을 당하지 않기 위해서 어떤 행동을 취해야 할까? 물총새는 고독을 즐기기 때문에 모든 일을 자신이 좋아하는 관점에서 보려는 경향이 있다. 이런 경향이 과연 건전한 것인가를 생각하는 훈련이 필요하다. 우선 자신이 습관적으로나 무의식적으로 추구하는 경향을 발견하고 그것이 나를 진정으로 안전한 상황으로 인도하는가를 판단해야 한다.

　그렇다면 의식과 무의식의 세계는 어떻게 구별되는가? 지그문트 프로이트(S. Freud)는 무의식을 심리학적 관점에서 체계화시킨 인물로 널리 알려져 있다. 칼 융(C. G. Jung)은 프로이트의 무의식 개념을 보다 확장시켰다. 우리가 인식하고 판단할 수 있는 영역을 의식의 영역으로 전제한다면, 무의식은 우리가 생각하지 못하고 알지 못하거나 아직 드러나지 않는 모든 정신영역을 총체적으로 표현하는 용어다. 하지만 인간의 정신세계를 의식과 무의식의 세계로 구별하는 것 자체가 많은 문제를 야기할 수 있다. 우선 의식과 무의식의 개념이 모호하며 그 경계가 분명하지 않다. 어디까지 의식적이며, 무의식의 영역은 어떻게 인지되는가? 인간이 알 수 없는 정신영역이 무의식의 영역이라면 무의식이라는 개념 자체는 허상이며 가설에 불과할 것인가? 무의식의 영역은 실제로 존재하는가? 이런 질문은 합리적 사고방식에 익숙한 현대인의 물음들이다. 일단 무의식을 다루는 심층심리학은 환자를 치료하는 임상경험에서 출발한 학문임을 염두에 둘 필요가 있다. 심층심리학에서 말하는 무의식은 존재론적 관점에서 이해되기보다는 경험적 차원에서 검토되어야 한다.

우선 무의식에 대한 프로이트와 융의 관점이 다르다는 것을 주목할 필요가 있다. 프로이트학파를 대변하는 정신분석학과 융학파를 대변하는 분석심리학의 서로 다른 입장은 무의식에 대한 현저한 이해차이에서 비롯된다. 하지만 이 차이점은 상호보완적 관점에서 검토될 필요가 있다. 프로이트로부터 무의식의 심리학을 전수받은 융이 분석심리학을 제창하기까지 그의 임상적 경험이 중요한 역할을 했다. 환자를 치유하는 과정에서 융은 프로이트의 학설에 부족함을 느꼈고 자신의 경험을 체계화시키기에 이르렀다. 프로이트와 융 사이의 무의식에 대한 이해는 치료과정과 방법론에 걸쳐 광범위한 차이를 보이고 있다. 하지만 분명한 것은 프로이트나 융의 학설이 모두 심리치료를 위해 존재한다는 점이다. 심리적 질병으로 고통당하는 환자 입장은 프로이트나 융을 구별하지 않는다. 자신에게 적합한 진단과 유효한 처방을 기대할 뿐이다. 따라서 상담자나 심리치료사는 어느 학파에 속해서 일하더라도 내담자의 아픔을 치유하는 데 일차적 목표를 두어야 한다. 치료자의 학문적 배타성으로 인해 환자가 피해를 입을 수도 있기 때문이다. 자신도 기억하지 못하거나 아직 밝혀지지 않은 문제로 심리적 고통을 당하고 있는 수많은 환자를 치료하는 과정에서 무의식에 대한 연구가 활발하게 진행되어 왔다. 무의식의 내용을 정신적 실제(psychological reality)로 인정한다면 무의식을 다루는 심층심리학은 더욱 발전할 것이다.

프로이트는 의식수준에서 아직 알려지지 않은 것을 무의식적인 것으로 간주했다.[3] 정신분석학적 무의식 개념은 "의식 수준으로 들어오지 못하고 억압되거나 금지되는 충동과 욕구를 포함하는 정신의 한 영역을 말한다. 이러한 억압과 금지의 효과는 의식적인 상태에서 신경증적 행동으로 나타난다."[4] 무의식에 대한 정신분석학적 이해는 이처럼 부정적인 색채를 띠고 있다. 본능적 욕구와 의식활동으로 인해 발생한 억압적 요소가 무의식의 세계를 형성한다는 정신분석학적 이해는 무의식을 병리적 차원에서 취급한다. 프로이트는 무의식을 의식으로 치환하여 억압을 해소하고 병리적 요인을 제거한다고 믿었다.[5]

융의 견해는 이와 달리하고 있다. 융에게는 무의식이 더 이상 의식의 억압적 내용이 아니다. 융에게 있어 무의식은 개인적 경험과 관련된 요소뿐만 아니라 개인적 경험보다도 더욱 객관적인 심리작용의 현장이다. 따라서 무의식은 그 자체로 의식의 결함을 보완하는 자율적 질서와 기능을 지닌다.[6] 융은 무의식의 개념을 다음과 같이 기술한다.

무의식은 단지 알려지지 않은 것이 아니라 오히려 한편으로 알려지지 않은 정신적인 것, 즉 의식이 되었을 때 우리가 알고 있는 정신적 내용과 구별되지 않는다고 전제하는 모든 것을 말한다. 다른 한편으로는, 우리가 전혀 알지 못하는 성질을 지닌 정신 양의 체계도 함께 고려해야 한다. 이와 같이 정의되는 무의식은 매우 불안전한 사실을 기술한다. 즉, 내가 알고 있지만 지금 이 순간에는 생각하고 있지 않은 모든 것, 언젠가 의식했지만 이제는 망각된 모든 것, 내가 의도 없이, 주저하지 않고, 다시 말해 무의식적으로 느끼고, 생각하고, 기억하고, 하고자 하고, 행하는 모든 것, 내 안에 준비되어 있어 나중에야 비로소 의식에 나타나게 될 모든 미래의 것, 이 모든 것이 무의식의 내용이다. 이 내용들은 말하자면 모두 어느 정도 의식될 수 있거나 적어도 언젠가 한번은 의식되었고 바로 다음 순간에 다시 의식될 수 있는 것이다. 따라서 무의식은 윌리엄 제임스(William James)가 언젠가 표현한 대로 '의식의 언저리' 다.[7]

　융은 프로이트와 달리 무의식을 두 영역으로 나누고 그 긍정적 측면을 부각하려고 노력했다. 개인무의식은 우리의 경험과 관련된 내용이 잠재되어 의식활동에 영향을 주는 심리적 실체다. 집단무의식은 시공을 초월한 보편적 요소인 원형을 담고 있다. 정신분석학이 의식의 중심이 되는 자아(ego) 기능에 중점을 둔다면, 분석심리학은 의식과 무의식의 균형과 조화를 강조한다. 분석심리학은 의식의 중심인 자아가 무의식의 내용에 직면함으로써 전체 정신의 중심인 자기(self)를 경험하게 되어 개성화, 자기실현에 이르는 것을 심리치료의 목표로 삼는다.

4. 분석심리학으로 본 정신

　융은 인간의 정신을 의식과 무의식으로 구별한다. 의식의 중심에 자아(ego)가 있으며, 무의식의 중심에는 전체 정신을 통합하는 자기(self)가 있다. 의식에는 사회적(외적) 인격인 페르소나(persona)가 자리잡고 있다. 무의식에는 두 영역이 있다. 개인무의식은 이전의 경험과 관련된 내용이나, 아직 드러나지 않은 개인적 차원의 잠재된 내용이 자리하는 곳이다. 이곳에 인격의 열등한 요소인 그림자(shadow)가 위치하고 있다. 집단무의식에는 내적인격이라고 말할 수 있는 아니마와 아니무스 외에 수많은 원형들이 존재한다. 이것을 도식화하면 〈표 1-1〉과 같다.

표 1-1　분석심리학으로 본 정신구조

	의식		자아 (페르소나)	의식적 현실	
정신	무의식	개인무의식	그림자	콤플렉스	심적 현실
		집단무의식	아니마 · 아니무스, 자기	원형들	

　의식과 무의식은 바다에 떠 있는 빙산으로 비유된다. 의식은 물 위에 떠 있는 부분이고 무의식은 물에 잠긴 부분이다. 정신구조에 대한 지형적 이해는 어느 정도 도움을 주는 것은 사실이다. 그러나 정신의 요소가 지형적 구조에 고착될 때 많은 오해가 생길 수 있다. [그림 1-1]은 자아를 구성하고 있는 외부인격을 페르소나로 그리고 있으며, 의식과 무의식은 수평이 아니라 파도치는 물결과 같이 언제나 서로 영향을 주고받는다. 개인무의식 역시 의식의 주변에 있지만 집단무의식과 밀접한 관련을 맺고 있으며 그 밀착관

계는 일정하지 않다. 집단무의식 안에는 원형들이 있다. 아니마·아니무스는 대표적 원형 가운데 하나다. 지형적 관점에서 볼 때 자기는 무의식의 중심에 있는 것으로 보인다. 그러나 자기는 정신 전체의 중심에 있다. 자기는 의식이 인식하지 못한 영역에 있다는 의미에서 무의식의 중심이기도 하다. 자아와 자기는 축을 이루며 인격의 성장을 주도한다. 자아-자기 축(ego-self axis)은 의식과 무의식 사이의 균형과 조화의 정도를 보여 준다.[8]

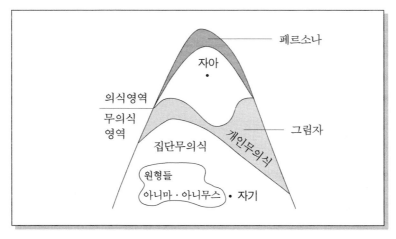

[그림 1-1] 지형적 관점에서 본 정신구조

1) 자아

자아(ego)는 개인활동의 주체로서 경험적 인격을 형성한다. 의식의 주체로서의 자아는 인식의 자리이자 의지의 대행자다. 자아는 무의식의 내용이 의식화되는 장소이면서 전체 정신을 통합하는 자기와의 관계성 안에 있다. 자아는 정신의 중심인 자기에 속

해 있으면서도 자유의지를 가지고 있다. 자아의 자유의지는 무의
식과의 독립적인 관계에서 구체화된다. 무의식의 지배를 받지 않
으면서 의식과 무의식의 균형과 조화를 이루는 상태가 건전한 자
아의 모습이다.[9] 융은 의식의 중심인 자아를 다음과 같이 설명한
다.

> 우리는 자아(ego)를 모든 의식적 내용들이 관련되어 있는 콤플렉스
> 요인(complex factor)들로 이해한다. 자아는 마치 의식 영역의 중심
> 을 형성하고 있으며 이것은 경험적 인격을 구성한다. 자아는 의식의
> 모든 개인적 활동의 주제다. 정신영역의 자아에 대한 관계는 그 의식
> 의 표준을 형성한다. 왜냐하면 어떤 내용도 주제와 관련되지 않을 경
> 우 의식적이 될 수 없기 때문이다.[10]

의식적 내용의 복합체인 자아는 종종 자아콤플렉스(ego complex)
라고 불려진다. 융은 의식, 자아, 자아콤플렉스의 관계를 다음과
같이 설명한다.

> 그러므로 의식은 자아와 연합된 상태로 이해될 수 있다. 그러나 그
> 중심점은 자아다. 그렇다면 자아는 무엇인가? 전체 모습에서 보면,
> 자아는 분명히 매우 복합적인 요소다. 그것은 내외적인 자극을 전달
> 하는 감각작용으로부터 기록된 이미지로 구성되어 있다. 더 나아가
> 자아는 과거의 과정에서 파생된 이미지들의 거대한 집합체로 구성된
> 다. 이런 모든 복합적 요소는 그것들을 한데 묶는 강한 응집력을 필요
> 로 한다. 그리고 우리는 이것을 의식의 자산으로 인정해 왔다. 따라서
> 의식은 자아를 위해 필요한 전제조건이다. 그러나 자아가 없이 의식

또한 생각할 수 없다. 이런 확실한 대조는 아마 자아를 하나가 아닌 여러 과정들의 반영으로 간주함으로써 해결될 수 있다. 그리고 사실 여러 과정들의 상호작용과 그 내용이 자아의식(ego-consciousness)을 이룬다. 그 다양성은 실제로 통일성을 이룬다. 왜냐하면 의식에 대한 그것들의 관계가 일종의 중력으로 작용해서 여러 부분을 한 방향으로 끌어들이기 때문이다. 그것은 소위 사실상 중심으로 불릴 수 있는 방향으로 모아진다. 이런 이유로 해서 나는 단순히 자아보다는 자아콤플렉스라고 부른다. 그것은 자아가 유동적인 복합체로서 변하기 때문이다. 따라서 그것은 단순히 자아일 수는 없다.[11]

2) 페르소나

융은 인간의 사회적 성격을 극중인물의 가면(mask)에 비유하여 설명했다. 페르소나(persona)는 배우의 진짜 인격을 가리는 가면과도 같다. 그는 개성(individuality)과 반대되는 개념으로 인간의 사회적 성격(personality)을 페르소나로 규정한다. "따라서 페르소나는 적응 혹은 개인적인 편이를 도모하기 위해 존재하는 기능콤플렉스(a functional complex)다. 그것은 결코 개성과 동일시 될 수 없다. 페르소나는 절대적으로 대상과의 관련성에 주목한다."[12] 융 심리학에서 말하는 페르소나는 "개인이 공개적으로 보여주는 가면 또는 외관이며, 대개의 사람들은 사회의 인정을 받을 수 있도록 좋은 인상을 주려고 한다. 우리는 이것을 '적응원형'(conformity archetype)이라고도 부른다."[13] 무의식에 존재하는 '적응원형'이 의식상태에서 사회적 인격이나 태도로 표출되는 것이 곧 페르소나다. 적응원형은 인간의 정신세계에 누구에게나 보편적으로 존재한다. 보편적 성향을 띤 원형이 개인의 성장배경과 콤플렉스 등의 심리적 요인들로 인해 여러 가지 형태로 드러난다. 의사, 변호사, 교사, 상인, 정치인 등 다양한 얼굴들은 페르소나 원형이 현실 속에서 구체화된 일종의 가면(mask)이다.

 생존에 필요한 페르소나는 못마땅한 사람과도 친교를 맺을 수 있다. 개인적인 이득이나 사회적 기반조성을 위해 페르소나는 다른 사람과 타협하며 사회체제에 적응해 간다. 이런 관점에서 자아와 페르소나는 구별된다. 자아가 의식적 인격의 중심이라면 페르소나는 사회적 적응을 위한 외적인격으로서 자아의 구성요소이다. 자아가 어느 정도 일관성을 지닌 개성(individuality)인 반면, 페르소나는 임시적이며 변화 가능한 성격(personality)에 해당된다. 따라서 페르소나가 자아와 동일시되는 팽창(inflation)이 일어나면 인격의 성숙은 기대할 수 없으며 심리적 균형은 깨지게 된다.[14]

 사회적응을 위한 외적인격인 페르소나는 본질적으로 집단 이상과 부합하려는 속성을 지닌다. 그럼에도 불구하고 그것이 사회적 환경 안에서 표출될 때 개인의 인격을 반영한다. 활성화된 페르소나는 자신의 목소리를 드러내는 잠재력을 지니며, 이런 의미에서 그것은 무의식적 자기(self)의 외적얼굴이다.[15] 사람들은 보통 사회적응을 위해 하나 이상의 가면(mask)을 지닌다. 목회자는 교회에서 종교지도자로서의 하나의 가면을 가질 것이다. 그리고 집에서는 아내와 아이들에게 가장으로서의 가면을 가진다. 이처럼 몇 개의 페르소나는 적절한 대인관계를 위해 필요하다. 하지만 한 사람이 지나치게 많은 가면을 지닐 때 그 뒤에 숨은 자아의 모습은 통전성을 유지하지 못하고 상황에 따라 바뀌게 된다. 주변상황과 전혀 어울리지 않은 행동을 함으로써 자신을 드러내고자 하는 사람은 부정적인 가면으로 자아를 숨기는 경우다. 반대로 긍정적인 가

면은 사회적 활동을 건강하게 하는 활력소가 된다. 페르소나는 여러 개의 가면을 지닐 수 있다. 페르소나가 자아와 건강한 관계를 유지할 때 대인관계가 원만해지며 인격의 성장을 기대할 수 있을 것이다.

3) 개인무의식과 그림자

융은 개인의 경험과 사회적 환경의 영향에 의해 형성된 콤플렉스가 잠재된 영역을 개인무의식이라고 불렀다. 개인무의식 안의 콤플렉스는 정신세계에 강한 영향을 미쳤던 것들로서 개인적인

스트레스나 사회적 불안 요소가 대부분을 차지한다. 이런 관점에
서 융은 개인무의식을 그림자(shadow)의 영역과 동일시하고 있다.

> 개인무의식은—예를 들어 의도적으로 잊고 있었던—그동안 억압
> 하고 있었던 잃어버린 기억들, 고통스런 생각들을 담고 있다. 그것들
> 은 잠재적 인식들(subliminal perceptions)로서 충분히 의식에 도달
> 할 수 없는 감각인식(sense-perception)을 의미한다. 결국 아직 의
> 식을 위해 무르익지 않은 내용들이다. 그것은 흔히 꿈속에서 발견되
> 는 그림자 인물과 일치된다.[16]

개인무의식에 잠재되어 있는 그림자는 사회적 활동을 통해 가시
화된다. 그것은 대개 도덕과 윤리, 혹은 신앙적 갈등을 초래한다.
종종 의식과 마주치는 그림자는 인격형성에 긍정적 혹은 부정적
인 영향을 동시에 끼친다. "심리학적인 의미에서의 그림자란 바로
내 인격의 어두운 면, 즉 무의식적인 측면에 있는 나의 분신이다.
자아의식이 강하게 되면 될수록 그림자의 어둠은 짙어지게 마련
이다. 선한 나를 주장하면 할수록 악한 것이 그 뒤에서 짙게 도사
리게 되며 선한 의지를 뚫고 나올 때 나는 느닷없이 악한 충동의
제물이 됨으로써 사회적인 물의를 일으키게 한다."[17] 그림자는 꿈
이나 환상 혹은 이야기를 통해 드러나고, 다른 사람에게 자신의
그림자가 투사될 때 비로소 인식되기도 한다. 그림자가 의식화되
면서 자아는 내적인격인 아니마나 아니무스를 만나게 된다. 도덕
적 관점에서 융은 그림자를 다음과 같이 설명한다.

> 그림자는 전체 자아인격(ego-personality)에 도전하는 어떤 도덕

적 문제다. 왜냐하면 누구도 상당한 도덕적 노력 없이는 그림자를 인식하지 못하기 때문이다. 그림자를 인식하는 것은 인격의 어두운 면들을 현실적이고도 실재적인 것으로 확인하는 작업을 포함한다. 이런 작업은 모든 종류의 자기지식(self-knowledge)을 위한 기본적 조건이다. 따라서 대체로 그런 작업은 상당한 저항에 직면한다. 사실, 심리치료적 측정도구로서의 자기지식은 종종 기나긴 시간으로 확장되는 상당한 고통을 요구한다.[18]

우리 모두에게 그림자가 있다. 선이 있는 곳에 악이 있다. 악이 있기 때문에 선이 드러난다. 플러스가 있다면 마이너스가 있다. 하지만 마이너스가 항상 플러스를 위협하지 않는다. 음과 양은 대립적이기보다는 상호보완적이다. 부러지기 쉬운 쇠를 달구어 찬물에 적절히 담금질할 때 그 쇠는 더욱 강해지며 유연해진다. 자아가 혼돈상태에 있을 때 자신이 할 수 있는 모든 가능성과 창조능력을 상실한다. 그 결과 대극적 요소는 서로 분리되어 여러 갈등이 발생한다. 이때 자아는 어느 한 쪽에 기울어진다. 이런 상황이 지속되면 신경증의 원인이 된다. 물론 정상적인 사람에게도 이런 과정이 필요하다. 자아가 내면의 본능적 인격과 연합하지 못할 때 대극 사이에서 분열을 경험한다. 자기는 대극을 연합하는 상징이다. 자아가 자기와 직접적인 관계를 맺을 때 갈등은 사라지고 자아는 전체 정신 안에서 제기능을 발휘한다. 갈등은 영원히 해결되지는 않는다. 그러나 우리가 갈등 속에서 인식한 부정적 감성(emotion)은 사라진다. 그것은 고통을 통해 경험된다. 고통을 통해 새로운 형태의 삶이 전개되며 그 결과 우리는 과거의 아픔을 새로운 차원에서 보게 된다.

　개인무의식으로서의 그림자는 우리가 혐오하거나 부정하거나 억압하는 요소다. 하지만 그림자는 의식차원에서 인식되지 않는다. 그림자가 쉽게 인식되지 않은 이유는 그것이 우리의 신념과 반대되는 방향으로 작용하거나, 집단적 차원에서 간접적으로 발생하기 때문이다.[19] 그림자는 대체로 꿈이나 환상을 통해서 간접적으로 경험되며, 신화나 동화 속에 나타난 원형적 이미지를 통해 드러난다. 또한 그림자는 우리의 그림자가 투사된 다른 사람의 행동, 사물이나 동식물, 혹은 장소를 통해 인식된다. 그림자가 다른 사람에게 투사될 때는 나와 비슷한 부류의 나와 같은 성(性)의 대상에 투사되며 거기서 그는 자기가 가장 싫어하는 사람들을 본다.[20] 꿈이나 환상에서 그림자는 꿈꾼 사람과 동일한 성으로 나타나 자아의 어두운 면을 보여 준다. 이 점에서 볼 때 의식적 차원에서 스스로 열등하거나 단점이라고 생각하는 것은 자신의 그림자가 아닐 수도 있다. 그림자는 오직 무의식 차원에서 경험되기 때문이다. 집단적 그림자는 지역적, 문화적, 민족적 차원에서 표출된다. '미운 오리새끼'는 집단적 차원의 그림자 성격을 보여 준다. 히틀러에 의해 살해된 수많은 유대인들은 독일인들의 그림자였다. 독일인들이 수용하기 힘든 유대인들의 문화와 종교성은 유대인들을 희생양으로 삼고 말았다.[21] 중세의 유럽에서 발생했던 마녀사냥 역시 집단적 그림자의 흔적을 보여 준다. "마녀는 획일적 율법주의, 금욕주의, 정신주의의 특징을 보여 준 당시 사람들의 의식세계 밑에 도사리고 있던 집단적 그림자였다."[22]

　윌머의 그림은 그림자 투사를 잘 이해하도록 돕는다. 어떤 사람의 행동이나 표정을 보고 증오감정이 생긴다면 그것은 자신의 그림자가 그 대상에게 투사된 것이다. 집단무의식 영역에 있는 그림자 원형이 개인적 경험과 결부되어 개인무의식의 그림자를 형성하고 그것이 어떤 사람에게 투사되면 그 대상은 실제의 모습보다 훨씬 더 왜곡된 모습으로 인식된다.[23]

우리가 그림자를 경험할 때 당황스럽고 고통이 가중되지만 일단 그림자의 정체를 알고 나면 열등감에서 해방된다. 그림자 원형은 양면성을 지니기 때문에, 부정적인 그림자는 의식화 정도에 따라 언제든지 긍정적인 요인이 될 수 있다. 부정적인 그림자를 직면하고 자신을 돌아볼 때 긍정적인 그림자는 부정적인 그림자를 제거한다. 그림자를 인식하고 대면하려면 우선 그림자를 소유하고, 그

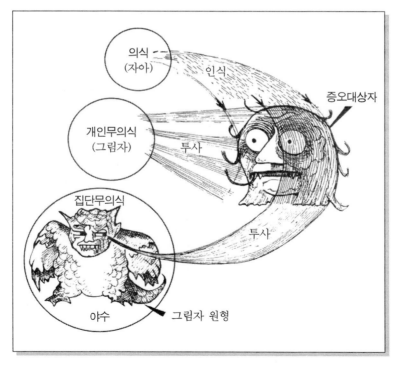

[그림 1-2] 그림자 투사과정

림자와 함께 하며, 그림자 투사를 중단해야 한다. 자신의 그림자가 투사된 대상은 대인관계에 나쁜 영향을 끼치기 때문이다. 다음 단계로 우리는 그림자와의 협상을 진지하게 고려해야 한다. 내 안에 존재하는 그림자의 실체를 인정하고 그것을 친구로 삼을 때 자아는 내적인격을 만나게 된다. 그 때 비로소 그림자는 긍정적인 힘으로 변한다. 편집증(paranoia)은 우리 안에 그림자 적(shadow enemy)을 소유하는 것이다. 내 안의 열등의식과 악한 감정들을 다른 사람에게 투사하는 현상이 곧 편집증으로 나타난다. 윌머(Wilmer)는 자아가 그림자를 만나는 과정을 다섯 단계로 설명한다.[24]

첫째, 그림자가 의식의 영역으로 침범할 때 그림자와 직면하게 된다.

둘째, 그림자의 정체를 인식한다.

셋째, 그림자로부터 도망간다.

넷째, 그림자와의 대면을 통해 그림자의 긍정적인 면을 발견한다.

다섯째, 그림자의 순수한 면을 받아들이고 친구로 삼는다.

이 밖에도 자신의 그림자와 공조하는 경우도 있다. 내면에 숨어 있는 악한 본능을 다른 사람에게 옮겨서 그 사람으로 하여금 무의식 중에 범행을 저지르게 하는 것이다. 종교지도자가 신도들을 통해 사회적으로 용납하지 못할 범죄를 유발시키는 경우도 있다. 사회 지도층이 배우자로 하여금 범죄행위에 가담케 하여 반사이익을 얻는 경우도 발생한다. 정치지도자가 심복을 동원해 정적을 제거하는 것도 무의식적으로 자신의 그림자와 공조한 것이다.[25] 이런 현상은 그림자를 인식하지 못한 상태에서 발생하는 경우가 많다. 그림자가 의식화되지 않을 때 자신은 항상 정당하며 다른 사람들에게 냉혹하리만큼 비판적이다.

4) 집단무의식과 원형

융이 말하는 집단무의식은 개인의 특성보다 인류 일반의 특성을 부여하는 요소다. 여러 가지 근원적 원형(archetypes)으로 구성된 집단무의식은 인간의 태고의 경험을 간직하면서 결정적인 순간에 표출된다. '나'라는 개체는 인류의 집단무의식을 공유하는 집합체에 속한다고 볼 수 있다. 근원적 원형은 문화나 인종의 차이와 관계없는 인간의 가장 원초적인 행동유형을 말하며 이것은 신화나 종교적 전승을 통해 전수된다.[26]

융의 논제는 다음과 같다: 의식된 정신의 개인적 성질과는 달리 우리의 의식 이외에 집단적인 비개인적인 특성을 지닌 제2의 정신체계가 존재한다는 것이다. 우리의 의식은 철두철미하게 개인적인 성질의 것이다. 개인무의식을 이에 부수된 것으로 추가하더라도 우리가 오직 유일하게 경험할 수 있는 정신으로 간주되는 것이다. 그런데 집단무의식은 개별적으로 발전하는 것이 아니라 상속되는(inherited) 것이다. 집단무의식은 선재하는 틀들(pre-existent forms), 즉 원형들로 이루어지며 그것들은 단지 이차적으로 의식될 수 있고 의식 내용에 뚜렷한 형태를 부여하는 것이다.[27]

프로이트의 무의식 개념과 결정적인 차이점을 보이고 있는 집단무의식은 분석심리학의 핵심 사상이라고 말할 수 있다. 개인적 경험과는 무관하지만 내 안에 존재하는 내적인 영혼을 융은 아니마와 아니무스로 불렀다. 아니마와 아니무스 외에도 집단무의식에는 많은 원형들이 있다. 원형은 태어날 때부터 인간에게 부여된 원초적인 정신에너지에 해당된다. 인종과 문화적 차이를 초월하여 인류 모두에게 보편적으로 존재하는 원형들은 의식과의 끊임없는 교감을 통해 자아의 행동유형에 영향력을 행사한다.[28] 집단무의식의 원형들은 꿈이나 동화 등의 이야기를 통해 상징적 이미지로 나타난다.

5) 아니마 · 아니무스

융은 집단무의식 영역에 있는 내적인 영혼을 아니마 혹은 아니무스로 불렀다. 페르소나가 사회적응을 위한 외적인격이라면 아니마와 아니무스는 의식과 무의식을 연결하는 내적인 인격이다. 남성에게는 여성적 요소인 아니마(anima)가, 여성에게는 남성적 요소인 아니무스(animus)가 내적인격으로 작용하여 인격의 성숙을 유도한다.

여성은 남성적 요소에 의해 보상받는다. 따라서 여성의 무의식은 소위 남성적 흔적(a masculine imprint)을 지니고 있다. 이것은 남성과 여성 사이의 상당한 심리적 차이점을 초래한다. 따라서 나는 여성 안에서 투사를 창출하는 요소를 아니무스라고 불러왔다. 그것은 곧 마음(mind) 혹은 영(spirit)이다. 아니무스는 아버지 로고스로 비유될 수 있는데 마치 아니마가 어머니 에로스와 동일시되는 것과 같다. 그러나 나는 이런 두 종류의 직관적 개념들에게 지나치게 특정한 정의를 부여하고 싶지 않다. 나는 에로스(Eros)와 로고스(Logos)를 단순히 다음과 같은 사실을 묘사하기 위한 개념적인 수단으로 사용한다. 그것은 여성의 의식이 로고스와 연합하는 차별성과 인식력보다는 에로스의 연대적 성격에 의해 보다 더 특성화된다는 사실이다. 남성에게는 관계의 기능인 에로스가 로고스보다는 대개 덜 발달되어 있다. 반면에 여성에게는 에로스가 그들의 진정한 본성의 표현인 반면 로고스는 가끔 후회될만한 사고(accident)에 불과하다.[29]

남성의 무의식에는 여성적 정신원리, 즉 아니마가 있다. 여성 안에는 반대로 남성원리인 아니무스가 있다. 아니마와 아니무스 원형은 보편적이다. 의식적 차원의 남성원리를 우리는 로고스라고 부르며, 의식적 차원의 여성원리를 에로스라고 부른다. 따라서 남성의 의식적 인격은 로고스로 대변되며, 무의식적 인격은 에로스로 특징지워진다. 감정 기능이 강한 남성은 의식적으로 에로스가 되며, 사고기능이 강한 여성은 의식적으로 로고스가 될 수 있다. 극단적 여성주의자는 부정적인 아니무스를 자신이 싫어하는 남성에게 투사함으로써 성차별주의자로 보일 수 있다. 마찬가지로 극단적인 남성주의자들은 부정적 아니마를 자신이 싫어하는 여성에게 투사함으로써 성차별주의자가 된다. 아니마와 아니무스 원형 역시 양면성을 지닌다. 어떤 대상에게 어떻게 투사되는가에 따라 긍정적인 면도 있고 부정적인 면도 있다.

아니마와 아니무스는 집단무의식 영역에 있기 때문에 의식 차원에서 경험되지 않는다. 그것들은 꿈이나 환상에서 대개 자신과 다른 이성으로 나타난다. 남자에게 아니마는 어머니나 아내의 모습으로 나타나거나, 때로는 가족이나 가까운 사람 혹은 전혀 기억에 없는 여성으로 나타나기도 한다. 반면에 여성에게는 아니무스가 아버지 혹은 존경하는 남성의 모습으로 나타나기도 한다. 대부분의 여성에게 아니무스는 모든 사건에 결부되어 명령이나 금지를 알리고 보편타당한 충고로 나타난다.[30] 꿈속에서 전혀 모르는 남성과 이성교제를 나누었다면, 꿈속의 남성은 대개 자신의 아니무스다. 꿈속에서의 이성교제가 따뜻하고 편안한 경우가 있다. 그것은 대상에 관계없이 일단 자아와 내적인격이 결합하여 온전한 상태에 이르고자 하는 무의식의 보상기능에서 기인한다. 그 밖에도 아니마와 아니무스는 신화, 동화, 민담, 혹은 다른 사람의 이야기 등을 통해 간접적으로 경험된다. 이야기 속의 원형적 이미지가 자신의 내적인격을 자극함으로써 자아는 간접적으로 아니마 혹은 아니무스를 경험하기도 한다. 예를 들면, 영화를 보는 도중 어떤 배우의 행동이나 말투를 보고 너무 강한 인상이나 성적인 충동을 느낄 수 있다. 그때 아니마나 아니무스 원형이 그 영화배우에게 투사되어 의식세계에서 경험된다.

6) 자기

융에 의하면 자기(self)는 무의식의 중심일 뿐만 아니라 전체 인격의 통일성과 전일성을 나타낸다. 의식적 차원에서 정의할 수도 없고 베일에 가려져 있다는 점에서 자기는 무의식의 중심에 있다. 그러나 동시에 자기는 의식과 무의식의 요소를 통합하는 정신세계의 중심이다. 의식과 무의식을 포함한 전체 정신의 중심인 자기는 낮에는 빛과 같고 밤에는 어둠과도 같은, 마치 비천한 종과 고귀한 주인의 모습을 함께 지닌(coincidentia oppositorum), 즉 신적인 속성을 갖고 있다.[31]

자기는 경험적 실제이지만 그 정확한 본질은 사실 규정하기 어렵다. 자기는 정신의 총체성이면서 마치 일원론적 존재처럼 스스로 드러낸다. 자기는 또한 자아와 무의식 전체를 포함하는 정신의 전체성이다. 기독교의 하나님 이미지와 동일시되기도 하는 자기는 자아가 무의식의 세계를 경험함으로써 개성화에 이르는 정점이기도 하다.[32] 개성화 과정을 거치지 않고 자아와 자기가 동일시 될 때 자아는 신의 입장에서 자신의 행위를 정당화한다. 사이비 종교의 교주가 그러하며, 히틀러나 무솔리니 같은 독재자들도 자아를 자기와 동일시하면서 획일화된 원리를 강요하게 된다.[33]

분석심리학에서 말하는 자기(self)는 한 개인(individual)을 의미하지 않는다. 그것은 자아(ego), 의식, 개인무의식과 집단무의식을 포함하는 인격전체를 의미한다. 자기는 꿈, 신화, 민담 등에서 왕, 영웅, 예언자, 구원자 등으로 나타난다. 자기는 또한 신비한 원형, 정사각형, 십자가 형태로 나타나 모든 대극을 연합한다. 원과 사각으로 구성되어 좌우 대칭을 이루는 만다라는 가장 두드러진 자기 상징이다. 산스크리트어로 '본질을 소유하다'는 뜻을 지닌 만다라(mandala)는 거의 모든 종교전통에서 회화나 조각 등을 통해 표현되고 있다. 숫자 4는 전체성의 상징으로서 자기의 상징이다. 자기를 상징하는 만다라 그림은 정신수양이나 예술치료에 널리 활용된다.

자기는 또한 하나님 이미지(Imago Dei)로 나타난다. 정신의 모든 요소는 자기에게 종속되어 있다. 하나님 이미지는 어느 누구에게나 시공을 초월해서 보편적으로 표현된다. 창조의 힘은 자기 안에 있다. 하지만 무의식의 원형심리학은 하나님의 실존에 대해서 말하지 않는다. 단지 자기원형은 개인의 종교적 성향에 따라 하나님, 그리스도, 붓다 등 구원자 이미지로 경험된다. 융은 '하나님' 개념을 심리학적 차원에서 이해했다. 따라서 자기는 심리학적이며

[그림 1-3] 프랑스 카르투지오회 수도원에 있는 만다라 미로(Maze)[34]

초월적인 이미지로서 묘사될 수 없고 이해할 수도 없는 인간성 전체다. 하나님 이미지와 자기 이미지는 경험적으로 볼 때 동일한 상징으로 나타난다.[35] 하나님 이미지 또한 양면성이 있다. 그 양면성은 선과 악, 신과 악마, 하나님과 하나님의 그림자처럼 대극의 양상으로 경험된다. 그 대극은 자기에 의해 전체인격으로 통합된다. 환자에 의해 하나님 이미지가 치료사에게 투사될 때 치료사는 자아팽창 현상을 경험할 수 있다. 자아를 자기와 동일시함으로써, 자신이 마치 하나님과 같은 능력을 소유한 것처럼 착각함으로써 심각한 문제를 야기하게 된다.[36]

5. 방어기제

물총새는 기대감(anticipation)과 자기 합리화(justification)로 인해 처음부터 자신의 행위와 관련이 없는 바다를 비난한다. 이처럼 방어기제는 인간의 심리작용에 많은 영향력을 끼치고 있으며 심리 치료를 위한 중요한 단서가 된다. 대체로 방어기제는 의식상황에서 인식되지 않는다. 하지만 주의력 깊게 관찰하면 어느 정도 의식화될 수 있다. 프로이트의 실수이론이 바로 방어기제의 원리를 말한다. 인간의 실수에는 무의식적 의도가 있다는 것이다. 예를 들면, 어떤 사람과 만날 약속을 한 후에 까마득히 잊고 약속장소에 나가지 않는 경우가 있다. 그것은 분명히 의도적으로 약속을 어긴 것이 아니다. 약속을 지킴으로 해서 피해를 볼 가능성이 있거나 만나고 싶지 않은 상황에서 할수없이 이루어진 약속일 때 그런 실수가 생길 수 있다. 이것은 약속을 지킴으로 해서 오는 위험부담을 미연에 방지하기 위한 무의식의 방어다. 프로이트는 그의 『정신분석학입문』에서 실언의 의미를 추적했다. 개회인사에서 의장이 '폐회를 선언합니다'라고 실언을 했을 때 그것은 단순한 실수가 아니다. 의장에게 그 회의가 부담스러워서 빨리 끝나기를 바라는 마음에 자기도 모르게 실언이 나왔다고 본다.[37] 이것을 가리켜 우리는 방어기제(defense mechanism)라고 부른다. 방어기제가 정상적인 수준을 벗어났을 때 심리적 질병을 유발한다. 우리는 다양한 방어기제의 성격을 살펴봄으로써 상담과 심리치료 현장에서 활용할 뿐만 아니라 자신을 성찰할 수 있다. 방어기제란 용어는 1894년 지그문트 프로이트의 논문 「방어의 신경정신학」에서 처음으로 사용되었다. 이후 방어기제는 정신분석학의 주요 연구과제가 되고 있다. 분석심리학 역시 심층심리학적 관점에서 방어기제를 심리치료 현장에서 중시하고 있다. 여기서는 상담과 치료현장에서 자주 언급되는 방어기제를 살펴보고자 한다.

1) 투사

투사(projection)는 자신의 내적 이미지를 다른 대상에게 귀착시키는 방어기제다. 예를 들면, 한 여성이 남성을 만났을 때 자신 안에 있는 아버지 이미지를 그 남자에게 대입하는 경우다. 이때 아버지에 대한 좋은 감정을 지닌 여인은 그 남성 역시 좋게 느낄 것이다. 하지만 아버지에 대한 부정적 이미지가 그 남자에게 투사될 때 그 남자는 이유 없이 배척을 당하거나 증오의 대상이 된다. 두 경우 모두 심리적 안정을 해치고 현실을 바로보지 못하게 하는 원인이 된다.[38)]

"융학파에서 투사현상은 방어기제일 뿐 아니라, 무의식의 내용을 볼 수 있고 통찰하여 의식의 세계로 되돌려 올 수 있는 유익한 기회가 된다. 투사가 일어나지 않은 상태에서는 확실히 경험하기가 어렵지만 투사를 통해 무의식의 특성을 알 수 있기 때문이다. 투사는 강력한 정동체험이다. 원형적 투사체험은 부정적이든 긍정적이든 엄청난 감동을 수반하는 법이다."[39]

2) 전이

전이(transference)는 자신에게 강한 영향을 끼친 사람에 대한 감정을, 다른 사람에게 투사시키는 과정이다. 상담현장에서 내담자의 감정이 상담자나 치료사에게 이전되는 경우가 종종 발생한다. 전이를 분석함으로써 치료사는 환자의 심리상태를 측정할 수 있다. 예를 들면, 환자가 치료사에게 사랑의 감정을 느끼고 연인처럼 대하는 경우가 있다. 이때 환자와 치료사는 환자로부터 발생하는 전이의 출처를 밝히고 그것을 심리치료에 활용한다. 환자는 이전에 영향을 준 대상의 이미지를 치료사에게 투사함으로써 사랑의 감정을 전가시킨다. 치료사에게 투사된 원래의 대상을 발견함으로써 환자의 과거경험에 도달하게 된다. 따라서 환자나 내담자의 전이감정을 두려워하거나 회피하기보다는 직면해서 문제를 풀어가는 것이 치료자의 과제다.

치료자와 환자 사이의 치료관계는 연금술 과정에 비유될 수 있다. 전혀 다른 두 화학물질(비금속)을 결합하여 귀금속을 창출하려는 연금술은 치료자와 환자 사이의 인격적 교감을 통한 심리치료 과정을 상징적으로 보여 준다. 전이는 치료과정에서 필연적으로 발생한다. 전이의 발생요인은 성적 에너지나 어린 시절의 대상경험에만 국한되지는 않는다. 오히려 과거의 경험뿐만 아니라 현재의 갈등요소 모두가 전이의 원인이 된다.[40]

융은 전이를 치료자와 환자 사이의 대화로 보았다. 환자의 환상이 치료자에게 전이되면 치료자는 무의식적 리비도의 대상이 된다. 환자가 전이사실을 부인하거나, 치료자가 전이를 인식하지 못하거나 잘못 해석할 때 치료자와 환자 사이의 관계는 강력한 저항에 부딪히게 된다. 그때 환자는 떠나가고 다른 치료자를 찾게 된다. 그러나 환자의 전이가 치료자에 의해 수용될 때 환자의 리비도는 자연스런 방향으로 진행된다. 전이를 통해 모든 종류의 유아기 환상은 투사된다. 전이분석을 통해 치료자와 환자는 환자의 문제에 더욱 가깝게 접근하게 된다.[41]

"전이의 목적은 결국 대극의 합일을 통한 일체의 경지에 도달하는 것이다. 즉, 아니마나 아니무스와 하나가 되는 것, 그래서 전체가 되는 데 목적이 있다. 그러므로 본래 자기 마음속에 있으나 치료자에게서 보고 있는 무의식의 상을 되돌려 와서 자신 속에서 저 위대한 치료자, 영웅, 구원자를 발견하는 작업이 필요하다. 그러나 환자들이 사로잡힌 자기비하, 병적인 열등감 때문에 이런 작업이 결코 쉽지는 않다."[42]

3) 역전이

치료현장에서 전이는 환자가 치료사에게 어떤 대상에 대한 감정을 전가시키는 것을 의미한다면, 역전이(counter-transference)는 치료사가 환자에게 느끼는 감정이다. 역전이는 치료사가 환자와의 관계가 원활하지 못할 때 발생하는 경우가 많다. 치료사에게 영향을 준 대상의 내적 이미지가 환자에게 투사될 때 치료사와 환자는

적절한 치료관계를 맺기가 어렵다. 예를 들면, 어떤 환자가 이전
에 자신을 괴롭혔던 환자와 닮았을 때 치료사는 그 환자를 본 순
간 이전의 나쁜 경험을 생각하게 되고 환자에게 부정적 감정을 전
가시킬 수 있다. 따라서 전이와 역전이는 치료관계에서 분석되어
야 할 중요한 과제다. 전이와 역전이에 대한 심리분석은 환자뿐만
아니라 치료사 역시 환자에게 진술해야 하며 두 사람 사이에 진정
한 만남이 역동적으로 진행되어야 함을 상기시킨다.[43]

4) 저항

저항(resistance)은 무의식 속에 억제되어 있는 것을 의식화하지
않는 상태를 의미한다. 저항은 또한 환자가 치료사로 하여금 자신
의 무의식적 갈등영역을 탐색하는 것을 허용하지 않거나 방해하
는 행위다. 이러한 저항은 의식적 차원에서 감지되지 않은 무의식
의 내용에 직면하는 것에 대한 두려움이 작용할 때 발생한다. 분
석상황에서 저항은 당연히 발생하는 현상이기 때문에 치료사는
환자나 내담자의 저항을 존중할 수 있는 마음의 여유를 가져야 한
다. 저항 또한 무의식적으로 표출되기도 한다. 치료사가 환자의
열등한 면, 즉 그림자를 건드렸을 때 방어적 본능이 작용하여 그
것이 저항으로 나타날 수 있다. 치료사의 제안에 별다른 대안 없
이 반발하거나 분노를 표출할 때 환자의 반응이 치료사의 의견과
다른 것인지 아니면 저항하는지를 살펴볼 필요가 있다. 분석상황
에서 저항은 전적으로 환자에게서만 오지 않는다. 저항은 또한 분
석가의 스타일, 성격 그리고 역전이에 의해 심각하게 영향을 받는
다. 부적절한 시기에 전이를 해석하는 것과 같은 기술적 오류가
저항을 자극하기도 한다.[44]

5) 기대

기대(anticipation)는 실제일이 발생하기 전에 미리 예측하거나 자신이 유리한 측면으로 이해하려는 경향이다. 막연한 기대심에 근거한 예측은 부정확할 뿐만 아니라 예측이 빗나갔을 때 실망감이 크다. 지나친 기대는 주변 대상을 이상화(idealization)하여 과대평가하려는 경향이 있다.

6) 연합

연합(affiliation)은 정서적 지지나 물리적 도움을 줄 사람을 찾는 행위로 다른 사람과의 연합은 대인관계에서 중요하다. 하지만 현실감 없는 무의식적인 연합은 일을 그르칠 확률이 높다.

7) 이타주의

이타주의(altruism)는 자기 자신의 문제를 해결하기보다는 다른 사람을 위해 선한 일을 하고자 하는 욕망이다. 이타주의는 표면적으로는 희생적인 사랑을 실천하는 것 같지만 자신과 자신이 속한 가족이나 공동체를 돌보지 않음으로 해서 오는 부정적인 결과를 예측할 수 없다. 예를 들면, 교통사고로 아이를 잃은 남편이 가정을 돌보지 않고 무보수로 교통정리만 한다면 그 가정은 경제적 문제뿐만 아니라 심리적으로 매우 불안한 상태에 이를 수 있다.

8) 유머

유머(humor)는 대상이나 사물에 대해서 낙천적이거나 즐거운 마음으로 이끌어가려는 경향이다. 하지만 어떤 사람들은 자신의 약점을 감추기 위해 유머를 사용하는 경우가 있다. 어떤 경우는 상 대방의 공격을 미리 피하기 위해 유머를 사용하기도 한다. 유머는 반대로 놀이나 이야기 치료에 도움이 될 때가 있다.[45] 스트레스로 인해 불안한 심리상태에 있는 내담자에게 유머는 정신적으로 대 단히 신선함을 줄 수 있다. 유머가 긍정적으로 활용되기 위해서는 의식적 차원의 노력이 필요하다. 이 경우 유머는 재치(wit)가 될 수 있다.

9) 자기확신과 자기관찰

자기확신(self-assertion)은 다른 사람 앞에서 자신이 진실하고 정 직하다는 것을 강조하는 경향으로서, 건전한 정체성 확립에 도움 을 주는 경우도 있지만, 반대로 지나친 자기확신은 자기애적인 성 향으로 발전한다. 자기관찰(self-observation) 역시 자신의 감정과 생각을 책임감 있게 성찰하려는 방어기제다. 자기관찰은 인격의 성숙과 대인관계에 긍정적인 영향을 준다. 하지만 지나친 자기관 찰은 완벽주의로 흐르게 되면서 심리적 부담감을 가중시킨다.

10) 부인

부인(denial)은 외적인 상황이 감당하기 어려울 때 일단 그 상황 을 거부하여 심리적인 상처를 줄이기 위한 방어기제다. 어린이는 겁에 질릴 때 자기가 힘이 있고 전능하다는 환상을 만들어내기도 한다. 어린아이들은 어른들에게 꾸지람을 듣게 될 상황에 직면하 면 일단 본인이 한 일을 안 했다고 말한다. 사실대로 말하면 혼날 것같아 거짓말한 것을 어른들은 아이가 진실하지 못하다고 꾸짖 는 경우가 있다. 부인은 아동기 동안에 정상적인 현상이며, 어느

정도의 일시적인 부인은 스트레스나 외상 경험을 만날 때, 또는
어느 나이든 사랑하는 사람을 상실할 때, 누구에게나 나타나는 정
상적인 반응이다. 하지만 현실에 대한 지속적인 부인은 종종 심각
한 문제를 암시한다.[46]

11) 승화

승화(sublimation)는 반사회적 충동을 사회가 허용하는 방향으로
나타내는 한 방법으로서, 주변 상황이 자신에게 불리하게 작용할
때 좋게 생각하고 그것을 자신에게 적합한 방식으로 받아들이는
경향이다. 예를 들면, 권투와 같은 스포츠는 자신의 공격성을 사
회가 인정하는 범위에서 표현하려는 욕구의 표현이다. 승화를 통
해서, 어떤 일이 진행되어 자신에게 불리하게 진행됨에도 불구하
고 다른 사람 앞에서는 만족한 것처럼 행동할 수 있다. 이처럼 승
화는 자신의 힘으로 상황을 반전시킬 수 없을 때 그것으로 인해
상처를 받지 않으려는 방어기제다.[47]

12) 억제

억제(suppression)는 불편한 경험이나 감정에 대해 생각하는 것
을 스스로 피하는 것이다. 억제는 불행했던 과거를 더 이상 생각
하지 않음으로써 현재의 삶에 충실하게 만들어 준다. 하지만 동시
에 억제는 자기 문제에 직면하지 않고 회피함으로써 외상 후 스트
레스 장애를 일으킬 수 있다.

13) 전치

전치(displacement)란 어떤 대상에 대한 자신의 감정을 다른 사람

에게 전가시키는 경향이다. 예를 들면, 회사에서 사장에게 꾸중을 듣고 집에 와서 아이들에게 고함을 지르며 화풀이하는 행위다. '종로에서 뺨맞고 을지로에 와서 화풀이 한다'는 우리 속담에도 전치의 의미는 잘 드러난다.

14) 해리

해리(dissociation)는 정상적인 의식 기능의 단절로 인해 현실로부터 자신을 격리함으로써 기억능력이 상실되거나 정체성을 확립하지 못하는 것이다. 예를 들면, 심각한 성폭행을 경험한 여성이 전혀 그런 사실을 기억하지 못한 경우가 있다. 이것은 그 사건이 너무 충격적이기 때문에 정상적인 의식기능으로는 감당할 수 없게 될 때 무의식적으로 그 사건과 자신을 분리하게 된다. 이러한 해리 현상이 지속될 때 심각한 정신적 고통을 당하게 된다.

15) 지성화

지성화(intellectualization)는 추상적 논리나 철학에 집중하며 사건에 대한 자기감정을 최소화하려는 경향이다. 예를 들면, 장마철에 수해가 나서 집이 무너졌는데도 다른 사람 앞에서 집의 구조적 결함을 설명한다거나 외부적 요인을 합리적으로 분석하려는 행동을 보인다. 집이 파괴되어 심각한 슬픔과 우울증이 엄습하는데도 지나치게 냉정한 태도를 취함으로써 지성미를 보이고자 하는 사람은 사건이 지난 후에 그 후유증을 경험할 수 있다. 당면한 문제를 합리적으로 해결하기 위해 지나치게 지성적인 행동을 하는 사람은 자신의 감정을 자연스럽게 표출하지 못함으로써 정서적으로 불안해질 수 있다. 사랑하는 아내나 남편의 죽음을 경험하고도 지나치게 차분하다면 시간이 지난 후에 엉뚱한 방향으로 감정표현을 하게 되는 경우가 많다. 이러한 현상은 정서적 고립을 초래하기도 한다.

16) 반작용 형성

반작용 형성(reaction formation) 과정은 자신의 의지나 생각과는 전혀 반대되는 방향으로 행동하려는 경향이다. 예를 들면, 직장에서의 일이 적성에 맞지 않는데도 다른 사람 앞에서는 그 일을 좋아한다고 말하는 경우가 그것이다. 연애를 할 때 어떤 여성은 상대방 남성을 좋아하는데도 전혀 그렇지 않고 오히려 싫어하는 표정을 짓기도 한다. 자신의 약점을 드러내지 않기 위해 이러한 방어기제가 형성된다. 부모로부터 버림받은 경험이 있거나 다른 사람에게 버림받았다고 생각하는 사람은 버림받는 것이 두려워 미리 상대방을 배척하려는 경향이 있다. 반작용 형성은 다른 사람의 오해를 초래하여 심각한 부작용을 초래하기도 한다.

17) 억압

정신분석학 개념에서 억압(repression)은 본능(id)으로부터 생겨나는 갈등과 충동을 의식적 인식으로부터 없애는 것이다. 억압된 갈등과 충동은 무의식 세계에 가라앉게 되고 여기에서 부정적인 영향을 끼치게 된다. 예를 들면, 아버지로부터 성적 학대를 당한 경험이 있는 아이는 혼자 있을 때 어른 남성이 들어오면 불안해 한다. 억압은 기억상실증을 포함한 많은 신경증의 근원이 된다.

18) 평가절하

평가절하(devaluation)란 객관적으로 좋게 보일지라도 얻을 수 없
거나 자신과 관련이 없는 것을 폄하하거나 부정적으로 평가하려
는 행동이다. 예를 들면, 이솝이야기에서 여우가 포도를 따먹을
수 없게 되자 '포도가 시다'고 하는 것과 같다.

19) 합리화

합리화(rationalization)는 내면적 동기를 감추고 부당한 방법으로
자신의 행위를 정당화하려는 태도를 뜻한다. 예를 들면, '아이를
사랑하기 때문에 때린다'는 부모의 말에서 자신의 분노는 감추어
진 채 정당화하는 논리만 앞세워진다. 자신의 잘못을 인정함으로
써 겪을 위험요소를 미연에 방지하기 위해 부당한 방법으로 합리
화하는 행동이다.

2O) 행동화

'법보다 주먹이 앞선다'는 말이 있다. 이렇듯 심사숙고하기 전
에 행동이 앞서는 경향을 행동화(acting out)라고 한다. 조심성이
없거나 성질이 급한 사람들을 가리켜 하는 말이다. 하지만 방어기
제 측면에서 볼 때 행동이 앞서는 것은 자기감정을 말로 표현하기
어려울 때 발생한다. 예를 들면, 외도를 하는 남성은 결혼생활을
통해 자신의 감정이 표현되지 못할 때 말 대신 외도라는 행동으로
표출된다. 무의식적인 행동주의는 자신뿐만 아니라 주변상황까지
도 어렵게 만드는 경우가 종종 발생한다.[48]

▓▓▓ 미주

1) 이솝, 이솝우화전집, 신현철 역 (문학세계사, 1998), 121.
2) 피학증은 흥분과 만족을 얻기 위해 신체적 고통이나 정신적 고통을 추구하
   는 성향이다. 미국정신분석학회 편, 정신분석용어사전, 이재훈 외 역 (한국심
   리치료연구소, 2002), 147, 563.
3) C. S. Hall, 프로이트 심리학 입문, 김평옥 역 (학일출판사, 1994), 74.
4) David A. Statt, 심리학 용어사전, 정태연 역 (도서출판 이끌리오, 1999), 57.
5) S. Freud, 정신분석학입문, 서석연 역 (범우사, 1990), 441.
6) Andrew Samuels, Bani Shorter and Fred Plaut, *A Critical Dictionary of
   Jungian Analysis* (London and New York: Routledge, 1986), 155.
7) C. G. Jung, 원형과 무의식, 융저작번역위원회 (도서출판 솔, 2002), 44. CW
   8, par. 382.
8) 참조. Harry A. Wilmer, *Practical Jung: Nuts and Bolts of Jungian
   Psychotherapy* (Wilmette, Illinois: Chiron Publication, 1987), 184.
9) Edward F. Edinger, *The Aion Lectures: Exploring the Self in C. G. Jung's
   Aion* (Toronto: Inner City Books, 1996), 22-25.
10) CW 9ii, par. 1.
11) CW 8, par. 611.
12) CW 6, pars. 800-801.
13) Calvin S. Hall, & Vernon J. Nordby, 융심리학 입문, 최현 역 (도서출판 범
    우사, 1985), 57-59.
14) 이부영, 아니마와 아니무스 (한길사, 2001), 47.
15) Richard Frankel, *The Adolescent Psyche: Jungian and Winnicottian
    Perspectives* (New York: Brunner-Routledge, 1998), 135.
16) CW 7, par. 103.
17) 이부영, 분석심리학, 71.
18) CW 9ii, par. 14.
19) Richard Frankel, *The Adolescent Psyche: Jungian and Winnicottian
    Perspectives*, 139.
20) 이부영, 그림자 (한길사, 1999), 41.
21) Harry A. Wilmer, *Practical Jung*, 98.
22) 이부영, 그림자, 130.
23) 참조. Harry A. Wilmer, *Practical Jung*, 99.
24) Harry A. Wilmer, *Practical Jung*, 99-104.
25) 이부영, 그림자, 98.
26) 이부영, 분석심리학, 69.

27) C. G. Jung, 원형과 무의식, 157. CW 9i, par. 90.

28) 이부영, 아니마와 아니무스, 32.

29) CW 9ii, par. 29.

30) Emma Jung, 아니무스와 아니마, 박해순 역 (동문선, 1995), 143.

31) CW 14, par.176.

32) Edward F. Edinger, *The Aion Lectures: Exploring the Self in C. G. Jung' s Aion*, 34.

33) 참조. Edward F. Edinger, *The Aion Lectures: Exploring the Self in C. G. Jung' s Aion*, 36.

34) Harry A. Wilmer, *Practical Jung*, 81.

35) C. G. Jung, *Collected Letters*, vol. 1, 487.

36) Harry A. Wilmer, *Practical Jung*, 80-94.

37) S. Freud, 정신분석학입문, 43.

38) 참조. 미국정신분석학회 편, 정신분석용어사전, 143-147.

39) 이부영, 아니마와 아니무스, 92.

40) David Sedgwick, *Introduction to Jungian Psychotherapy: The Therapeutic Relationship* (New York: Brunner-Routledge, 2001), 60-63.

41) CW 7, pars. 94-96.

42) 이부영, 아니마와 아니무스, 233; 참조. CW 12, par. 346.

43) Andrew Samuels, Bani Shorter and Fred Plaut, *A Critical Dictionary of Jungian Analysis*, 18-21; 참조. CW 8, par.519.

44) 미국정신분석학회 편, 정신분석용어사전, 427-430.

45) Steven M. Sultanoff, "Integrating Humor into Psychotherapy," in *Play Therapy with Adults ed.* Charles E. Schaefer (Canada: John Wiley & Sons, Inc., 2003), 107-143.

46) 미국정신분석학회 편, 정신분석용어사전, 159-161.

47) 참조. 미국정신분석학회 편, 정신분석용어사전, 240-242.

48) http://www.guidetopsychology.com/ucs.htm

이야기 해석과 심리치료의 원리

1. 지혜로운 원님

옛날 어느 여인이 아이에게 젖을 물린 채 마당에 서 있는데, 한 여인이 잠시 '아이를 안아 보자'기에 아이를 주었더니 자기 아이라고 돌려주지 않았다. 아기의 엄마는 너무나 갑작스럽게 일어난 사건이라 황당하기도 하고 두려워서 고을 원님을 찾아가 올바른 판결을 요구했다. 두 여인은 원님을 찾아가 젖먹이 아이를 서로 제아이라고 우겼다. 원님은 아이를 가운데 두고 두 여인으로 하여금 아이의 손을 서로 잡아당기게 하였다. 한 여인은 자기 쪽으로 아이를 사정없이 잡아당겼으나, 다른 여인은 울면서 아이 쪽으로 끌려가는 것을 본 원님은 그 끌려가는 여인이 진짜 어미라고 판단하였다.[1]

2. 심리여행

본 설문에 편안한 마음으로 임하기 바랍니다. 하나 이상의 항목을 선택하거나 개인의 의견을 제시해도 좋습니다.

 1. 어떤 여인은 남의 아이를 왜 자기 아이라고 우겼나요?
   ① 아이만 보면 너무 좋아서
   ② 자기가 낳은 아이가 얼마 전에 죽었기 때문에
   ③ 결혼하기 전에 아이를 키우고 싶어서
   ④ 자기가 부모로부터 버림받아 고아원에서 자랐기 때문에
   ⑤ 기타(   )

 2. 원님을 보면 생각나는 이미지는?
   ① 아버지   ② 어머니

③ 하느님　　　　　　　　　　　④ 존경하는 분
⑤ 기타(　　　　　　　　　　　　　　　　)

3. 내가 아이를 빼앗긴 사람이라면 어떻게 했을까요?

　　① 싸워서라도 아이를 빼앗기지 않을 것이다.
　　② 아이를 안아보자고 할 때 아이를 주지 않았을 것이다.
　　③ 일단 그 여인을 안심시키고 그 이유를 알아보려고 노력했을 것
　　　이다.
　　④ 원님에게 즉시 달려가 고발하겠다.
　　⑤ 기타(　　　　　　　　　　　　　　　　)

4. '지혜로운 원님' 이야기에서 결핍된 요소는 무엇인가? 집단적
　차원과 개인적 차원에서 생각해 봅시다.

5. '지혜로운 원님' 이야기에서 결핍된 요소가 어떻게 보완되고 있
　는가? 집단적 차원과 개인적 차원에서 생각해 봅시다.

6. 내가 다시 쓴 '지혜로운 원님' 이야기를 소개해 봅시다.

7. 지금까지 가장 나의 기억에 남는 이야기를 소개해 봅시다.

Tip

- 1번은 자기도 모르게 남의 아이를 자기 아이라고 주장하는 심리적 요
  인에 주목한다.
- 2번은 자기(self) 이미지를 누구를 통해 인식하고 있는가를 보기 위함
  이다.
- 3번은 황당한 사건이 발생했을 때의 대처 능력을 보기 위함이다.
- 4~5번은 이야기를 분석심리학적 관점에서 해석하는 과정이며 심리치
  료의 방향을 제시한다.
- 6번은 이야기에 대한 자신의 견해를 살펴보기 위함이다.
- 7번에서 가장 기억에 남는 이야기는 자신의 콤플렉스를 반영한다.

3. 지혜로운 원님과 솔로몬

'지혜로운 원님' 이야기는 성서에 소개된 '솔로몬의 재판' 이야기와 유사하다. 성서에 의하면 이스라엘 왕 솔로몬은 지혜로운 재판으로 인해 더욱 유명해졌다고 전해진다. 열왕기상 3장 16-28절에 소개된 그의 판결 내용을 살펴보자.

두 창기가 동시에 아이를 낳았는데 그중 한 여인이 잠자다가 자기 아이를 깔아 죽이자 다른 여인이 잠자는 사이에 죽은 아이와 산 아이를 바꿔치기 하는 사건이 발생했다. 두 창기는 왕에게 와서 산 아이가 서로 자기 아이라고 주장했다. 왕은 칼을 가져오게 하여 산 아이를 둘로 나눠 서로 반반씩 가져가라고 하였다. 아이의 진짜 어미는 그 애를 살리기 위해 다른 여인에게 아이를 넘겨 주었다. 이를 본 왕은 아이의 생명을 지킨 여인이 진짜 엄마라면서 그 아이를 데려가게 했다.

한국의 민담인 지혜로운 원님과 성서에 전해지는 솔로몬의 재판 이야기는 등장인물과 그들의 행위만 약간 다를 뿐 이야기 구성은 거의 똑같다. 시간과 공간의 현격한 차이가 있음에도 불구하고 어떻게 이런 현상이 발생할 수 있을까? 고대 이스라엘과 우리나라 사이에 서로 교류가 있었을까? 아니면 서로 독자적으로 창안된 이야기가 유사성을 띤 것일까? 어느 이야기가 더욱 진실한 것일까? 세계 각국의 이야기를 살펴보면 서로 유사한 이야기를 많이 발견하게 된다. 신데렐라 이야기와 콩쥐팥쥐 이야기 또한 거의 유사한 구조를 가지고 있다. 이야기는 시간이 지나면서 여러 지역에 퍼져

각 지역의 정서와 문화적 특성에 적합한 형태로 변화한다. 어떤 이야기들은 각 문화권 안에서 자연스럽게 발생하여 시대에 따라 변천하기도 한다.

솔로몬의 재판 이야기와는 달리 한국의 민담은 처음부터 그렇게 잔인하지 않다. 어미가 아들을 깔아 죽이는 어처구니없는 사건보다는, 남의 아이라도 안아 보기 좋아하는 우리의 정서를 반영하는 이야기로 전개된다. 모르는 사람이 아이를 안아 보겠다고 해도 선뜻 자식을 내어주는 것이 우리네 정(情)이다. 그런데 그 아이를 자기 아이라고 우길 줄이야 상상이나 했겠는가? 이웃을 불러 자기 아이임을 증명하고자 해도 순간적으로 당한 일이라 일의 절차를 따질 겨를이 없다. 지혜로운 재판관만이 이를 해결해 줄 수 있다고 믿는 것이다. 솔로몬은 아이를 칼로 나누게 했지만, 우리네 이야기꾼은 차마 그렇게 하지 못한다. 원님은 아이를 서로 잡아당기게 한다. 이것이 한국의 민담이다. 이는 다분히 농촌문화의 여유로움이 아닐까 생각된다. 이처럼 이야기의 등장인물과 소재는 문화와 사상적 배경에 따라 달라질 수 있다. 하지만 그 주제는 일치하는 경우가 많다.[2]

전래 동화, 신화, 전설, 민담을 포괄하는 이야기(설화)는 구전성, 민중성, 산문성에 더하여 허구성을 지닌다. 왜냐하면 이야기는 민중의 상상력에 의해 수정, 첨가, 변화를 거듭하기 때문이다.[3] 이야기는 역사적 관점에서 볼 때 '사실'(fact)이 아닐 수도 있다. 하지만 이야기의 내용은 심리적 실제(psychological reality)이기 때문에 인류역사와 함께 해 왔다. 이야기의 허구적 측면은 인간의 창조능력에서 비롯된 것이며 그것은 결국 내면세계의 정신활동을 드러낸다.

그렇다면 서로 교류가 없는 이야기들이 왜 거의 동일한 구조를 유지하며 오랜 세월을 통해 전수되는가? 이것은 동화, 민담, 전설, 신화 등의 이야기 안에 원형적인 요소가 있기 때문이다. 시공을 초월하여 인간의 집단무의식에 내재된 원형들이 이야기를 통해 의식상황으로 표출된다. 이야기는 한 민족 혹은 공동체의 요구에 의해 창조적인 변천 과정을 걸어왔다. 그 창조적 변화는 때론 비현실적인 요소도 있지만 공동체의 실상(實狀)을 드러낸다. 이야기의 공동체성은 역사적 혹은 문화적 한계를 넘어 누구나 경험할 수 있는 보편성을 보여 준다. 이야기가 심리치료에 활용될 수 있는 근거가 여기에 있다. 내담자는 이야기를 통해 다른 사람도 자신처럼 고통을 받고 있다는 사실을 깨닫게 되며 이야기 속의 인물처럼 자신도 고통을 극복할 수 있다는 자신감을 갖게 된다.[4] 상담이나 심리치료 현장에서 이야기는 내담자의 경험을 일상적인 사건 가운데 하나로 전환함으로써 심리적 부담을 덜어주는 효과가 있다. 특별히 어린이들에게 이야기는 자기가 속한 가족의 문제를 사회문화적인 관점에서 검토함으로써 사건을 객관화할 수 있는 기회를 제공한다.[5]

4. 이야기 종류와 치료효과

이야기가 상담과 심리치료에 활용된 것은 긴 역사를 가지고 있다. 이야기에 '심리치료'와 관련된 특별한 명칭이 붙기 훨씬 이전부터 이야기는 우리 삶 가운데 없어서는 안 될 중요한 요소로 자리잡고 있다. 가족이나 대인관계에서 대화를 중시하는 것도 알고 보면 다른 사람의 '이야기'를 들어야 한다는 암시를 내포하고 있다. '옛날 옛적에'로 시작하는 구수한 이야기는 시작부터 듣는 사람을 설레게 하며 미지의 세계로 안내한다. 우리와 전혀 상관없는 옛날이야기가 우리의 심금을 울리고 때로는 큰 감동을 주는 것은 어떤 연유인가? 이야기 안에 담긴 공동체성과 인류문화의 보편성은 시공을 초월해서 사람들을 만나게 한다. 동시에 이야기는 시간과 장소에 따라 능동적으로 변화함으로써 문화적 특성에 따라 적당한 옷을 입고 우리에게 다가온다. 거의 동일한 구조로 전개되는 신데렐라 이야기와 콩쥐팥쥐 이야기가 서로 다른 문화권에서 각자의 옷을 입고 민중의 사랑을 받는 것도 문화의 차이에서 기인한 것이다.

이야기를 활용한 심리치료는 그 넓은 범위만큼이나 다양하게 발전되고 있다. 이야기(story)는 사연(narrative), 말하기(talking), 혹은 대화(dialogue) 등의 형태로 심리치료에 활용된다. 이야기치료에는 대체로 다음 세 가지 유형이 있다.

첫 번째 유형은 내담자 자신의 경험 이야기에 초점이 모아진다. 상담과 심리치료 과정에서 삶의 이야기를 말하고 듣게 되며 상담자는 내담자의 이야기를 통해 이야기 세계를 파악하고 현실세계와 어떠한 연관을 맺고 있는지를 탐구한다.[6] 1882년에 브로이어(Breuer)가 치료했던 안나(Anna O.)는 최면상태에서 자발적으로 과거의 외상(trauma)을 이야기함으로써 병이 나아지는 것을 체험했다. 안나는 이것을 '이야기치유'(talking cure) 또는 '굴뚝 청소'(chimney-sweeping)라고 불렀다. 그녀의 이런 경험이 나중에 카타르시스 치료법의 출발점이 되었다.[7] 의식 혹은 무의식 가운데 자신의 이야기를 함으로써 심적인 불안감이 해소될 만큼, 이야기는 그 자체로 큰 힘을 가지고 있다. 니콜스(Nichols)와 쉬바르츠

(Schwartz)는 그의 책 『가족치료』에서 이야기가 심리치료에 활용된 역사와 치료방법론을 요약해서 정리하고 있다. 삶 속에 나타난 경험들이 내담자에게 어떠한 기대를 형성하게 하는가? 그 기대들이 이야기를 재해석하는 과정에서 어떻게 새로운 경험을 형성하는가에 그 초점이 모아진다. 기존의 해석에 얽매이지 않고 자신에게 맞는 해석을 시도함으로써 이야기로부터 새로운 경험을 얻어내는 것이 그들이 말하는 이야기치료(narrative therapy)에 해당된다. 예를 들면, '다음번에 당신이 말할 때는 그것은 공포가 아니라 단지 자신이 흥분한 것이라고 생각해 보세요' 라는 식으로 새롭게 해석함으로써 심리적 불안을 해소한다.[8] 이야기치료에서 자신을 드러내는 대화는 문제를 사람으로부터 분리하여 말하게 하는 방식이다. 문제의 원인은 자신의 성격이나 열등한 요소 때문이 아니라 문제를 일으키는 주변적 환경과 대인관계 사이에서 비롯된 것임을 상기시킴으로써 건강한 자아의식을 확립하는 과정이 수반된다.[9] 이런 형태의 이야기치료는 일종의 이야기식 대화기법이며 인지행동치료에 그 바탕을 두고 있다.

두 번째 유형은 다른 사람의 이야기를 통해 자신을 돌아보는 방법이다. 인간은 제한된 영역과 환경의 지배를 받기 때문에 한 사람이 다양한 경험을 할 수 없다. 성장과정에서 경험하는 것은 대부분 새로운 것이기 때문에 그만큼 위험요소가 도사리고 있다. 부모가 경험한 삶의 이야기나 신앙적인 교훈들이 유익한 길잡이가 되는 것도 바로 인간경험의 한계성에서 출발한다. 이처럼 실제 삶 속에서 일어난 일들은 이야기가 되어 다른 사람들의 길잡이가 되는 경우가 많다. 위인전이나 진솔한 삶의 이야기는 성장과정에 있는 아동에게 희망을 주고 꿈을 키워주는 훌륭한 안내자가 된다.

작가의 상상에 의한 소설이라고 할지라도 심리적 실제들을 다루고 있기 때문에 인간의 내면세계를 보는 도구가 된다. 독자는 작품 안에 나타난 등장인물과 사건을 통해 자신을 돌아보게 된다. 이런 취지에서 독서치료는 개발되고 있다. 조셉 골드는 픽션이 갖는 치료효과를 다음과 같이 말한다.

> 픽션의 도움으로 당신은 자신의 느낌, 불안함, 분노, 애증의 원인을 이해하고 진단할 수 있다. 픽션은 베일에 가린 당신 자신의 생활과 진정한 자아를 마법의 거울처럼 비출 수 있다. 스토리가 지닌 또 하나의 멋진 기능은 독자의 사고방식과 지각방식을 바꾸어 놓는다는 것이다. 픽션은 사고방식을 재조직하고 문제를 해결해 주고 기억 속의 과거를 새롭게 바라보게 해 준다. 말하자면 픽션은 창조적이고 건전한 변화를 유도하는 데 강력한 매개가 될 수 있다.[10]

독서치료가 어린이 상담치료에 효과가 있다는 것은 이야기가 담고 있는 보편적 성격에서 기인한다. "독서치료는 특히 어린이들이 자신의 감정을 구체적인 말로 표현할 때에나 어려운 상황에 직면하게 될 때 자연스럽게 문제에 대한 해결점을 제시한다는 점에서 유용한 기법이다."[11] 다른 사람의 이야기가 공감을 불러일으키고 공동체에 의해 수용될 때 그것은 심리적 공유물이 된다. 만일 암으로 투병 중인 이야기 속의 주인공이 차분하게 병을 극복해서 좋은 결과를 얻어냈다면, 환자는 이야기의 주인공과 자신을 동일시함으로써 용기와 희망을 얻게 된다.[12]

세 번째 유형은 융학파에서 주로 활용하는 이야기치료 원리다. 이것은 전래 동화나 민담 혹은 신화 등에 나타난 원형적 이미지를 심리적 관점에서 분석하는 작업이다. 이야기가 심리치료에 활용되는 이유는 그 안에 인류문화가 남긴 수많은 원형적 이미지가 존재하기 때문이다. 내담자의 기억에 남은 이야기는 개인적인 진단정보를 알려 줄 뿐만 아니라 내면에 있는 집단무의식의 심리적 역동을 이해하는 데 도움을 준다. 예를 들면, 내담자가 이야기 속의 신화적 영웅과 자신을 동일시함으로써 비현실적이고 무모한 생각에 빠진다면 그의 신경증문제를 고려해 볼 수 있다.[13] 신경증은 무의식이 자아활동에 부정적으로 작용할 때 발생한다. 무의식의 원형이 자아를 압도하여 현실인식을 방해할 때 신경증의 원인이 된다.[14]

이야기하기(storytelling)는 신체적 건강뿐만 아니라 정신건강에도 대단히 유용하다. 이야기는 혼자 중얼거리는 것이 아니라 다른 사람과 함께 이루어지는 공동의 작업이다. 이야기에 나타난 다른 사람들의 세계관을 통해 자신을 객관화시킬 수 있다. 동화나 민담을 통해 치료자는 내담자의 심리상태를 간접적이면서 덜 위협적인 방식으로 전달한다.[15] 따라서 이야기치료를 시도하는 상담자는 내담자로 하여금 연상(association)이나 적극적 상상(active imagination)을 통해 자신의 경험을 진솔하게 말하도록 이끌어야 한다. 융이 의식화작업의 수단으로 활용했던 적극적 상상은 감정을 상(image)으로 번역하는 작업이다. 내담자(환자)는 이야기를 통해 발현된 심리적 역동을 구체화하기 위해 무의식의 내용을 의식화할 필요가 있다. 이야기 속의 사건이나 이미지에 대한 적극적인 상상을 통해 그 내용을 구체화시키는 것이 적극적 상상법이다. 꿈분석작업에서 주로 사용하는 확충(amplification) 역시 이야기 속의 이미지를 다른 이야기나 신화 등에 나타난 유사한 내용과 비교 검토함으로써 그

의미를 보충하는 작업이다.[16] 하지만 이야기는 본질적으로 집단의
식의 표현이다. 반면에 분석심리학의 정신구조는 개인의 심리작용
에 주목한다. 이야기 속의 원형적 이미지들이 인간의 심층에 있는
집단무의식의 원형과 어떤 심리적 관련이 있는가에 주목하는 것
이 융학파의 관심이다. 우리는 원형적 이야기를 통해 집단의식과
개인심리의 양면을 보게 된다.[17]

그 밖에도 이야기신학이나 이야기설교 등은 교리적인 해석을 지
양하고 단지 '이야기하기'를 독자나 청자가 스스로 깨우치기를
유도하는 데 활용하고 있다. 성서나 그 밖의 종교문헌 역시 원형
적 이미지들이 담긴 이야기를 많이 소개하고 있다. 성서를 비롯한
옛이야기는 대체로 있을 법한 내용과 초현실적 혼합물로 구성되
어 있다. 하지만 두 상반된 요소들을 가려내기란 쉬운 일이 아니
다. 다만 분명한 것은 성서에 소개된 이야기들이 인간의 정신세계
에 심오한 영향을 끼치고 있다는 사실이다.[18] 이 책에 소개된 성
서 이야기들은 상담이나 심리치료 현장에서 유용한 것들이다. 성
서에 소개된 이야기에는 대체로 다음 세 가지 유형이 있다. 각 유
형에 따라 접근방법은 달라져야 할 것이다.

첫째, 어떤 이야기가 고대사회를 배경으로 하고 있다면, 그 사
건의 현실성이 어느 정도인지 판단해야 한다. 만약 그 이야기가
우리 주변에서도 흔히 발생할 수 있는 것이라면 그 안에 등장하는
인물 역시 현대인의 입장과 비교하면서 분석할 수 있다. 역사적
정황이 뚜렷하며 이야기에 소개된 사건이 다양한 증거자료를 가
지고 있을 때 그것은 역사보도에 가깝다. 예를 들면, 뉴스보도와
같이 사건을 객관적으로 전달하는 이야기에서 심리적 요소를 찾
아보기는 어렵다.

둘째, 성서에 소개되는 대부분의 이야기는 역사적 배경을 근거로 하기 때문에 일단 현실성이 있어 보인다. 하지만 그 안에는 비현실적인 내용이나 기적, 혹은 환상적 내용이 뒤섞여 있는 경우가 종종 있다. 대부분의 민담, 전설, 동화 등의 이야기는 현실적 주제와 초현실적 주제가 섞여 있다. 현실과 초자연적 요소가 함께 섞여 있는 것이 고대 이야기의 전형적인 모습이다. 이것은 상상력과 감수성이 풍부했던 고대인들에게는 현실과 초자연적 세계가 분리되지 않은 채 인간의 정신세계를 지배했기 때문이다. 고대인에게 있었던 신화적 사고는 주로 어린이나 원시인의 꿈에서 드러난다.[19] 하지만 이런 이야기 속에 들어 있는 현실적 주제는 집단 속에 동화되어 이미 개인적 차원을 벗어난 것이라는 점을 염두에 둘 필요가 있다.

현실세계와 초월적 영역이 함께 섞여 있는 이야기 안에 등장하는 인물들을 분석할 때는 집단의식이 그 인물들에게 투사되고 있음을 주목할 필요가 있다. 이 경우 등장인물의 상징적인 역할들을 조사해야 한다. 특히 익명으로 출현하는 특별한 능력의 소유자들은 이야기의 상징성을 더해 준다. 이름을 가진 등장인물일지라도 그가 사회계층을 대변하는 전형적인 인물이라면 개인적인 차원보다는 집단적 차원에서 검토할 필요가 있다. 예를 들면, 왕이나 장군, 혹은 예언자들은 개인적인 모습보다는 집단의식을 대변하는 원형적 이미지들이다.

셋째, 이야기 전체가 초현실적인 내용을 담고 있는 경우다. 신화가 여기에 해당된다. 신화 속에 등장하는 인물들은 대개 신적인 존재들로서 우리의 삶과 비교할 수 없는 요소들이 많다. 하지만 고대인의 언어였던 신화는 사실 인간의 정신세계와 삶의 양태를 상징적으로 표현하고 있다.[20] 따라서 신화 속의 신이나 인물을 그와 유사한 역사적 혹은 전설적 인물과 비교할 수 있으며, 때로는 신화가 발생했던 공동체의 사회구조나 삶의 양태와의 비교를 통해 그 의미를 살펴볼 수 있다. 확충을 통해 신화의 의미를 발견하고 이야기 안의 이미지나 인물들을 조명할 때 등장인물과 관련된 주변상황이 드러난다.

팔터(S. Falter)는 이야기를 내담자와 상담자 사이의 빨랫줄 비유로 설명한다.

첫째, 이야기는 마음의 빨랫줄로서, 우리는 내면의 여러 가지 심상들을 빨랫줄에 걸 수 있다. 빨랫줄에 걸린 이야기들은 우리 삶에 의미를 주며 그것들이 제구실을 하도록 돕는다. 예를 들면, 의미 있는 고통은 진정한 의미에서 고통이 아니다. 하지만 의미 없는 고통은 참아내기 힘들다. 우리 자신의 이야기나 고전적 이야기들은 우리의 삶에 의미를 부여한다.

둘째, 이야기를 통해 자녀들(혹은 내담자)이 어떻게 성장하는가를 엿볼 수 있다. 자녀들에게 문화 혹은 삶의 양태와 관련된 전통을 이야기함으로써 그들이 의미를 위한 토대를 창조하거나 들은 것을 구체화하도록 돕는다.

셋째, 이야기는 사람들 사이를 연결해 준다. 다양한 사람들의 이야기는 서로 다른 차원에서 지혜를 나누게 한다. 이야기 전달자(상담자), 듣는 이(내담자), 그리고 나눔(sharing)이 한 조가 되어 삶의 변화를 일으킨다.[21]

바커(Barker)는 심리치료 현장에서 이야기 활용이 주는 효과를 다음 12가지로 제시한다.

• 문제점을 구체화하거나 설명하게 한다.

- 문제에 대한 해결책을 제시한다.
- 내담자 스스로 자신을 돌아보게 한다.
- 생각을 정리하게 하고 동기를 부여한다.
- 치료관계를 적절하게 조절하게 한다.
- 방향을 설정하게 한다.
- 저항을 감소시킨다.
- 문제를 다시 구조화시키고 새로운 차원에서 정의하게 한다.
- 자아발전을 돕는다.
- 의사소통 방법을 제시한다.
- 자신의 내적 능력을 확인하게 한다.
- 두려움을 제거한다.[22]

이야기는 원칙적으로 공동체의 산물이다. 처음에는 개인적 차원에서 누군가에 의해 전달된 이야기가 집단에 의해 수용되면서 이야기의 저자는 개인을 초월한 공동체가 된다. 이야기 안에 담긴 개인의 정신세계가 공동체의 집단심리와 동화될 때 그것은 자연스럽게 문화의 일부로 자리매김을 한다. 이야기는 여러 가지 형태로 전달되어 인류문화의 근간을 이루어 왔다. 이야기는 동화, 민담, 전설, 신화, 혹은 역사 형태를 띠고 전수된다. 공동체의 정서에 따라 각색되고 변화된 이야기는 개인과 공동체의 심리적 유대를 강하게 보여 준다.[23] 이런 관점에서 융은 자신이 제창한 분석심리학에 동화, 민담 및 신화를 적극 활용했다. 인류문화의 보편성과 정신세계의 원형(archetypes)을 담고 있는 이야기는 우리로 하여금 잊혀진 기억들을 찾게 하며 무의식의 세계로 안내하는 역할을 한다. 현실과 초현실, 의식과 무의식의 세계를 자유롭게 넘나드는 이야기는 인간의 정신세계를 풍요롭게 표현하고 있다. 이야기 안에 담긴 수많은 상징과 삶의 내용들은 우리로 하여금 내면의 세계를 들여다보게 하는 좋은 수단이 되고 있다. 융 분석가인 폰 프란츠(Marie-Louse von Franz)나 베레나 카스트(Verena Kast) 등은 동화나 민담 속의 원형들을 연구하면서 그것들을 심리분석에 활용하는 방법론들을 제시한다.

5. 분석심리학적 이야기해석과 심리치료

융학파의 이야기해석은 일단 심리학적 경험으로 간주된다. 이부영 박사에 의하면 이야기해석은 꿈분석과 마찬가지로 그 자체가 하나의 심리체험이다. "체험이라는 말에는 언제나 정감과 본능적 충동이 참여한다. 그러므로 이야기해석은 무슨 화학분석같이 지적인 그리고 객관적이고 냉철한 분석이 아니라 주관적이고 감정적인 파악이기도 하다. 이야기해석 과정에서 감정적인 측면을 도외시하는 것은 바람직하지도 않고 그럴 수도 없는 것이다. 왜냐하면 민담에 내포되어 있는 원형상이 우리의 감정과 무관할 수 없기 때문이다."[24]

동화를 비롯한 이야기를 분석심리학적 관점에서 해석할 때 주의할 점이 있다. 그것은 분석심리학의 관점과 이야기의 관점이 다르다는 것이다. 분석심리학은 개인의 정신세계를 다루지만, 이야기는 일차적으로 공동체의 정서나 문화적 배경에 나타난 집단심리를 취급한다. 한 개인의 이야기라고 할지라도 일단 공동체에 의해 수용되어 집단의식의 매개체가 될 때 그 이야기는 이미 개인적 차원을 넘어서게 된다.[25] 따라서 분석심리학의 정신구조에서 언급되는 다양한 개념들, 즉 자아, 페르소나, 그림자, 아니마, 아니무스, 그리고 자기 등의 개념을 이야기 속의 등장인물이나 대상들에게 일방적으로 적용할 수 없다. 한 개인의 삶에 대한 이야기라고 할지라도 그 안에는 집단의식을 드러내는 다양한 상징과 원형적 요소들이 내재해 있다는 사실을 간과해서는 안 된다.[26] 따라서 이야기를 분석하는 작업은 집단무의식의 요소와 더불어 원형적 사고를 의식화하는 한 방식이다. 그럼에도 불구하고 이야기는 공동체뿐만 아니라 개인의 정서와도 깊은 관련이 있다. 개별적인 이야기가 공동체에 의해 수용되면서 개인과 공동체는 연대의식을 갖게 된다. 이런 관점에서 이야기에 대한 심리학적 해석은 개인과 공동체 양자 간의 관계, 즉 특수성과 보편성에 주목하면서 조심스럽게 전개되어야 한다.

폰 프란츠에 의하면 이야기는 두 가지 방식으로 형성된다. 첫 번째의 경우 이야기들은 초심리학적(parapsychological) 경험을 했거나 혹은 꿈이나 환상 체험을 한 사람에 의해 창조된다. 그들은 자신의 초월적(혹은 무의식적) 경험을 서로 관련시켜 이야기를 전하고 이것들은 공동체에 확산되어 보편적 성격을 지닌 이야기로 변한다. 두 번째 이야기들은 문학작품의 형성과 비슷하다. 풍부한 상상력이 있는 사람들은 작가가 아닐지라도 자신의 상상력에 의해 이야기를 만들어 낸다. 그들은 적극적 상상을 통해 이야기를 만들고 대중들에게 유포시킨다. 두 유형 모두 현실적으로 발생할 수 있는 사건이나 주제를 중심으로 이야기를 전개하기도 한다. 하지만 역사기록이나 사실보도가 아닌 일반적 이야기들은 대개 심리적이며 원형적인 성격을 띤다. 집단정신을 드러내는 이야기만이 비로소 공동체에 의해 수용되며 그 자체로 생명력을 지닌다.[27] 이

런 관점에서 '사회적 드라마'인 이야기는 사회구성원의 실제적
혹은 심리적 경험을 반영한다.[28]

지혜로운 원님 이야기 역시 다양한 형태로 세계 도처에서 발견
된다. 솔로몬 왕과 지혜로운 원님은 세상의 질서나 지배원리를 상
징하는 인물들이다.[29] 반면에 창기들과 일반 서민은 피지배계층이
다. 이야기에 일단 지배자의 논리가 숨어 있다. 정치 사회적 관점
에서 보면 민중들 사이의 분쟁과 갈등은 지배자에 의해 해결될 수
있다는 것이다. 여기서 왕은 신격화된 인물로 등장한다. 이런 의
미에서 왕은 집단적 차원에서 볼 때 흔히 자기(self)의 상징으로 출
현한다.[30]

왕을 중심으로 이야기를 개인적 차원에서 접근해 보자. 이야기
에 한 남성과 두 여성, 그리고 한 아이가 등장한다. 두 여인은 왕
에게 아니마가 인격화된 모습으로 경험된다. 긍정적인 아니마와
부정적인 아니마 사이에서 생명과 죽음의 욕동을 함께 경험하고
있는 한 남성(왕)의 고뇌가 이야기를 통해 드러나고 있다. 이야기
는 정반대의 길을 가고 있는 아니마의 두 측면을, 자아가 통합하
고 정신의 균형을 이루는 것처럼 보인다. 그렇다면 의식의 중심인
자아로 하여금 두 대극을 통합하게 한 결정적 힘은 어디에 있는
가? 그것은 우리가 전혀 의식하지 못하고 있었던 아이의 생명력이
다. 왕은 결코 아이를 죽음에 처하게 할 수 없다. 이것은 옳고 그
름을 판단하는 단순한 재판절차가 아니다. 집단무의식 안에 잠재
된 어린이 원형이 재판정에 있는 아이에게 투사될 때 왕은 자기
(self)를 경험한다. 마더 데레사의 증언은 신적 아이의 이미지를 보
여 준다. "나는 모든 아기들의 눈에서 하느님을 봅니다. 아가들의
눈은 하느님을 반영하고 있습니다."[31] 융은 이와 같은 아이 이미

지를 신적 아이(Divine Child)라고 부른다.[32] 아이는 무의식의 중심
이자 전체 정신의 중심인 자기원형상으로서 이야기의 중심에 있
다. 자기는 의식과 무의식이 통합되어 개성화에 이르는 정점이다.
대극의 합일을 통해 자기실현에 이르고자 하는 이야기꾼의 심리
적 욕구가 이야기에 반영되어 있다. 결국 솔로몬의 재판 이야기는
이야기꾼의 개인적인 심리와 공동체의 집단의식을 동시에 보여
준다.

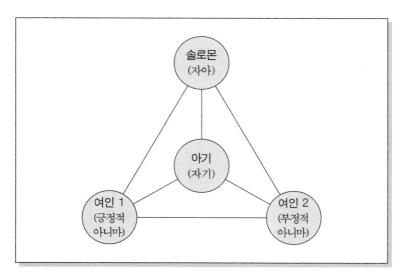

[그림 2-1] 솔로몬의 재판에 나타난 심리작용

　원형적 요소를 지닌 이야기는 집단무의식의 순수한 자연현상을
보여 주는 꿈과 유사하다. 이야기는 꿈과 같이 어떤 면에서는 등
불을 밝혀 주는 횃불과도 같다가 다시 무의식으로 사라지기도 한
다. 변화를 거듭하면서 이야기는 영원한 생명력을 지니게 된다.

폰 프란츠에 의하면 이야기는 '자연의 놀이'(a play of nature)와도 같다. 의미가 있다가도 때론 의미가 없는 듯이 보이는 이야기는 무의식의 속성을 보여 준다. 우리가 관심을 갖고 이야기 속으로 들어갈 때 그 의미는 드러난다. 하지만 우리가 무관심할 때 이야기는 별다른 의미 없이 우리 곁을 스쳐갈 뿐이다.[33]

이야기와 꿈의 차이점도 있다. '눈을 뜨고 꾸는 꿈'이라고도 불리는 이야기는 무의식의 내용을 의식 속에서 관찰할 수 있다는 점에서 일상적인 꿈과 구별된다. 또한 분석가는 꿈을 해석할 때 어떤 특별한 개인적인 문제를 다룬다. 이와 달리 많은 사람들의 상상을 통해 형성된 이야기는 전체 인간성의 꿈이다. 따라서 이야기는 일단 인간의 보편적 물음에 대한 응답이다. 심리학적 관점에서 볼 때 이야기는 반드시 의식화되어야 할 무의식의 내용에 접근하는 길이다. 꿈이나 환상의 경우처럼 이야기는 무의식에 이르는 다리를 건설하는 작업이며 내적 이미지를 담고 있는 원형의 보고에 접근하는 통로다.[34]

원형적 이야기는 대체로 다음 4단계의 드라마로 구성된다.[35]

첫째(제시), 시간과 공간이 주어지는 도입부에서 출발한다. 하지만 이야기 속의 시간과 공간은 다분히 상징적이며 모호하다. '옛날 옛적에' 혹은 '호랑이 담배 피우던 시절'이라는 서두는 듣는 사람에게 아득하고 머나먼 세계로 인도한다. 그때가 정확하게 언제인지 알 수 없으며 알 필요도 없다. 불을 가장 무서워한다는 호랑이가 담배를 피울 리가 없다. 시간과 공간을 초월하는 이야기의 도입부는 심리학적 관점에서 볼 때 독자로 하여금 집단무의식의 세계로 인도하는 첫걸음이다. 이야기의 서두에 문제의 핵심이 제기된다. 예를 들면, '옛날에 어떤 왕이 살았는데 밤마다 금사과를 도둑맞고 시름에 잠겼다'는 식으로 전개된다. 이때 분석가는 이야기 속의 문제에 대한 내담자의 반응을 살펴 그것을 심리적인 측면에서 규명한다. 상담자는 또한 그림이나 놀이를 통해 재현된 이야기를 분석함으로써 내담자의 무의식을 의식화하는 중재자의 역할을 수행한다.

둘째(갈등), 사건과 연루된 등장인물이 무대에 출현하여 이야기를 전개해 간다. 분석가는 우선 이야기 속에 몇 명의 등장인물이 출현하는지 주목해야 한다. 만약 '왕과 세 아들이 있었다'는 식으로 이야기가 시작되면 4명의 인물이 등장하고 있다. 그러나 여기에 어머니가 빠져 있다. 여성성이 결핍된 이야기는 아마 아들들의 결혼이야기로 끝날 가능성이 높다. 4명의 인물이 출현하지만 처음과 다른 상황이 전개된다. 처음에 어머니가 등장하지 않고 종말에 가서 세 여성이 출현한다면, 전체 이야기는 여성원리를 회복하는 관점에서 진행된다고 볼 수 있다.[36] 분석가는 이야기의 전개과정에서 등장인물 사이에 발생하는 갈등의 원인과 해소과정에 주목한다. 이야기 속의 등장인물은 모두 정신의 깊은 차원에서 현존하는 원형적 이미지들이다. 우리가 인식하든 못하든 그 원형들은 자율성을 지닌 정신의 실제들이다. 이야기 안의 사건들은 심리적 실제의 역동성을 보여 준다. 이야기 속의 상징적 이미지를 통해 우리는 내적인 경험에 이르게 된다.[37]

셋째(절정), 이야기는 우여곡절 끝에 절정에 이르는 경우도 있고 그렇지 못한 경우도 있다. 하지만 대부분의 이야기는 절정(climax)에 이르러 결정적인 단계에 접어든다. 비극적인 절정은 이야기를 파국으로 이끌며, 긍정적인 절정은 해피엔딩으로 끝난다.

넷째(결말), 이야기는 대체로 결론적인 메시지를 전달하고 끝맺는다. 하지만 어떤 이야기는 갑자기 싱겁게 끝나는 경우도 있고 점차 시시해지면서 끝나는 경우도 있다. 분석가는 이야기꾼의 개인적 심리상태와 공동체의 사회 문화적 관점에서 이야기의 종결을 해석해 볼 수 있다.[38]

폰 프란츠는 의식의 네 기능에 따라 이야기를 이해하는 방식이 다름을 지적한다. 사고형(thinking type)은 이야기의 구조와 모든 주제의 관련성에 주목한다. 감정형(feeling type)은 이야기의 주제들을 가치있는 질서 아래 두고자 한다. 주제를 계급제도 아래 두는 감정형 역시 이야기를 이성적으로 이해한다. 감정기능 때문에 이야기에 대한 만족스러운 해석이 도출된다. 현실주의적인 감각형(sensation type)은 이야기 속의 상징에 주목한 다음 그것들에 대한 확충작업을 시행한다. 직관형(intuitive type)은 이야기를 전체적으로 보고자 한다. 직관이 발달한 사람은 산만하게 보이는 이야기일지라도 그것은 하나의 주제를 드러내기 위한 다양한 측면이라고 생각한다. 융은 심리유형을 크게 외향성과 내향성으로 구분한다. 외향성과 내향성 모두에게 사고, 감정, 감각, 직관기능이 있다. 융이 제시한 여덟 개 심리유형에 따라 이야기를 이해하는 방식은 다르다. 그럼에도 불구하고 우리는 의식의 네 기능 모두를 이야기 해석에 적용함으로써 보다 풍부한 내용을 얻을 수 있다.[39]

이상을 종합하면 분석심리학적 이야기해석 과정은 대체로 다음 세 단계로 진행된다. 이것은 임상현장에서의 심리분석과 치료과정을 보여 준다.

첫째, 이야기에서 결핍된 요소가 무엇인지 규명한다. 대부분의 동화나 민담은 결핍된 상태에서 출발하여 그것을 보완하는 방향으로 진행된다. 예를 들면, 왕에게 대를 이을 아들이 없어 공주가 남편을 구하는 이야기라든지, 병든 사람이 치유되는 과정에서 발생하는 다양한 사건을 보여 준다. 심리적 질병도 정신요소의 결핍에서 초래된다. 엄마의 사랑이 부족할 때 아이는 신체적, 심리적으로 병들게 된다. 남녀간의 관계나 가족관계에서도 적절한 돌봄과 사랑이 부족할 때 정신적 스트레스에 시달리게 된다. 치료자에게 환자의 결핍된 요소를 발견하는 것이 가장 중요한 일이다. 환자의 결핍된 요소가 무엇인지 확인되면 치료방향이 설정될 수 있다. 결핍된 요소를 치료자와 환자가 함께 발견하고 그것을 보완하는 길을 모색하는 것이 심리치료의 목적이자 개성화의 길이다.[40]

이야기의 결핍된 요소를 발견하기 위해 이야기에 나타난 원형적 인물, 이미지, 상징들을 분석하면서 그것들 사이의 관계를 조사한다. 등장인물과 이미지 사이의 관계를 규명하는 과정에서 어떤 인물이나 대상이 누락되었는가를 살핀다. 이야기가 전개되는 과정에서 도중에 사라지거나 새로 출현하는 인물들을 파악하고 그 원인을 분석한다. 이전 인물들의 역할과 새 인물들의 역할이 어떤 것인지 알아본다.

둘째, 이야기를 집단적 차원에서 검토한다. 공동체의 사회문화적 상황을 고려하면서 집단의식과 보편적 원리를 추적한다. 이야기 안에서 공동체에 결핍된 요소가 어떻게 보완되는 가를 살핀다. '솔로몬의 재판'은 사람들 사이의 갈등이 왕을 통해 해결되는 과정을 보여 준다. 왕의 지혜를 통한 지배력 강화가 공동체의 결핍된 요소를 보완하여 안정된 질서를 확립한다. 이러한 원리는 집단치료에도 적용된다. 공동체의 심리적 질병은 집단심리의 안정화를 통해 치유된다. 원형적 이야기는 집단치유가 널리 활용되었던 고대사회의 모습을 반영하고 있다.

셋째, 이야기나 동화에 나타난 인물이나 이미지들을 개인적 차원에서 검토한다. 이것은 이야기 속의 모든 대상과 사건들을 저자나 등장인물 가운데 한 사람의 인격적 요소로 본다는 전제하에 출발한다. 의식과 무의식의 내용을 동시에 표출하는 원형적 이야기는 '눈을 뜨고 꾸는 꿈'과도 같다. 이때 이야기 속의 모든 대상과 이미지는 개인의 인격적 요소가 되어 심리분석의 대상이 된다. 우리는 이야기꾼의 입장에서, 때로는 등장인물의 입장에서 개인적 차원의 심리적 역동을 추적해 볼 수 있다. 이때 분석심리학의 정신구조에 나타난 모든 요소들이 심리분석의 도구로 사용될 수 있다. 개인적 차원의 동화분석은 개인 심리치료과정 차원에서 볼 때 다음 세 단계로 요약된다.

먼저, 이야기에서 결핍된 요소를 찾는다. 이야기의 결핍된 요소를 발견하는 과정은 심리적 질병의 원인을 찾아가는 과정과도 같다. '솔로몬의 재판'에서 결핍된 요소는 개인적 차원에서 볼 때 아기에 대한 엄마의 사랑이다. 환경적 요인으로 말미암아 빛이 바랜 엄마의 사랑이 원님으로 표출된 자기(self)에 의해 회복되는 과정을 보여 준다. 이야기 속의 두 여인은 아이에 대한 애정과 증오의 감정으로 심신이 지쳐 있는 한 개인의 양가감정을 표출한다. 이런 현상은 이혼과정에서 드러난다. 한편으로는 아이를 버리고 싶고, 다른 한편으로는 아이를 껴안고 싶은 상반된 감정이 한 사람 안에 동시에 존재할 수 있다.

그 다음 결핍된 요소를 보완하는 과정에서 발생하는 다양한 콤플렉스와 그림자를 규명한다. 솔로몬의 재판 이야기에서 힘있는 사람이 힘없는 사람을 억압하여 생명의 위협을 줄 때 복잡한 감정의 자아콤플렉스(ego complex)가 형성된다. 난데없는 여인의 공격에 대해 속수무책으로 당할 수밖에 없는 자신의 무력함은 순간적으로 심사를 어지럽게 한다. 이때 형성된 무의식 차원의 콤플렉스는 그림자 형성을 돕는다. 무의식의 억압을 가중시킨 그림자는 자아구조를 약화시킴으로써 결국 심리적 질병의 근원이 된다. 이처럼 결핍된 요소가 보완되는 과정은 대체로 어려운 상황이나 복잡한 인간관계로 인해 스트레스 요인이 증가되는 것을 드러낸다. 콩쥐팥쥐 이야기에서 팥쥐엄마는 결핍의 보완요소로 등장한다. 하지만 결핍된 요소가 보완되는 과정에서 콩쥐와 다른 사람에게는 다양한 부정적 콤플렉스가 형성된다.

마지막으로 결핍된 요소가 보완되는 개성화 과정을 분석한다. 환자는 결핍된 요소를 보완하는 과정에서 발생한 부정적인 콤플렉스와 그림자를 의식화함으로써 정신의 균형을 추구한다. 의식과 무의식이 조화를 이룰 때 대극은 합일되어 정신의 통합(integra-tion)은 성취된다. 왕을 통해 전달된 자기(self)의 음성은 솔로몬의 재판에서 아이문제로 갈등하는 여인으로 하여금 생명을 선택하게 한다. 이것이 곧 개성화요 심리치료의 목표다. 이혼과정에서 아이문제로 갈등하는 내담자에게 무엇이 선한 행동인지는 상황에 따라 다르다. 문제는 내담자 자신이 자기의 음성을 듣도록 돕는 일이다. 상담자는 내담자로 하여금 적극적 상상을 통해 자신을 돌아보게 함으로써 건전한 결정을 내리도록 유도할 수 있다. 연상(association)과 함께 적극적 상상(active imagination)을 통해 이야기에서 누락된 부분이나 불분명한 부분을 보충함으로써 이야기에 보다 적극적으로 동참할 수 있다. 심리치료 현장에서 내담자는 연상된 이미지들을 수집함으로써 과거의 경험을 회상할 수 있다. 상담자는 연상된 이미지 가운데 내담자가 주목하는 특별한 주제에 집중한다.[41] 적극적 상상은 무의식의 내용을 현실화하기 위한 의식적 노력이다. 내담자는 긴장을 푼 채 명상에 잠기면서 이야기 속의 어떤 인물이나 대상과 대화를 시도할 수 있다. 물론 적극적 상상을 통해 내담자는 자신의 문제를 해결하기 위해 이야기 속의 원형들과 접촉할 수 있는 기회를 얻게 된다. 적극적 상상은 내담자의 개인적 차원에서 진행되기 때문에 객관적이며, 보편적인 이야기 해석과정은 아니며 심리치료 현장에서 제한적으로 적용될 수 있다.

그 밖에도 우리는 유사한 이야기들을 수집하여 비교함으로써 본래 의미에 더욱 가까이 갈 수 있다. 이것은 꿈분석 방법에도 적용되는 확충법(amplification)으로서 유사한 이야기를 통해 원형적 이미지의 의미를 확대할 수 있다. 예를 들면, 신데렐라 이야기와 콩쥐팥쥐 이야기를 동시에 살펴봄으로써 상호보완적인 정보를 얻을 수 있으며 이야기 안의 원형적 이미지에 대한 해석을 보다 폭넓게 할 수 있다. 꿈이나 동화 등 이야기 속에 나타나는 이미지는 그와 유사한 다른 이야기나 신화적 이미지와의 비교를 통해 그 의미가 구체적으로 드러나기도 한다.[42] 확충은 연상(association)과 달리 일직선상의 심리적 고리가 아니다. 확충은 오히려 동일한 상징에 대한 끊임없는 비교분석 작업이다.[43]

원형적 이미지에 대한 확충과 적극적 상상을 통해 얻은 정보를 토대로 심리학적 관점에서 이야기를 해석한다. 이를 통해 이야기 안에 담긴 심리적 요소들은 의식화되며 교육이나 심리치료 현장에서 활용된다. 하지만 절대적인 유일한 해석은 존재하지 않는다. 해석에 대한 개방적 자세는 이야기 안의 원형들이 자유롭게 활성화될 수 있는 길을 열어 준다.[44]

동화나 민담 등의 이야기와 만나기 위해서는 태고 사람들의 정신에서 발현되는 목소리를 들어야 한다. 그들은 정신세계에 있는 모든 요소들을 자연에 투사했다. 나무와 동물, 그 밖의 무생물체라도 자신들의 목소리가 있다. 그 목소리를 통해 예전의 사람들은 인간의 감춰진 생각들을 표현해 왔다. 기술문명에 익숙한 현대인들은 이야기를 통해 그들의 목소리를 들어야 한다. 육체와 정신이 한데 어우러져 순수한 인간의 원형을 보존했던 옛날 사람들과 대화를 할 때 현대인의 심성도 온전해질 수 있다. 이야기는 현대인을 무의식에 파묻힌 고대인과 연결해 주는 다리다. 고대인은 주관과 객관을 구별하지 않는다. 육체와 정신을 구별하지도 않으며 현세와 초월도 구별하지 않는다. 그럼에도 불구하고 혼돈 속에서 살지 않았다. 서로 상반되는 두 대극 사이에서 균형과 조화를 이루며 살아 왔다. 우리는 더 이상 숲 속에 들어가서 이상한 노파를 만나지도 않으며, 나무꾼이 되어 선녀를 보지도 못한다. 우리는 진정한 의미에서 내적 성찰(introspection)의 기능을 상실했다. 고대인들은 직접적으로 무의식에 도달했으나 현대인은 그런 능력을 상실했다. 이야기는 이미 순수성을 상실한 현대인에게 무의식과 직면할 수 있는 길을 제시한다.[45]

결핍된 요소를 보완하는 방향으로 진행되는 이야기는 사실 삶의 현실을 반영하는 거울과도 같다. 삶의 이야기가 주로 의식적 차원에서 회자되는 것이라면, 원형적 이야기들은 의식적 차원뿐만 아니라 무의식의 심층을 들여다 보게 한다. 따라서 대부분의 이야기는 개성화과정을 보여 준다. 분석심리학적 이야기치료는 내담자와 함께 이야기 안에 내재된 심리적 요소를 분석함으로써 개성화를 유도하는 작업이다. 정신적 어려움을 극복하고 건강한 자아를 회복하는 개성화는 심리치료의 원리이자 목표다. 개성화는 한 인간의 개성을 돋보이게 하는 자아중심적 개념이 아니다. 그것은 오히려 인간의 삶에 나타난 모든 보편적 요소 사이에서 활기찬 협력을 요구한다. 개성화는 전체성(wholeness)을 지향하며 동일한 가치 안에서 개인의 모든 잠재력을 개발시키는 과정이다. 개성화는 대체로 다음 세 단계로 진행된다.[46]

개성화의 제1기는 탄생에서 중년까지다. 이때 정신의 주요한 임무는 '자아'(ego) 또는 '자아콤플렉스'(ego complex)의 형성과 강화단계다. 초기 유아기의 미분화된 상태에서 출발하여 정신은 자아에 대한 정체성을 확립해 간다. 이때 사회적 자아, 즉 페르소나가 형성된다.

개성화의 제2기는 대략 중년기에 시작된다. 이 시기에 정신은 의식적 자아 외에 자신의 그림자를 보게 되며 내면의 영혼인 아니마(아니무스)와 교감을 갖게 된다. 이때 자아는 무의식의 심층에 있는 자기(self)와 관계를 맺게 된다. 종교적인 관심 또한 이 무렵에 생기게 된다. 융이 주목했던 중년의 시기는 자아가 내적인 성숙을 이룸으로써 자신의 감정, 사고, 욕망을 주시하게 된다.

개성화의 제3기는 자기의 출현이다. 인간 정신의 총체인 자기는 의식의 결핍을 보상함으로써 개성화를 유도한다. "무엇을 해야 하는지 아무도 모르지만 혹시 자신의 무의식은 우리에게 도움이 되는 어떤 것을 알지도 모르므로 자기 자신에게 묻는 것은 우리 각자가 해야 할 가치있는 것이다."[47] 분석심리학적 이야기 치료는 내담자로 하여금 스스로 내면세계를 발견하게 함으로써 개성화의 길로 인도하는 작업이다.

▓▓ 미주

1) 이현주, 호랑이를 뒤집어라 (생활성서사, 1993), 92-93.

2) 박종수, 히브리설화연구: 한국인의 문화통전적 성서이해 (도서출판 글터, 1994), 86-87.

3) 김선풍 외, 민속문학이란 무엇인가 (집문당, 1993), 33-34.

4) Kedar Nath Dwivedi, ed. *The Therapeutic Use of Stories* (London & New York: Routledge, 1997), 11.

5) Ann Cattanach, *Children's Stories in Play Therapy* (London & Pennsylvania, 1997), 24-25.

6) 양유성, 이야기치료 (학지사, 2004), 19-20.

7) Ralph R. Greenson, 정통 정신분석의 기법과 실제(1), 이만홍, 현용호 역 (도서 출판 하나의학사, 2001), 31.

8) Michael P. Nichols & Richard C. Schwartz, 가족치료-개념과 방법, 김영애 외 역 (도서출판 시그마프레스, 2002), 477-506.

9) Alice Morgan, 이야기치료란 무엇인가? 고미영 역 (도서출판 청목출판사, 2003), 33-34.

10) Joseph Gold, 비블리오테라피: 독서치료, 책 속에서 만나는 마음치유법, 이종인 역 (북키앙, 2003), 17.

11) 김민주, 어린이의 상한 마음을 돌보기 위한 독서치료 (한울 아카데미, 2004), 17.

12) G. F. Lawlis, "Storytelling as Therapy: Implications for Medicine"; http://www.alternative-therapies.com/at/pdfarticles/9505-lawlis(pages).pdf

13) Hans Dieckmann, *Methods in Analytical Psychology: An Introduction* (Wilmette, Illinois: Chiron Publications, 1979), 8.

14) Marie-Louise von Franz, *Interpretation of Fairy Tales*, rev. (Boston & London: Shambhala, 1996), 161.

15) Richard A. Gardner, *Storytelling in Psychotherapy with Children*, (London: Jason Aronson Inc., 1993), 2.

16) C. G. Jung, 회상, 꿈 그리고 상상, 아니엘라 야훼 엮음, 이부영 역 (집문당, 2000), 203, 219, 352-355.

17) P. Harper & M. Gray, "Maps and Meaning in Life and Healing," in *The Therapeutic Use of Stories* (London and New York: Routledge, 1997), 43-44.

18) Richard A. Gardner, *Storytelling in Psychotherapy with Children*, 4.

19) CW 5, par. 26.

20) 박종수, 히브리설화연구, 45-53.

21) http://www.storymaven.com/readorperf.htm

22) Rhiannon Crawford, Brian Brown and Paul Crawford, Storytelling in Therapy. (London: Nelson Thomas Ltd., 2004), 2.

23) 이야기 속에 나타난 익명의 인물은 집단의식의 표상인 경우가 많다. Marie-Louise von Franz, *Archetypal Patterns in Fairy Tales* (Toronto: Inner City Books, 1997), 24.

24) 이부영, 한국민담의 심층분석-분석심리학적 접근 (집문당, 1995), 25.

25) Marie-Louise von Franz, The Interpretation of Fairy Tales, 27.

26) Marie-Louise von Franz, Archetypal Patterns in fairy Tales, 14.

27) Marie-Louise von Franz, Archetypal Patterns in fairy Tales, 15.

28) Ann Cattanach, Children's Stories in Play Therapy, 23.

29) Marie-Louise von Franz, *The Interpretation of Fairy Tales*, 152.

30) Marie-Louise von Franz, *Shadow and Evil in Fairy Tales*, rev. (Boston & London: Shambhala, 1995), 27-28.

31) Lucinda Vardey, 사랑의 등불 마더 데레사, 황애경 역 (서울: 고려미디원, 1995), 74.

32) CW 9i, pars. 259-305. C. G. Jung, 원형과 무의식, 237-273.

33) Marie-Louise von Franz, *Archetypal Patterns in fairy Tales*, 19.

34) Sibylle Birkhäuser-Oeri, *The Mother: Archetypal Image in Fairy Tales* (Toronto: Inner City Books, 1988), 9.

35) Marie-Louise von Franz, *The Interpretation of Fairy Tales*, 39-45.

36) Marie-Louise von Franz, *Interpretation of Fairy Tales*, 39.

37) Sibylle Birkhäuser-Oeri, The Mother: *Archetypal Image in Fairy Tales*, 10.

38) 박종수, 히브리설화연구, 123.

39) Marie-Louise von Franz, *The Interpretation of Fairy Tales*, 14-15.

40) Marie-Louise von Franz, *The Interpretation of Fairy Tales*, 197. R. Crawford et al., *Storytelling in Therapy*, 5.

41) Verena Kast, *Märchen als Therapie*, 20.

42) Marie-Louise von Franz, *The Interpretation of Fairy Tales*, 42-43.

43) Hans Dieckmann, *Methods in Analytical Psychology*, 130.

44) Marie-Louise von Franz, *The Interpretation of Fairy Tales*, 44-45.

45) Sibylle Birkhäuser-Oeri, *The Mother: Archetypal Image in Fairy Tales*, 11-12.

47) Hans Dieckmann, *Methods in Analytical Psychology*, 16.

47) W. G. Rollins, 융과 성서, 62-67. C. G. Jung, *Man and His Symbols* (New York: Doubleday & Co., 1971), 101이하.

적극적 상상과 의식화

1. 달과 공주

옛날 어느 나라에 어린 공주가 살고 있었다. 공주는 왕과 왕비의 사랑을 듬뿍 받으며 아름답고 건강하게 잘 크고 있었다. 그러던 어느 날 공주는 하늘 높이 금빛을 내며 떠 있는 달을 보고 불현듯 그 달을 가지고 싶은 마음이 들었다. 그래서 공주는 부모님께 달을 따다 달라고 보채기 시작했다. 왕과 왕비는 '달은 따올 수 없는 것' 이라고 공주를 설득했지만 허사였다. 학자들과 의사들이 나서서 온갖 노력으로 공주를 설득했으나 속수무책이었다. 이때 공주와 친하게 지내던 광대가 나타나 공주에게 몇 가지 질문을 던졌다.

광대: 공주님, 달은 어떻게 생겼나요?

공주: 달은 동그랗게 생겼지 뭐.

광대. 그러면 달은 얼마나 큰가요?

공주: 바보, 그것도 몰라? 달은 내 손만 하지 손톱으로 가려지잖아.

광대: 그럼 달은 어떤 색인가요?

공주: 달이야 황금빛이 나지.

광대: 알겠어요. 공주님 제가 가서 달을 따 올테니 조금만 기다리세요.

공주의 방을 나온 광대는 손톱크기만한 동그란 황금 구슬을 만들어 공주에게 가져다 주었다. 공주는 뛸 듯이 기뻐했다. 그런데 광대는 마침 보름날인 오늘 달이 뜨면 공주가 무어라 할지 걱정되었다. 광대는 염려하여 공주에게 물었다.

광대: 공주님, 달은 따왔는데 오늘밤 또 달이 뜨면 어떻게 하죠?

공주: 바보 그것을 왜 걱정해. 이를 빼면 새 이가 나오듯이 달을 빼
       내면 또 새 달이 나올거야. 달은 호수에도, 물 컵에도, 세상천
       지에도 가득 차 있어. 그 가운데 하나 빼온다고 문제될 것은
       없잖아?[1]

2. 심리여행

본 설문에 편안한 마음으로 임하기 바랍니다. 하나 이상의 항목
을 선택하거나 개인의 의견을 제시해도 좋습니다.

1. 공주는 왜 달을 가지고 싶었을까요?

① 달이 너무도 아름다워서
② 달을 보면 자기가 사랑하는 사람이 생각나서
③ 밤마다 달나라에 가는 꿈을 꾸기 때문에
④ 달을 가까이 보지 않으면 불안해서
⑤ 기타(   )

2. 왕과 왕비는 왜 공주의 부탁에 당황해 했나요?

① 공주가 말도 되지 않은 요구를 하기 때문에
② 아직 달에 대한 과학적 지식이 부족하기 때문에
③ 공주가 억지를 부리니까 화가 나서
④ 시간이 흘러도 공주의 마음이 변하지 않기 때문에
⑤ 공주의 마음을 이해하지 못해서
⑥ 기타(   )

3. 광대는 공주와 어떤 관계일까요?

① 공주가 원하는 것이면 무엇이든지 들어주는 사람이다.
② 왕과 왕비에게 충성스런 신하다.

③ 항상 공주를 즐겁게 해 주는 사람이다.

④ 공주의 눈높이를 맞춰 마음을 읽는 사람이다.

⑤ 기타(   )

4. 공주는 어떤 아이일까요?

① 자기가 원한 것은 무엇이든지 가지려고 하는 아이다.

② 왕궁에서만 자라서 세상물정을 모르는 아이다.

③ 환상에 젖어 있는 철없는 아이다.

④ 무엇인가 찾기 위해 노력하는 아이다.

⑤ 기타(   )

5. '달과 공주' 이야기가 내포하는 집단의식이 무엇인지 생각해 봅시다.

6. '달과 공주' 이야기에 나타난 등장인물과 이미지들이 공주의 인격적 요소라 생각하고 분석해 봅시다.

7. 적극적 상상을 통해 공주가 원하는 달이 어떤 것인가를 알아봅시다.

> **Tip**
>
> • 1번은 공주가 달을 갖고 싶도록 자극하는 심리적 요인을 알아보기 위함이다.
> • 2번은 성인들의 세계관이 어린이와 다르다는 것을 인식하기 위함이다.
> • 3번은 공감의 의미를 되새기는 질문이다.
> • 4번은 어린이의 세계를 성인의 기준으로 판단하지 말 것을 촉구하는 내용이다.

3. 적극적 상상법

'달과 공주' 이야기는 상담이나 심리치료 현장에서 공감(empathy)이 얼마나 중요한지를 잘 보여 준다. 광대는 공주와의 공감을 통해 마음속의 대상을 발견하게 된다. 의식적 차원에서 이루어지는 공감은 이해와 수용 차원에서 머무는 경우가 대부분이다. 따라서 공주가 원하는 대상은 의식적 차원에 있지 않기 때문에 내담자와의 공감은 무의식 차원에서 이루어져야 한다.[2] 이야기에 등장하는 광대는 현대 심리학적 관점에서 볼 때 상담자나 심리치료사 역할을 담당하고 있다.

상담자인 광대는 공주로 하여금 적극적 상상을 통해 자신의 내면세계를 들여다 보도록 인도하고 있다. 적극적 상상(active imagination)은 무의식에 내재된 이미지나 콤플렉스 내용이 아직 의식화되지 않았거나 정의되지 않았을 때 그 내용을 수면 위로 떠오르게 하는 테크닉이다. 공주가 생각하는 달은 무의식에 잠재된 이미지이기 때문에 의식적 차원의 접근은 불가능하다. 광대는 무의식 차원의 공감과 적극적 상상법을 이용하여 내담자의 문제에 접근하고 있다. 이야기치료에서 적극적 상상은 내담자로 하여금 이야기에 언급되지 않은 내용을 추적하게 한다. 이야기 흐름을 방해하는 요소가 있을 때 그 내용을 알아 보거나, 단절된 내용을 적극적 상상을 통해 밝혀내기도 한다. 내담자는 이야기 속의 등장인물과 대화를 시도하거나, 자신이 여러 등장인물의 역할을 번갈아 하면서 무의식의 내용을 의식화하기도 한다.[3] 적극적 상상을 통해 내담자는 원래의 이야기 내용과 다른 자신의 이야기를 만들어내면서 개성화의 과정에 들어서게 된다.

명상에 잠긴 채 이야기를 듣고 난 후에 그림을 그리거나 음악과 놀이를 통해 무의식의 내용을 드러낼 수도 있다. 이것은 적극적 상상이 예술치료에 다양하게 활용될 수 있음을 의미한다.[4] 모래놀이 또한 적극적 상상의 한 형태이다. 상징적인 놀이는 강력한 치료효과를 발휘한다. 때로는 종교적 제의나 드라마 역시 적극적 상상의 한 형태가 된다. 따라서 적극적 상상을 위해 상담자가 내담자에게 너무 많은 말을 할 필요가 없다. 꿈이나 환상 분석과 마찬가지로 적극적 상상 과정에서도 확충(amplification)이 적용된다. 내담자에게 무의식의 내용과 유사한 그림을 보여 준다든지 신화적 요소와의 비교를 통해 원형적 내용을 확대할 수 있다.[5]

융이 제창한 적극적 상상은 프로이트가 정신분석 도구로 중요하게 사용했던 자유연상법과 다르다. 자유연상(free association)은 편안한 분위기에서 자유롭게 상상함으로써 마음에 떠오르는 상들 (images)이 현실적 경험이나 외상과 관련이 있는가를 조사하는 작업이다. 이에 반하여 적극적 상상은 상들의 무제한적인 연쇄 고리를 허용하지 않는다. 융은 "자유연상은 인간의 콤플렉스를 보여 주는 효과는 있지만 구체적인 증세를 밝혀내는 데 한계가 있다"고 보았다.[6] 이에 반하여 적극적 상상은 구체적인 이미지나 경험에 주목하면서 그와 관련된 상들을 떠올림으로써 심리적 문제에 보다 가깝게 다가서는 것이다. 그것은 수동적인 명상(meditation)이나 관상(contemplation)과 그 맥락을 달리한다. 명상이나 관상은 마음의 상태를 고요하게 하면서 '개인적 환상으로부터 신적인(통전적인) 상태로 들어가는 수행'과도 같다.[7] 이와 달리 적극적 상상은 구체적인 상황에서 출발하여 무의식에 잠재되어 있는 이미지들을 의식의 세계로 끌어올리는 적극적인 행위이다. 하지만 그것은 상을 의도적으로 만들어 내기 위한 인위적인 행위는 아니다. 무의식에 잠재된 콤플렉스의 내용과 이미지를 의식상황에서 경험하려는 노력이 곧 적극적 상상이다.

융은 명상에 기초한 인도의 요가와 적극적 상상의 차이점을 다음과 같이 설명한다.

> 나는 자주 너무나 흥분되어 내 감정을 요가로 정지시켜야 했다. 그러나 나의 목표는 내 속에서 무엇이 일어나고 있는지를 경험하는 것이었기 때문에 요가를 그저 내가 안정되어 무의식과의 작업을 다시 착수할 수 있게 될 때까지만 하였다. 다시 내 자신으로 돌아왔다는 느낌을 갖게 되기가 바쁘게 나는 의식적인 조절을 풀고 무의식의 상과 안에서 나오는 소리로 하여금 다시 새롭게 말하도록 하였다. 인도 사람들은 이와 반대로, 요가를 다양한 정신적인 내용과 상을 완전히 제거하는 목적으로 사용하고 있다.[8]

융에 의하면, 상상행위인 환상(fantasy)은 정신에너지의 자연스런 흐름이다.[9] 융은 '적극적 상상'이라는 용어를 '눈을 뜬 상태에서 꿈을 꾸는 과정'과 관련하여 사용했다.[10] 수동적으로 경험되는 꿈과 달리, 어떤 특별한 관점, 분위기, 그림이나 사건에 집중하면서 그와 관련된 환상들의 고리가 자연스럽게 발전되어 점차 하나의 드라마 성격을 갖추게 하는 것이 적극적 상상법이다. 이것은 어느 정도 개인적인 창작물인 백일몽(day-dreaming)과는 다르다. 적극적 상상은 자아의 창조적인 참여를 통해 무의식의 내용이 의식상태로 드러나게 하는 작업이다.[11] 예를 들면, 이야기를 듣고 느낀

감정이나 체험한 환상을 자신의 경험과 관련해서 해석하는 작업
이 될 수 있다. 적극적 상상은 또한 피분석가로 하여금 자신의 감
정이나 내적인 문제를 그림이나 창조적인 놀이(혹은 예술 활동)를
통해 표출하게 하는 구체적인 작업이다. 적극적 상상을 통해 얻어
진 이미지들은 분석가와 피분석가 사이의 대화를 통해 서서히 밝
혀짐으로써 심리치료를 위한 결정적 단서를 제공하게 된다.[12]

적극적 상상은 외부적 요소를 소개하는 것이 아니라 내적 이미
지를 의식으로 전달하는 방식이다. 다른 명상법과는 달리 적극적
상상에서는 의도적으로 선택된 이미지나 이야기를 통해 의식적
인격과 내면세계 사이에 관계가 이루어진다. 적극적 상상을 통해
자아콤플렉스는 무의식의 원형적 이미지와 살아 있는 관계를 형
성하게 된다. 이 과정에서 자아콤플렉스의 적극적 참여는 원형적
이미지를 내적사건으로 형성하고 발전시킨다.[13]

위버(R. Weaver)는 적극적 상상의 성격을 다음과 같이 기술한다.

첫째, 분위기(moods)와 자율적 환상의 조각들에 주목하면서 환
상(fantasy)에 의한 이야기(혹은 꿈)의 의미를 확장한다. 이 작업은
무의식의 내용을 객관화하기 위한 자아(ego)의 첫 움직임이다.

둘째, 이 과정은 여러 형태로 구체화 된다:

• 자아는 꿈이나 동화 등의 이야기 안에 담긴 의미를 찾기 위
  해 환상을 초기화한다.
• 환상에 의해 사로잡힌 자신을 발견함으로써 무의식의 내용인
  환상이 의식 안으로 들어오게 한다. 이런 상황에서 자아는 환
  상여행 중에서도 자신을 잃지 않고 무의식의 상들을 구체화하
  는 길을 모색하게 된다. 이때 자아는 의식적인 기록자가 된다.
• 환상의 조각들을 얻거나 환상의 내용과 만나 적극적인 개입

을 통해 그것들을 확대시킨다. 이런 과정을 통해 무의식의 자료들에 대한 주관적 입장을 정리하게 된다.

셋째, 자아의 개입은 무의식의 드라마에 적극적으로 개입하는 효과가 있다. 이때 자아의 기록행위만 요구되지는 않는다. 때로는 우연히 무의식의 상에 직면하기도 하고 때로는 제의적 상황에서 적극적 상상이 이루어지기도 한다.

넷째, 적극적 상상은 연금술과정과 유사하다. 비금속을 합성하여 금을 얻으려는 "연금술의 내적 주제는 비속한 주제와 고귀한 요소를 혼합과 정제 그리고 실험을 통해 정화되고 순화된 형태로 융합시키는 것이다."[14] 대극의 합일을 통해 정신적 성숙 과정을 보여 주는 연금술은 적극적 상상의 상징적 의미를 대변한다. 적극적 상상을 통해 내담자는 보다 보편적이고 영원한 상징이나 태초에 대한 신화들, 혹은 영원불멸에 대한 것들을 발견하게 된다.

다섯째, 적극적 상상에 대한 가장 중요한 기준은 자아의 활동이 작업과정에서 실제로 기록될 필요는 없다는 점이다. 대신 자아는 무의식의 내용이 어떤 형태가 되더라도 그것에 진지하게 접근해야 한다. 무의식의 내용을 의식적 언어로 구체화시키는 작업보다도 적극적 상상을 통해 의식과 무의식의 실질적인 대화가 이루어지는 것이 더욱 중요하다.

여섯째, 무의식에 대한 자아의 접근은 사람마다 다르다. 내향적인 사람들은 무의식에 대해 보다 객관적으로 접근한다. 하지만 외향적인 사람들은 무의식의 영역에 대해 주관적인 태도를 취한다. 둘 다 가능하다. 최종적인 판단은 내담자 자신에게 달려 있다. 의미있는 적극적 상상은 자아의 의식적 선택에 달려 있는 것이 아니라 확실성과 불확실성 모두를 수용할 수 있는 능력에 달려 있다. 무의식의 내용이 불확실하게 보일지라도 그것은 심적 실제로서 정신세계의 중요한 요소가 된다는 점을 간과해서는 안 될 것이다.[15]

폰 프란츠는 적극적 상상 과정을 다음 다섯 가지로 요약한다.[16]

- 자아의 '복잡한 생각'(mad mind)을 비운다.
- 무의식의 환상 이미지가 의식으로 올라오게 한다.
- 그 이미지에 표현형태를 부여한다. 이름을 붙이거나 그림을 그리거나 언어로 이미지를 구체화시킨다.
- 무의식의 상들과 윤리적인 대면이 필요하다. 왜냐하면 무의식은 도덕적 혹은 윤리적 규범에 제한받지 않는 본능적 속성이 있기 때문이다.
- 적극적 상상을 통해 얻어진 결과들을 삶 속에 적용한다. 적극적 상상을 통해 의식과 무의식의 대화가 이루어지면 개성화를 위한 첫걸음을 걷게 된다. 개성화는 심리치료의 주된 목표가 된다.

적극적 상상의 유용성에도 불구하고 우리가 주목해야 할 위험성도 있다. 적극적 상상은 무의식과 강력하게 대응할 수 있는 심리적으로 성숙한 사람들에 의해서 이루어져야 한다. 잘 발달된 자아만이 의식과 무의식이 동등한 입장에서 서로 만날 수 있는 환경을 제공하기 때문이다.[17] 따라서 내담자의 상태에 따라 적극적 상상은 제한적으로 사용될 필요가 있다. 무제한적인 상상이나 의식적 통제가 불가능한 상태에서 적극적 상상이 이루어 질 때 심리적 불안감과 불균형이 가중될 수 있다. 이제 카스트(V. Kast)가 이야기치료 과정에서 제시한 적극적 상상법을 임상사례를 통해 살펴보자.

4. 적극적 상상의 실례: 빨간 모자 아가씨

어느 마을에 귀엽고 예쁜 소녀가 있었다. 소녀의 할머니는 소녀를 눈에 넣어도 아프지 않을 만큼 귀여워했다. 할머니는 소녀에게 빨간 벨벳으로 모자를 만들어 주었다. 모자는 소녀에게 아주 잘 어울렸다. 그래서 마을 사람들은 소녀를 '빨간 모자 아가씨' 라고 불렀다. 어느 날, 빨간 모자 아가씨는 어머니의 심부름으로 숲에 사는 할머니 댁에 빵과 포도주를 가져다 드리게 되었다.

"한눈팔지 말고 부지런히 다녀오너라. 인사도 상냥하게 잘해야 한 다."

숲에 가까이 오자 늑대가 빨간 모자 아가씨에게 말을 걸었다.

"어디 가는 길이니?"

"할머니 병문안 가요"

"앞치마 밑에 든 건 뭐니?"

"빵하고 향기로운 포도주예요."

빨간 모자 아가씨는 무심코 할머니의 집을 가르쳐 주었다. 늑대는 속으로 빨간 모자 아가씨와 할머니 모두를 잡아먹어야겠다고 생각하며 흐뭇해 했다. 늑대가 할머니 집을 향해 앞질러 간 걸 알 리 없는 소녀는 할머니께 드릴 꽃다발을 만들며 놀았다. 곧장 할머니 집으로 달려간 늑대는 빨간 모자 아가씨인 척 목소리를 꾸미며 문을 열게 하고 뛰어 들어가 할머니를 한입에 삼켜 버렸다. 그런 다음 할머니 옷을 입고 모자를 쓰고선 침대에 들어가 누웠다. 소녀는 시간이 한참 흐른 뒤에야 할머니 생각이 나서 부지런히 걸음을 옮겼다. 어쩐 일인지 할머니의 집 문이 활짝 열려 있었다. 그러나 빨간 모자 아가씨는 별 의심 없이 집 안으로 들어가 할머니 침대로 다가갔다.

"할머니, 안녕히 주무셨어요? 그런데 할머니 귀가 왜 이렇게 커요?"

"네 말을 잘 들으려고."

"어머나, 눈도 굉장히 커요."

"네 얼굴을 잘 보려고 그렇단다."

"어머나, 입은 왜 그렇게 크지요?"

늑대는 벌떡 일어나 빨간 모자 아가씨를 한입에 삼켜 버렸다. 배가 부른 늑대는 다시 침대로 들어가 코를 골며 깊은 잠에 빠져 들었다. 때

마침 집 앞을 지나가던 사냥꾼이 코고는 소리에 안을 들여다 보았다. 자세히 보니 침대에 누워 있는 건 낯익은 할머니가 아니라 늑대였다. 사냥꾼은 늑대를 한 방에 쏘아 버리려다 불룩한 배가 어쩐지 수상해 잠시 생각에 잠겼다.

"저 녀석이 할머니를 잡아먹었는지도 몰라."

사냥꾼이 가위로 늑대의 배를 가르자 뱃속에서 빨간 모자 아가씨는 기뻐서 어쩔 줄 몰라했다. 세 사람 모두 행복해 했다. 사냥꾼은 사로잡은 늑대의 가죽을 벗겨 집으로 돌아가고 할머니는 빨간 모자 아가씨가 가져온 따뜻한 빵과 포도주를 먹고 기운을 차렸다. 빨간 모자 아가씨는 속으로 이렇게 다짐했다:

'엄마와의 약속을 지키지 않았기 때문이야. 엄마가 조심하라고 말씀한 대로 다시는 길 가다가 한눈팔지 말고 바로 숲으로 들어가야지' (그림형제/독일).[18]

1) 이야기분석

내담자에게 이야기를 들려준 다음에 기억난 대로 그 이야기를 다시 적게 한다. 다 적은 다음에 원래의 이야기와 비교해 본다. 원래의 기록에 없는 내용이 첨가되었거나, 누락된 사항이 있는지 조사해 본다. 이야기를 듣는 동안 특별히 기억에 남는 이미지와 느낌에 대한 의견을 교환한다. 내담자로 하여금 적극적 상상을 통해 빨간모자 아가씨와 대면하게 함으로써 그 결과를 분석할 수 있다. 분석가는 내담자 스스로 창작한 '빨간 모자 아가씨'를 살펴볼 수도 있다. 어른들과 마찬가지로 대부분의 어린이들은 삶 속에서 이야기에 의해 영향을 받는다. 이야기에 대한 의견은 서로 다를 수 있다. 빨간 모자 아가씨(Little Red Cap) 역시 강한 영향력을 주는 이야기이기 때문에 해석을 필요로 한다. 하지만 어떤 해석도 절대적인 결론이 될 수 없다. 오히려 다양한 각도에서 검토될 때 이야기는 생명력을 지니게 된다.

동화 속에서 늑대는 주로 위험한 대상으로 등장한다. 늑대는 가끔 '잘못된 경향' 또는 '배신' 등을 암시한다.[19] 빨간 모자 아가씨가 늑대를 조심하라는 것은 남자나 성적인 유혹에 대한 경고로 이해된다. '남자는 늑대'라는 속어에서도 볼 수 있듯이 남성의 성욕은 보통 늑대의 본능적 욕구로 이해되곤 한다. 늑대를 성적으로 흥분된 남자로 보는 견해는 고대의 해석에서 연유한다. 하지만 늑대는 반드시 남성을 상징할 필요는 없다. 이야기의 진행은 빨간 모자 아가씨가 엄마의 품을 떠나 자신의 길을 가려고 하지만 실패하고 만다는 것을 보여 준다. 실패의 원인은 늑대의 유혹을 물리치지 못한 사실에 기인한다.

이야기는 엄마, 소녀, 그리고 할머니를 소개하는 것으로 시작한다. 이야기 속에는 남성에 대한 언급이 없다. 그들은 아마 누락되었거나 제외되었을 것이다. 대부분의 동화는 남성과 여성이 어떻게 연합하는 가를 보여 준다. 이것은 결핍된 요소를 보완하려는 개성화 과정과 같다.[20] 남성에 대한 절박한 요구는 어머니로부터 자유롭게 되기 위한 시도에서 비롯된다. 이야기 안에는 이런 내용들을 보여주는 다양한 소재들이 있다.

빨강색은 대개 영(spirit), 활력, 공격, 에너지, 피 등을 의미한다. 여기서는 아마 여성의 첫 월경을 의미할 수 있다. 빨강색은 또한 사랑의 여신과 동일시되기도 한다. 빨간 모자 아가씨가 어머니의 품을 떠나 에로스의 세계로 들어가기 시작했다는 말이다. 이야기에 등장하는 세 여성은 유럽전설에 녹아있는 위대한 여신(the

Great Goddess)의 삼위일체를 대변한다. 봄의 여신인 소녀는 여름에는 사랑과 대지의 여신으로, 겨울에는 죽음, 지하세계, 그리고 지혜로 나타난다. 하얀색은 봄의 여신을, 빨강은 여름을, 그리고 검정은 겨울의 여신을 상징한다. 빨간 모자 아가씨는 봄의 여신에서 여름의 여신으로 변신하고 있다. 할머니가 손녀를 돕고 있다. 엄마의 품을 떠나 할머니에게 감으로써 어머니 계열의 시발점을 향하고 있다. 이상한 것은 엄마는 아직도 소녀를 어린아이로 생각하는 반면에 빨간 모자 아가씨는 성적으로 성숙해 있다는 점이다. 이미 성숙한 아이를 엄마 품에 두려는 경향은 우리 주변에서도 흔히 발견되는 현상이다. 한국사회는 특히 그런 현상이 두드러진다. 지나친 과보호가 자녀의 독립성을 방해하면서 성인으로 성장할 기회를 가로막고 있다. 빨간 모자 아가씨 엄마 역시 딸을 너무 오랫동안 보호하면서 자신의 길을 개척하지 못하게 하고 있다.

　성숙한 여성으로 성장하는 과정은 마치 한 소녀의 죽음과 부활로 경험된다. 소녀는 변화를 겪어야만 한다. 부모의 보호와 도움을 통해 성장했던 어린 시절에서 이제는 자기 자신을 스스로 보호하기 위한 어머니 역할을 배워야 한다. 이런 과정은 마치 소녀가 숲 속으로 들어가는 것과 같다. 그곳에서 소녀는 멋있는 왕자를 만난다. 낮에는 동물로 밤에는 왕자로 나타나는 소녀의 '동물 신랑'(animal bridegroom)은 마치 소녀가 늑대를 만난 장면을 연상케 한다. 늑대는 '탐욕의 원리'를 대변한다. 또한 늑대는 죽음으로 몰고 가는 상징이다. 빨간 모자 아가씨는 동물의 모양을 한 욕망에 사로잡혀 있다. 그것은 다른 것을 공격하거나 파괴하는 것을 전혀 두려워하지 않는 정신에너지(libido)로 나타난다. 여기서 늑대는 소녀의 성적 에너지에 상응하는 사랑의 본질이다.

늑대를 소녀 인격의 한 부분으로 생각해 보자. 엄마가 소녀를 제어할 수 없을 때 어떤 일이 발생할까? 소녀는 자신이 부인했던 늑대의 성향을 보게 될 것이며, 그것은 생명을 향한 공격적인 탐욕으로 이어질 것이다. 늑대로서의 소녀는 사회적 의무나 다른 사람들을 배려하지 않는 이완된 자기모습을 발견하게 될 것이다. '길을 가다가 한눈팔지 말라'는 엄마의 말은 소녀로 하여금 무엇인가 특별한 방식을 찾게 한다. 아이들은 자신의 길을 가고자 할 때 언제나 뿌연 먼지 속에 있다. 엄마는 소녀에게 늘 이중적이다. 한편으로는 먼 길을 가게 하면서, 다른 한편으로는 자신의 길을 가지 말도록 강요한다.[21] 하지만 삶을 향한 내적인 욕망을 누가 막을 수 있을까? 현재의 상태에서 안전하게 머무르고 싶어하는 욕망과 새로운 길을 가려고 하는 욕망 사이에는 언제나 긴장이 존재한다.

빨간 모자 아가씨가 꽃을 모으는 데 정신이 팔려 있을 때, 늑대는 할머니를 잡아먹는다. 소녀 역시 할머니 인격의 일부로 보여진다. 할머니는 사랑스런 손녀를 자기 곁에 두려는 욕망에 사로잡혀 있으며, 소녀는 그 탐욕의 원리에 빨려들어 가고 있다. 할머니의 소유욕은 소녀에게 숨이 막힐 지경이다. 할머니는 늑대처럼 배고파하고 있다. 이런 이미지는 자녀에 대한 엄마사랑과 소유욕의 어두운 면을 보여 준다. 어쩌면 그것은 늑대 배 안에서나 가능할 것이다. 그 모습은 인간의 실존상황이 아니다. 빛이 없고 상대방을 볼 수도 없으며 아무 일도 발생하지 않는 곳이다. 오직 희망이 있다면 그곳을 탈출하는 것이다.

관계적인 측면에서 생각해 보자. 과잉보호된 아이는 어떤 일을 할 때마다 부모의 승낙을 받으려고 한다. 부모의 생각에 따라 자

신의 행동을 결정한다. 이것은 마치 늑대 뱃속이 우울증 상태와
중독상태를 의미하는 것과 같다. 이때 자아콤플렉스(ego complex)
는 너무 약해져서 무의식의 요구에 저항할 수 없다. 이 상태에서
빠져 나오기 위해서는 공격적인 방식으로 자신을 구출해 줄 남자
가 필요하다. 엄마에 의해 잘 보살핌을 받고 자란 아이는 모성 콤
플렉스가 강화되기 때문에, 천진난만한 어린 상태로부터 성숙의
단계로 성장해야 할 필요가 있다. 남성원리를 상징하는 늑대는 엄
마와 소녀의 공생으로부터 탈출하려는 정신에너지를 보여 준다.
심리치료사는 종종 빨간 모자 아가씨와 유사한 상황을 보게 된다.
'빨간 모자 아가씨 신드롬'을 통해 우리는 늑대에게 잡혀먹지 않
으면서 엄마를 떠나 독립할 수 있는 방법을 찾아야 한다. 하지만
아쉽게도 빨간 모자 아가씨는 엄마에게 돌아가서 '이제부터는 순
종하겠다'는 약속을 한다. 비극적인 결말이다! 그녀에게 어떤 변
화도 발생하지 않았다.

2) 이야기치료 사례

앤젤라(Angela)는 빨간 모자 아가씨 이야기를 통해 엄마와 딸이
함께 할 수 있는 공조의 길을 찾았고 심리치료사로부터 독립할 수
있는 방식도 경험했다. 그녀는 두려움을 감수하면서도 매우 직접
적인 방식으로 이야기에 직면했다. 그녀는 자신의 내부뿐만 아니
라 외부에 있는 매우 공격적인 남성 에너지와 교감을 가졌다. 뿐만
아니라 보다 깊은 차원에서 여성적 정체성의 변화를 경험했다. 앤
젤라는 아이를 가질 것인지에 대해 고민하고 있었다. 그녀는 4세
때 경험한 아버지의 죽음을 아버지가 마치 늑대에게 잡아먹히는
듯한 두려움과 동일시하고 있었다.

이야기는 앤젤라의 중요한 문제를 지적하고 있다. 엄마와의 좋은 관계 덕분에 그녀의 모성콤플렉스는 비교적 긍정적이었다. 항상 부유하게 느꼈으며 비록 가난하더라도 길가의 꽃들을 보았으며 자신의 세계를 찾으려고 애썼다. 빨간 모자 아가씨처럼 순진했고 세상은 그녀에게 위험한 곳이 아니었다. 다른 사람이 친절하게 대해 주지 않더라도 악한 모습을 보지 않았으며 대부분의 시간이 그녀에게는 그저 좋게 보였다. 내면의 환상세계 또한 안전한 곳이었다. 하지만 단 한 가지 불안요소는 죽음에 대한 공포이다. 이복여동생이 이른 나이에 죽은 것을 경험한 앤젤라는 그녀 역시 남성과 사랑을 해 볼 기회도 얻지 못한 채 어린 나이에 죽을 것이라는 확신을 지니고 있었다. 그러나 이런 병적인 환상은 살아야 한다는 욕망에 의해 감춰진 상태였다. 사랑에 대한 열망과는 달리 엄마에게 밀착되어 있는 그녀를 일깨워 줄 어떤 매력적인 남성도 그녀에게 다가오지 않았다.

그러던 중 그녀에게 한 남성이 나타났다. 하지만 가부장 사회에 길들여진 앤젤라는 위압적인 남성과 대면하는 데 극심한 어려움을 겪었다. 여자로서 그녀는 갑자기 아무것도 아니라는 느낌을 받았다. 그런 순간에는 마치 대모(Great Mother)원형이 꿀꺽 삼켜지는 듯했다. 모든 여성적 힘이 그녀를 떠나갔다. 강한 남성 앞에서 당당하게 맞설 강한 여성이 될 그 어떤 이미지도 떠오르지 않았다. 앤젤라에게는 외부적인 남성과 관계를 맺는 일이 충분한 해결책은 되지 못했다. 문제는 그녀 내면의 남성과 관계를 맺는 방식을 모색하는 일일 것이다. 현실 속에서 그녀 위에 우뚝 서 있는 남성들은 그녀 내면에 자리를 잡고 자존감(self-esteem)을 제한시키고 있었다. 내면에 있는 부정적 남성성이 활성화될 때 그녀는 더욱 초라한 소녀로 전락한다.

앤젤라는 자신이 어느 정도 심각하게 모성콤플렉스에 의해 위협을 받고 있는가를 알고자 했다. 내면에 있는 모성콤플렉스가 자신의 발목을 잡고 성장을 저해하고 있다는 사실을 알게 된 것이다. 그녀는 한 늙은 어머니가 젊은 어머니를 잡아먹는 동화를 선택했다.

3) 이야기와 함께 성장하는 법

동화를 비롯한 이야기 심리치료는 이야기 속의 주제에 즐거운 마음으로 직면해야 한다. 그 주제는 대개 자신의 기억에 남을 만한 특별한 인상을 주는 주제들이다. 이야기 속으로 들어가서 연상된 이미지들을 수집한 다음에, 그녀는 과거의 기억을 회상했다. 점차적으로 영역을 좁혀 특별한 주제에 집중했다. 분석가는 연상내용을 통해 내담자의 콤플렉스와 신경증 사이의 관계를 살펴볼 수 있다.[22] 여기서 그녀는 적극적 상상법과 그림그리기를 시도했다. 적극적 상상은 기억에서 사라진 이미지들이나 아직 밝혀지지 않은 내용들을 의식에 소환하는 일종의 의식화 작업이다. 적극적 상상에 의해 의식화된 내용들은 의식상태에서 검증되고 질서를 찾아간다. 의식화된 이미지들과 내용들은 그 자체로 생명력이 있다. 그 생명력은 불안감을 최소화하는 데 있다. 최소화된 불안상태에서 무의식에 잠재된 이미지들과 대상들이 수면으로 올라와서 생동감 있게 의사를 전달한다. 적극적 상상을 통해 자아콤플렉스는 무의식에서 올라온 내용들과 의식적인 관계를 맺는다.[23] 자아콤플렉스가 변하듯이 이런 과정을 통해 의식화된 대상 역시 변화한다. 이런 심리적 변화는 다양한 분위기에서 드러난다. 앤젤라는 다음과 같은 상상을 한다. 빨간 모자 아가씨 환상은 잠들기 바로 직전에 생긴 것이다.

　　나는 반항적이고 도전적인 빨간 모자 아가씨를 본다. 사실 그녀는 폭력적이기도 하다. 그녀는 할머니의 배를 칼로 째서 열었다. 이런 환상을 본 나는 두려워서 환상을 멈췄다.

　　이틀 후에 빨간 모자 아가씨는 할머니 집에 가고 있다. 그녀에게 음식과 포도주가 담긴 큰 광주리가 들려 있다. 광주리가 무겁다. 아가씨는 길을 잘 알았지만 오늘은 가고 싶은 마음이 없다. "왜 나는 항상 할머니를 방문해야 하지? 나는 그냥 다른 애들과 함께 놀고 싶은데." 그녀는 숲 속에 넓게 트인 곳으로 간다. "나는 이곳이 좋아. 태양은 아주 멋지게 빛나고 있군. 나는 여기에 누워 잠깐 낮잠을 즐겨야지. 더 이상 아래로 내려가기 싫어. 난 숲 속의 어두운 곳을 통과하기 싫거든. 항상 무서운 곳이야. 그냥 여기서 햇볕이나 쬐며 잠시 머물러야지."

　　빨간 모자 아가씨는 태양 아래 누워 꿈의 나라로 향한다. 갑자기 누군가 그녀에게 다가온다. 눈을 떠보니 늑대다. "오늘 뭐하니?" 늑대가 묻는다. "할머니 집에 가는 길 아니니?" 늑대의 음성이 즐거워 보인다. 그의 눈은 교활하게 번쩍인다. 아가씨는 그걸 좋아한다. 늑대는, "나와 함께 가겠니?" 라고 묻는다. "너는 우리가 사는 굴을 좋아할거야. 집이나 할머니 집에 있을 때처럼 지루하지도 않아. 너는 놀 수 있는 시간을 많이 가질 수 있어. 우리 새끼들도 좋아하게 될 걸." 빨간 모자 아가씨는 생각에 잠긴다. "이 광주리는 너무 무거워. 멀리 가야 하는데. 난 할머니를 볼 기분이 아니거든. 그렇다고 집에도 가기 싫어. 엄마는 항상 나를 이 숲 속으로 보내지. 최근에 엄마는 매우 우울해졌어. 할머니 집에 있는 것은 정말 심심하거든." 늑대가 말한다. "나와 함께 가면 넌 숲에 대한 두려움이 사라질 거야. 우리와 함께 있을 때 안전하게 느낄거야." 빨간 모자 아가씨는 뛸 듯이 기쁘다. "오케이, 너와 함께 갈께. 이 무거운 광주리를 들고가도록 도와줘."

마지막으로 앤젤라는 할머니에 대한 부정적 감정을 정화시킬 수 있었다. 그녀는 매력적인 늑대들과 친구가 된다. 그녀가 도전적이 될 때, 보다 덜 파괴적이다. 앤젤라가 환상을 통해 늑대를 무장해 제시켜서 내면에 통합시켰을까? 이를 알아보기 위해 심리치료사 카스트는 앤젤라로 하여금 빨간 모자 아가씨가 되어 늑대와 대화를 해보도록 유도했다. 두 번째 시도를 한 후에 늑대는 즐거운 곳으로 초대하는 친구의 모습으로 등장한다. 이제 앤젤라는 늑대의 역할과 아가씨의 역할을 교대로 하게 된다.

나는 빨간 모자 아가씨가 되어 아무 두려움이 없이 편안하게 있다. 늑대인 나는 경계하는 듯 몸이 무겁고 무섭다. 나는 빨간 모자 아가씨와 말하기가 어렵다. 난 경직되고 무거운 느낌이다―그런데 그것은 편안한 무거움이다.

이런 상상을 분석해 보면 앤젤라는 그녀 자신의 늑대를 무서워하고 있다. 그녀는 자신에 대해 당황하고 있다. '한때는 미치겠어요. 그러나 진정할 수 없어요. 내 공격성 때문에 매우 두려워요. 나는 저 늑대처럼 단호하지 못해요.' 그녀는 자신이 마치 절름발이로 느껴진다. 환상 속에서 할머니에게 한 행동을 고려하면 앤젤라는 내면에 있는 늑대를 두려워하고 있다. 그녀가 집단 속에서 절름발이라고 느낄 때 그것은 꿈이나 적극적 상상을 통해 잠재된 공격성으로 드러난다.

나중에 앤젤라는 또 하나의 상상을 했다. 거기서 그녀는 늑대에게 빨간 모자를 주고 그 대가로 털 세개를 받았다. 늑대의 털은 그녀가 위험에 처했을 때 도와줄 것이다.

어느 날 빨간 모자 아가씨는 할머니를 떠나 집으로 온다. 이제 그녀는 평소에 즐기던 자전거를 타고 어디든지 쉽게 갈 수 있다. 낯선 곳에서 그녀는 늑대를 만난다. 늑대는 그녀 자전거 옆을 달리면서 이렇게 말한다.

"멈춰. 빨간 모자 아가씨, 부탁 좀 들어줘."

아가씨는 속도를 줄이기가 어렵다. 숲 언저리에서 겨우 멈춰선 그녀는 늑대에게 묻는다.

"늑대야, 나에게 뭘 원해?"

"네 빨간 모자. 그것을 나에게 제발 넘겨라. 나는 그 모자를 은밀한 곳에 숨길거야. 대신 너는 내 목에서 털 세 개를 가질 수 있잖아."

비록 자기가 좋아하는 모자를 늑대에게 주기가 힘들었지만, 소녀는 결국 동의한다. 늑대는 어떻게 털을 뽑는지를 가르쳐 준다. 그녀는 늑대 목에 있는 털을 세게 잡아당긴다. 세 개 이상의 털이 손에 잡힌다.

"너는 그 중에 세 개만 가질 수 있어." 늑대의 말이다.

빨간 모자 아가씨는 할머니가 준 광주리에서 깡통 하나를 집어 들고 그 안에 늑대 털을 넣는다.

이제 아가씨는 늑대 털을 세 개 가지고 있다. 그것을 작은 깡통에 넣은 아가씨는 아직도 왜 그 털을 깡통에 보관해야 하는지를 모른다. 그냥 그래야 되는 것 같다.

난 이제 시내로 간다. 이제 떠나야 해. 난 더 이상 이곳에서 머물 수 없다. 나는 굴뚝청소부가 사는 집으로 간다. 어떻게 내가 알고 있을까? 그냥 안다. 나는 그 집이 어디 있는지 알고 있다. 전에 한번도 가본 일이 없지만. 그 집은 도시 변방에 있지. 굴뚝청소부는 큰 검은 개를 가지고 있지. 그는 속세를 등지고 혼자 살고 있지.

나는 그의 집 문을 두드린다.

"들어와요."

내가 문을 열자 한 남자가 식탁에 앉아 손으로 얼굴을 가리고 있다. 그의 얼굴을 볼 수 없다. 밖은 어두운 것 같다. 다시 떠나고 싶다. 그가 눈치 챈 것 같다.

"이곳에 머물러."

가방 안에 있는 늑대 털을 생각하는 순간, 나는 내 눈이 확 타오르는 것을 느낀다.

"이곳에 있기 싫은데 왜 머물러야 하지?"

"난 다른 곳을 찾을 거야. 그래, 하지만 우선 이곳을 둘러보고 싶어."

앤젤라의 상상에서 그녀는 수많은 우울한 남성을 만난다. 그들 모두는 그녀를 지배하려고 한다. 당연히 그 남자들은 그녀 자신의 우울증의 표현이며 그녀로부터 심리적 에너지를 빼앗으려는 자들이다. 이런 경우는 자신의 공격성을 유익한 방향으로 표출하지 못하거나 자신의 욕망과 요구사항을 깨닫지 못할 때 발생한다. 늑대 털은 그녀에게 싸울 수 있는 의지를 제공한다. 성서에 등장하는 삼손의 머리털도 이와 유사한 이미지를 준다.[24] 늑대의 털을 소유함으로써 내면에 있는 늑대의 잠재력에 접근한다. 상징적으로 볼 때 빨간 모자 아가씨가 늑대의 털과 자신의 모자를 바꾼 것은 좋은 신호다. 싸울 수 있는 의지로 그녀는 이제 변화된 여성이 된 것이다. 빨간 모자 아가씨는 이제 더 이상 소녀가 아니다. 또 다른 상상에서 앤젤라는 사냥꾼 앞에 서 있다.

"아가씨 누구와 이야기하고 있지?" 사냥꾼이 말한다.

"진짜 한눈팔지 말아야 해. 엄마가 집에 오기를 기다리고 있어."

"재미있는 시간을 더 갖고 싶은데. 내가 누구와 말하고 있었는지 얘기하면 믿지 않을 걸요."

"누구? 네 자신에게?"

"아니오, 늑대지요!"

"미쳤어? 늑대를 네 속에 두게. 그것이 얼마나 위험한 일인지 모르는구먼."

"나는 누가 더 위험한지 모르겠어요. 아저씨? 아님 늑대? 아저씨 또한 동물을 사냥하잖아요. 심지어는 총을 가지고. 아저씨가 늑대처럼 강하다고 생각하지 않으세요?"

사냥꾼은 화를 낸다. "너는 존경심이 없어. 사람들에게 말하는 태도 말이야!"

빨간 모자 아가씨는 속으로 말한다. "나는 이런 사람이 진짜 싫어. 그는 항상 선한 충고로 가득 차 있지." 빨간 모자 아가씨는 자전거 속도를 높여 멀리 달린다.

사냥꾼은 어머니의 도덕적 외양을 드러내는 권위적인 인물이다. 그는 결국 아가씨에 의해 권좌에서 물러난다. 금발의 한 젊은 남자에 대한 짧은 상상에서 앤젤라는 일시적 종결을 향한 환상을 본다.

어떤 사람이 휘파람을 불며 창밖을 내다보며 말한다. 저쪽 아래에 한 젊은 친구가 있는데 그의 금발머리는 어둠에서도 빛이 난다. 그는 꾀죄죄하게 보인다. 검정 바지와 노란 스웨터에 머리는 달라붙어 지저분하다.

"뒷 계단에서 내려와요. 난 줄곧 당신을 보고 있었어요. 당신은 이곳을 빠져나가고 싶죠?"

"어떻게 알았나요? 내가 당신과 함께 가기를 원한다는 것을 어떻게 알았죠?"

"난 당신을 좋아해요. 나와 내 친구들과 함께 가요. 시내에서 문제를 일으켜 봐요. 결코 지루하지 않을 걸요."

늑대는 이제 한 남성으로 대치되었다. 이 젊은 아니무스는 38세 된 앤젤라를 청소년기 행동으로 유인하고 있다. 정서적 평형상태(equilibrium)는 아직 오지 않았다. 한쪽에는 나이 들고 우울한 아니무스가 있고, 다른 쪽에는 아주 젊은 청소년 또래의 아니무스가 있다. 그러나 내면에 있는 커플은 중대한 변화를 겪고 있다. 빨간 모자 소녀와 늑대는 이제 성숙한 여성과 젊은 영웅으로 대치되었다. 두 번째 커플은 훨씬 더 균형을 이루며 이전보다는 더 잘 견딜 것이다. 잘 싸우면서 말이다.

빨간 모자 아가씨 이야기를 통해 앤젤라는 무엇을 얻었을까? 그녀는 이렇게 말한다.

빨간 모자 아가씨는 자신의 천진난만함을 잃었다. 나의 내적 열정(redness)은 이제 흐르기 시작했다. 여러 날 동안 나는 흥분으로 설레었고 따뜻함, 곧 내 몸 안의 빨간 감정을 느꼈다. 내가 빨간 모자(Red)

를 임신했나요?

난 늑대와의 만남이 진짜 현실적으로 느껴졌어요. 다른 전통적인
이야기에서처럼 늑대를 죽여서는 안 됩니다. 늑대는 나를 위해 매우
강하고 사나운 그 어떤 것을 가지고 있습니다. 늑대는 어떤 요인에 직
면하게 하죠. 나는 그를 '외로운 숲으로 한 걸음 나아가게 하는 것'이
라고 생각해요.

늑대는 또한 나의 빨간 모자 환상에 등장하는 이상하고도 외로운
남성들의 중요한 세계를 의미합니다. 늑대는 아직 그 남성들을 모두
담아내지 못합니다. 성숙한 빨간 모자 아가씨가 그들을 연결해 줄 것
입니다. 나는 또한 내가 잃어버린 과거가 다시 살아남을 느낍니다. 이
작업을 하기 전까지는 내가 마치 빨간 모자 아가씨처럼 길을 잃고 헤
매고 있다고 느꼈습니다.

빨간 모자 이야기는 재밌어요. 내 모든 환상을 다시 읽었을 때 나는
나의 일부를 알게 되었어요. 그것은 이제 영적으로 변화된 모습이지
요. 이제 놀 준비가 되어 있고 옆길로 샐 준비도 되어 있지요.

빨간 모자 아가씨 이야기는 소녀가 다시 엄마 품으로 돌아가는
비극적으로 종말을 맺는다. 하지만 이 점이 이야기의 원형적 배경
을 제거하지는 못한다. 이야기를 통해 환자는 자신을 돌아보면서
자신만의 이야기를 전개하기 때문이다. 앤젤라는 결코 빨간 모자
아가씨처럼 엄마 품으로 돌아가지 않을 것이다. 그녀는 이제 자율
성을 얻었다. 자신의 삶에 책임적인 자세로 임하게 된 것이다. 삶
이 쉽게 풀려가거나 때론 힘들더라도 앤젤라는 자신의 길을 갈 것
이다.[25]

▓▓ 미주

1) 박성희, 동화로 열어가는 상담이야기 (학지사, 2001), 10-14.
2) Ralph R. G., 정통 정신분석의 기법과 실제(1), 376.
3) 내담자는 적극적 상상을 통해 내적 인격인 아니마와 아니무스와의 대화를 전개할 수 있다.
   참조. Barbara H., *Encounters with the Soul: Active Imagination as Developed by C. G. Jung*, (Wilmette, Illinois: Chiron Publication, 1981), 133-140.
4) 참조. Barbara H., *Encounters with the Soul*, 134.
5) C. G. Jung, *Jung on Active Imagination: Key Readings selected and introduced by Joan Chodorow* (London: Routledge, 1997), 8-12.
6) C. G. Jung, 정신요법의 기본문제, 융기본저작집. 1 (도서출판 솔, 2001), 134.
7) CW 9 i, par. 633.
8) C. G. Jung, 회상, 꿈 그리고 사상, 아니엘라 야훼 엮음, 이부영 역 (집문당, 2000), 202.
9) CW 6, par. 722; CW 7, par. 366.
10) CW, 6. par. 723.
11) Andrew Samuels, Bani Shorter and Fred Plaut, *A Critical Dictionary of Jungian Analysis* (London and New York: Routledge, 1986), 9.
12) 참조. Verena Kast, *Märchen als Therapie* (München: Water-Verlag, 1986), 207.
13) Hans Dieckmann, *Methods in Analytical Psychology*, 183-184.
14) W. G. Rollins, 융과 성서, 60.
15) Rix Weaver, *The Old Wise Woman: A Study of Active Imagination* (New York: G. P. Putnam's Sons, 1973), 19-20.
16) 참조. C. G. Jung, *Jung on Active Imagination*, 11.
17) C. G. Jung, *Jung on Active Imagination*, 12.
18) "빨간 모자 아가씨" 이야기는 카스트가 제시한 내용을 요약 보충한 것이다. Verena Kast, *Märchen als Therapie*, 5-8.
19) John Clure and John Grant, *The Encyclopedia of Fantasy* (New York: St. martin's Press, 1998), 1027.
20) 참조. Marie-Louise von Franz, *Archetypal Patterns in Fairy Tales*, 75.
21) 참조. Sibylle Birkhäuser-Oeri, *The Mother*, 24-25.
22) CW 2, par. 1352.
23) 자아는 수많은 이미지로 구성된 복합적인 요소다. 이런 관점에서 융은 자아를 변화가능한 자아콤플렉스(ego complex)로 부르기도 한다.

CW 8, par. 611.

24) 사사기 16: 19

25) Verena Kast, *Märchen als Therapie*, 1-26.

제 부

원형과 이야기치료 원리

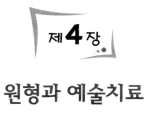

제4장

원형과 예술치료

1. 처용가

동경(東京) 밝은 달에 밤들어 노닐다가
들어와 자리를 보니
다리가랑이 넷일러라
둘은 내해이고 둘은 뉘해인고.
본디 내해지만 빼앗겼으니 어찌할꼬.[1]

2. 심리여행

본 설문에 편안한 마음으로 임하기 바랍니다. 하나 이상의 항목을 선택하거나 개인의 의견을 제시해도 좋습니다.

1. 처용의 아내를 범한 역신(疫神)은 누구인가요?

① 처용의 아내를 사모하는, 병을 옮기는 신이다.
② 역신으로 변장한 처용의 친구다.
③ 처용이 꿈에서 본 인물이다.
④ 처용이 환상 속에서 역신으로 변한 자기 모습이다.
⑤ 기타(   )

2. 처용의 아내는 왜 역신과 동침했을까요?

① 잠들어 있는 사이에 역신이 침입했기 때문에 저항할 수 없었을 것이다.
② 역신과 이전에도 내통한 적이 있다.
③ 처용에게 대한 사랑의 마음이 사라졌기 때문이다.
④ 자기도 모르게 순간적으로 역신의 열정에 동참한 것이다.

⑤ 기타(   )

3. 처용은 아내의 불륜을 목격하고도 왜 초연했나요?

① 갑작스럽게 당한 아내의 입장을 이해하려고
② 아내와 이미 애정이 식었으므로
③ 역신과 대항하기가 두려웠기 때문에
④ 자신의 체면 때문에 분노를 겉으로 표출하지 않으려고
⑤ 이미 저질러진 사건을 조용히 처리하기 위해
⑥ 기타(   )

4. 내가 처용의 입장이라면 어떻게 했을까요?

① 당장 이혼했을 것이다.
② 홧김에 아내에게 폭력을 행사했을 것이다.
③ 아내를 역신으로부터 구출해서 함께 살겠다.
④ 아내를 간통죄로 고발해서 대가를 치르게 하겠다.
⑤ 아이들을 생각해서 용서해 주겠다.
⑥ 기타(   )

5. 처용가에 결핍된 요소는 무엇인가요?

6. 처용가를 집단의식과 개인의식 차원에서 분석해 봅시다.

7. 처용가에서 무엇을 경험했나요?

Tip
- 1번은 역신과 처용과의 관계를 살펴보기 위함이다.
- 2번은 처용의 아내의 심리상태를 보기 위함이다.
- 3~4번은 아내의 불륜에 대한 남자의 심리를 살펴보기 위함이다.

3. 처용의 그림자 역신

삼국유사에 나타난 처용가는 신라 헌강왕 때 처용(處容)이 부른 8구체 향가로 알려져 있다. 처용은 본래 동해용왕의 아들인데 서울(서라벌)에 와서 왕을 보필했다. 신라의 왕은 처용에게 아름다운 여인을 아내로 주어 그와 살게 했다. 미모의 아내를 흠모한 역신(疫神)이 사람으로 변해 그 집에 몰래 들어가 처용의 아내와 동침하였다. 처용이 밖에서 집으로 돌아왔을 때 자리에 두 사람이 누워있음을 보고 노래를 부르며 춤을 추니 역신이 자신의 행위를 반성하고 물러갔다.

처용 이야기는 신적인 존재 용왕, 그의 아들 처용, 역신, 그리고 처용의 아내 등이 등장한다. 그것들은 개인적 차원에서 보면 그림자, 아니마와 아니무스 등의 원형적 이미지가 투사된 대상들이다. 처용가에는 처용이라는 남성과 미모의 여성이 등장한다. 또 다른 남성이 병을 옮기는 역신으로 등장한다. 처용이라는 인물이 동해용왕의 아들이라는 점은 이야기가 초현실적인 것임을 의미한다. 마치 꿈을 꾸고 있는 듯한 처용가의 내용은 인간 심성의 깊은 곳에 자리잡고 있는 원형적 요소를 내포하고 있다. 사랑하는 아내가 다른 남성과 정을 통하고 있는 모습을 보고 있는 처용의 마음은 어떠할까? 또 남편이 다른 여성과 잠자리를 하고 있는 장면을 목격한 아내의 심정은 어떨까? 처용가는 사랑에 실패한 선남선녀들의 아픈 마음을 전하기에 충분하다. 어떤 사람은 분노의 감정으로 인해 앞뒤 가리지 않고 폭력적인 사태를 유발하기도 하고, 어떤 이들은 체념하며 현실을 인정하려고 노력할 것이다. 처용의 태도

는 어떤 것인가? 보는 이의 관점에 따라 그 평가는 달라질 것이
다.[2] 이야기는 인간 내면에서 전개되는 심리적 역동이 원형적 이
미지를 통해 표출된 것이다. 처용가 역시 다른 이야기와 마찬가지
로 개성화 과정을 보여 준다. 두 남성과 한 여성 사이의 삼각관계
를 그리고 있으면서도 이야기는 혼돈의 상태에서 원래의 자리를
회복하는 방향으로 전개된다. 사랑하는 여인의 배반에 대한 증오
와 분노를 성숙한 인간애로 승화시킨 처용은 현대인에게도 많은
생각을 하게 한다.

 '일이 너무 잘 풀리면 불안하다' 는 말이 있다. 분석심리학 관점
에서 보면 지나칠 정도로 행복감에 젖어 있거나 이상할 정도로 자
신감에 차 있는 것은 의식과 무의식의 균형이 깨진 상태이다. 정
신의 조화가 이루어지지 않을 때 심리적 불안감이 엄습하고 판단
력이 흐려지면서 일을 그르치는 경우가 있다. 정신의 불균형은 결
국 심리적 질병을 초래하고 육체적 건강까지도 악화시킨다. 처용
가는 어떤 한 개인의 사건을 소개하기보다는 공동체의 집단정신
을 표출하고 있다. 남녀간의 사랑을 보호하면서도 사회적 질서를
중시하는 신라인의 고뇌가 이야기를 통해 전해진다. 이야기는 미
모의 아내와 역신의 불륜행위를 도덕적 기준으로 판단하는 것이
아니라, 한 남성의 아픔을 전달하는 방식으로 전개된다. 합리적
이성을 중시하는 사고형은 사회적 규범과 윤리적 기준에 따라 사
물을 평가하려는 경향이 있다. 하지만 직관이 발달한 사람은 사물
을 전체적 관점에서 보고자 한다. 이성적 판단을 유보한 채 주변
의 상황을 전체적으로 보는 순간, 일이 의외로 순조롭게 풀리는
경우가 있다. 처용과 아내와의 관계, 아내와 역신과의 관계, 처용
과 역신과의 관계, 그리고 사회적 구성원 사이의 관계를 전체적인

관점에서 바라볼 때 개인의 입장은 객관화된다.

예전에 한밤중에 도둑이 침입해서 집을 지키고 있던 주부를 성폭행하려는 사건이 있었다. 실랑이를 벌인 끝에 나중에 알고 보니 그 집에 침입한 사람은 바로 남편이었다. 남편은 아내의 성적 순결을 시험하기 위해 그런 행위를 했다고 말했다. 남성은 아내의 모습이 너무 아름답다고 느낄 때 불안해진다. 때론 아내에게 지나치게 의존할 때 심리적 불안감은 가중된다. 변장을 하고 잠자는 아내를 성폭행하려고 한 남편의 모습은 평소 모습 이면에 숨어 있는 그의 그림자이다. '아내의 순결을 시험하고자 했다'는 그의 말은 아내에 대한 자신의 열등감을 감추려는 의식적 변명이다. 그의 무의식에 자리잡고 있는 그림자가 활성화될 때 이처럼 엉뚱한 행동으로 표출된다.

집단의식을 드러내는 처용가를 주인공의 입장에서 바라볼 수 있다. 처용의 자아(ego)는 자신이 수용하기 힘든 아니마의 강한 에로스에 도전받고 있다. 내적 영혼인 처용의 아니마는 의식이 감당하기 어려울 정도로 성적 경향이 강하다. 무의식의 성적 욕구가 강할수록 의식은 위축되고 그림자의 영역 또한 확대된다.[3] 자신도 모르게 형성된 그림자는 자아로 하여금 부정적 환상에 시달리게 한다. 심리적 차원에서 보면 처용은 환상 속에서 역신이 되어 아내를 범하고 있는 자신의 모습을 본다. 이때 역신은 처용의 그림자이다. 아내에 대한 자신의 열등감이 다른 남성에게 투사되어 자아와 맞서고 있다. 다른 여인에 대한 에로스 감정이 역신과 아내에게 투사되는 경우도 있다. 집단적인 개념에서 보면 역신은 물론 병을 고치는 의신(醫神)의 그림자로 여겨진다.[4] 하지만 개인적 차원에서 볼 때 처용의 자아는 부정적 아니마의 지배 아래 놓여 있다. 부정적 아니마가 그림자를 자극하여 자아의 심리적 불안감을 가중시키고 있다.

처용의 꿈이나 환상은 부정적 아니마에 사로잡힌 자아가 어둠의 터널에서 빠져나오는 길을 제시한다. 그것은 우선 그림자와 직면하여 그 실체를 파악하는 일이다. 역신은 처용이 가장 싫어하는 대상, 즉 자신의 그림자가 투사된 대상이다. 그림자의 어두운 면이 바로 자신의 모습임을 자각할 때 악의 고통으로부터 해방될 수 있다. 이것이 융이 말하는 무의식의 보상기능이다. 역신이 바로 자신의 모습으로 인식될 때 처용은 내면의 세계를 경험한다. 무의식의 욕망과 어두운 면이 의식화될 때 정신의 균형이 이루어진다. 처용과 아내와 역신의 관계를 처용의 인격적 요소로 보면 [그림 4-1]과 같은 삼각관계가 형성된다.

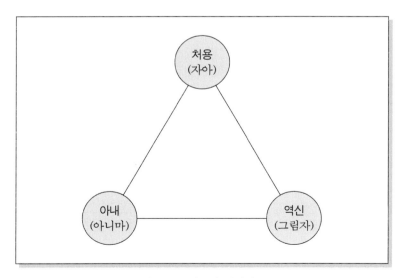

[그림 4-1] 처용의 인격적 요소

  우리는 또한 처용의 아내 입장에서 생각해볼 수 있다. 처용의
아내가 이야기의 주인공이라면 그녀는 부정적 아니무스에게 사로
잡혀 있다. 역신은 부정적 아니무스가 투사된 대상으로서 그녀의
에로스 감정을 자극하여 파괴적 형태로 나타난다. 반면에 처용은
아내의 불안정한 심리상태를 바르게 교정해 주는 긍정적 아니무
스이다. 이처럼 처용가는 집단무의식에 내재된 원형적 이미지들을
담고 있다. 그 원형들이 개인의 정신활동과 연관을 맺기 시작할
때 심리적 역동이 발생한다.

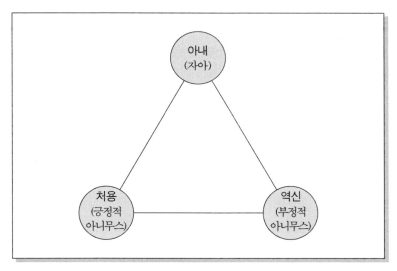

[그림 4-2] 처용의 아내와 아니무스

4. 융의 원형이론

  융은 집단무의식의 내용이 원형들로 이루어져 있다고 말한다.

'원형'(archetype)이라는 표현은 인간 안에 있는 신의 이미지(Imago Dei)와 관련해서 사용되었다. 원형은 집단적무의식의 내용에서 고대로부터 존재해 온 보편적 상(像)이다.[5] 신화나 민담은 원형의 다른 표현으로서 정신의 '집단적 표상'이다. 여기에 신화나 동화 등의 이야기가 심리치료에 활용되는 근거가 있다.

> 잘 알려진 원형의 다른 표현은 신화(myth)나 동화(fairy tale)이다. 그러나 이것들도 오랜 시간에 걸쳐 굳어진 특정한 형태들이다. '원형'이란 용어는 아직 의식의 가공을 받지 않은, 또한 그렇기 때문에 정신경험의 직접적인 자료를 나타내는 정신내용만을 표시한다는 점에서 '집단표상'에 간접적으로 적용될 뿐이다. 그러한 것으로서 원형은 역사적인 것이 되어버렸거나 역사적으로 부각된 공식과는 매우 다르다. 특히 비밀스런 교훈(esoteric teaching)의 더 높은 단계에서 원형은 의식적 노력에 대한 비판과 평가에 영향을 끼치는 형태로 나타난다. 이와는 반대로 예를 들면, 꿈이나 환상에서 우리가 보듯이 원형의 직접적인 출현은 신화의 경우보다 훨씬 더 개인적이며 이해하기 어렵거나 소박하다. 원형은 본질적으로 무의식의 내용을 나타내며 그것이 의식화되고 지각됨으로써 변화된다. 즉, 원형은 나타나는 그때그때의 개인적 의식에 따라 그 색깔을 띤다.[6]

융은 '원형'과 '원형적 이미지'(archetypal image)를 구별했다. 집단무의식에 있는 아니마, 아니무스, 자기, 영웅, 노현자, 황금시대 등은 문화적 또는 개인적 해석과 관련된 구체화된 원형이며, 원형적 이미지는 그 원형에 대한 특별한 표현을 말한다.[7] 원형의 세계는 우리가 결코 볼 수 없는 세계이다. 정신의 깊은 영역에 있는 원형은 이미지를 생산하는 능력이 있다. 신화, 민담, 전설, 동화 등에 나타난 원형적 이미지를 통해 우리는 간접적으로 무의식의 내용을 경험한다. 무의식은 신비한 힘을 가진 내적 능력으로서 우리로 하여금 초월적 세계를 경험하게 하는 원동력이다. 집단무의식은 태어날 때부터 전수된 정신적 본능으로서 내적인 객관적 경험을 전달한다. 내적 세계에 있는 '인식되지 못한 나'는 집단무의식으로서 개인의 경험을 초월한다. 무의식에 잠재된 원형은 투사대상, 강한 영향을 주는 이미지, 상징, 분위기, 그리고 제의나 사랑예식 등을 통해 간접적으로 경험된다.[8]

원형은 결코 동일한 모양을 띠지 않는 일종의 정신적(초월적) 형상이다. 형상은 이미지를 만들어 내는 원천이다. 원형은 마치 물이 없는 강과도 같다. 비가 와서 강을 이루고 물이 흘러가는 길을 만든다. 우리는 그것을 강이라고 부른다. 그것은 고정된 장소에 있는 대상이 아니다. 강의 모양은 항상 변하지만 강은 강이다. 대양으로 흐르는 강은 곧 무의식의 상징이다. 융에 의하면 감정 덩어리인 콤플렉스는 원형에게 표현형태를 제공한다. 정동(affects)에 의해 활성화된 콤플렉스를 통해 우리는 원형을 경험한다. 원형은 또한 보편적 상징 안에 있는 선험적 형태이다. 예를 들면 십자가 상징 안에는 그리스도 원형이 있다. 원형은 인간 본성의 영원한 성격을 보여 준다. 여기에 페르소나, 그림자, 아니마 혹은 아니무스, 자기, 영웅, 어머니, 상처받은 치유자, 그리스도 등의 원형이 포함된다.[9]

미모의 아내로부터 느낀 정감들이 콤플렉스가 되어 처용의 그림자를 형성했고, 그것들은 아니마를 자극하여 꿈이나 환상 또는 이야기를 통해 표현된다. 이처럼 원형들은 서로 독립적으로 존재하

는 것이 아니라 상호보완적으로 작용하여 심리적 역동에 동참한
다. 무의식 안의 모든 원형들은 서로 전염된다. 그것은 마치 여러
사진이 한 장의 종이에 인쇄된 것과 같다. 시공을 초월한 무의식
의 속성은 원형들의 상호 연관성을 보여 준다.[10]

우리가 만약 태양콤플렉스를 가지고 있다면 모든 것이 태양으로
보일 것이며, 달콤플렉스를 가지고 있다면 모든 것이 달로 보일
것이다. 좋은 엄마 밑에서 성장한 아이는 모든 여성을 따뜻하게
생각할 것이며, 아버지로부터 학대를 받고 자란 아이는 성인이 되
어도 남성을 신뢰하지 않으려 할 것이다. 이처럼 모성콤플렉스나
부성콤플렉스가 인격성장에 끼치는 영향은 대단하다. 콤플렉스는
내적 대상의 외부 투사나 꿈 또는 환상에 나타난 원형적 이미지를
통해서 의식화된다. 이야기를 분석하는 과정에서 자신의 콤플렉스
가 이야기 속의 원형적 이미지와 만날 때 그 내용이 의식화된다.
연상과 확충, 그리고 적극적 상상은 모두 콤플렉스의 의식화에 도
움을 주는 것들이다. 이점에서 볼 때 융의 원형이론은 단순한 이
론적 체계가 아니라 운명적 힘을 지닌 경험적 실제이다.[11]

이처럼 원형은 인간의 내적 안내자 역할을 한다. 우리는 그 원
형들을 만남으로써 내적 세계를 여행할 수 있다. 꿈과 환상은 무
의식의 원형들이 의식의 간섭을 받지 않고 수면 위로 떠오른 것들
이다. 꿈속의 이미지들은 원형적 속성을 드러낸다. 하지만 꿈은
개인적 차원의 내용들이 대부분인 반면, 신화나 민담 등의 이야기
는 집단적 차원의 원형을 보여 준다. 꿈이나 환상과는 달리, 의식
상태에서 무의식의 원형적 이미지를 만날 수 있다는 점에서 이야
기는 심리치료를 위한 좋은 재료가 된다. 따라서 인간의 성장과
발달에 관심있는 사람들은 내적 안내자로서의 원형을 연구할 필

요가 있다. 우리 삶 속에서 의식화된 각각의 원형들이 서로 조화
를 이루면서 인생의 방향을 제시한다. 우리 안에 있는 원형들로
인해 인간은 성장할 수 있는 잠재력을 가진다.[12]

5. 원형과 예술치료

집단무의식 영역에 잠재된 원형들은 꿈이나 환상을 통해 나타나
기도 하지만, 인간의 창작물을 통해 드러나기도 한다. 예술, 문학,
신화, 회화, 조각, 이야기, 음악, 춤, 종교문헌 등을 통해 원형은
시공을 초월해서 자신을 드러낸다. 미술치료, 놀이치료, 모래놀이
치료, 이야기치료 등의 예술치료는 융의 원형이론에서 출발한다.
창작품은 개인의 심리상태를 드러내기도 하지만 집단의식과 무의
식 차원의 원형적 요소를 표현하기도 한다. 창작예술은 또한 제2
의 언어로서 말이나 문자로 드러내기 어려운 내용들을 표현한다.
어린이 심리치료에 미술이나 놀이가 많이 활용되는 것도 바로 이
런 이유이다.

정여주는 『미술치료의 이해』에서 분석심리학적 미술치료의 원
리를 제시한다.

융의 분석심리학 미술치료에서는 즉흥적인 판타지, 적극적 상상 및
꿈이나 꿈의 시리즈를 그림으로 그리는 과정이 중요하다. 환자의 상
상과 꿈은 한 개인의 무의식적 내용을 투사할 뿐만 아니라, 인류의 경
험이 내재된 원형적 집단무의식도 그림에 상징적으로 표현되기 때문
에 미술치료 기법으로 적극적 상상(active imagination)을 많이 사
용하고 있다.[13]

미술치료는 그림에 나타난 상징이 치유효과가 있다는 전제에서 출발한다. 예술작품에 나타난 상징들은 무의식의 원형들이 가시화 된 것들이다. 무의식으로부터 생산된 상징은 항상 정신의 의식적 상황과의 조화를 추구한다. 정신의 균형과 전체성을 유지하려는 것은 무의식의 보상기능에서 기인한다. 융의 보상설(theory of compensation)과 대극이론(theory of opposites)은 서로 상반되는 두 경향이 조화와 균형을 이룰 때 정신은 전체성을 회복한다는 것이 다. 의식의 기능이 약화되었을 때 무의식은 자율적으로 보상기능 을 발휘하여 정신의 균형을 이루고자 한다.[14] 아래 제시한 월머의 그림은 의식과 무의식의 관계를 보여 준다. 의식의 기능인 A가 약 해지면 무의식의 기능은 B처럼 강해진다. 의식과 무의식은 상호 교감을 통해 정신의 균형을 추구한다.[15]

예술과 창작활동은 내담자로 하여금 내면에 있는 원형적 요소와 만나게 한다. 따라서 분석가나 심리치료사는 내담자 안에 잠재된

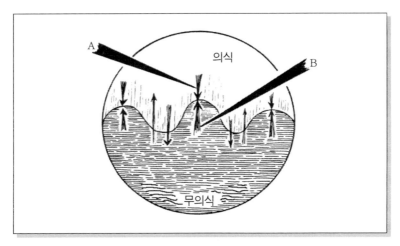

[그림 4-3] 의식과 무의식의 관계

자율적 치유기능을 존중해야 한다.[16] 이 점이 그림을 그리는 행위 자체로 이미 치유효과가 있다는 사실을 말해 준다. 그림을 비롯한 창작활동은 해석을 전제로 하지 않는다. 창작하는 과정에서 콤플렉스가 표출되고 원형들이 의식화되어 의식과 무의식의 교감이 이루어진다. 상담가나 심리치료사는 내담자의 창작활동에 동참하면서 건전한 치료관계를 맺어야 할 것이다. 창작품을 만드는 과정에서 이루어지는 치료사와 환자 사이의 적절한 대화는 무의식의 내용을 의식화하는 데 중요하다.[17] 창작품에 대한 해석은 내담자의 충분한 인식이 선행된 후에 이루어져도 늦지 않다.

▓▓ 미주

1) 일연, 삼국유사, 이민수 역 (을유문화사, 1983), 139.
2) 이부영, 한국민담의 심층연구-분석심리학적 접근 (집문당, 1995), 158-160.
3) Marie-Louise von Franz, *shadow and Evil in Fairy Tales*, 6.
4) 이부영, 한국민담의 심층연구, 160.
5) 융에 의하면 원형은 "플라톤의 형상(Form)을 다른 말로 바꾼 것이다." CW 9i, par. 5.
6) CW 9i, par. 6. C. G. Jung, 원형과 무의식, 융저작번역위원회 (솔출판사, 2002), 108.
7) Wayne G. Rollins, 성서와 융, 이봉우 역 (분도출판사, 2002), 115.
8) Harry A. Wilmer, *Practical Jung: Nuts and Bolts of Jungian Psychotherapy* (Wilmette, Illinois: Chiron Publications, 1987), 56.
9) Harry A. Wilmer, *Practical Jung*, 57-58
10) Marie-Louise von Franz, *Interpretation of fairy Tales*, 14.
11) Sibylle Birkhäuser-Oeri, *The Mother: Archetypal Image in Fairy Tales*, *114*; 참조. C. G. Jung, 원형과 무의식, 164-166.
12) Carol S. Pearson, *Awakening the Heroes within* (New York: HarperCollins Publishers, 1991), 5-7.
13) 정여주. 미술치료의 이해: 이론과 실제 (학지사, 2003), 39.

14) Gregg M. Furth, *The Secret World of Drawings: A Jungian Approach to Healing Through Art* (Toronto: Inner City Books, 2002), 8.
15) Harry A. Wilmer, *Practical Jung, 184*, 236.
16) Gregg M. Furth, *The Secret World of Drawings*, 1–13.
17) Ruth Ammann, *Healing and Transformation in Sandplay: Creative Process Become Visible* (La Salle, Illinois, 1991), 1.

제5장

페르소나: 적응력 향상을 위한 이야기

1. 하 갈

아브람의 아내 사래는 자식을 낳지 못했으나 그녀에게는 하갈이라
는 이집트인 여종이 있었다. 어느 날 사래가 아브람에게 "여호와께서
나에게 자식을 주지 않으시니 당신은 내 여종과 함께 잠자리에 드세
요. 아마 내가 그녀를 통해서 자식을 얻을 수 있을 거예요" 하자 아브
람은 사래의 말에 따르기로 하였다. 그래서 사래는 하갈을 자기 남편
에게 첩으로 주었는데, 그 때는 아브람이 가나안땅에 들어와서 산 지
10년이 지난 후였다. 아브람이 하갈과 잠자리를 같이 하므로 하갈이
임신하였다. 그러자 그녀는 자기가 임신한 것을 알고 교만하여 자기
여주인을 무시하기 시작하였다. 그때 사래가 아브람에게 말하였다.
"내가 업신여김을 당하는 것은 당신의 잘못입니다. 내가 내 여종을 당
신의 첩으로 주었는데 그녀가 임신한 것을 알고 나를 멸시하니 당신
과 나 사이에서 여호와께서 판단하시기 바랍니다." 그러자 아브람이
사래에게 "당신의 여종을 다스릴 권한이 당신에게 있으니 당신이 좋
을 대로 하시오" 하였다. 그때부터 사래가 하갈을 학대하므로 하갈이
사래에게서 도망하였다. 하나님의 천사가 술로 가는 길 옆 광야의 샘
곁에서 하갈을 만나 "사래의 여종 하갈아, 네가 어디서 와서 어디로
가느냐?" 하고 물었다. 그때 하갈이 "내 여주인을 피하여 도망하는 중
입니다" 하고 대답하자, 하나님의 천사가 "너는 네 여주인에게 돌아가
서 복종하라" 하며, 다시 이렇게 덧붙였다. "내가 아무도 셀 수 없는 많
은 후손을 너에게 주겠다. 이제 네가 임신하였으니 아들을 낳으면 그
이름을 이스마엘이라고 불러라. 하나님께서는 네 고통의 소리를 들으
셨다. 그러나 네 아들은 들나귀와 같은 생활을 할 것이다. 그가 모든

사람을 치고 모든 사람은 그를 칠 것이며 그는 적개심을 품고 자기 형제들과 동떨어져 살 것이다." 하갈은 속으로 '내가 정말 하나님을 뵙고 여기서 살아남은 것인가?' 하고 자기에게 말씀하신 하나님의 이름을 '나를 보시는 하나님' (엘 로이)이라고 불렀다.[1]

2. 심리여행

본 설문에 편안한 마음으로 임하기 바랍니다. 하나 이상의 항목을 선택하거나 개인의 의견을 제시해도 좋습니다.

1. 하갈이 임신하기 전 사래와 하갈의 관계는 어떠했을까요?

① 서로 경쟁관계에 있었을 것이다.
② 서로 좋은 관계를 맺고 있었을 것이다.
③ 주인과 종 관계 이상으로 절친했을 것이다.
④ 서로 무관심했을 것이다.
⑤ 기타(   )

2. 하갈은 임신하자 왜 사래를 무시했나요?

① 무시하지 않았는데 사래가 그렇게 느꼈을 것이다.
② 아브람의 아이를 잉태하자 거만해져서
③ 사래가 시기하니까
④ 아브람의 정부인이 되려는 욕심에서
⑤ 기타(   )

3. 사래는 왜 하갈을 학대했나요?

① 하갈이 주인인 자기를 무시하니까
② 하갈이 안주인 행세를 하려고 드니까
③ 아브람이 하갈을 더 사랑하니까

④ 하갈 스스로 도망가게 하려고

⑤ 기타(   )

4. 아브람은 하갈을 왜 사래의 처분에 맡겼나요?

① 사래가 무서워서

② 사래에게 이전에 잘 대해주지 못해서 미안하니까

③ 사회적 관습에 따라서

④ 하갈을 별로 사랑하지 않아서

⑤ 기타(   )

5. 하갈은 왜 광야로 도망갔나요?

① 사라를 피해서 무작정 도망간 것이다.

② 차라리 죽고 싶어 광야로 도망간 것이다.

③ 자기를 보호해 주지 못한 아브람에게 야속한 마음이 들어서

④ 광야로 도망가면 무언가 구원의 손길이 있을 것 같아서

⑤ 기타(   )

6. 하나님은 왜 하갈을 축복했나요?

① 하갈에게 잘못한 것이 없으니까

② 하갈에게 다시 한 번 기회를 주기 위해

③ 약자를 보호하기 위해

④ 하갈에게 자신감을 주기 위해

⑤ 기타(   )

7. 하갈은 왜 사래에게 다시 돌아 왔나요?

① 하나님의 명령에 따라서

② 하나님께서 어려움을 지켜주시리라 믿고

③ 광야에서의 고난을 겪은 다음에 자신감이 생겨서

④ 사래와 새로운 관계를 형성할 수 있는 능력이 생겼기 때문에

⑤ 기타(   )

8. '하갈' 이야기를 읽고 명상에 잠긴 채 떠오르는 이미지를 그림으로 그려봅시다.

9. 적극적 상상을 통해 사래와 하갈의 마음을 읽어 봅시다.

10. 사래를 생각하면 떠오르는 사람은? 내가 사래의 경우라면 하갈에게 어떻게 대했을까요?

11. 하갈을 생각하면 떠오르는 인물은? 내가 하갈이라면 어떻게 처신했을까요?

12. 아브람을 생각하면 떠오르는 사람은? 내가 아브람이었다면 어떻게 했을까요?

13. 나는 어떤 경우에 가장 화가 나나요?

14. 내가 가장 자신이 있었던 시절은? 그때 무엇에 자신감이 있었나요?

15. 내가 가장 어려웠던 시절은? 그 어려움을 어떻게 극복했나요?

16. 자존심이 상했던 적이 있나요? 언제인가요? 왜 자존심이 상했나요? 어떻게 극복했나요?

17. 누구의 도움을 절실하게 필요할 때 도움을 받지 못한 경험이 있나요? 그가 왜 나에게 도움을 주지 않았나요?

18. 내가 힘들었던 상황에서 도망친 경험이 있나요? 그 결과는?

19. '하갈' 이야기에 결핍된 요소는 무엇이며 어떤 과정을 거쳐 보완되고 있나요?

20. '하갈' 이야기에 나타난 대상과 이미지를 집단차원과 개인적
    인격차원에서 검토해 봅시다.

Tip

- 1번은 이전 상황의 인간관계를 묻고 있다.
- 2번은 새로운 상황에서 우리의 태도가 어떻게 변하는가를 묻고 있다.
- 3번은 새롭게 변한 환경에 어떻게 대처하는가를 보고 있다.
- 4번은 책임적 위치에 있는 사람의 행동유형과 그 결과를 보기 위함이다.
- 5번은 위기상황에서 취한 행동의 무의식적 동기와 결과를 보기 위함
  이다.
- 6번은 자아(ego)와 자기(self)와의 교감정도를 보기 위함이다.
- 7번은 개성화과정을 경험한 사람들의 행동을 보기 위함이다.
- 8~20번은 하갈 이야기를 통해 집단상담을 진행할 때 유용한 소재들
  이다.

---

3. 하갈의 페르소나와 개성화

성서에 소개된 '하갈' 이야기 역시 결핍된 요소를 보완하려는
과정에서 발생하는 다양한 문제들을 포함하고 있다. 아브람과 사
래 사이에는 아들이 없다. 아들이 없다는 것은 대를 이를 후계자
가 없다는 것을 의미하며 이는 곧 생명의 단절을 암시한다. 겉으
로 보기에 아브람과 사래는 평범한 가정의 부부로 보인다. 하지만
성서에 따르면 아브람은 단순히 한 가정의 가장이 아니라 히브리
민족 집단의 족장(patriarch)으로 활동했다. 창세기 14장은 아브람
의 조카 롯이 주변 나라의 왕들에게 붙잡혀 간 사건을 소개하고
있다. 이때 아브람은 집에서 훈련시킨 사병 318명을 거느리고 야

밤에 쳐들어가 롯을 구했다고 전한다. 이런 관점에서 보면 아브람은 이미 평범한 인물이 아닌 부족장이나 왕의 지위에 있었다. 따라서 아브람은 집단차원에서 볼 때 지배원리를 대변한다.[2]

지배원리가 지속되기 위해서는 후계자가 있어야 한다. 아브람 공동체가 후계자를 선정하는 과정에서 두 가지 상반된 세력이 있다. 그 한편은 사래계열의 주류 집단이고, 다른 한편은 하갈집단의 비주류집단이다. 하갈 이야기는 주류와 비주류 사이에서 지배원리가 어떤 방향을 설정할 것인지를 두고 갈등하는 모습을 암시한다. 사래와 하갈이 아브람 인격의 일부라면, 자아가 아니마의 두 측면에서 혼란을 일으키고 있다. 사래와 하갈은 아브람의 아니마가 지닌 양면성을 보여 준다. 이전의 아니마인 사래는 후계자를 잉태할 수 없는 상태이다. 이때 새로운 형태의 아니마가 등장해야 한다. 아니마는 남성 안에 있는 여성원리로서 성장과정에서 어머니와의 경험에서 유래한다. 동시에 아니마는 자아가 속해 있는 문화와 사회에서 지배적인 여성 이미지로부터 경험된다. 본질적으로 무의식의 영역에 있는 아니마 원형은 양면성을 지닌다. 긍정적인 아니마는 남성으로 하여금 감성과 창의력을 풍부하게 한다. 그러나 부정적인 아니마는 의식을 사로잡거나 일방적인 행동을 유도하여 위험에 빠뜨린다.[3]

성서는 사래를 전형적인 여성으로 묘사하고 있다. 사래는 아들을 얻고자 하는 특별한 소망과 영감과 욕망이 있는 여성이다. 그녀는 동시에 고달프고 슬픔에 차 있는 사나운 콤플렉스 이미지를 대변한다. 아이를 잉태할 수 없다는 것은 자연의 질서와 갈등관계에 있음을 암시한다. 그것을 극복하기 위해 사래는 하갈을 아브람에게 추천하기에 이른다. 이집트 여인이었던 하갈은 사래와는 달리 부족의 대를 이을 아무런 책임이 없었다. 이스라엘 사람들에게 이집트는 동경의 대상이면서 저주의 땅이었다. 기근이 생길 때마다 이스라엘 사람들은 풍요로운 이집트로 이주하여 재난을 모면했다. 동시에 이집트는 이스라엘 민족이 노예생활을 했던 곳이기도 하다. 하갈은 아이를 잉태하자 자신감이 생겼고 그 자신감은 노예 신분에서 벗어나서 미래의 안주인이 될 희망을 갖게 하였다. 당초의 기대와는 달리 하갈의 임신사실에 위협을 느낀 사래는 아브람에게 하갈을 심판하도록 요구하지만 그는 무관심한 태도를 보인다.

드라이퍼스(Dreifuss)와 리머(Riemer)는 아브람의 소극적인 태도가 사래와의 과거경험에서 유래한 것임을 지적한다. 창세기 12장에서 아브람이 기근을 피해 이집트로 피신했을 때 사래를 이집트 왕에게 넘겨준 일이 있다. 사래의 미모 때문에 신변의 위협을 느꼈기 때문이었다. 아브람은 그 일에 대한 죄책감에 사로잡혀 있었고 그 결과 하갈을 사래의 손에 맡긴 것이다.[4] 아브람은 하갈을 사래에게 맡김으로써 남성으로서의 책임을 다하지 못했다. 하갈이 광야로 도망갈 수밖에 없도록 몰아부친 사래 역시 피해자였다. 사래는 분노로 인해 자신뿐만 아니라 하갈도 잊었다. 사래는 미성숙했으며 충동적으로 행동했고 자신의 행동이 어떤 결과를 초래할지도 예견하지 못했다. 이야기 속에서 아브람은 아내에게 종속된 남성으로 나타난다. 부정적 아니마에게 사로잡힌 상태의 아브람은 사래의 사나운 기세에 하갈을 맡기는 연약한 남성으로 묘사된다. 그의 무책임한 행동은 자신의 대를 이을 긍정적 아니마를 죽음의 길로 내몰게 된다.

이제 이야기를 하갈의 관점에서 생각해 보자. 성서의 중심인물

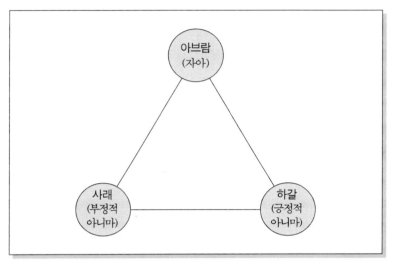

[그림 5-1] 아브람과 아니마

은 아브람이라는 사실을 부인할 수 없다. 그럼에도 불구하고 창세기 16장만을 따로 떼어 놓고 본다면 이야기의 주인공은 하갈이다. 하갈의 임신으로 인한 사래와의 갈등, 아브람의 침묵, 그리고 하갈에 대한 하나님의 축복이 이야기의 주류를 이루고 있다. 이야기의 대부분은 하갈에게 할애되어 있다. 따라서 하갈 중심의 심리분석은 이야기치료를 위한 유용한 주제를 제공한다.

성서에는 하갈의 어린 시절에 대한 언급이 없다. 하지만 우리는 하갈이 이집트인이었다는 사실에서 몇 가지 사실을 유추할 수 있다. 하갈은 사래의 여종 가운데 한 사람이었다. 역사적 관점에서 볼 때 아브람 시대는 아직 이스라엘이 국가체제를 갖추기 훨씬 전이었다. 아브람 공동체에게 당시 이집트는 거대한 제국이었다. 나일강의 선물로 불려지는 이집트는 풍요로운 땅을 가지고 있었으며, 메소포타미아 지역과 함께 당시 세계 문명의 중심권이었다. 가나안 땅에 도착하자마자 가뭄을 겪었던 아브람이 이집트로 피신을 간 것도 나일강변의 풍요로운 환경을 반증한다.[5]

아브람의 아내 사래가 어떻게 해서 이집트 여인을 종으로 부리게 되었는지는 분명하지 않다. 아브람에게는 숙련된 병사가 318명이나 있었음을 감안할 때,[6] 아브람의 군대가 이집트의 변방을 공략하여 이집트 여인 하갈을 전쟁노예로 삼았을 가능성이 있다. 그러나 그 시대에 아브람 공동체가 이집트를 상대로 전쟁을 수행하기란 거의 불가능했다. 오히려 하갈은 이집트와 가나안 지방을 오가는 상인들에 의해 팔려왔거나,[7] 이집트의 하층민으로서 떠돌이생활을 하다가 사래의 종으로 들어오게 되었는지도 모른다.[8] 여하튼 성서는 하갈의 어린 시절과 인생여정에 대해서는 함구하고 있다. 그럼에도 불구하고 하갈에게는 분명한 자의식이 있었을 것이다. 당시 세계문명의 중심에 있었던 이집트가 자신의 조국임을 잊지 않고 있었던 하갈에게는 자신이 떠돌이 유목민이었던 히브리사람의 종이 된다는 것은 상상하기 힘들었을 것이다. 부모형제로부터 버림받고, 조국으로부터 보호받지 못한 신세로 전락한 하갈은 한 많은 어린 시절을 보냈을 것이다. 자신의 모든 것을 송두리째 빼앗긴 하갈에게는 다른 선택의 여지가 없었다. 육체적으로나정신적으로 아직 성숙하지 못했던 하갈은 당장 먹을 것과 입을 것이 걱정이었다. 어쩌다가 사래의 종이 되었지만 이제는 과거의 아픔을 잊고 어느 정도 아브람 공동체의 일원으로 살아가는 데 익숙해지기 시작했다.

바로 그때, 모든 것을 체념하고 새로운 환경에 젖어들 무렵에, 아브람과 사래 사이에 문제가 발생했다. 아이를 낳지 못하는 사래는 자기 여종인 하갈을 아브람에게 첩으로 주면서 후손을 기약했다. 아이를 낳지 못한 여인을 가족공동체의 일원으로 인정하지 않았던 고대사회의 정서는 사래로 하여금 그러한 결단을 내리게 한 것이다.[9] 아이를 낳지 못하는 여인이 노예나 창녀와 같은 다른 여인을 통해 자식을 얻고자 했던 것은 고대근동의 법률이나 관습에도 나타난다. 사래는 하갈의 자식을 통해 자신의 가문이 번창할 수 있다고 믿었다.[10]

아브람은 사래의 말대로 하갈과 동침하고, 하갈은 그 즉시 아이를 잉태한다. 아이를 갖게 된 하갈은 여주인 사래를 멸시하기 시작한다.[11] 억압을 받은 자가 자유를 얻은 후에 억압자로 변하는 것은 인간공동체에서 흔히 발견되는 보편적 현상이다.[12] 하지만 지금까지 억눌려 지냈던 하갈이 이제 제모습을 찾아가면서 당당한 모습으로 변해간 것은 아닐까? 사래는 너무도 당당해진 하갈을 보면서 자신이 업신여김을 받고 있다고 생각한 것은 아닐까?[13] 그동안 잊고 살았던 예전의 자존심이 다시 살아나면서 과거와는 전혀 다른 모습이 된 하갈에게 사래는 위협을 느꼈던 것이다. 그것은 단순히 하갈이 아이를 잉태하게 되어 교만해졌다는 설명으로는 부족하다. 사래는 아브람에게 그 책임을 물었고, 아브람은 급기야 하갈을 사래의 손에 전적으로 내맡긴다. 아브람의 무관심은 하갈이 광야로 도망갈 수밖에 없도록 만들었다. 자신이 나서서 적극적으로 문제해결을 시도했다면 사래와 하갈은 새로운 돌파구를 마련했을지도 모른다.

사래는 하갈에게 복수할 기회를 얻게 되고 그것은 하갈에 대한 학대로 이어진다.[14] 사래의 학대는 하갈이 사래를 업신여긴 것보다 훨씬 더 가혹한 것이었다. 사래의 지나친 학대는 하갈에게 예상하지 못한 장애물이 되어 그 결과 하갈은 광야로 도망간다. 사래와 하갈의 관계는 자아와 그림자의 관계를 연상케 한다. 사래는 임신한 후에 거만해진 하갈에게서 자신의 그림자를 본다. 반대로 하갈은 사래를 통해 여성이 여성에게 얼마나 악해질 수 있는가를 보면서 자신 안에 바로 그런 속성이 있다는 것을 경험하게 된다. 하지만 사래는 자신의 그림자를 보지 못하고 오히려 그림자의 노예가 되어 하갈을 광야로 내몬다. 이때 하갈에게 아브람은 부정적 아니무스로 경험된다. 유일하게 자신을 지켜주리라 믿었던 아브람마저 아무런 도움이 되지 못하자, 하갈은 광야로 도망간다.

인간은 사회적 인격인 페르소나를 형성하면서 환경에 적응한다. "개인의 인생은 아직 분화되지 않은 전체상태에서 시작된다. 그 후 씨앗이 식물로 성장하는 것처럼 개인은 충분히 분화하여 균형이 잡히고 통일된 인격으로 발달한다."[15] 하갈 역시 미분화된 상태에서 사래의 여종으로 자리매김을 한 것이다. 하갈은 삶의 여정에서 새로운 환경과 예측하지 못했던 도전으로 말미암아 내면 속에 감추어진 자기를 찾음으로써 보다 온전한 상태에 이르고 있다. 이런 관점에서 볼 때 하갈 이야기 역시 개성화과정을 보여 준다. 융이 말하는 '개성화과정'은 타고난 자율적 과정이다. 융은 개성화(individuation)라는 용어를 한 사람이 심리적으로 분열되지 않은 (in-dividual) 상태를 표현하는데 사용하였으며, 그것은 의식과 무의식이 온전한 통합(unity)을 이루는 상태다.[16] 그것이 비록 자율적 과정이기는 하지만 인격이 건전하게 개성화되기 위해서는 적절한 경험과 교육이 필요하다.[17] 하나님을 포함해, 하갈의 주변인물인 사래와 아브람은 하갈의 개성화를 촉진시키는 주요인으로 등장한다. 자기실현 또는 개성화란 결국 전체인격을 실현하는 것

을 말하는데, 이것은 자아(ego)가 정신의 중심에 있는 자기(self)에
의해 통합된 상태다.[18]

　하갈의 페르소나는 사래의 종으로서의 역할 수행을 위한 일종의
가면이다. 하갈은 이집트인으로서 히브리 사람의 종이 된 것에 대
한 수치심을 감추고 충성된 종으로서의 임무를 다하기 위해 노력
했을 것이다. 그 결과 하갈은 사래의 마음에 들게 되었고 결국 아
브람의 첩으로 추천받기에 이른 것이다. 하갈은 사래의 종에서 아
브람의 첩이 되어 지위가 향상된 것에 만족하며 그것이 자신의 본
래 모습이라고 생각하기 쉽다. 하갈은 자아를 외적인격인 페르소
나와 동일시함으로써 집단이 요구하는 역할에 충실한 사람이 된
다. 이처럼 페르소나와 동일시되는 정도가 심해지면 자아는 그의
내적인 정신세계와의 관계능력을 상실하게 되어 자신을 돌보지
못하게 되고 결국 그 존재조차도 잊어버린다.[19]

　융은 인간의 사회적 성격인 페르소나가 자아와 동일시될 때 개
성화를 방해하는 요소가 된다고 말한다.

　　페르소나는 항상 단순한 심리적 기능들, 예를 들면 사고, 감정, 감각
　혹은 직관에 의해 지배되는 전형적인 태도로 규정된다. 이러한 단면
　성은 반드시 다른 기능들의 상대적 퇴행을 초래한다. 결과적으로, 페
　르소나는 개인의 발전에 장애요소가 된다. 따라서 페르소나의 분해
　(dissolution)는 개성화를 위한 필수적 조건이다. 하지만 의식적인 의
　도에 의해 개성화를 성취할 수는 없다. 왜냐하면 의식적인 의도는 항
　상 딱 들어맞지 않는 것은 무엇이든지 배제하려는 전형적인 태도로
　인도하기 때문이다. 반면에 무의식 내용들의 동화(assimilation)는
　의식적인 의도가 배제되는 환경을 인도하며 우리에게 비합리적으로

보이는 발전과정에 의해 보완된다. 이런 과정은 그 자체로 개성화를 암시한다. 그리고 그 산물은 우리가 정의한 바 바로 개성이다. 그것은 특수하면서도 동시에 보편적이다.[20]

하갈은 아브람의 첩이 되면서부터 두 가지 가면을 가지게 된다. 사래의 종으로서의 역할을 수행하면서 동시에 아브람의 첩의 역할을 수행해야 한다. 이 두 가지 가면은 하갈의 사회적 적응력을 위해 필수적이다. "페르소나는 가상(假想)이다. 그러나 그것은 없애야 할 것이라기보다 구별되어야 할 것이다. 그것이 자아의 궁극적인 목표가 아니라는 것에 대한 자각은 페르소나를 사회생활에서 필요한 수단이라고 보고 거기에 절대적인 중요성을 부여하지 않는다는 말이다."[21] 그럼에도 불구하고 하갈은 하나의 가면에 집착한 나머지 다른 가면의 역할을 무시한 것이다. 아브람의 아이를 잉태한 여인으로서의 가면은, 사래의 종으로서의 가면보다 하갈에게 더욱 매력적이었다. 하갈은 아브람의 첩으로서의 페르소나를 진정한 자아로 착각하는 순간 자신의 내면세계를 상실한 것이다. "건강한 페르소나는 생명력과 유연성을 가지고 있다. 건강한 페르소나는 나로 하여금 다양한 삶의 정황과 관련하여 책임적이고 신뢰받을 수 있는 사람이 될 수 있게 해 준다. 이와 동시에 건강한 페르소나는 내가 나의 내면생활을 소홀히 하지 않게 하며, 또 계속해서 내면세계와 관계를 맺게 한다."[22] 자신의 내면 세계와 관계를 맺지 못한 하갈은 사래와의 갈등을 유발시키고 결국 광야로 도망하지 않으면 안 될 처지에 놓이게 된 것이다.

그렇다면 하갈은 왜 사래와 갈등관계에 놓이게 되었을까? 아브람의 첩이 되어 그의 아이를 잉태하게 되자 하갈은 이전의 세계에서 벗어나 새로운 세계를 추구하게 된다. 그것은 외적인격이 새로운 모습을 띠게 되면서 내면의 세계로 발길을 옮겼음을 의미한다. 이것은 마치 경제적 여유가 없어 학업을 중단했던 사람이 여유를 되찾자 학업을 계속하면서 자신을 돌아보는 경우와 같다. 즉, 외부환경이 변화되면서 사람들은 그동안 잊혀졌거나 무시되었던 무의식의 형상들(images)과 접하게 된다. 그 여정에서 가장 먼저 만나게 되는 이미지가 우리의 그림자다.

하갈의 그림자는 사래를 통해 의식화된다. 관계가 좋았던 사래와 하갈의 관계는 하갈의 임신으로 인해 깨지게 된다. 이전에 인자했던 사래의 모습은 사라지고 이제는 하갈을 광야로 내모는 독한 여인이 된 것이다. 하갈 역시 주인에게 순종했던 이전의 모습보다는 사래를 우습게 여기는 거만한 여인이 된 것이다. 하갈은 사래의 모습을 보면서 자신의 그림자를 보아야 했다. 자신의 그림자를 보지 못할 때 개성화는 이루어지지 않는다.

이집트인 노예로서 열등의식에 사로잡혔던 하갈은 자신의 그림자가 투사된 사래를 멸시함으로써 건강한 인격을 형성하지 못하고 공동체에서 밀려나게 된다. 이처럼 "그림자가 억압되고 미분화된 상태에 있으면 본능의 거센 파도가 밀려와 더욱 자아를 압도하고 개인은 타격을 받아 무력하게 된다."[23] 하갈의 본능적인 방어욕구가 사래를 무시하는 형태로 나타남으로써 바람직한 인간관계를 상실하게 된다.

하갈이 광야로 도망가게 된 결정적인 원인은 무엇인가? 자신의 거만함, 사래의 학대, 그리고 아브람의 무관심이 그 원인으로 지적될 수 있다. 하지만 보다 더 근본적인 원인은 새로운 환경에 적응력을 키우지 못한 하갈에게 있다. 사래의 종으로 있을 때 하갈의 페르소나는 한 가지 모습(one mask)이었다. 비록 이집트인으로서 사래의 종이 되었지만 그녀와의 관계도 원만했음을 짐작할 수 있다. 하갈이 아브람의 첩이 될 수 있었던 것은 그녀가 아브람 공동체에서 좋은 평판을 얻었음을 암시한다. 그런데 하갈이 아브람의 첩이 되면서 또 하나의 페르소나가 생긴 것이다. 하갈은 사래의 종으로서의 역할을 수행하면서 아브람의 소실로서의 역할을 동시에 수행해야 한다. 이 두 가지 가면(two masks) 사이에서 하갈은 원만한 인격을 형성하지 못하고 사래와의 갈등을 초래한 것이다. 대부분의 사람들은 하나 이상의 페르소나를 가지고 있다. 직장에서는 그 직장이 요구하는 역할을 수행해야 하며, 가정에서는 또 다른 역할을 수행함으로써 원만한 인간관계를 형성할 수 있다. 그러나 다양한 역할 수행을 원만하게 이루어내지 못할 때 대인관계에서 갈등을 유발시키며 자신 역시 신경증에 시달린다. 하갈 역시 갑자기 생긴 두 개의 가면을 바람직스럽게 조화시키지 못하고 공동체를 피해 광야로 도망가기에 이른다.

사래의 경우를 생각해 보자. 사래 역시 새로운 환경에 적합한 새로운 페르소나가 필요하다. 자신의 몸종인 하갈이 더 이상 몸종이 아니라 남편의 첩이자 남편 아들의 어미라는 사실을 인정해야 한다. 사회적 통념에 의해 하갈의 자녀는 정부인의 자녀로 인정될 수 있다. 이때 새롭게 형성된 혈연관계는 인간의 정서에 지대한 영향을 끼친다. 자신에게 아들을 선물한 하갈을 아브람의 둘째 부인으로 대할 수 있는 마음의 여유가 생길 때 사래에게 새로운 외적인격이 형성될 것이다. 아브람 또한 사래와 하갈 사이를 중재하는 새로운 역할을 감당해야 한다. 그러나 아브라함은 과거의 상태에서 변함이 없다. 하나의 얼굴을 가진 사람은 일관성 있게 보이지만 변화에 대처하지 못함으로써 적응력을 상실하게 된다. 새로운 환경은 또한 새로운 내적인격을 필요로 한다. 아브람은 이전의 아니마에 사로잡혀 새로운 아니마를 만나지 못하고 있다. 이 세 사람의 관계는 물론 현대와 다른 고대사회를 배경으로 하고 있으며 집단의식 차원에서 검토되어야 한다. 그럼에도 불구하고 인간 사이의 정서는 고대나 현대를 막론하고 원형적 요소의 영향을 받는다. 시대를 초월하여 남성과 여성의 관계는 외적인격과 내적인격의 형성을 위한 중요한 주제임을 부인할 수 없다. 상황 변화에 따라 세 사람의 역할을 도식으로 살펴보면 다음과 같다.

하갈이 임신하기 전에는 아브람과 하갈은 간접적인 관계가 있었다. 그러나 임신한 후에는 아브람과 하갈은 신분의 차이에도 불구하고 중요한 관계를 맺게 된다. 임신하기 전 실선으로 표시된 SP1과 HP1의 관계는 임신 한 후에 점선으로 바뀐다. 임신한 후에도 하갈은 여전히 사래의 종이면서 아브람의 첩으로서의 역할을 해

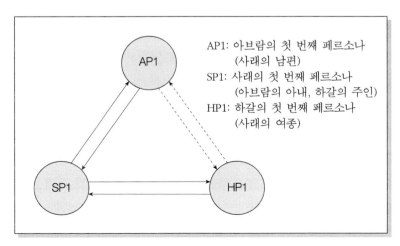

[그림 5-2] 하갈이 임신하기 전 상황

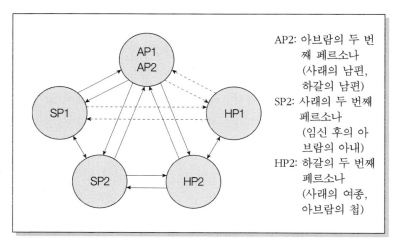

[그림 5-3] 하갈이 임신한 이후 상황

야 한다. 하지만 이제는 사래의 종으로의 역할보다는 아브람의 첩 신분이 세 사람의 관계에 더욱 영향을 미치게 된다.

하갈이 광야로 피신한 것을 우리는 어떻게 평가할 것인가? 사래 의 학대를 못이겨 우선 아무 곳이나 피하고 보자는 도피행각인가? 아니면 자기실현을 위한 새로운 출발인가? 하갈은 광야에서 자신 도 모르는 그 무엇을 찾고 있다. 베스터만의 지적대로 하갈이 광 야로 피한 것은 사회적인 구조적 억압으로부터의 탈출이다. 이처 럼 자신을 위험 속에 노출시킨 행위는 자유를 향한 인간의지의 원 초적 본능이다.[24] 이런 의미에서 광야는 하갈에게 결코 죽음의 땅 이 아니다. 그것은 자아(ego)가 자기(self)를 찾아가는 과정에서 만 나는 고독의 장소다. 고독 속에서 하갈은 자기의 현신인 하나님을 만난다.

광야는 겉으로 보기에는 생명력이 없는 무의미한 곳이다. 그러나 그곳은 아무 것도 없는 텅빈 공간이 아니라 의미의 세계로 가득 찬 '텅빈 충만함'의 공간이다. 하갈은 자신을 둘러싸고 있는 모든 것을 피하여 아무 것도 없는 곳으로 간다. 세상을 향한 모든 욕망을 뒤로 한 채 자신을 비우기 위해 광야로 간다. 심지어는 먹을 것, 입을 것도 잊은 채 생명을 담보로 텅 빈 공간을 향한 것이다. 그것은 도피가 아니라 자기(self)를 찾아가는 처절한 몸무림이다. 하갈은 죽음의 땅 광야에서 자아(ego)를 부르는 자기(self)를 경험한다. 광야에서의 하나님 체험은 심리학적으로 큰 의미가 있다. 융은 하나님께서 축복을 주기 전에 먼저 고난을 체험하게 하는 과정을 광야 이미지와 관련하여 이해한다.

> 우리는 서로 상반되는 대극(opposites)의 합일로 발길을 옮길 수 있다. 그것은 마치 파괴의 신들과 구원의 신이 함께 있는 장소로 가는 것과 같다. 이러한 원리에 의해 무의식의 파괴와 건설적 힘이 분명히 드러난다. 이런 대극의 연합(coincidentia oppositorium)이 이사야 11 : 6 이하와 비록 한 가지 중요한 차이가 있지만 35 : 5 이하에 묘사된 충만함에 대한 메시야적 이상과 평행구를 이룬다.[25] 그 차이는 이 세대 바깥에 있는 창조적 장소, 곧 사막과 광야이다. 무의식의 한 단편까지라도 의식하게 된 모든 사람들은 자기 자신의 시간과 사회적 계층을 벗어나 성서본문이 말하듯 황야의 고독(solitude)으로 들어간다. 그 고독안에서만 '구원의 신을 만나게 된다.' 빛은 어둠에서 나타나고 구원은 위험에서부터 온다.[26]

하갈은 무의식의 땅 광야에서 자신을 돌아볼 수 있는 처절한 고독을 맛본 후에 하나님을 만난다. 고독이 정점에 이를 무렵 하갈은 광야 한가운데 있는 생명의 샘을 찾은 것이다. 하갈이 발견한 샘은 바로 무의식의 중앙에 있는 자기(self)였다. "이러한 자기(Selbst)는 상징(symbol)을 통하여 스스로의 모습을 나타낸다. 그 하나가 밀교계의 불교에서 승려들의 수도의 도구로 사용된 만다라(mandala)다."[27] 죽음의 세계처럼 보여졌던 광야의 한복판에 생명의 원천수가 있었던 것이다. 그곳은 바로 하나님이 계신 곳이다. 하갈은 그곳에서 하나님의 사자로부터 축복의 말씀을 듣는다. 그것은 실로 엄청난 것이었다. 그 축복은 믿음의 조상 아브람이 받은 것보다 뒤지지 않는, 실로 놀라운 것이었다. 이집트 여인! 그것도 사래의 종이 된 여인에게 내린 축복치고는 너무나 큰 것이었다. 모든 사람을 자신의 형상대로 창조한 하나님은 아브람과 하갈을 차별하지 않는다. 그 하나님을 하갈이 경험한 것이다. 인간이 잊고 있었던 에덴동산의 하나님은 하갈이 두려워하는 광야의 한복판에 계셨던 것이다. 이것은 하갈이 절대타자로 존재하는 머나먼 곳의 하나님이 아닌 자기 안에 숨어 계신 하나님을 발견하는 사건이었다. 그 하나님은 하갈의 하나님일 뿐만 아니라 아브람의 하나님이며, 예수의 하나님인 하나님 원형(God-archetype)이다. 융은 정신 안에 있는 하나님 원형을 이야기했다. 정신은 하나님께 매력을 느끼며, 하나님과 관계하는 능력을 지니고 있다. "심리학적으로 말하면 이러한 상응은 하나님 이미지(God-image)의 원형이다."[28]

하갈이 하나님을 만난 것은 융의 분석심리학 입장에서 본다면 무의식의 중심이자 전체정신의 중심인 자기(self)를 경험한 것과 같다. 자아와 자기가 하나 된 순간, 즉 하나님과의 합일을 경험하는 순간 하갈은 자신의 전체성을 회복하게 되고 이전과는 다른 대담한 행동을 하게 된다. 자기원형이 사람을 사람되게 하는 근원적 가능성이라면, 자기실현은 이러한 가능성을 자아가 받아들여 실천에 옮기는 능동적인 행위를 말한다. 여기에는 자아의 결단과 용기와 인내심이 필요하며 이때 비로소 무의식과 의식과의 합일이 가능해진다."[29] 그것은 곧 하나님의 부르심에 적극적인 응답으로 나타난다. 하나님께서 하갈의 아들을 '이스마엘'(하나님께서 들으신다)로 정하자, 하갈은 하나님을 '나를 보시는 하나님'(엘–로이)[30]으로 부른다. 서로에게 이름을 지어주는 행위야 말로 서로가 서로를 가장 잘 아는 행위이다. 이로써 하갈은 내면에 하나님을 모시고 사는 온전한 인간이 된 것이다.

하나님을 체험하고 큰 축복을 받은 하갈은 '사래에게로 돌아가라'는 하나님의 명령에 주저하지 않는다. 고통의 여정 속에서 하나님을 체험한 하갈은 이제 아무것도 두려울 것이 없다. 그녀는 이미 이전의 하갈이 아니다. 겉으로 보기에는 원래의 상태로 돌아간 것처럼 보인다. 하지만 하갈은 자신의 위치에 더 이상 연연하지 않는다. 오직 자신의 내면에서 갈 길을 인도하시는 하나님의 말씀에 따르기만 하면 된다. 사래와 하갈은 더 이상 갈등을 일으킬 필요가 없다. 성숙한 인간으로 거듭난 하갈은 보다 적극적이고 능동적인 자세로 삶을 살아갈 것이다. 그 결과 그녀는 당당하게 한 민족의 어머니가 되고 그의 후손은 이삭의 후손 못지않게 번성할 것이다. 이러한 확신이 하갈을 노예의 굴레에서 자유롭게 한 것이다.[31]

그러나 하갈의 하나님 경험은 한 번으로 끝나지 않는다. 사래에게 돌아온 하갈은 자신의 아들인 이스마엘과 사래의 아들인 이삭 사이의 불화로 인해 또 다시 브엘세바 들에서 방황하게 된다. 하

갈이 죽어가는 아들과 함께 통곡하자 하나님께서 그들에게 나타
나 이스마엘을 축복하신다. 그것은 이전에 광야에서 하갈에게 하
신 약속의 확인이었다.[32] 이처럼 한 번 개성화과정을 거친 사람은
다시 찾아오는 역경을 이겨낼 수 있는 내적인 힘을 축적한다. 하
갈은 위기에 처할 때마다 마음속 깊은 곳에 계신 하나님을 만남으
로써 진정한 자기(self)를 찾을 것이다. 그것은 아브람이 열국의 아
비가 된 것처럼 하갈이 '큰 민족의 어미'가 된 것과 같다.

성서에 소개되는 하갈 이야기는 가출한 여인이 원래 자리로 돌
아온 성공적인 사례에 속한다. 하지만 우리 주변에는 그렇지 못한
경우가 많다. 하갈의 입장에 있는 사람이 갈등관계에 있는 사람
사이에서 취하게 되는 행동 유형을 대체로 세 가지로 정리할 수
있다.

첫째, 하갈의 경우처럼 상대방의 지위에 이르기 위해 갈등의 요
소를 증폭시키며 도전적인 입장을 취한다. 이때 자신의 의도대로
성취되면 노이로제 증상을 보이지 않는다. 다만 부당한 방법으로
지위를 획득했기 때문에 양심의 가책을 느끼거나 사회적인 질시
와 냉대를 받을 수 있다. 이 문제를 해결하기 위해 부정적인 가면
(negative mask)인 또 다른 페르소나 형성을 통해 자신의 약점을
극복하려고 할 것이다. 예를 들면, 사회적 활동을 통해 자신의 이
름을 알린다거나, 자선활동 등을 통해 자신의 본래 모습을 감추는
경우가 있다. 이 경우 심각한 정신적인 장애는 일어나지 않으나
주변 사람이나 자녀들에게 좋지 않는 영향을 줄 수 있다.

둘째, 갈등관계에 있는 사람의 학대를 이기지 못하거나 경쟁에
서 패하게 될 때, 갈등의 상황을 벗어나기 위해 가출하는 경우이
다. 이러한 경우는 대체로 도전의식이 약하거나 마음이 여린 사람

에게 나타난다. 문제에 직면하여 해결하기보다는 회피함으로써 문
제로부터 멀어지거나 잊고자 하는 유형이다. 광야로 가서 생수가
있는 샘을 찾기를 거부하고 스스로 삶을 포기하고 광야의 어둠 속
에 자신을 맡김으로써 자아의 상실을 가져오는 경우에 해당된다.
내면의 세계와 진지한 대화를 나누지 못한 상태에서 무작정 경쟁
관계를 피하여 도망갈 때 자신은 어둠 가운데 놓이게 된다. 이때
상담가는 이런 처지에 있는 내담자의 자기실현을 위해 도와줄 수
있다.

셋째, 하갈의 경우처럼 자신의 역경을, 개성화를 위한 긍정적인
수단으로 간주할 때 건전한 자아형성을 이룰 수 있다. 이 경우 광
야에서 견딜 수 있는 인내력이 필요하다. 광야의 삶은 현실 상황
에서는 견딜 수 없는 고통의 연속이 될 수 있다. 비록 자신의 결
단에 의한 행동이지만 긍정적인 결과가 빨리 오지 않을 때 사람들
은 쉽게 포기하고야 만다. 광야에서 우물을 발견하기란 쉽지 않
다. 내면에 있는 감추어진 하나님을 발견하기까지 수많은 고통과
인내 그리고 사색과 영적인 훈련을 필요로 한다. 상담가는 그와
같은 사람이 개성화를 향한 지속적인 노력을 다할 수 있도록 도와
야 한다.

4. 임상사례: 고부간의 갈등

결혼한 지 3년이 다 돼가고 아들, 딸 두 아이를 키우고 있습니다. 남
편은 홀어머니의 장남으로 번듯한 전문직종에 종사하고 있죠. 우린
서로 맞벌이를 하고 있고 결혼 3년째지만 벌어놓은 건 없고 빚만 지고
있습니다. 그렇다고 우리가 호화로운 생활을 하는 것도 아니며 저는

돈에 욕심이 별로 없습니다. 저 나름대로 스트레스 안 받으려고 마음을 비우고 사는 데도 가끔씩 마음이 꽉 막힌답니다. 남편 밑으로 동생 셋이 있는데 어머님 생활비며 시동생, 시누들 뒷바라지하느라 항상 쪼들리죠. 결혼할 때 시댁에선 집은 커녕 정말 돈 한 푼 안 들이고 결혼을 시켜 우린 결혼초기부터 빚을 졌는데도 시어머님은 너무나 떳떳하게 한 달에 70만원씩 생활비를 가져오라고 말씀하시더군요. 남편이 아직 공부 중이라 수입이 별로 없었는데도 남편은 제 친정에 갖다 주는 돈은 아까워하면서도 자기 집으로 들어가는 돈은 전혀 아까워하지 않고 당연하게 여깁니다. 남편이 버는 돈은 자연 시댁으로 다 들어가고 제 월급으로 간신히 생활을 하고 있답니다.

하지만 시어머님은 욕심이 워낙 많은 분이라 만족을 못하시고 항상 불평을 많이 하셔서 제가 결혼 초 시댁에 잘하려고 열심히 해도 절 많이 못마땅해 하셨어요. 시어머님은 8년 전 혼자되신 후에 가게를 하나 하고 계셨는데 별로 생활력은 없으셔서 그 가게는 심심풀이로 하시는 정도였다고 합니다. 가지고 있던 재산을 자식들 대학등록금에 사용했다고 하더군요. 그래서 제가 처음 인사 가던 날 본인은 돈이 하나도 없다고 말씀하시면서, 가지고 있던 돈은 자식들 공부시키느라 다 썼다는 것을 유독 강조하셨죠.

근데 제가 결혼 후 시어머님을 이해해보려고 노력했지만 그분에 대해서 알면 알수록 좀 얄미운 생각이 더 많이 들더군요. 시어머님이 60대이신데 솔직히 그 연세면 고생을 많이 하신 분들도 많으신데, 그분은 부잣집에 결혼하셔서 일꾼을 두고 사셨고 자식 낳고 젖이 안 나와 그 1960-1970년대에 모두 분유로 키웠다 하시더군요.

시어머니는 맏며느리지만 혼자되신 시할머니를 둘째며느리가 모시고 제사도 둘째 동서네가 계속 모셨죠. 저 결혼하면서 저희 집으로

왔을 정도로 어머님은 제가 보기에 무척 편하게 사신 분 같다는 생각
이 들더군요. 그리고 성격이 화통하면서 약은 면이 많아 절대 손해 보
는 행동은 안 하면서 남한테 희생을 많이 강요하는 편이죠.

　제가 맏며느리로 시집와 저한테 희생을 많이 강요하시는데 솔직히
본인이 그렇게 하셨다면 이해가 되겠지만 요즘 같은 시대에 저한테만
희생을 강요하는 게 너무 화가 나더군요. 제가 좀 이해심이 많은 편인
데도 이렇게 사는 게 제자신이 너무 한심하게 느껴지고 싫네요.

　지금도 취직공부 한답시고 일만 저지르는 시동생 둘을 뒷바라지하
기에 바쁘답니다. 남편이 좀 우유부단해서 성격이 강한 시어머니 말
한마디면 꼼짝 못하고 따릅니다. 남편은 자기 부모니까 괜찮겠지만,
난 뭔가 싶네요. 시어머님이 저한테 고마워하는 것도 아니고 항상 불
만이 많으십니다.

　시댁과 10분 거리로, 거의 저희 집에서 사시는데 항상 잔소리만 해
서 미치겠네요. 그렇다고 남편과 이혼까지는 생각 안 하지만 자꾸 불
만이 쌓이다 보니 내가 왜 이러고 살아야 하나 싶네요. 피곤하게 직장
에 다니며 열심히 돈벌어도 남는 건 아무것도 없고 누가 알아주는 사
람도 없어 가슴이 답답하네요. 처음 결혼하기 전 시어머니께 인사드
리고 사실 너무 그 성격에 놀라 절대 결혼 안 한다고 다짐을 하다가 한
두 달 지나니까 제 마음이 좀 누그러져서 결혼하게 됐는데….

　어느 집이나 고부갈등 없는 집 없더군요. 다들 우리 시어머니같은
분 없다고 말합니다. 전 우리 시어머니로부터 좀 자유로워지고 싶어
요. 시어머님이 저희 집에서 거의 사시니까 친정 부모님이나 저희 형
제들도 가까이 사는데도 불편해서 저희 집에 오지 못한답니다. 저는
그냥 시댁으로부터 떨어져서 자유롭게 살아보고 싶은데 남편은 장남
콤플렉스인지 자기는 엄마랑 같이 살 거라고 하면서 싫으면 이혼하자

고 합니다. 이 사람이 날 사랑해서 결혼한거 맞나 싶은 생각이 들면서
도 원래 남자들은 자기 엄마라면 꾸벅한다니까 그냥 참긴 하는데, 그
냥 참고 사는 게 해결책이겠죠? 저도 그 해답을 알고 있지만 답답한
마음에 글 올려봅니다. [33]

위 사례는 어느 상담실 홈페이지에 실린 글이다. 고부간의 갈등
으로 인한 가정불화는 한국사회에서 흔히 발견되는 일이다. 급변
하는 현대사회는 세대간의 공감대를 어렵게 하는 요인이 되고 있
다. 인터넷상에 공개된 글만 가지고 내담자의 상황을 파악하는 것
은 거의 불가능하다. 그럼에도 불구하고 이 사례는 누구나 겪을
수 있는 보편적 성격이 강하다. 민담이나 전래 동화는 아니지만
현대 한국사회의 집단의식이 표출되고 있는 전형적인 경우라고
볼 수 있다. 그 안에 남성과 여성, 그리고 시어머니로 대변되는 원
형적 이미지가 있다. 내담자의 사례에 접근하는 방법은 다양하며
원칙적으로 각 내담자의 상황에 가장 적합한 치료법이 요구된다.
여기서는 일단 분석심리학적 관점에서 사례를 분석하고 이 과정
에서 이야기치료의 적용방법을 알아보자. 초기면담에 유용한 로저
스의 내담자 중심의 상담원리에 따라 문제를 분석해 보자. [34] 이
과정에서 이야기치료는 상담자와 내담자 사이에 충분히 공감대가
형성된 다음에 이루어지는 것이 바람직하다.

우선 상담자는 내담자가 자신의 문제에 대한 감정을 자유롭게
표현하도록 도와준다. 이때 내담자가 표현하는 부정적인 감정들을
충분히 경청하고, 수용하고, 인정하고, 명료화한다. 내담자의 감정
에 공감하는 것은 그렇게 쉬운 일이 아니다. 공감은 단순한 이해
와 수용의 차원을 넘어 내담자의 상황에 동참하는 적극적 행위이

다. 상담이나 치료현장에서 공감은 치료의 성패를 좌우하는 열쇠가 된다. 공감은 일단 이성적 판단을 보류하고 내담자와 정서적 주파수를 공유하는 작업으로서, 내담자의 감정과 치료자의 감정이 만나는 과정이다. 내담자의 이야기를 상담자의 입장에서 판단하거나 평가해서는 안 된다. 사고 기능이 발달한 상담자는 일단 공감능력이 떨어질 수 있다. 이런 사람들은 끊임없는 임상경험을 통해 공감능력을 키워야 할 것이다. 공감은 무의식적 차원에서 이루어진다. 그것은 내담자와 함께 비합리적이고 우울한 문제 속으로 함께 빠져 들어가는 일시적 퇴행이다. 상담자는 공감능력과 함께 퇴행의 늪에서 빠져나오는 기지도 함께 갖추어야 한다.[35]

부정적인 감정들을 수용하고 공감하는 과정에서 내담자의 감정과 문제에 대한 인식을 명료화시킬 필요가 있다. 내담자가 문제에 대한 자신의 감정이 어떤 모양을 하고 있는가를 인식할 때 문제의 실마리도 풀리게 된다. 상담자는 내담자의 이야기를 충분히 경청한 다음에 내담자 자신이 한 말을 근거로 문제를 명확하게 정의하는 작업을 진행한다. 정의하는 과정에서 상담자의 판단이 개입되면 안 된다. 명료화(clarification)는 문제를 해석하는 것이 아니라 문제를 이해하는 과정이다. 분명하게 정의되지 않은 문제를 함께 명확히 함으로써 문제의 성격과 방향을 진단하게 된다. 인터넷상의 내담자의 문제를 명료화해 보자.

① 결혼 3년째지만 재산형성을 하지 못하고 있다.
② 결혼할 때 시댁으로부터 아무런 도움을 받지 못했다.
③ 남편이 버는 돈 가운데 70만원이 어머니에게로 간다.
④ 내담자의 월급으로 간신히 살아가고 있다.
⑤ 시어머니가 내담자의 희생을 강요하니까 화가 난다.

⑥ 시동생 둘을 뒷바라지하기 바쁘다.

⑦ 남편의 성격이 우유부단해서 시어머니에게 끌려 다닌다.

⑧ 10분 거리에 사는 시어머니가 거의 항상 집에 있어 불편하다.

⑨ 친정 식구들이 불편해서 집에 잘 오지 못한다.

⑩ 이혼까지는 생각하지 않지만 참고 지내자니 답답하다.

이상 10가지 문제를 요약하면 내담자에게 가장 큰 문제는 고생한 것에 비해서 재산을 형성할 수 없다는 것이다. 내담자는 그 원인이 시어머니와 시댁 식구들 때문이라는 생각을 가지고 있다. 그 가운데서도 시어머니가 내담자에게 가장 부담스러운 존재로 각인되고 있다. 내담자는 시어머니의 어떤 모습을 가장 싫어할까? 시어머니에 대한 내담자의 부정적인 감정을 요약해보자.

① 너무나 떳떳하게 생활비로 한 달에 70만원을 요구하는 시어머니가 밉다.

② 시어머니는 욕심이 많아 만족을 못하고 항상 불평이 많다.

③ 생활력이 없고 고생한 적이 없어 얄밉다.

④ 손해 보는 일은 절대 안 한다.

⑤ 며느리의 희생만 강요한다.

⑥ 며느리에게 감사할 줄 모르고 불만이 많다.

내담자의 부정적인 감정들을 명료화한 다음에, 그럼에도 불구하고 그 안에서 긍정적인 반응을 찾아보자.

① 남편은 번듯한 전문직에 종사하고 있다.

② 내담자는 나름대로 스트레스를 받지 않으려고 노력한다.

③ 시어머니의 성격이 화통하다.

④ 내담자 자신은 이해심이 많다.

⑤ 시동생 둘은 열심히 돈 벌어 취직공부하고 있다.

⑥ 다른 사람들이 시어머니를 좋게 평가한다.

⑦ 어느 집이나 고부갈등이 있다는 사실을 알고 있다.

⑧ 남편과 시어머니의 좋은 관계를 이해하려고 노력한다.

⑨ 이혼까지는 생각하지 않고 있다.

　내담자는 가족 가운데 시어머니에 대한 불만이 가장 많은 것에 비하면 남편에 대한 불만은 별로 없는 것 같다. 좋은 직장을 가지고 있으면서 공부하고 있는 남편에 대한 기대가 있으면서 동시에 시어머니와의 관계에서 자신을 지지해주지 않는 남편을 원망하고 있다. 내담자는 남편의 태도가 장남콤플렉스에서 비롯된 것이라고 나름대로 진단한다. 재미있는 사실은 부정적인 감정으로 가득 차 있는 내담자의 이야기 안에 그와 버금가는 긍정적인 감정이 있다는 것이다. 물론 이러한 긍정적인 감정은 겉으로 드러나지 않고 이야기하는 과정에서 희미하게 드러나거나 대개는 숨어 있다. 내면의 감정을 감추기 위해 의도적으로 긍정적인 표현을 하고 있는 경우도 있다. 예를 들면, 자신이 이해심이 많다거나 스트레스를 받지 않으려고 노력한다는 말은 사실 그렇지 않은데도 자신의 진정한 모습을 감추고 있다. '나는 이해심이 부족하다'고 표현하는 대신 '나의 이해심이 감당할 수 없을 정도로 주변사람들의 태도가 나쁘다'는 것을 강조한다. 혹은 성장과정에서 이해심이 많은 아이, 소위 '착한아이콤플렉스'로 인해 자신의 감정을 솔직하게 드러내지 못하고 다른 사람의 핑계를 댄다. 내담자의 자기합리화는 여기서 일종의 방어기제로 작용하고 있다. 그러나 일단 내담자의 긍정적인 반응을 수용하고 명료화함으로써 내담자 스스로 주변에 대한 전체적인 시각을 갖게 한다. 부정적인 감정들이 내담자를 지배할 때 우울한 기분에 휩싸이게 된다. 이때 내담자가 잊고 있거나 무심코 인정한 긍정적인 감정들을 의식화하고 명료화할 때 격화된 감정은 누그러진다. 이것은 감정의 상처들로 인해 약화된 의식이 무의식의 보상작용으로 인해 균형을 이루어가는 과정이다.

부정적인 감정과 긍정적인 감정을 수용하고 인정한 다음 그 두 성향을 분석함으로써 내담자는 자기이해와 자기수용, 즉 통찰의 단계에 접어든다. 시어머니에 대한 부정적 감정은 긍정적 감정보다 훨씬 많다. 내담자의 부정적 감정에 대한 상담자의 판단을 뒤로하고 내담자 스스로 자기 감정에 대한 객관적인 평가를 할 수 있는 기회를 제공한다. 시어머니에 대한 부정적 감정이 어디서 유래하며 그것들에 대한 자신의 인식이 어느 정도 타당한 것인가를 스스로 생각해 보게 한다. 상담자는 내담자에게 다음과 같은 질문을 던짐으로써 내담자의 자기 이해를 도울 수 있다.

① 시어머니는 남편에게 왜 떳떳하게 월 70만원을 요구하는가?
② 시어머니는 구체적으로 어떤 일에 욕심이 많으며 만족할 줄 모르는가?
③ 시어머니가 생활력이 없고 편히 지냈던 과거의 경력이 나에게 어떤 영향을 미치는가?
④ 시어머니는 어떤 점에서 내담자에게 희생만을 강요하는가?
⑤ 시어머니가 왜 내담자에게 감사해야 한다고 생각하는가?

남편이 직장에 다니면서 학교에 다니고, 내담자 역시 직장생활을 한다면 누가 아이들을 돌보는가? 혹시 아이들을 돌보는 사람이 시어머니가 아닌가? 두 아이들을 돌본 대가로 70만원을 요구했다

면 어느 정도 정당한 요구를 했다고 볼 수 있다. 그런데도 내담자
가 불만을 토로하는 이유는 무엇인가? 경제적으로 빨리 자립을 해
야 한다고 생각하는 내담자는 아마 시어머니에게 주는 돈을 대단
히 아깝게 생각하고 있을 지도 모른다. 상대적으로 남편이 친정에
는 관심을 가져주지 않은 것에 대한 불만도 있다. 시어머니는 남
편의 동생들과 함께 70만원을 받아 생활비로 충당하고 있을 가능
성이 크다. 결국 내담자에게는 경제적인 이유가 크게 자리잡고 있
는 것 같다. 내담자는 시어머니가 과거에 편히 지냈고 이기적이며
생활력이 없는 것을 싫어한다. 시어머니의 이런 모습은 내담자의
그림자가 투사된 것들이다. 자신이 누리지 못한 것들을 시어머니
에게서 발견할 때 내담자는 화가 난다. 만약 그렇다면 내담자가
경제적으로 지나치게 민감한 이유가 무엇일까? 자신의 어린 시절
이 시어머니만큼 편하지 못했거나 경제적으로 힘들었음을 생각해
볼 수 있다. 물론 이런 가정은 내담자와의 대화에 의해 확인되어
야 할 사항이다.

　경제적인 문제에 대한 내담자의 콤플렉스는 여러 곳에서 발견된
다. 결혼할 때 시어머니가 아무것도 해 주지 않은 것에 대해 무척
서운해 한다. 그 이유가 뭘까? 시아버지가 죽은 후에 장사를 했지
만 돈은 벌지 못하고 남은 재산을 자녀 교육비에 사용한 시어머니
는 내담자가 보기에 이기적인 사람이다. 내담자가 지닌 시어머니
에 대한 이미지는 고생을 하지 않고 편히만 살려고 하는 철저히
자기중심적이라는 것이다. 그러나 문제는 시어머니에게 특별히 잘
못된 점이 발견되지 않는다는 데 있다. 내담자는 시어머니의 생활
력 부재로 인해 경제적인 욕구가 채워지지 않는다는 불만에 쌓여
있다. 시어머니가 풍부하면 월 70만원을 주지 않아도 될텐데, 그

것이 아쉬운 것이다. 하지만 이러한 분석은 어디까지나 인터넷상
의 글만 보고 해석한 것들이다. 상담현장에서는 어떠한 편견도 배
제해야 한다. 내담자에게 자신의 과거경험을 돌아보게 하면서 왜
경제적인 문제에 민감하며 시어머니와 같은 사람을 용납하지 못
하는 이유를 조심스럽게 찾아가야 한다. 이 과정에서 필요하다면
자유연상에 의한 그림그리기, 단어연상 혹은 놀이치료를 통해 시
어머니에 대한 분노의 감정을 표출하게 하는 것도 유익하다.

　이야기치료는 상담자와 내담자 사이에 바람직한 치료관계
(rapport)가 형성될 때 효과적이다.[36] 이야기 치료는 인지행동치료
의 성격이 강하기 때문에 상담의 초기에 적용할 때 내담자의 감정
표출을 저해할 우려가 있다. 따라서 부정적인 감정을 정의하고 그
성격을 규명하면서 동시에 긍정적인 요소를 찾아보는 작업은 내
담자의 마음을 여는 열쇠가 된다. 다른 사람이 시어머니를 '화통
한 사람'으로 평가한 사실은 내담자와 시어머니와의 대화가 언제
든지 가능하다는 것을 암시한다. 남편에 대한 불만은 시어머니와
의 관계가 회복될 때 자연스럽게 해소될 것이다.

　문제는 내담자가 과거의 페르소나에 머물러 있다는 것이다. 두
가정이 만나서 한 가정을 이루는 결혼은 아마 가장 힘들고 어려운
일 가운데 하나일 것이다. 내담자는 자기의 세계관이나 생활방식
과는 전혀 다른 이질적인 세계로 이동한 것을 모르고 있다. 몸은
이동했지만 정신은 아직 과거에 있다. 새로운 환경은 새로운 페르
소나 형성을 요구한다. 내담자가 이 사실을 인정할 때 문제의 실
마리가 보인다. 내담자가 새로운 페르소나를 형성할 때 자신과 관
계하는 모든 사람들이 서서히 달라질 것이다. 그럼에도 불구하고
내담자는 주변 사람들이 달라지기만을 기다리고 있다. 사실 그녀

는 억눌린 감정이 분출될 때만을 기다리고 있는지도 모른다. 현대
사회에서 급증하고 있는 이혼은 현실에 대한 부적응에서 기인한
다.[37] 부부간의 갈등을 해소하기 위해서는 서로의 성장배경과 심
리적 차이를 이해하도록 노력해야 한다.[38] 그렇지 못하고 그동안
축적된 콤플렉스가 흘러갈 곳을 찾지 못할 때 그것은 파괴적인 힘
을 지니게 된다. 이를 해결하기 위해서는 내담자는 우선 자신의
그림자를 발견해야 한다. 시어머니에게 투사된 자신의 그림자가
의식화될 때 그녀는 시어머니와 친구가 될 수 있다.

이야기를 통해 내담자로 하여금 새로운 환경에서 자신을 보게
하는 것은 대단한 효과가 있다. 이야기는 일단 내담자의 문제를
직접적으로 지시하지 않는다. 등장인물의 행동을 내담자와 함께
분석하는 과정에서 내담자 스스로 자신을 바라보게 된다. 동시에
다른 사람들도 자신과 동일한 문제로 씨름하고 있다는 사실을 발
견함으로써 문제를 객관화하게 된다. 하갈 이야기는 새로운 환경
에서 새로운 페르소나를 형성하도록 내담자를 독려한다. 내담자에
게 하갈 이야기를 들려주고 적극적 상상을 통해 마음에 떠오른 착
상을 그림으로 그려보게 하거나, 등장인물과 대화를 나누게 할 수
있다. 또한 심리여행을 위한 설문을 통해 내담자의 세계관을 간접
적으로 엿볼 수 있다.

통찰의 과정이 끝나면 실천 가능한 행동유형을 내담자로 하여금
찾게 한다. 예를 들면 내담자에게 다음과 같은 질문을 던질 수 있
다: 시어머니께 70만원을 주지 않고 두 아이를 다른 사람에게 맡
긴다면 얼마나 들까? 시어머니처럼 남들이 아이들을 정성스럽게
돌봐 줄까? 이런 질문들은 내담자로 하여금 자신을 돌아보며 다른
가족과 좋은 관계를 유지하게 할 것이다. 하갈 이야기에 대한 내

담자의 느낌을 들은 후에, 내담자로 하여금 '내가 쓴 하갈 이야기'를 작성해 보게 한다. 이야기를 다시 씀으로써 내담자는 자신이 가야할 길을 찾게 된다.

▦ 미주

1) 창세기 16:1-13(현대인의 성경).
2) Marie-Louise von Franz, *animus and anima in Fairy Tales, 19.*
3) Gustav Dreifuss and Judith Riemer, Abraham: *The Man and the Symbol* (Wilmette, Illinois: Chiron Publications, 1995), 37-38.
4) Gustav Dreifuss and Judith Riemer, Abraham: *The Man and the Symbol*, 39-42.
5) 창세기 12:10-20.
6) 창세기 14:14.
7) 참조. 요셉은 형들에 의해 이집트로 팔려왔다(창세기 37:36).
8) 하갈은 히브리어 "학게르"(그 떠돌이)와 자음이 동일하다. 성서기자는 하갈의 이름을 통해 떠돌이(게르)를 연상케 하는 언어유희(wordplay)를 시도함으로써 하갈의 신분을 표현하고 있다. Nahum Sarna, *Genesis* (New York: The Jewish Publication Society, 1989), 119.
9) Claus Westermann, *Genesis 12-36* (Minneapolis: Augsburg Publishing House, 1985), 239.
10) N. Sarna, Genesis, 119.
11) 고대사회는 아이를 낳지 못하는 여인을 버림받은(disgraced) 여인으로 간주했다. 우르남무법전(2112-2095 B.C.E.)이나 함무라비법전은 아이를 잉태한 노예가 주인여자를 학대하거나 동등한 자격을 주장하려는 경향이 있었음을 지적하고 있다. N. Sarna, Genesis, 119.
12) C. Westermann, *Genesis 12-36*, 241.
13) 창 16:4에서 하갈이 "그 주인을 멸시하였다"고 적고 있다. 하지만 그 본래적 의미는 "그녀의 여주인이 하갈의 당당함에 기가 죽었다"(her mistress was lowered in her esteem; JPS)이다.
14) 우르남무법전은 주인여자에게 오만하게 구는 노예첩(slave concubine)의 입에 소금을 물리게 했으며, 함무라비법전은 노예첩을 다시 노예신분으로 강등할 것을 규정하고 있다. N. Sarna, *Genesis, 120.*

15) Calvin S. Hall & Vernon J. Nordby, *A Primer of Jungian Psychology* (New York: A Mentor Book, 1973), 81.

16) CW 9i, par 490.

17) Calvin S. Hall & Vernon J. Nordby, A Primer of Jungian Psychology, 81-84.

18) 이부영, 분석심리학-C. G. Jung의 인간심성론, 개정판 (일조각, 1998), 60.

19) 이부영, 분석심리학, 83.

20) CW 7, par. 505.

21) 이부영, 분석심리학, 85.

22) John Welch & O. Calm, 영혼의 순례자들-칼 융과 아빌라의 데레사(*Spiritual Pilgrims: Carl Jung and Teresa of Avila*), 심상영 역 (한국기독교연구소, 2000), 131.

23) Calvin Hall & Vernon J. Nordby, *A Primer of Jungian Psychology, 51.*

24) C. Westermann, *Genesis 12-36,* 242.

25) "광야와 메마른 땅이 기뻐하며 사막이 백합화 같이 피어 즐거워하며"(사 35:1).

26) CW 14, par. 258; 참조. Edinger, *The Bible and the Psyche,* 97-98.

27) 이부영, 분석심리학, 114. 하갈이야기에서 광야 한가운데 있는 샘이 자기를 상징한다.

28) CW 12, par. 11; Welch, John & O. Calm, *Spiritual Pilgrims, 260.*

29) 이부영, 분석심리학, 119.

30) 히브리어 "엘-로이"는 다양한 의미를 담고 있다. 보시는 하나님(God of seeing), 내가 보는 하나님(God of my seeing), 나를 보는 하나님(God who sees me) 등으로 번역될 수 있지만 대체로 하나님의 관심을 드러낸다는 것과 하나님의 자기계시를 의미한다는 점에서 공통점이 있다. N. Sarna, *Genesis, 121.*

31) 이스마엘이 들나귀와 같은 생활을 할 것이라는 창세기 16장 12절 이하의 말은 아버지 없이 자라게 될 이스마엘의 인생여정을 암시한다. 이스마엘 이미지는 아브라함 후손인 이삭의 그림자로 여겨진다. Gustav Dreifuss and Judith Riemer, *Abraham: The Man and the Symbol, 79.*

32) 창세기 21:9-21.

33) http://www.sangdam21.org

34) C. R. Rogers, *Counseling and Psychotherapy* (Boston: Houghton Mifflin, 1942), 30-44. 오오현, Rogers의 "인간중심적 접근과 목회상담," 장신목회상담학회 엮음. 일반상담과 목회상담 (예영커뮤니케이션, 2003), 61-62.

35) Ralph R. Greenson, 정통 정신분석의 기법과 실제(1), 이만홍외 역 (하나의학사, 1988), 376; 참조. CW 6, pars. 490-491; David Sedgwick, *Introduction*

to *Jungian Psychotherapy: The Therapeutic Relationship*, 88－96.

36) R. Crawford, *Storytelling in Therapy, 20*.

37) CW 9i, par. 61.

38) CW 10, par. 958.

그림자: 열등감 극복을 위한 이야기

1. 두 여행자

　옛날에 재단사(tailor)와 제화공(shoemaker)이 길을 가다가 만났다. 재단사는 키가 작았지만 잘생겼고 항상 즐거운 표정이었다. 그는 길 건너편에서 걸어가고 있는 제화공을 보고서 농담 섞인 인사를 했다. 그러나 제화공은 농담을 싫어했고 화가 나서 재단사와 싸울 것 같았다. 그러자 재단사는 웃으면서 물통을 건네주며 이렇게 말했다. "아무 해도 없을 테니 물을 마시고 화를 푸세요." 제화공은 물을 한 모금 마신 후에 재단사에게 함께 동행하기를 제안했다. "좋아요. 큰 마을에 가면 일거리가 많을 것입니다." 재단사는 이렇게 말하면서 자기가 가진 것을 제화공과 나누기를 좋아했다.

　그들이 울창한 숲에 이르자 왕의 도시로 이어지는 길이 보였다. 한 길은 7일 걸리는 길이었고 다른 한 길은 2일 걸리는 길이었다. 그들은 7일 걸리는 길을 택했다. 하지만 두 여행자는 어느 정도의 식량을 준비해야 할지 몰랐다. 평소 가진 것이 많았던 제화공은 일주일 분량의 빵을 준비했지만 재단사는 위험을 감수하면서 오직 하느님에게 의지할 수밖에 없다고 생각했다. 재단사의 빵은 3일 만에 떨어지고야 말았다. 5일째가 되자 재단사는 빵이 떨어져 기진맥진 해지자 제화공에게 빵을 달라고 했다. 제화공은 빵을 주는 대신 재단사의 한쪽 눈을 달라고 했다. 가련한 재단사는 배가 너무 고파서 제화공의 말에 동의할 수밖에 없었다. 다음날 재단사는 다시 배가 고프기 시작했다. 7일째가 되자 견딜 수 없을 정도로 배가 고팠다. 할수없이 재단사는 제화공에게 빵을 달라고 했다. 제화공이 나머지 한쪽 눈을 달라고 하자 재단사는 이전에 자신이 베푼 정을 생각해서 한쪽 눈만은 남겨달라고 애원했다. 눈이 없으면 다시는 재단사 일을 할 수 없을 뿐만 아니라 앞을 보지 못해 여기서 죽고 만다고 하소연했다. 재단사의 하소연에도 불구하고 제화공은 나머지 눈을 가진 대신 빵 조각을 주고 그를 밀쳐 냈다.

해가 지자 두 여행자는 숲을 빠져나와 교수대를 지나치게 되었다. 제화공은 재단사를 그곳에 두고 떠나갔다. 재단사는 깊은 잠에 빠져들었고 아침이 되어 눈을 떠보니 교수대에 두 명의 죄인이 달려 있었다. 그들 각각의 머리위에 까마귀 한 마리씩 앉아서 서로 이야기하기 시작했다. 밤새 교수대에 떨어진 이슬을 눈에 바르면 시력을 회복한다는 것이었다. 재단사가 손수건에 이슬을 묻혀 눈을 닦자 두 눈이 원상을 회복했다.

해가 뜨자 왕의 도시로 가는 들에서 재단사는 뛸 듯이 기뻤다. 이제는 바느질도 할 수 있었다. 하느님께 감사를 드린 후에 그는 소지품을 챙겨 왕이 있는 도시로 향했다. 가는 도중 그는 들판을 뛰놀고 있는 작은 망아지를 만났다. 그는 망아지를 붙잡아 등에 올라탔다. 그러자 망아지는 자유롭게 놓아달라고 하소연했다. 자기는 아직 너무 어려서 키가 작은 재단사라도 등에 태웠다가는 등뼈가 부러지게 된다는 것이다. 재단사는 나중에 보답할 날이 있을 거라며 자신을 해방시켜 달라는 망아지를 놓아주고 도시로 향했다.

재단사는 며칠 째 아무 것도 먹지 못했다. 가는 길에 황새와 오리를 잡아 요기를 하려고 했으나 그들의 간청을 물리치지 못하고 후일을 기약하고 살려 주었다. 재단사는 속이 텅 빈 오래된 나무에서 벌꿀을 발견하고 먹으려 했지만 나중에 보답하겠다는 여왕벌의 간청으로 그것마저 먹지 못했다. 재단사는 겨우 마을에 도착해서야 먹을 것을 구할 수 있었다. 그는 좋은 일자리를 찾았고 실력이 알려지면서 결국 왕의 재단사로 불려가게 되었다.

　　한편 옛 친구 제화공 역시 왕궁에서 일하고 있었다. 제화공이 재단사가 눈을 회복하여 왕궁에서 일하게 된 사실을 알고 그를 몰아내려는 계획을 세웠다. 그는 왕에게 가서 재단사가 "오래전에 잃어버린 왕관을 찾을 수 있다"고 장담하고 다니는 아주 건방진 놈이라고 모함했다. 왕은 재단사를 불러 "그 왕관을 찾아서 가져오지 못하면 이 도시에서 영원히 떠나라"고 했다. 재단사는 그 도시를 떠나기가 싫었지만 할수없이 떠날 채비를 하고 있었다. 그가 연못에 이르자 예전에 살려주었던 오리가 연못 바닥에 묻혀있던 왕관을 찾아주었다. 재단사는 그 왕관을 손수건에 싸서 왕에게 가지고 왔다.

　　자신의 계획이 실패한 것을 눈치 챈 제화공은 다시 왕에게 가서 재단사가 "양초로 왕궁을 만들어 그 안에 모든 것을 넣을 수 있다"고 자랑하며 다닌다고 모함했다. 왕은 재단사에게 양초로 왕궁의 모형을 만들지 못하면 땅속 감옥에서 영원히 살게 될 것이라고 협박했다. 재단사가 오래된 텅 빈 나무로 가자 여왕벌이 다른 벌과 함께 양초로 왕궁의 모형을 만들어 주었다. 왕은 너무 기뻐서 재단사에게 매우 아름다운 집을 선물했다. 그러나 제화공은 세 번째 계획을 시도했다. 제화공은 왕에게 가서 재단사가 "왕궁의 뜰에 수정같은 맑은 지하수를 끌어올려 사람 키만큼 높이 솟아오르게 할 수 있다"고 자랑한다는 말을 전했다. 갈수록 태산인 악재가 재단사에게 닥치자 그는 실의에 빠졌다. 이번에는 이전에 놓아준 망아지가 나타나 재단사를 도와 지하수가 솟아오르게 했다. 왕은 이전보다 더 재단사를 신임했다.

　　그러나 행운은 이것으로 끝나지 않았다. 제화공은 왕에게 재단사가 "왕을 위해 공중에서 사내아이를 데려올 수 있다"고 자랑한다는 얘기를 했다. 왕은 재단사가 아기를 데려오면 첫째 공주와 결혼하게 하겠다고 했다. 이번에야 말로 재단사는 도시를 떠날 생각을 했다. 그때 자기가 살려준 황새가 나타나 아기를 왕비에게 데려다 주었다. 이렇게 해서 재단사는 첫째 공주와 결혼하게 되었다.

　제화공은 재단사의 결혼식에 쓸 구두를 만든 후에 그 도시를 영원히 떠나게 되었다. 제화공이 숲을 지나 교수대가 있는 곳에 이르렀을 때 분노로 망신창이가 되었고 찌는 듯한 열기는 그를 지치게 했다. 그가 눈을 감고 잠을 청하고 있는데 까마귀들이 날아와 크게 울면서 그의 눈을 쪼았다. 제화공은 미친 사람처럼 숲으로 들어가 사라졌다. 이후 아무도 그를 본 적이 없다.[1]

2. 심리여행

　두 여행자 이야기를 듣고 다음 질문에 대답해 보세요. 한 개 이상의 답을 선택할 수 있습니다.

1. **재단사를 보면 누가 생각납니까?**

2. **재단사는 어떤 사람일까요?**

3. **제화공을 보면 누가 생각납니까?**

4. **제화공은 어떤 사람일까요?**

5. **제화공은 재단사에게 왜 같이 가자고 했습니까?**
   ① 혼자 가기가 심심하니까
   ② 제화공이 혼자 있는 것이 쓸쓸해 보여서
   ③ 그냥 농담 삼아 재미로
   ④ 다른 사람에게 친절할 때 즐거워지니까
   ⑤ 기타(　　　　　　　　　　　)

6. 재단사는 왜 빵을 충분하게 준비하지 못했나요?

① 하느님을 충분히 신뢰하니까
② 평소에 빵을 싫어하니까
③ 무엇을 준비하는 절차가 싫어서
④ 차분하게 생각하는 성격이 아니기 때문에
⑤ 기타(   )

7. 제화공은 왜 일주일분의 식량을 준비했나요?

① 앞으로 닥칠 재난에 미리 대비하기 위하여
② 재단사의 빵이 떨어지면 놀려주려고
③ 평소에 충분하게 준비하는 데 익숙해서
④ 돈이 많으니까
⑤ 기타(   )

8. 제화공은 빵을 준 대신에 왜 재단사의 눈을 요구했나요?

① 눈이 없어야 재단사를 이길 수 있으니까
② 재단사의 눈이 자신의 눈보다 더 잘 생겼으니까
③ 눈을 제거해야 귀찮은 재단사를 떼어낼 수 있으니까
④ 평소에 눈을 좋아해서
⑤ 기타(   )

9. 제화공은 왕에게 왜 재단사를 모함했나요?

① 경쟁자를 물리치기 위해
② 자신의 과거행위가 드러나는 것이 두려워서
③ 왕에게 잘 보이기 위해
④ 재단사의 능력을 시험하기 위해
⑤ 기타(   )

10. 왕은 왜 제화공의 말을 신뢰했나요?

① 제화공의 말이 믿음직스러워서

② 제화공이 아름다운 구두를 만들어 주었으므로
③ 재단사의 행동이 거만했으므로
④ 자기가 원하는 것을 얻고 싶은 욕망 때문에
⑤ 기타(   )

11. 왕은 어떤 사람일까요?

① 왕의 직무에 충실한 사람
② 다른 사람의 말을 무비판적으로 받아들이는 사람
③ 어떤 사람의 말도 존중하는 사람
④ 자기의 욕심 때문에 올바른 판단을 하지 못하는 사람
⑤ 기타(   )

12. 적극적 상상을 통해 교수대를 지나가는 재단사의 모습과 제화공의 모습을 그려 봅시다.

13. 내가 까마귀가 되어 재단사와 제화공 사이의 대화를 들어 봅시다.

14. 내가 가장 싫어하는 사람의 표정이나 행동유형을 적어 봅시다.

15. 두 여행자 이야기에서 결핍된 요소는 무엇이며 어떻게 보완되고 있나요?

16. 이야기 속의 대상과 이미지를 집단과 개인심리 차원에서 분석해 봅시다.

17. 내가 다시 쓴 '두 여행자' 이야기를 소개해 봅시다.

Tip

- 1~4번 문항은 재단사와 제화공의 이미지와 관련된 내담자의 경험과 대인관계 성향을 추적하기 위한 물음이다.
- 5~6번은 재단사의 외향적 성격 특성과 행동양식을 보기 위함이다.
- 7~9번은 제화공의 성격과 대인관계를 살펴보면서 내담자의 행동유형과 비교하기 위함이다.
- 10~11번은 지배자인 왕의 성향과 내담자의 성향을 비교하기 위함이다.
- 12~14번은 적극적 상상을 통해 그림자 원형이 어떻게 투사되는가를 보기 위함이다.

3. 왕의 그림자 제화공

여기에 소개된 두 여행자 이야기는 폰 프란츠의 『이야기 속의 그림자와 악』에 나타난 내용을 간추려 소개한 것이다. 이야기는 선하고 착하게 살면 복을 받는다는 권선징악적인 주제를 다루고 있다. 하지만 심리학적 관점은 그 이상의 문제와 해답을 탐구한다. 우선 이야기는 어떤 방식으로 집단의식을 드러내는가? 이야기 속에 있는 원형적 이미지는 무엇이며 그들 사이의 관계는 어떤가? 폰 프란츠의 견해를 중심으로 이야기 속의 그림자 원형을 살펴보자.

우선 이야기 속에서 두 여행자의 역할을 살펴보고 그들이 다른 인물들과 어떤 관계를 맺고 있는지를 조사해야 한다. 이야기 상황을 진단하기 전에 성급하게 원형적 인물들에 대한 어떠한 결론도 내릴 수 없다. 확충(amplification)을 통해 재단사 원형을 살펴보면 예지와 재빠른 재치로 자신의 적을 물리치는 사기꾼과 관련이 있다. 재단사가 옷감을 가지고 이리저리 재단하며 잽싼 동작으로 옷

을 만드는 모습은 마치 마법사가 요술을 부리는 모습을 상기시킨
다. 재단사는 다른 사람의 옷을 만드는 사람이다. 일반적으로 옷
은 외적인격인 페르소나와 관련이 있다.[2] 외부에 걸친 옷에 지나
치게 몰두할 때 진정한 자아를 발견할 수 없다. 재단사는 신앙심
과 자신감을 동시에 갖춘 사람이다. 제화공 역시 인간의 몸에 걸
치는 것과 관련이 있다. 하지만 옷과 구두가 다른 점은, 옷이 일반
적인 속성을 지닌다면 구두는 발에만 적용되는 특수성이 있다. 옷
은 인간의 태도와 관련이 있다. 옷의 의미는 몸의 형태와 착용 방
식에 따라 그 해석이 달라진다. 예를 들면 바지는 성적 욕구와 관
련이 있고 브레지어는 모성을 드러낸다. 브레지어와 관련된 꿈을
꾼 여성은 이런 성향에 대한 비판적 태도를 보여 준다. 또한 구두
는 현실(reality)에 대한 자신의 입장을 암시한다. 모세가 호렙산에
서 하나님을 만날 때 신발을 벗어야 했던 사건은 신발이 현실세계
와 관련이 있음을 암시한다.[3] 독일 사람들은 어린이가 어른이 되
었을 때, '그가 어린이 신발을 벗었다'고 말하거나 '그 아이가 아
버지 발자국을 따른다'는 표현을 쓴다. 이처럼 신발의 상징성은
현실적 문제에 대한 자신의 입장과 관련이 있다.

오랜 방랑 끝에 재단사와 제화공은 왕의 신하가 된다. 하지만
제화공은 재단사를 제거하는 데 혈안이 되어 결국 파멸의 길을 걷
는 반면, 재단사는 공주와 결혼하게 된다. 다른 동화나 민담에서
는 재단사가 공주와 결혼하여 다음 왕이 되는 경우가 많다. 다른
이야기와 달리 여기서는 황새가 다음 왕이 될 아이를 데려오기 때
문에 재단사가 왕이 되지는 못한다.

우리는 여기서 재단사와 같은 평범한 사람이 왕과 같은 높은 지
위에 오르게 되는 이야기가 주는 의미에 대해서 물어야 한다. 특

별히 이야기 속에서 왕이 지닌 상징성에 대해서 연구할 필요가 있다. 왕은 국가나 부족 안에서의 신비한 힘의 소유자를 인격화한 상징이다. 따라서 고대사회에서의 왕은 신이 육화한 것으로 인정되어 부족의 살아 있는 힘이 된다. 왕이 비록 자기 상징의 면모, 생활원리, 혹은 하느님 이미지로 보일지라도, 왕을 자기(self)의 상징으로 일반화하면 안 된다. 왕 자체는 융심리학이 말하는 자기가 아니다. 왕은 단지 자기원형이 의식 차원에서 형성된 상징이다. 그리스도 역시 오늘날 기독교 문화를 지배하는 특별한 형태의 자기상징(a symbol of the self)이다. 분석심리학에서 말하는 자기(self)는 기독교의 그리스도와 구별된다. 자기원형은 기독교인에게 그리스도의 모습으로 의식화된다는 점을 염두에 둘 필요가 있다. 따라서 왕은 자기가 아니라, 자기원형이 의식적 차원에서 경험되는 자기의 상징이다.[4]

또한 왕은 한 문명의 희망일 뿐만 아니라 종교적 표상이다. 평범한 사람이 왕이 된다는 것은 지배적인 집단의식에 변화가 생겼다는 것을 의미한다. 심리학적 차원에서 볼 때 전혀 예상치 못한 사람이 왕이 된 것은 그동안 무시되어 왔던 정신의 일부가 혼돈의 형태로 의식화되는 과정을 의미한다. 두 여행자 이야기에서 왕은 아직 물러나지 않았다. 재단사는 왕자가 되지 못한 채 결혼을 통해 왕가에 들어간다. 하지만 이야기를 자세히 살펴보면 왕은 대를 이을 아이를 구하고 있다. 그것은 집단의식 차원에서 보면 그가 왕좌에서 물러나야 할 상태임을 드러낸다. 여기에 왕에게 대항하는 두 가지 대립적인 요인, 즉 제화공과 재단사가 있다. 제화공은 욥기에서의 사탄의 경우처럼 악마의 역할을 수행한다. 제화공은 왕의 자신감을 능가하고 있다. 재단사는 권력의 힘에 눌려 심각한

3. 왕의 그림자 제화공

억압을 당하고 있다. 두 여행자가 왕의 인격의 일부라면, 재단사는 자아(ego)의 일부를 대변하며, 구두를 만드는 제화공은 왕의 그림자(shadow)이다. 우리는 동시에 재단사와 제화공 모두를 왕의 그림자로 볼 수 있다. 재단사의 억압된 요소와 제화공의 악한 요소 모두는 왕의 그림자가 되어 개인무의식의 영역에 잠재될 수 있기 때문이다. 모든 사람은 이야기 속에서 자신의 그림자를 지닌다. 전체 등장인물은 서로 관계를 맺고 있으며 그들 모두는 상호보완적이다.

왕은 지배적인 집단적 상징을 대변한다. 왕의 주변에 두 가지 형태의 원형적 요소가 있다. 재단사와 제화공은 왕의 장단점을 반반씩 지니고 있다. 이것은 우리가 원형이라고 부르는 집단적 콤플렉스가 밝고 어두운 양면, 즉 대극의 축을 이루고 있다는 점이다. 예를 들면 대모(the Great Mother)원형에는 생명의 잉태자로서의 아름답고 현명한 여성의 이미지와 악마 같은 마녀의 모습이 동시에 존재한다. 모성콤플렉스는 이러한 의미를 잘 보여 준다. 엄마 사랑을 지나치게 많이 받은 아이는 좋은 환경에서 자람으로써 온순한 성격을 지니게 되지만 동시에 모성적인 사랑이 부족한 환경에서는 심리적 불안감에 사로잡힐 수 있다. 이야기 속의 원형적 인물에게 대극적인 측면이 함께 있다면 도덕적 관점에서도 역시 그 성향이 드러난다. 선과 악, 밝음과 어두움이 동시에 존재하는 것이다. 종교인의 경우에 이러한 성향은 선과 악 사이에서 날카로운 대립 양상을 보인다. 선과 악에 대한 지나친 구별은 우리에게 다른 사람들에 대한 관용과 사랑의 여유를 빼앗는다. 재단사와 제화공의 두 측면을 조화시키지 못한 왕은 통합된 인격을 보여 주지 못한다.

외향성과 내향성의 대조적 경향이 재단사와 제화공에게서도 드러난다. 내향적인 제화공은 배고플 것을 대비해서 일주일 분량의 식량을 준비하지만, 외향적 성품의 재단사는 상황의 변화에 대해 심사숙고하지 못하고 가볍게 결정을 내리는 형이다. 그들은 왕에게 있는 두 가지 서로 상반된 성향을 나타낸다. 하나는 매사에 부정적인 내향성이고, 다른 하나는 긍정적인 외향성이다. 특히 재단사는 기독교 세계 안에 있는 단순한 신앙성을 대변한다. 많은 기독교인들은 하나님을 선과 사랑의 신으로 생각한다. 그들에게 하나님은 언제나 구원의 신이다. 그러나 하나님에게는 사탄을 통해 욥을 시험하려는 면과 인간의 악에 분노하는 양면성이 있다.[5] 두 모습 모두 기독교 문명 안에 있는 대극의 축이다. 왕의 인격의 일부인 제화공은 재단사의 태도에 대한 그림자다.

대극의 축을 하나로 연합하는 것이 바로 자기(self)이다. 자기가 그 본래의 기능을 상실할 때 대극의 연합은 이루어지지 않고 두 축은 서로 분리된다.[6] 만약 왕이 건전한 자기의식이 있었다면 제화공과 재단사 사이를 중재했을 것이다. 두 사람이 싸우지 않고 서로 협력함으로써 정신의 조화를 이루었을 것이다. 옷과 신발이 조화를 이룰 때 사람은 아름답게 보인다. 왕의 내면에 있는 두 가지 상반된 측면을 조화롭게 발전시키지 못한 왕은 결국 자신의 자리를 지키지 못한다. 왕은 주변사람의 말을 비판적 의식 없이 수용하는 형이다. 겉으로 보기에 모든 일이 잘 풀리는 것 같지만 결국 기대하지 못했던 방향으로 흘러간다. 강력한 집단적 힘이 그 본질을 잃어갈 때 대극은 연합할 수 없다. 서로 상반된 두 축이 갈라져서 자기 갈 길을 가기 때문이다. 결국 두 대극은 서로 대립되어 싸우는 적이 된다. 지금의 한반도 상황이 그렇다. 남과 북이극한 대립적 관계를 이룰 때 한국인의 집단정신은 와해될 것이다. 두 대극을 연합할 수 있는 집단의식이 필요하다. 우리에게 제화공의 내향성과 재단사의 외향성 모두가 필요하다. 그 둘은 서로 보완적으로 우리의 정신세계를 균형과 조화로 인도한다. 자아가 이처럼 개성화과정에 적극적으로 동참할 때 대극은 연합한다.

결론적으로, 두 여행자 이야기는 왕으로 대변되는 지배적 원리가 그림자를 다스리지 못할 때 새로운 지배원리로 대체된다는 사실을 제시한다. 독재자가 자신의 그림자를 보지 못할 때 결국 비극적인 결과를 초래하는 것과 같다. 한국사회의 경우 영호남으로 갈라진 지역차별주의가 대극을 이루고 있다. 이 두 대극이 지배적인 민족의식 안에 조화롭게 통합되지 못할 때 국론은 분열되고 민족적 역량은 감소된다.

이 이야기를 왕의 인격적 차원에서 보면, 제화공과 재단사는 왕의 내면에 있는 두 측면이 된다. 재단사는 자아(ego)의 한 부분을, 제화공은 그림자가 투사된 대상을 나타낸다. 제화공은 건전한 판단을 방해하는 속임수로 등장한다. 부정적인 그림자는 미성숙한 방향으로 자아를 인도한다. 하지만 부정적인 그림자라도 건강한 자아에 의해 긍정적인 모습으로 변할 수 있다. 왕이 제화공의 속임수에 비판적으로 대응했다면 그 속임수로 인해 왕은 보다 성숙해질 수 있기 때문이다. 자신이 원하는 모든 것을 가져다 주는 재단사 역시 왕의 그림자가 될 수 있다. 재단사는 콤플렉스를 형성하여 자아를 선호하는 대상에 사로잡히는 상태로 인도한다. 실패를 경험하지 못하게 하는 요소 역시 인간을 나약하게 만든다. 자아는 그림자를 인식함으로써 정신을 통합하는 자기를 경험하게 된다. 대극의 연합을 통해 개성화는 이루어진다.[7]

4. 임상사례: 성적환상의 그림자

빌은 성적으로 자극적인 영화에 출연하는 배우들을 '부도덕한' 또는 '비뚤어진' 인간으로 묘사하고, 그들을 인격이 부족한 사람이라고 주장했다. 열세 살 된 빌의 딸 수잔은 영화관에 가고 싶다고 말하기가 두렵다. 그렇게 말하면 아빠가 화를 낼까봐 겁나는 것이다. 빌은 성적인 내용을 영화로 만드는 사람들은 그것을 이용하여 다른 사람들을 지배하려는 것이고, 돈을 내고 섹스 영화를 보는 사람은 악의 욕망에 굴복하는 것이라고 생각했다. 섹스에 대한 아버지의 비난 때문에 빌과 수잔 사이의 대화가 이루어지지 못했다. 빌은 섹스 장면에 출연하는 배우들을 향한 증오가 실제로는 그 자신을 지배한다는 것을 몰랐다. 사실 그는 은밀한 성적환상에 시달렸으며 그것에 굴복하는 자신을 증오했다. 세월이 지나면서 빌은 자신이 포르노에 끌리는 것을 통제할 수 있는 유일한 방법은 자기 내부에 있는 탐욕스러운 감정을 증오하는 것이라는 결론을 내렸다. 속으로는 성적감정의 지배를 받고 있는 그가 겉으로는 다른 사람들의 감정을 지배하기 위해 필사적으로 애를 쓰고 있었다.[8]

빌의 경우, 성적감정에 사로잡힌 자신의 그림자를 포르노 배우나 섹스 신에 출연하는 배우에게 투사해 그들에 대한 증오를 드러냈다. 그와 더불어 성 자체에 대한 거부감을 보임으로써 딸과의 대화마저 계속할 수 없게 되었다. 빌은 성적인 욕망을 제어하지 못해 열등의식에 사로잡히게 되고 그러한 감정은 성에 대한 증오 형태로 나타난다. 겉으로 드러난 빌의 사회적 인격(페르소나)은 성에 대한 도덕적 규범에 철저한 사람으로 각인된다. 그러나 성에 대한 부정적 감정이 커지면 커질수록 그림자의 억압적 요소는 강화된다. 성에 대한 부정적 감정은 자신의 그림자를 대면하는 데 두려움을 느끼게 한다. 하지만 일단 그림자가 의식화되면 그것을 극복할 능력이 생긴다. 빌이 성적 환상과 포르노에 집착하는 원인은 자신의 그림자 때문이다.[9] 그림자를 인식할 때 성에 대한 부정적 생각을 버리고 보다 개방적인 자세를 취하게 된다. 이처럼 그림자 투사는 대인관계를 악화시키며 가족사이의 대화까지도 막아버리는 장애물이 된다. 빌이 그림자를 발견한 방법은 자신이 지나치게 혐오하는 것에 대한 감정을 진지하게 숙고해 본 것이다. 다른 사람이나 대상으로부터 지나친 혐오감을 느낄 때 그것이 우리의 그림자인가를 확인해 볼 필요가 있다.

5. 우울증과 그림자

A는 20세 초반의 미혼 여성으로서 대학 1년을 중퇴한 후에 현재 소규모 회사에서 직장생활을 하고 있다. A에게 아버지 어머니와 4살 차이의 오빠가 있다. 아버지는 내담자가 4살 무렵부터 외도하기 시작하여 거의 같이 살지 않으면서 가끔 집에 들렀으며, 엄마는 그런 아버지를 용납하며 지금까지 살고 있다. 법적으로는 이혼하지 않은 상태이지만 오래전부터 별거하여 이혼상태와도 같다. 엄마는 장사를 하고 있으며 오빠는 고등학교를 마치고 직장생활을 하고 있다. A는 전형적인 우울증 환자로서 머리가 많이 아프고 식욕이 떨어져서 식사를 거의 못할 지경에 이르렀다. 게다가 이유 없이 수시로 눈물이 나고 가끔 죽고 싶은 충동이 일어난다고 했다. 그림그리기와 단어연상, 놀이치

료가 상담과정에서 활용되었다. A의 우울증은 아버지 상실과 대학생
활의 좌절, 그리고 경제적인 문제로 보였다. 그러나 A를 우울하게 했
던 결정적인 사건은 상담이 종결될 무렵에야 비로소 밝혀졌다. 그것
은 A가 고등학교 때 사귄 남자친구와 헤어진 것과 낙태경험이 있다는
것이다. 결국 A는 과거의 아픔 때문에 심각한 우울증에 빠져 자살충
동까지 느끼게 된 것이다.

정신장애의 진단 및 통계 편람 제4판(DSM IV)은 다음 증상 가운
데 5개 이상의 증상이 연속 2주일 이상 지속되는 경우를 우울증
(depression)으로 진단한다.[10)]

① 우울한 기분이 하루의 대부분, 그리고 거의 매일 지속된다는
   주관적인 보고나 객관적인 관찰에서 드러날 때: 주관적인 보
   고는 자신이 슬프거나 공허하다고 느끼며, 객관적인 관찰은
   다른 사람이 볼 때 울 것처럼 보이는 표정을 통해 관찰된다.
② 거의 모든 일상활동에 대한 흥미나 즐거움이 하루의 대부분
   또는 거의 매일같이 뚜렷하게 저하되어 있을 경우: 주관적인
   설명이나 타인에 의한 관찰에서 드러난다.
③ 체중 조절을 하고 있지 않은 상태에서 1개월 동안 5% 이상
   의 체중감소나 체중증가 현상이 있거나, 거의 매일 나타나는
   식욕 감소나 증가가 있을 때
④ 거의 매일 나타나는 불면이나 과다 수면을 보일 때
⑤ 거의 매일 나타나는 정신 운동성 초조나 지체가 발견된 경
   우: 스스로 좌불안석 또는 처진 느낌이 들거나 타인에 의해
   서도 그러한 현상이 감지될 때
⑥ 거의 매일 피로를 느끼거나 활력이 상실될 때

⑦ 거의 매일 무가치감 또는 과도하거나 부적절한 죄책감을 느
   낄 때: 단순히 병이 있는 것에 대한 자책이나 죄책감이 아닌
   망상적일 수도 있는 경우에 해당된다.
⑧ 거의 매일 나타나는 사고력이나 집중력의 감소, 또는 우유부
   단함: 자신의 호소나 타인의 관찰에서 나타난다.
⑨ 단지 죽음에 대한 두려움뿐만 아니라 반복되는 죽음에 대한
   생각, 혹은 특정한 계획 없이 반복되는 자살 생각 또는 자살
   기도나 자살 수행에 대한 특정한 계획을 세울 때

우울증은 무의식의 치유기능이 의식상태에서 인식되는 현상이
다. 평상시와 달리 현저하게 기분이 가라앉거나, 특별한 이유 없
이 눈물이 자주 나는 것은 약화된 의식에 대한 무의식의 경고로서
치유가 요구되는 상황임을 암시한다. 따라서 우울증은 일종의 '무
의식의 보상작용'에서 비롯된다. 삶 속에서 즐거움을 느끼지 못하
고 우울한 기분이 지속되고 신체적 정신적 고통을 겪으면서 자아
의식은 현저하게 약화된다. 이때 무의식은 가시적으로 확인될 수
있는 우울증을 통해 환자로 하여금 치료현장으로 유도한다. 이것
은 병이 들었을 때 아픔을 느끼는 것과 같다. 고통을 느끼지 못하
는 병은 치유할 수 없다. 우울증은 마음의 아픔을 호소하는 심리
적 현상이다. 이것을 무시하고 방치할 때 자살에 이르는 경우도
발생한다. 융은 우울증을 과거에 사로잡힌 자아에 비유한다.

삶으로부터 즐거움을 박탈한 것은 주로 외부에 있었던 어떤 것 때문
에 뒤를 돌아다보는 습관 때문이다. 그것은 내부를 들여다보는 것, 즉
우울상태의 심층을 살펴보지 않은 데서 비롯된다. 뒤를 보는 행위는

퇴행(regression)으로 인도하며, 그 길로 가는 첫걸음이다. 퇴행은 또한 무심결에 이루어지는 내향성으로서, 과거가 기억의 대상이면서 곧 심리적 내용, 혹은 내적인 심리요인(endopsychic factor)이 되는 경우에 발생한다. 그것은 현재의 우울증에 의해 야기된 과거(경험)로의 퇴보(relapse)이다. 따라서 우울증은 무의식의 보상(compensation)으로 간주되어야 할 것이다. 그 보상내용은 충분히 효과적일 경우 의식화되어야 한다. 이것은 오직 우울성향과 함께하는 의도적인 퇴행과 과거의 기억들이 의식 안에서 활성화되도록 통합하는 작업에 의해 수행될 수 있다. 그것은 바로 우울증이 처음부터 목표로 하고 있는 것이었다.[11]

'과거를 돌아보는 습관', 곧 아직 의식화되지 않은 그림자에 의해 사로잡힌 상태가 우울증으로 표출된다. 과거의 경험 중에 커다란 아픔을 준 사건은 사라지지 않고 무의식에 축적된다. 이때 의식의 에너지가 상실되어 인격의 변화과정에서 우울증이 생기고 새로운 인격형성에 대한 적응력이 부족해진다.[12] 특별히 부모나 사랑하는 사람의 죽음은 충격적인 사건으로 경험된다. "어떤 사람이 죽을 때 죽은 자와 그 친척들을 묶어 주었던 감정과 정서가 그들의 현실적응을 상실하게 하고 무의식으로 가라앉게 한다. 그 감정들은 무의식에서 의식에 나쁜 영향을 끼치는 집단적인 내용을 활성화한다. 그러한 해로운 영향은 리비도의 상실, 우울증, 그리고 육체적인 무기력 형태로 나타난다."[13] 또한 사랑하는 사람과의 이별이나 실패의 경험이 우울증의 원인이 되는 경우가 많다.[14] 욕망에 비해 현실과 미래가 암담하게 느껴질 때 우울증은 가중된다.

세상과 인생, 그리고 높은 희망과 멀리 떨어져 있는 목표에 대한 박
탈감에 대한 젊음의 열망은 인생의 분명한 목적론적인 긴박성이다.
그것은 한때 인생에 대한 공포, 신경증적인 저항, 우울증, 그리고 공포
(phobias)로 바뀐다. 그 열망이 때론 과거에 머무르거나, 보이지 않은
목적이 박탈될 수 없는 위험으로부터 움츠러들 때 그런 경우가 발생
한다.[15]

그동안 억압하고 있었던 잃어버린 기억들과 고통들은 개인무의
식에 저장되어 그림자를 형성한다.[16] 그림자는 다른 사람이나 사
물에 투사되어 부정적 감정을 일으키거나 우울증에 빠지게 한다.
융은 자기 애인이 얼어붙은 강물로 뛰어든 것을 보고도 제지하지
못한 한 환자의 환상체험을 소개하면서 우울증 환자의 일반적 특
성을 다음과 같이 소개한다.

그 환자가 환상 속에서 수동적으로 남아 있는 것은 일반적으로 볼
때 단순히 무의식활동에 대한 그의 태도를 표현한 것이다. 그는 환상
에 의해 흥분되어 있으며 마취된 상태이다. 실제적으로 그는 온갖 종
류의 우울한 생각들과 확신들로부터 고통당하고 있다. 그는 자신을
선하지 못하다고 여기며, 희망이 없는 유전적 결함을 가지고 있으며,
자기 두뇌는 퇴보하고 있다는 생각을 한다. 이런 부정적인 감정들은
자동적으로 수많은 생각들을 파생시킴으로써 논쟁의 여지없이 받아
들여지게 된다. 지성적으로 그는 그러한 감정들을 완전히 이해하고
그것들이 진실되지 못하다는 것을 알고 있다. 그러나 그럼에도 불구
하고 그 감정들은 지속된다. 그것들은 지성에 의해 공격받지 않는다.
왜냐하면 그 감정들은 지성적이거나 이성적인 토대를 지니고 있지 않

기 때문이다. 그것들은 무의식에 뿌리를 두고 있으며, 의식적 비판에 영향을 받지 않는 비이성적인 환상적 삶에 기초하고 있다. 이런 경우에 무의식은 그 환상을 생산할 기회를 가져야 한다. 그리고 상기 단편(환자의 환상내용)은 바로 그러한 무의식적 환상작용의 소산이다. 그러한 사례는 심인성(psychogenic) 우울증의 하나이기 때문에 우울증 자체는 환자가 충분히 의식하지 못하는 존재의 환상들로부터 기인한다. … 무의식은 단순하게 난공불락의 상승세를 얻는다. 무의식은 모든 의식적 내용들을 무의미하게 만들 수 있는 매력적인 힘을 생산한다. 그것은 곧 의식세계로부터 리비도를 끌어당김으로써 결국 '우울증'을 생산한다.[17]

우울증 환자는 대개 정신적 불안정으로 인해 대화기능이 현저히 떨어진다. 우울증 환자가 자유롭게 환상상태에 몰입하지 못한 경우에 치료자는 적극적 상상을 유도할 수 있다. 환자에게 적합한 이야기를 선택하거나 혹은 환자가 좋아하는 이야기를 들려준 다음, 연상에 의해 떠오르는 착상을 그림으로 그려보게 할 수 있다. "미술에 재능이 있는 환자들은 그림을 통해 자신의 기분을 표현할 수 있다. 그림이 기술적으로나 심미적으로 만족을 줄 필요는 없다. 다만 환상이 자유롭게 표출되게 함으로써 전체적인 것이 가능해지거나 현실화되게 해야 한다."[18]

그 밖에도 부모의 부정적인 결혼관계는 자녀들에게 대단히 나쁜 영향을 끼치게 되어 어른이 되어서도 우울증을 야기시킨다.[19] 주변의 사건이 과거의 아픈 상처를 건드리거나, '하나님이 나를 상하게 했다는 감정'에 휩싸이게 될 때 우울해진다.[20] 융에 의하면 우울증은 과거 지향적이며 내향화된 상태이다. 외향과 내향의 균형과 조화가 치료의 길이다.[21] 우선 환자로 하여금 우울증을 유발시킨 과거의 경험에 직면하게 한다. 그것들이 아직 의식화되지 않았다면 이야기치료나 적극적 상상을 통해 의식화를 도와줄 수 있다. 이때 단어연상이나 미술치료 혹은 놀이치료가 의식화를 위한 좋은 수단이 될 수 있다. 동시에 환자는 가족이나 친구와 더불어 즐거운 일을 만들어 보는 것도 유익하다. 등산이나 영화관 관람, 또는 창작활동 우울증 환자의 기분전환을 위해 필요한 것들이다.[22]

이와 같은 관점에서 로젠은 우울증 치유 과정을 다음 4단계로 소개한다.

첫째, 우울한 내용(bad news)에 직면하기: 우울한 소식은 타락한 상태 혹은 실망감이나 침체된 기분에 휩싸인 상황이다. 예를 들면 갑자기 실직한 사람이나, 사랑하는 이의 죽음을 경험한 사람은 순간적으로 깊은 우울상태에 빠지게 된다. 자아의 상처로 인해 부정적 자아가 형성된다. 부정적 자아는 그림자와 공모하여 더욱 더 침체의 늪으로 빠지게 한다. 우울증 환자는 자신에게 나쁜 소식의 내용이 구체적으로 무엇인가를 알아야 한다. 이 과정에서 치료자는 환자로 하여금 의식차원의 내용과 함께 우울증의 원인이 되는 원형적 요소에 직면하게 한다. 예를 들면 아버지로 인해 심각한 우울증세를 보이고 있는 환자에게 자신의 실제 아버지에게만 관심을 집중시킬 때 우울증의 근본적인 원인을 발견하기 어렵다. 환자의 꿈을 분석하거나 적극적 상상을 통해 아버지 원형과 만나게 할 수 있다. 집단무의식에 내재된 아버지 원형에 직면한 환자는 개인적 경험을 초월하는 정신작용을 경험하게 된다. 그때 자신에게 나쁜 소식은 누구에게나 적용될 수 있는 보편적인 내용이 되어 고통의 강도가 약화된다.

둘째, 좋은 소식(good news) 만들기: 나쁜 소식을 제거한 다음에야 비로소 좋은 소식을 만들어내게 된다. 나쁜 소식을 제거하는 것은 부정적인 자아나 부정적인 그림자와 대면하여 그 부정적 영향을 긍정적인 방향으로 변화시키는 과정이다. 이 과정은 자아가 그림자를 인식한 다음 자기를 향해 나아가는 개성화과정을 보여 준다. 예를 들면, 장애인 아버지를 둔 여성이 결혼을 앞두고 우울증에 빠져 있다면, 그 일로 인해 오히려 아버지와 정다운 시간을 많이 가질 수 있었고 인간에 대한 진정한 사랑을 배울 수 있었다는 것을 인식함으로써 자신감을 얻게 된다.

셋째, 상징적 죽음(symbolic death) 경험하기: 나쁜 소식을 제거하는 일은 상징적으로 이전의 자아가 죽는 것과 같다. 자신을 절망의 늪에 빠지게 했던 이전의 자아를 죽이고 새로운 정체성을 확립하는 것이야말로 죽음 이후의 부활을 경험하는 과정과도 같다. 하지만 이전의 자아를 완전히 부정할 수는 없다. 그것은 자아가 그림자를 완전히 제거할 수 없는 것과 같다. 그림자의 부정적 속성을 긍정적인 내용으로 변화시키는 것은 환자 자신에게 달려 있다. 장애인 아버지를 둔 여성이 그 사실을 부인하기 위해 아버지와 절교를 선언하고 자신의 길을 간다면 더욱 불행해질 가능성이 있다. 오히려 그 아버지를 포함한 인간의 생명에 대한 존엄성을 깨달을 때 성숙해진다. 치료자는 환자가 스스로 개성화의 길을 걷도록 안내하는 역할을 수행하게 된다.

넷째, 새로운 삶(new life)을 살아가기: 아픔과 고통으로 얼룩진 파편화된 자아는 우울증의 늪에 빠지게 한다. 부정적인 자아와 부정적인 그림자의 정체를 밝혀내고 그것들과 함께 자신이 죽는 경

험을 한 다음에 새로운 자아가 형성된다. 환자는 그림자와 함께
죽음으로써 대극의 합일을 경험한다. 장애인 아버지를 부인했던
이전의 자아를 죽임으로써 아버지와 진정한 만남을 이룬다. 이것
은 어두운 인격을 형성했던 그림자와 친구가 되는 과정이다. 이때
비로소 새롭게 태어난 자아(ego)는 자기(self)를 만나 정신의 조화
와 균형을 이루게 된다.[23]

미주

1) Marie-Louise von Franz, *shadow and Evil in Fairy Tales*, 15-20.
2) Marie-Louise von Franz, *shadow and Evil in Fairy Tales*, 22.
3) 출애굽기 3:5
4) Marie-Louise von Franz, *shadow and Evil in Fairy Tales*, 26-27.
5) C. G. Jung, *Answer to Job*, CW 11, pars. 553-758.
6) 자아-자기 축이 훼손될 때 자아는 자기와 접촉할 수 있는 역동성을 상실
   하게 된다. E. F. Edinger, "The ego-self Paradox," *Journal of Analytical
   Psychology* vol. 5:3-18.
7) Marie-Louise von Franz, *shadow and Evil in Fairy Tales*, 20-38.
8) Mark W. Baker, 심리학자 예수 (세종서적, 2002), 246-248.
9) John A. Sanford, 융학파분석가가 본 악, 심상영 역 (심층목회연구원, 2003),
   111.
10) 정신장애의 진단 및 통계편람 제4판 (하나의학사, 1994), 432-433.
11) CW 5, par. 625.
12) CW 18, par. 63.
13) CW 8, par. 598.
14) 권석만, 침체와 절망의 늪 우울증 (학지사, 2000), 13.
15) CW 8, par. 798.
16) CW 7, par. 103.
17) CW 7, par. 344.
18) CW 8, pars. 166, 168.
19) CW 1, par. 197.
20) CW 8, par. 593; CW 13, par. 445.

21) CW 18, par. 63.

22) 권석만, 침체와 절망의 늪 우울증, 212

23) David Rosen, *Transforming Depression: Healing the Soul through Creativity* (York Beach, Maine: Nicolas—Hays, Inc., 2002), xxv—xxx.

아니마: 남성이 여성을 찾는 이야기

1. 마법에 걸린 공주

어떤 사람에게 피터라는 아들이 있었다. 피터는 더 이상 집에 있기 싫어서 자신에게 돌아올 재산 20실링을 아버지로부터 받아 집을 떠났다. 길을 가는 도중 시체를 발견했다. 죽은 사람은 너무 가난해서 무덤에 묻히지 않고 길가에 버려졌던 것이다. 피터는 그 시체를 묻어 주기 위해 자신이 가진 돈 20실링을 써 버렸다.

길을 가다가 피터는 낯선 사람과 동행하게 되었다. 그들이 한 도시에 이르자 사람들은 검은 천을 두르고, 악한 산의 정령으로 인해 마법에 걸린 공주를 애도하고 있었다. 공주는 청혼자들에게 세 가지 수수께끼를 내서 알아 맞추지 못하면 죽이곤 했다. 이로 인해 많은 사내들이 목숨을 잃었다. 피터는 공주의 수수께끼에 도전하기로 했다. 피터와 동행한 사람은 사실 그가 땅에 묻어준 시체의 영혼이었다. 피터의 영혼친구는 피터의 등에 큰 날개를 달아 주고 쇠로 된 지팡이를 주었다. 그리고 나서 밤에 공주 뒤를 쫓아가 지팡이로 공주를 때리라고 했다. 우선 피터는 공주가 산의 정령에게 어떤 말을 하는지 귀담아 들어야 했다.

땅거미가 진 후에 피터는 창문을 통해 밖으로 나가는 공주를 그의 지팡이로 쳤다. 공주와 피터가 높은 산에 도착하자 그곳에 큰 저택이 있었다. 어둠 속에는 흩어진 별들과 제단이 있었다. 공주는 산의 정령의 팔꿈치 쪽으로 갔다. 산의 정령은 눈처럼 하얀 수염과 타오르는 숯불처럼 보이는 눈을 가지고 있었다. 공주는 산의 정령에게 "날이 새면 다른 청혼자가 올 텐데 어떤 수수께끼를 내면 좋겠느냐"고 물었다. 산의 정령은 공주에게 이렇게 말했다. "네가 피를 많이 마시면 마실수록 진정 내 것이 되고 더욱 더 순수해질 거야. 가서 네 아버지의 하얀 말을 생각한 다음에 청혼자에게 지금 무엇을 생각하고 있느냐고 물어라." 이런 일이 있는 다음에 공주는 잠이 들었다.

다음날 피터가 공주에게 오자 그녀는 소파에 앉아 있었다. 공주는 우울해 보였지만 온화하고 공정하게 보였다. 이미 9명의 청혼자를 죽게 했던 공주는 피터에게 "내가 지금 무엇을 생각하고 있느냐?"고 물었다. 그는 주저없이, "당신 아버지의 하얀 말을 생각하고 있습니다"라고 대답했다. 공주는 얼굴이 창백해지면서 내일 다시 와서 두 번째 수수께끼를 풀라고 했다.

그날 밤 피터가 산에 가자 반짝이는 달빛이 제단 위에 있는 가시가 많은 생선을 비추고 있었다. 이번에는 공주가 아버지의 칼을 생각하고 있다는 사실을 피터는 알아냈다.

삼일 째 밤이 되어 영혼친구는 피터에게 칼과 두 개의 쇠 지팡이를 주었다. 이번에는 제단 위에 활활 타는 듯한 바퀴 옆에 가시가 많은 생선이 있었는데 그 위를 해가 환하게 비춰서 피터는 몸을 숨겨야 했다. 산의 정령은 수수께끼를 자신의 머리와 관련된 것으로 정했다. 그는 공주에게, "살아 있는 사람은 아무도 모를 것이다"고 확신시켰다. 공주가 떠나자 피터는 산의 정령의 머리를 단번에 잘라 그것을 가지고 왔다. 그는 공주를 추적해서 지팡이로 그녀를 쳤다.

다음날 아침 공주가 세 번째 수수께끼를 제시하자, 피터는 산의 정령 머리를 던지면서 이렇게 말했다. "이것이 당신이 생각하고 있는 것이요." 공주는 공포와 기쁨을 동시에 경험하자 기절했다. 회복된 공주는 피터와 결혼하기로 했다.

결혼식 날에 영혼친구는 피터에게 다음과 같이 일렀다. "잠자리에 들 때 물이 가득 찬 항아리를 준비해서 신부가 일어나면 항아리에 처넣으세요. 그러면 신부가 갈까마귀가 되어 올라올 것입니다. 갈까마 귀를 다시 항아리에 처넣으면 신부는 비둘기가 될 것입니다. 비둘기를 항아리에 처넣으면 이제는 그녀의 진짜 모습으로 돌아와서 천사 같은 공주가 될 것입니다." 이렇게 말한 후에 피터의 영혼친구는 사라졌다. 피터는 친구의 말을 듣고 공주를 마법으로부터 구출한 다음 시간이 흘러 왕이 되었다.[1]

2. 심리여행

다음 설문에 즐거운 마음으로 대답해 보세요. 한 개 이상의 답을 선택해도 됩니다.

1. 피터는 재산을 챙겨 왜 집을 떠나려고 했나요?
   ① 아버지로부터 독립하기 위해서
   ② 머나먼 세계를 동경했기 때문에
   ③ 자기도 모르는 무엇엔가 이끌려서
   ④ 아버지와 관계가 좋지 않아서
   ⑤ 기타(　　　　　　　　　　　　)

2. 피터는 왜 자신의 돈을 써가며 시체를 묻어주려고 했나요?
   ① 죽은 사람이 불쌍해 보이니까
   ② 시체를 본 사람이 묻어주지 않을 때 해가 될까 두려워서
   ③ 시체를 본 순간 마치 자신을 보는 것 같아서
   ④ 마을 사람들에게 잘 보이려고
   ⑤ 기타(　　　　　　　　　　　　)

3. **피터는 왜 공주에게 청혼하기로 했나요?**

   ① 공주와 결혼하고 싶은 욕망에 별 생각 없이
   ② 왠지 모르게 공주의 신랑이 되어야 한다는 느낌 때문에
   ③ 수수께끼를 잘 풀 자신이 있었기 때문에
   ④ 공주가 가엽게 느껴져서
   ⑤ 기타(   )

4. **공주는 청혼자에게 왜 수수께끼를 냈나요?**

   ① 수수께끼를 내서 좋은 신랑감을 구하려고
   ② 수수께끼를 내서 남성들을 골탕 먹이려고
   ③ 산의 정령에 의해 마법에 걸려서
   ④ 수수께끼를 좋아하니까
   ⑤ 기타(   )

5. **내가 피터라면 어떻게 했을까요?**

6. **내가 공주라면 어떻게 했을까요?**

7. **내가 좋아하는 여성스타일은?**

8. **내가 좋아하는 남성스타일은?**

9. **배우자에 대한 나의 기대사항을 적어 봅시다.**

10. **배우자에 대한 기대가 좌절되었을 때 어떤 느낌이나 행동이 따르나요?**

11. **이야기를 듣고 난 다음에 떠오르는 이미지나 느낌을 그림으로 표현해 봅시다.**

Tip

- 1번은 주인공의 무의식적 욕망을 알아보기 위한 것이다.
- 2번은 시체와 주인공과의 경험적 관계를 보기 위함이다. 개인무의식에는 과거의 경험에서 파생된 감정의 덩어리가 콤플렉스로 존재한다.
- 3번은 자아가 내적인격인 아니마에게 끌리는 과정을 보기 위함이다.
- 4번은 아니마의 속성, 즉 무의식의 자율성과 양면성을 보는 질문이다. 무의식에 있는 원형은 개인적 상황에 따라 긍정적, 부정적 측면을 동시에 보여 준다.
- 5~11번은 부부상담을 위한 질문들이다.

3. 아니마 원형

'마법에 걸린 공주'와 유사한 이야기는 유럽 여러 나라에서 다양한 형태로 전해지고 있다. 이야기는 피터라는 남자가 아내가 될 공주를 찾아나서는 내용으로 전개된다. 피터는 아버지로부터 재산을 얻어 특별한 목적 없이 여행길에 오른 것처럼 보인다. 겉으로 볼 때 이야기 속의 사건들은 우연히 발생한다. 거의 모든 이야기가 그렇듯이 주인공은 집단의식의 투사대상으로서 인간의 보편적 원형상을 보여 준다. 피터의 여행은 마치 의식이 무의식의 세계를 여행하는 것과도 같다. 이것은 이야기가 꿈과 환상처럼 상징적 내용으로 가득 차 있음을 나타낸다.

피터는 왜 아무런 목적도 없이 여행길을 떠났는가? 그는 왜 길거리에 버려진 시체에 대해 그렇게도 많은 애착을 보이는가? 다른 사람 같으면 그냥 지나치거나 동네사람들이 해결하도록 했을 것이다. 시체를 묻는데 가지고 있는 돈을 몽땅 써버린 피터는 분명히 합리적인 사람은 아니다. 죽은 사람을 위해 전 재산을 사용한다는 것은 아무래도 이해가 되지 않는 대목이다. 죽은 시체가 나중에 피터의 영혼친구가 되어 공주의 남편이 되는 데 결정적인 도움을 준 것은 피터와 시체 사이에 특별한 관계가 있음을 암시한다. 이제 마법에 걸린 공주 이야기를 폰 프란츠의 견해를 중심으로 살펴보자.

우리가 피터입장이라면 죽은 시체에 대한 책임감은 별로 느끼지 않을 것이다. 그러나 그 시체가 우리 자신과 관련된다면 책임감을 느끼지 않을 수 없을 것이다. 시체를 본 순간 그것이 부모나 가까운 친지 혹은 자신에게 중요한 사람으로 느껴질 때 그냥 지나칠 수 없게 된다. 시체와 관련된 과거의 정감들이 무의식에 쌓여 시체를 본 순간 자아의식에 영향을 끼치게 된다. 그때 과거의 경험들은 이미 인격의 일부가 되어 살아 움직인다. 과거의 경험 중에는 마음의 상처들이 많다. 잊혀진 과거의 상처들이 그림자가 되어 다시 재현될 때 누구나 슬픈 감정에 쌓이게 된다. 그래서 그림자를 대면하는 것은 일단 두려운 일이다. 그러나 자신의 어두운 면의 실체를 보게 되면 두려움은 사라진다.[2] 그림자를 인식하기 위한 의식적 노력과 책임적인 태도만이 그림자를 친구로 변화시킬 수 있다. 자기가 가진 모든 돈을 투자하여 시체를 땅에 묻는 행위는 내면세계와 관계를 맺는다는 것을 의미하며, 그것은 자신의 그림자에게 정신적 에너지를 쏟는다는 뜻이다. 이것을 거부하는 사람에게 그림자는 속임수가 되어 물과 포도주를 섞어 파는 삶을 살게 한다.

시체를 땅에 묻음으로써 주인공은 시체로부터 밀려오는 부담감을 해소한다. 피터는 이미 자신의 인격의 일부가 되어버린 시체를 치우지 못했을 때 오는 심리적 부담감으로부터 해방된 것이다. 여기서 돈을 지불하는 것은 자신의 모든 재산, 즉 정신에너지를 쏟는 행위이다. 시체를 땅에 묻는 것은 그림자를 있어야 할 원래의 자리에 되돌리는 것이다. 시체는 무의식의 상징인 땅속에 있어야 한다. 시도 때도 없이 콤플렉스가 되어 심리적 불안감을 가중시켰던 그림자의 정체를 확인한 다음에 그것을 제자리에 돌림으로써 자아는 그림자에 대한 자신감을 회복한다. 그림자의 위치를 몰랐던 자아가 이제는 그림자의 위치를 찾아 주는 자아로 변한 것이다. 이처럼 그림자의 정체를 모를 때는 그것은 무섭고 두려운 존재로 느껴진다. 하지만 자아가 일단 그림자와 관계를 맺게 되면 내적 인격인 아니마는 활성화된다.[3]

성서에 소개되는 소위 '선한 사마리아 사람의 비유'가 그림자와 친구가 되는 사례를 보여 준다.

> 어떤 사람이 예루살렘에서 여리고로 내려가다가 강도를 만났다. 강도들은 그 사람의 옷을 벗기고 때려서 반쯤 죽은 것을 버려두고 가 버렸다. 마침 한 제사장이 그 길로 내려가다가 그를 보고는 피해서 다른 길로 지나갔다. 그리고 어떤 레위 사람도 그 곳에 이르러 그를 보고는 피해서 다른 길로 지나갔다. 그러나 어떤 사마리아 사람은 여행 중에 그 길로 지나다가 그를 보고 불쌍한 생각이 들었다. 그래서 그는 다가가서 상처에 기름과 포도주를 붓고 싸맨 후 자기 짐승에 태워 여관까지 데리고 가서 간호해 주었다. 이튿날 그는 두 데나리온을 여관 주인에게 주면서 이 사람을 잘 보살펴 주시오. 비용이 더 들면 돌아오는 길에 갚아 드리겠소' 하고 부탁하였다.[4]

사마리아 사람은 선한 사람인가? 반면에 제사장이나 레위 사람은 악한 사람이거나 몰인정한 사람들인가? 사마리아 사람들이 유대인에게 이방인으로 취급되는 데는 역사적 배경이 있다. 사마리아는 기원전 722년에 이스라엘이 멸망하기까지 북왕국의 수도였다. 사마리아가 멸망한 후에 그 땅은 이방인들로 채워지면서 예수 시대에는 유대인에게 천대받는 지역이 되었다. 로마의 지배를 받고 있었던 당시 팔레스틴에는 경제적인 여유가 없었다. 사마리아 인들의 경우 경제적 어려움은 유대인보다 더 극심했던 것으로 알려져 있다. 이야기 속에 등장하는 사마리아인이 강도 당한 사람을 도운 것은 보통 일이 아니다. 갈 길이 바쁜데다가 가진 돈도 별로 없는 그는 자신의 모든 것을 투자해서 강도 당한 사람을 돕는다. 강도에게 폭행 당한 사람의 모습은 사마리아인에게 마치 자신의 어두운 과거를 생각나게 했을 것이다. 사회적 차별 속에서 불안한 나날을 보냈던 사마리아인들은 언제 강도를 만날지 모른다는 불안감에 사로잡혀 있었다. 제사장이나 레위인은 강도 만난 사람과는 구별되는 부류다. 그들은 자신의 일에 바쁜 사람들이다. 이들을 악한 사람이거나 부정한 사람이라고 단정하는 것은 심리학의 과제가 아니다. 그들 나름대로의 사정을 알아볼 필요가 있다.

심리학적 관점에서 보면 사마리아 사람 이야기는 집단의식의 표출이다. 사마리아 사람은 억압 받고 있는 민중의 상징이며 유대인의 그림자이다. 사마리아 사람 입장에서 보면 제사장과 레위인은 위험한 현장을 피하고 싶은 자아의 일부이다. 문제는 사마리아 사람의 태도이다. 사마리아 사람은 왜 자신의 모든 것을 희생해 가며 그냥 지나치지 못하고 강도에게 당한 사람을 돌보았는가? 두 사람은 서로 어떤 관계인가? 개인의 인격적 측면에서 보면 사마리아 사람과 강도 당한 사람은 서로 분리될 수 없는 자아(ego)와 그림자(shadow)의 관계이다. 두렵고 떨리지만 자신의 문제로 느낀 사마리아 사람은 그 상황을 지나칠 수 없는 것이다. 이런 현상은 집단의식에도 나타난다. 사회적 문제를 자신의 문제로 느끼는 사람은 그 일에 매우 적극적으로 개입한다. 사마리아인은 강도 만난 사람을 통해 자신의 그림자를 경험하고 그것과 친구가 될 기회를 얻은 것이다. 자아가 그림자를 만날 때 비로소 성숙의 과정으로 들어간다. 따라서 사마리아인의 선한 행동은 그 행위의 선함보다는 내적인 자아를 발견하는 데 더 큰 의미가 있다.[5]

'마법에 걸린 공주'에서 피터는 자신의 그림자를 만난 후에 아니마 원형의 상징인 공주를 만나게 된다. 하지만 그 과정은 그리 간단하지 않다. 우선 공주의 수수께끼를 푸는 데 그림자 친구의 도움을 받아야 한다. 피터는 또한 공주와 연합하고 있는 산의 정령과 대면하여 그를 제압해야 한다. 산의 정령은 아니마의 부정적 성향을 부추기는 무의식의 힘이다. 내적인 영혼인 아니마가 구원받지 못할 때 삶은 평탄하게 흘러가지 못한다. 이때 정신 에너지는 악의 지배를 받게 되며 탐욕스런 성향에 몰입하게 된다.

정신의 일부인 그림자가 자아에 의해 의식화되지 못하고 거부당할 때 그 자체는 생명력을 잃게 된다. 그림자를 지나치게 억압할 때 활성화되지 못한 콤플렉스는 죽게 된다. 금욕주의에서 흔히 발견되는 그림자 억압은 인간의 감정을 황폐화시킨다. 자아의 시선을 받지 못한 그림자는 시체가 되어 사라진다. 하지만 일단 자아의 눈에 띄어 땅에 묻히면 영혼이 되어 다시 현실로 돌아온다. 영혼이 되어 돌아온 그림자 역시 이전의 그림자와 마찬가지로 많은 문제를 일으키거나 심리적 부담감을 준다. 그러나 일단 의식화된 그림자는 자아와 관계를 맺게 되어 이전보다 위험하지 않게 된다.

4. 적극적 상상의 실례: 빨간 모자 아가씨

어느 마을에 귀엽고 예쁜 소녀가 있었다. 소녀의 할머니는 소녀를 눈에 넣어도 아프지 않을 만큼 귀여워했다. 할머니는 소녀에게 빨간 벨벳으로 모자를 만들어 주었다. 모자는 소녀에게 아주 잘 어울렸다. 그래서 마을 사람들은 소녀를 '빨간 모자 아가씨' 라고 불렀다. 어느 날, 빨간 모자 아가씨는 어머니의 심부름으로 숲에 사는 할머니 댁에 빵과 포도주를 가져다 드리게 되었다.

"한눈팔지 말고 부지런히 다녀오너라. 인사도 상냥하게 잘해야 한다."

숲에 가까이 오자 늑대가 빨간 모자 아가씨에게 말을 걸었다.

"어디 가는 길이니?"

"할머니 병문안 가요"

"앞치마 밑에 든 건 뭐니?"

"빵하고 향기로운 포도주예요."

빨간 모자 아가씨는 무심코 할머니의 집을 가르쳐 주었다. 늑대는 속으로 빨간 모자 아가씨와 할머니 모두를 잡아먹어야겠다고 생각하며 흐뭇해 했다. 늑대가 할머니 집을 향해 앞질러 간 걸 알 리 없는 소녀는 할머니께 드릴 꽃다발을 만들며 놀았다. 곧장 할머니 집으로 달려간 늑대는 빨간 모자 아가씨인 척 목소리를 꾸미며 문을 열게 하고 뛰어 들어가 할머니를 한입에 삼켜 버렸다. 그런 다음 할머니 옷을 입고 모자를 쓰고선 침대에 들어가 누웠다. 소녀는 시간이 한참 흐른 뒤에야 할머니 생각이 나서 부지런히 걸음을 옮겼다. 어쩐 일인지 할머니의 집 문이 활짝 열려 있었다. 그러나 빨간 모자 아가씨는 별 의심 없이 집 안으로 들어가 할머니 침대로 다가갔다.

"할머니, 안녕히 주무셨어요? 그런데 할머니 귀가 왜 이렇게 커요?"

"네 말을 잘 들으려고."

"어머나, 눈도 굉장히 커요."

"네 얼굴을 잘 보려고 그렇단다."

"어머나, 입은 왜 그렇게 크지요?"

늑대는 벌떡 일어나 빨간 모자 아가씨를 한입에 삼켜 버렸다. 배가 부른 늑대는 다시 침대로 들어가 코를 골며 깊은 잠에 빠져 들었다. 때 심리치료 현장에서 내담자가 그림자의 정체를 알고 나면 그로 인해 심리적 부담감을 더 이상 느끼게 되지 않는 원리와도 같다.

이야기 속에서 그림자로 대변되는 영혼친구는 피터(자아)를 도와 완성에 이르게 하는 보상적 기능을 담당한다. 평범한 백성이 왕가의 일원이 된 것은 개성화의 과정을 상징적으로 드러낸다. 그림자를 인식한 후에, 그림자에 대한 불안을 해소하고, 그림자와 친구가 되어, 아니마를 만나 온전함에 이르는 과정은 자아(ego)가 자기(self)를 찾아가는 자기실현의 과정이다. 그림자가 어느 정도 의식화된 후에, 자아는 그림자가 지배하는 운명적 요인을 부분적으로 다스리는 능력이 생긴다. 자기(self)가 모든 운명적 기능을 통합하여 개성화를 이룰 때 그림자는 사라진다.[6]

공주는 산의 정령에게 사로잡혀 있다. 산의 정령은 공주의 정상적인 판단을 가로막는 부정적인 힘이다. 아니마가 마법에 걸린 것은 무의식의 내용이 아직 의식화되지 못한 상태이다. 아니마의 수수께끼는 아니마가 제자리를 찾지 못해 혼돈의 상태에 있음을 암시한다. 따라서 수수께끼는 반드시 풀려야 한다. 그때 비로소 아니마가 제자리를 찾고 정신적 안정을 유지한다. 아니마의 상징인 공주는 자신도 모르는 마법에 걸려 있기 때문에 스스로 문제를 해결할 수 없다. 아니마는 의식의 도움을 받아 내적인격의 기능을 원만하게 수행할 수 있다. 주인공(자아) 역시 자신의 자리를 찾지 못하고 있다. 피터는 왜 집을 떠나야 했는지 모른다. 결국 수수께끼는 자아와 아니마 모두가 풀어야 할 숙제이다. 아니마의 문제가 구체화되지 않을 때 신경증 현상이 나타난다. 하지만 자아는 아니마에게 바로 갈 수 없다. 그림자의 도움을 받아야 한다. 그림자는 자아에게 날개를 달아 주어 아니마에게 가는 길을 제시한다. 적극적 상상은 이 과정에서 유용하다. 피터의 영혼친구가 제공한 '날개'는 환상의 세계로 빠지게 하는 힘이 있다. 환상의 영역, 즉 꿈의 영역에 들어갈 때 비로소 아니마를 만난다. 환상 속의 여행을 위해 세속화된 현실로부터 벗어나야 한다. 긴장을 풀고 명상에 잠긴 채 환상의 세계로 빠져들어 무의식의 내용과 만나야 한다. 판단과 해석을 중단한 채 열린 마음으로 적극적 상상에 몰입할 때 아니마는 경험된다.[7]

주인공은 반드시 아니마를 만나야 한다. 영혼친구가 피터에게 준 지팡이는 아니마를 다스리기 위한 것이다. 그것은 수수께끼를 풀지 못하면 구혼자를 죽이는, 악마의 속성을 지닌 아니마를 순화시키는 자아의 무기이다. 지팡이는 또한 남근의 상징이거나 남성의 능력 혹은 권위를 의미한다.[8] 정신적으로 건강한 남성만이 부정적 아니마를 제압할 수 있다. 피터는 영웅이 되기 위해서 공주를 지팡이로 때려 현실세계로 이끌어야 한다. 그때야 비로소 자아와 아니마는 정상적인 관계를 맺는다. 아니마는 마치 자연과도 같아서 분화되지 않은 상태이다. 산은 피터의 인격 내부에 있는 아니마의 비밀을 암시한다. 산의 정령은 일종의 '노현자'(wise old man) 이미지로서 '아니마의 아버지'로 불린다. 아니마 뒤에 있는 산의 정령은 영웅의 내적 발전을 가능케 하는 비밀스런 능력이다. 그 아니마의 아버지는 무의식의 법에 따라 경험되는 위대한 지혜이다.[9] 공주에게 악한 행동을 지시한 산의 정령은 결과적으로 볼 때 주인공의 승리를 위한 예비단계이다. 이처럼 산의 정령 역시 악한 면과 선한 면을 동시에 지닌다.

수수께끼의 열쇠가 되는 이미지들의 상징적 의미를 살펴보자. 수수께끼에서 첫 번째 열쇠인 공주 아버지의 하얀 말은 소멸해가

3. 아니마 원형   **211**

는 왕을 대체하는 새로운 존재이다. 무의식의 힘을 상징하는 하얀 말은 새로운 국면에 들어서는 의식을 암시한다. 두 번째 대상인 왕의 칼은 정의, 권위, 결단, 구별 등을 의미한다. '그는 칼같은 사람이다'는 표현은 지독히 엄격한 사람을 지칭할 때 쓰는 말이다. 의식적 인격에 의해 단행된 결단은 무의식의 활동을 위한 기본적 전제이다. 결국 의식의 건전한 판단이 작용할 때 무의식은 정신의 조화를 이루는 방향으로 작용한다. 말과 마찬가지로 칼은 무의식으로부터 파생된 리비도를 암시한다. 이런 방식으로 말과 칼은 연결된다. 그러나 칼이 인간에 의해 만들어지는 것이라면, 말은 본능적 리비도이다. 세 번째 열쇠인 산의 정령의 머리는 종종 '본질' 혹은 '의미'로 해석된다. 연금술에서 머리는 또한 자기의 상징(a symbol of the self)이다. '아무도 알 수 없는' 그 머리는 공주가 제안한 수수께끼의 가장 밑바탕에 숨어 있다. 주인공이 산의 머리를 획득함으로써 문제의 실마리를 풀고 있다. 산의 머리를 소유한다는 것은 그가 내적 정신작용을 이해할 수 있는 능력이 생겼음을 의미한다.

폰 프란츠에 의하면 산에 있는 어지럽게 흩어진 별은 무한정 분산된 의식의 미생물들이다. 생선 위의 달은 여성원리의 상징으로서 내부와 외부세계에 대한 여성적 태도를 대변한다. 심리학적인 관점에서 볼 때 생선은 멀리 떨어진 존재, 우리가 접근할 수 없는 무의식의 내용으로서 잠재적 에너지의 총체이다. 기독교전통에서 그리스도를 상징하는 표상으로서 생선은 자기의 상징으로 이해된다.[10] 생선은 구별되지 않으면서 정의될 수 없는 정신 에너지의 총체라고 볼 수 있다. 그 진행 방향은 아무도 모른다. 산속 저택에 드리워진 한밤중의 태양 광선은 아마 집단의식의 원래 모습일 것이다. 고대인과 어린이들은 이것을 경험한다. 무의식의 빛은 우선 중심이 없고 확산된 안개와 같다. 그것은 성서의 창조기사에서 첫째 날에 빛이 먼저 창조되고, 넷째 날에야 태양이 탄생된 것과 같다.[11]

제단에 이글거리는 듯한 바퀴가 놓여 있다. 바퀴는 바른 방향으로 인도하는 구원의 바퀴로 상징된다. 바퀴는 또한 무의식의 자율적 힘인 자기원형의 상징이다. 바퀴 역시 양면성이 있다. 올바른 방향으로 굴러갈 때는 긍정적이다. 반대로 바퀴의 의도가 인식되지 않을 때는 전혀 엉뚱한 방향으로 굴러간다. 연금술작업 역시 정화를 위한 계속적인 순환과정이다. 연금술의 바퀴는 하늘과 땅을 연결하는 대극의 연합을 창조한다. 마법에 걸린 공주 이야기에서 둥그런 바퀴는 산의 정령의 머리와 유사하다. 그것은 자기원형의 어두운 측면이다. 뱀파이어와 같이 아니마와 산의 정령은 희생자들의 피를 사랑한다. 그들의 피에 대한 굶주림은 의식의 영역으로 들어오고자 하는 무의식의 내용들이다. 그들이 거부될 때 의식으로부터 에너지를 빼내갈 것이다. 그 결과 의식은 고달파지고 멍한 상태에 이른다. '마법에 걸린 공주' 이야기 안에 있는 원형적 요소들은 결국 무의식 내용의 일부가 의식의 관심을 끌기 위한 시도를 보여 준다.

이야기에서 아니마와는 달리 산의 정령은 구제받지 못한 상태에 있다. 따라서 깊은 차원의 문제는 아직 해결되지 않았음을 암시한다. 따라서 공주는 여전히 위험 상황에 놓여 있다. 공주를 세 번 물 항아리에 빠뜨린 것은 자기(self)의 상징인 산의 정령의 악한 측면에서 아니마를 해방시키기 위한 노력이다. 공주가 변한 갈까마귀는 죄와 악의 상징이다. 태양신 아폴로에게 속했던 갈까마귀는 연금술에서 우울한 생각으로 표현된다. 공주의 두 번째 모습인 비둘기는 사랑의 여신인 비너스의 새 혹은 성령의 상징이다. "새는 하늘로 상징되는 영적인 능력의 세계로 초대되는 것을 의미한다."[12] 새는 동시에 공주의 비현실적 모습이다. 또한 새는 무의식의 세계로 안내하는 길잡이 역할을 하는 존재다. 무의식 상태에 빠져 있는 공주의 모습과 현재모습은 분리될 필요가 있다. 공주는 이제 현실세계로 돌아와야 한다. 피터의 영혼친구의 관심은 아니마의 정화 작업에 있다. 이미 의식화된 그림자는 더 이상 위험한 존재가 아니다. 이제 그림자는 창조적인 힘으로 아니마를 정화하고자 하는 자아를 돕는다. 주인공과 아니마와의 결혼이 성취되면서 그림자의 역할도 완성된다. 하지만 이야기의 목적은 우리의 내적 목표를 발견하는 일이다. 그것은 그림자를 통해 자아와 아니마가 연합하면 더 이상 선과 악의 싸움이 정신을 지배하지 않는다는 사실이다.[13]

마법에 걸린 공주 이야기는 자신도 모르게 내면의 여성을 찾아 길을 떠나는 남성들에 관한 담론이다. 시간과 공간의 차이, 사회적 환경과 문화적 배경에 따라 그 내용은 달라질 수 있다. 개인적 심리상태에 따라 이야기를 받아들이는 감정 또한 다를 것이다. 이야기 속의 주인공 피터는 무작정 집을 떠난다. 그 이유는 자신도 모른다. 자신도 모르는 그 무엇에 이끌려 재산을 미리 할당받아 집을 떠나는 모습은 불안하게 보인다. 피터는 성서에 소개된 '돌아온 아들' 비유에 나오는 둘째 아들을 생각나게 한다. 아버지로부터 재산을 미리 받아 타국으로 떠났다가 방탕한 생활과 기근으로 말미암아 가진 재산을 모두 탕진하고 다시 아버지 품으로 돌아온다는 이야기다.[14] 성서의 둘째 아들과 피터를 사로잡은 무의식의 욕망은 무엇일까? 두 경우 모두 여성과 관련이 있다. 하지만 그 여성의 정체가 구체화되기까지는 자신도 모르고 있다. 두 이야기에 모두 여성적 요소가 결핍되어 있다. '돌아온 아들' 비유에서는 어머니를 비롯한 여성이 등장하지 않으며, 마법에 걸린 공주는 불완전한 모습으로 이야기 후반에 등장한다. 이야기는 이처럼 결핍된 부분을 보상하여 온전한 모습을 이루려는 개성화의 방향으로 진행된다.[15] 남성은 내면의 여성에게, 여성은 내면의 남성에게 무의식적으로 끌리는 경향이 있다. 이러한 현상은 남성성과 여성성이 서로 만나 상호 온전함을 이루려는 인간의 기본 욕구이다. 문제는 내면의 영혼에게 사로잡혀 의식이 약화될 때 심리적 고통을 유발한다는 것이다.

무의식의 욕망에 따라 무작정 길을 가다보면 자신의 길을 방해하는 요소를 만나게 된다. 피터가 길거리에서 시체를 만난 사건이 바로 그렇다. 경험하기 싫은 일들, 자신의 자존심을 건드는 일들을 만나는가 하면, 대면하기 껄끄러운 사람들을 만나 마음에 상처를 받는 경우도 있다. 한 남성이 사랑하는 여성을 찾아가는 것도 이와 유사하다. 여성과 만나러 가는 과정에서 자신의 어두운 면을 보게 된다. 이 과정에서 자신의 그림자를 보지 못하면 여성을 만나기 전에 어려움을 겪거나 자기만족에 사로잡힐 것이다. 나중에 자신이 찾고자 한 여성에게 예상치 못한 결함이 있는 것을 발견하고 고민에 빠지는 경우가 있다. 어떤 사람은 사랑의 여행을 포기하고 원점으로 돌아간다. 어떤 사람은 그 여성의 문제를 자기 문제로 알고 적극적으로 대처하는 경우도 있다. 이야기의 주인공 피터는 그림자의 도움을 받아 자신의 아니마를 발견하고 공주를 치유하는 데 성공한다. 피터의 경우처럼 끝가지 포기하지 않고 내면의 영혼을 찾아간다면 그 남성은 성공적인 삶을 살게 될 것이다. 그렇지 못하고 내면의 그림자를 발견하지 못하거나, 자신이 좋아하는 여성에게 사로잡혀 그녀의 단점을 발견하지 못한다면 부정적 아니마의 함정에 빠지게 될 것이다. 융은 부정적인 아니마에 대한 의식의 태도에 대해 다음과 같이 말한다.

> 무의식의 대변자인 아니마의 이중성은 한 남자를 철저하게 파멸시킬 수 있다. 결국 결정적인 것은 언제나 의식이다. 의식이 무의식의 표현을 이해하고 그에 대해 자기의 태도를 취할 수 있는 것이다. 그러나 아니마는 또한 긍정적인 측면을 가지고 있다. 무의식의 상을 의식에 전달하는 것이 바로 아니마이다.[16]

예를 들면 외모가 아름다운 여성에게 반하여 밤낮으로 따라다니는 남성이 있다면 그는 보이는 세계에 집착한 나머지 내면세계를 보지 못한다. 젊고 아름다운 아니마 콤플렉스에 가까이 갈수록 그는 의식세계를 인도할 세계관 형성에 문제를 일으킨다. 내면의 아니마가 항상 젊고 아름다운 여성을 찾도록 자극한다면, 그 아니마는 분위기에 젖어 있기를 좋아하거나 건전한 세계관과 반대되는 경향에 빠져 있는 상태이다. 이 경우 그는 아름다움과 젊은 생활은 수용하게 되지만 그가 인생에서 무엇을 해야 하는지를 모르게 된다.[17]

부정적 아니마는 또한 남성 우울증의 원인이 된다. 남성은 긍정적인 소망과 자신을 믿어주는 여성을 상상함으로써 파괴적 아니마의 영향으로부터 해방될 수 있다. 남성 안에서 어머니 이미지와 아니마는 긴밀하게 연결되어 있다. 왜냐하면 어머니는 남성에게

최초의 여성이기 때문이다. 따라서 남성은 내적 성장을 위해 어느
정도 여성 안에 있는 어머니 이미지를 찾고자 한다. 그와 동시에
항상 어린애로 남고 싶은 욕망으로 어머니를 찾고자 한다.[18] 성장
과정에서 어머니와의 분리가 적절하게 이루어진 아들은 어떤 계
기가 되면 매력적인 여인에게 아니마를 투사하게 된다.

> 아들의 눈에 비친 어머니에게 그토록 초인적인 빛을 부여한 아니마
> 의 상은 일상생활의 진부함을 통하여 점차 떨어져나가고 그로써 무의
> 식으로 빠져든다. 그렇다고 그것이 지닌 본래의 긴장과 본능적 충만
> 함이 상실되지 않는다. 그것은 그 뒤부터 이를테면 도약의 준비를 하
> 고 있다가 첫 기회에, 즉 만약 어떤 여성이 평범함을 뛰어넘는 인상을
> 줄 때 그녀에게 투사된다.[19]

　의식이 아니마의 양면성을 조절할 수 있을 때 건전한 인격이 형
성된다. 이부영 박사는 어머니에 대한 부정적 경험이 아니마의 파
괴적 성향을 갖게 한다고 말한다.

> 아니마의 특성은 주로 어머니에 대한 경험의 성질에 따라 다르다.
> 어떤 사람이 어머니를 부정적으로 체험했다면 그의 아니마는 흔히 우
> 울한 기분, 짜증, 끝없는 불만과 예민함의 특징을 갖게 된다. 그런 부
> 정적인 모성—아니마 상은 남성의 마음속에서 끝까지 속삭인다. "넌
> 아무 것도 아니야", "다 쓸데없는 짓이야"라고. 병, 발기부전, 사고에
> 대한 끊임없는 불안이 바로 그런 아니마로부터 일어난다. 또한 그런
> 음산한 기분은 자살의 유혹을 강화시킨다. 아니마는 이때 죽음의 귀
> 신이 된다.[20]

4. 임상사례: 여성을 통해 출세하려는 남성

의식적 삶에선 전혀 야심적이지 못한 게으른 남성이 있다. 그는 조금이라도 무리하게 일하기를 원치 않았다. 그러나 그에겐 의식하지 못한 야심이 있었다. 무의식에 잠재된 야심찬 그림자로 인해 그는 자신을 위대한 남성으로 만들어줄 여성을 찾고 있었다. 그의 무의식적인 야심 때문에 자신이 정상에 오르도록 날개를 달아 주는 아니마에 사로잡히게 되었다. 하지만 그 남성은 사귀는 여성마다 좋은 관계를 맺지 못하고 중도에 포기해야 했다.[21]

위와 같은 남성이 꿈을 꾼다면, 자신이 사랑하는 여성이 호감이 가지 않은 어떤 남성으로부터 떠나는 꿈을 꾸게 될 것이다. 그의 아니마는 자신의 야심에 전염되어 있다. 그가 자신의 야심을 알아차리는 순간 그는 더 이상 자신이 추구했던 여성을 바라지 않을 것이다. 무의식에 잠재된 야심 때문에 건전한 세계관을 형성하지 못하는 경우가 있다. 남성 안에 있는 아니마는 삶을 풍요롭게도 하고 동시에 힘들게 하기도 한다. 하지만 아니마는 '어떻게 해야 한다'는 삶의 원칙을 제시하지 않는다. 그것은 역설적인 방식으로 작용한다.[22] 내면에 숨겨진 야심이 의식적 차원에서 건전한 방식으로 표출될 때 아니마는 긍정적인 방향으로 작용한다. 반대로 내면의 야심이 의식화되지 못할 때 부정적 아니마와 결탁하여 의식을 약화시킨다.

아니마가 접촉하는 모든 것은 신성한 힘을 얻는다. 그것은 무조건적이며 위험하며, 금기시되기도 하며, 때로는 마술적인 것이 된

다. 의식 뒤에 있는 삶으로서의 아니마는 선과 악을 구별하지 않
는다. 똑같은 아니마가 한편으로는 빛의 천사로, 다른 한편으로는
어두움의 대리인으로 나타난다. 특히 "아들의 아니마는 어머니의
압도적인 위력 속에 숨어 있다. 그것은 흔히 감상적 유대감을 평
생 갖도록 하여 남자의 운명을 심각하게 침해하거나, 반대로 대담
한 행동을 하도록 그의 용기를 고무시켜 준다." [23)]

5. 심리적 관계로서의 결혼

'마법에 걸린 공주' 이야기는 남녀간의 결혼관계를 보여 준다.
한 남성이 반려자를 만나기까지의 어려움과 결혼한 후에 남녀간
의 조화를 통해 인격의 성숙에 이르는 과정이 상징적인 이미지를
통해 드러나고 있다. 남자와 여자는 의식적 차원에서 서로를 알고
있다는 전제아래 결혼하게 된다. 그러나 두 사람 사이에는 서로
모르는 부분이 많으며 자기 자신도 모르는 무의식적 요인이 결혼
생활을 지배하는 경우가 많다. [24)] 남성은 아내에게 어머니에게 익
숙한 여성상을 투사하며, 여성은 아버지로부터 경험한 원형상을
남편에게 투사하는 경우가 종종 있다. 이런 관점에서 융은 결혼을
'심리적 관계'(psychological relationship)로 이해한다.

무의식적 동기는 개인적이거나 일반적인 성향에서 기인한다. 무엇
보다도 부모의 영향에서 유래하는 동기들이 있다. 젊은 남자와 자기
어머니와의 관계, 그리고 여성과 자기 아버지와의 관계는 이런 관점
에서 결정적인 요인이다. 부모와 맺어진 연대의식은 아내와 남편을
선택하는 데 무의식적으로 영향을 끼친다. 그 영향은 때로는 긍정적

으로, 때로는 부정적으로 나타난다. 부모에 대한 의식적 차원의 사랑은 그와 같은 성향의 사람을 배우자로 선택하게 한다. 반면에 사랑으로 인식되지 않은 부모와의 무의식적인 관계는 배우자 선택을 어렵게 하거나 성격수정을 요구한다. 이들 관계를 이해하기 위해서는 우선 부모와의 무의식적인 연대의 원인을 알아야 한다. 그리고 어떤 상황에서 의식적 선택을 수정하거나 혹은 방해하는 가를 살펴야 한다. … 최악의 결과는 자신들을 인위적으로 무의식 상태에 두려는 부모로부터 발생한다. 예를 들면, 자신을 의도적으로 무의식 상태에 둠으로써 '만족할 만한' 결혼상태를 방해하지 않으려는 엄마가 있다. 무의식적으로 그녀는 남편 대신 아들을 자기 곁에 두려는 것이다.[25]

결혼은 부모로부터의 독립이다. 그것은 경제적 문제뿐만 아니라 정신적 독립이라는 의미가 더 크다. 정신적으로 독립한다는 것은 부모의 영향으로부터 무조건 벗어나는 것을 의미하지 않는다. 오히려 부모의 정신세계와 새롭게 형성된 자아의 상호보완적인 관계가 더욱 중요하다. 이런 의미에서 융은 결혼의 무의식적 보상차원을 강조한다. 남성은 아내로부터 무의식적인 보완을, 여성은 남편으로부터 무의식적인 보완을 실현할 때 새롭게 태어난 가정은 인격적인 성숙을 이룰 수 있다. 그것은 그동안 알지 못한 무의식의 내용에 대한 두 사람의 끊임없는 관심을 통해 실현된다.[26]
윌머는 [그림 7-1]을 통해 남자와 여자와의 관계를 아니마 아니무스의 전이관계로 설명한다.

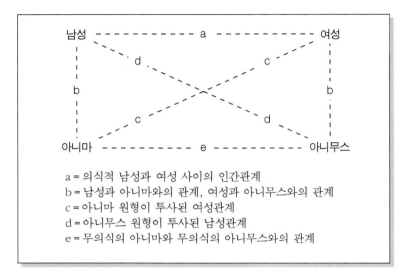

[그림 7-1] 남성과 여성의 관계

　의식적 차원에서 남성과 여성의 관계는 시작된다(a). 남성과 여성에게는 각각 내적영혼인 아니마 아니무스가 있다(b). 남성의 내적영혼인 아니마는 여성에게 투사되고(c), 여성의 아니무스는 남성에게 투사된다(d). 동시에 무의식적 차원에서 남성의 아니마와 여성의 아니무스가 관계를 형성한다. 남자와 여자는 결혼관계를 통해 의식과 무의식 차원의 복잡한 상호관계를 이해하게 될 때 보다 성숙한 인간간계를 맺게 된다.[27)]

미주

1) Marie-Louise von Franz, *The Interpretation of Fairy Tales*, 136-138.
2) C. G. Jung, 회상, 꿈 그리고 사상, 214-215.
3) Marie-Louise von Franz, *The Interpretation of Fairy Tales*, 142-143.
4) 누가복음 10:30-35(현대인의 성경).
5) CW 9ii, par. 14; Harry A. Wilmer, *Practical Jung*, 99-104.
6) Marie-Louise von Franz, *The Interpretation of Fairy Tales*, 138-143
7) CW 6, par. 723.
8) E. Ackroyd, 꿈상징사전, 193.
9) Marie-Louise von Franz, *The Interpretation of Fairy Tales*, 147-149.
10) CW 9ii, par. 145.
11) 창세기 1:1-19.
12) E. Ackroyd, 꿈상징사전, 252.
13) Marie-Louise von Franz, *The Interpretation of Fairy Tales*, 150-163.
14) 누가복음 15:11-32.
15) Marie-Louise von Franz, *The Interpretation of Fairy Tales*, 39.
16) C. G. Jung, 회상, 꿈 그리고 사상, 213.
17) Marie-Louise von Franz, *The Psychological Meaning of Redemption Motifs in Fairy Tales* (Toronto: Inner City Books, 1980), 40.
18) Sibylle Birkhäuser-Oeri, *The Mother*, 122.
19) C. G. Jung, 원형과 무의식, 189-190.
20) 이부영, 아니마와 아니무스, 104.
21) Marie-Louise von Franz, *The Psychological Meaning of Redemption Motifs in Fairy Tales*, 41.
22) Marie-Louise von Franz, *The Psychological Meaning of Redemption Motifs in Fairy Tales*, 41-42.
23) C. G. Jung, 원형과 무의식, 137-140.
24) CW 17, pars. 324-327.
25) CW 17, par. 338.
26) CW 18, par. 1139.
27) Harry A. Wilmer, *Practical Jung*, 78.

제 **8** 장

아니무스: 여성이 남성을 찾는 이야기

1. 스러쉬비어드 왕

어떤 왕에게 예쁜 공주가 있었다. 공주는 자기에게 청혼한 모든 남성들을 모욕하고서 아무도 받아들이지 않았다. 턱이 돋보이는 한 청혼자에게 공주는 모욕적인 이름을 붙여 주었는데, 그것은 스러쉬비어드였다.[1] 그때부터 그는 스러쉬비어드 왕으로 알려졌다. 공주의 아버지인 옛 왕은 왕궁에 최초로 접근한 거지에게 공주를 주겠다고 했다. 마침내 아름다운 음악으로 바이올린을 연주하여 자신의 관심을 끌었던 거지에게 공주를 주고야 만다.

공주는 바이올린 연주가의 아내가 되었으나 집안일은 아무것도 할 수 없다. 남편은 공주가 만족스럽지 못하다. 그는 공주에게 요리를 만들고, 바구니를 만들고, 실로 옷을 짜게 하지만 그녀는 아무것도 하지 못한다. 결국 공주는 시장에서 도자기를 팔아야 한다. 어느 날 아침, 술에 취한 병사가 말을 타다가 공주가 팔고 있는 도자기 병을 깨버리자 남편은 그 일로 인해 화를 낸다. 그는 "아내가 아무짝에도 쓸모없다"고 말하고 그녀를 왕궁에 다시 보내 부엌에서 일하게 한다.

어느 날 밤 공주는 왕궁에서 벌어지고 있는 왕자의 결혼식을 은밀하게 보게 된다. 종들이 그녀에게 음식 한 조각을 던지자 공주는 그것을 주머니에 감춘다. 그녀가 왕자의 눈에 띄자 왕자는 공주를 춤파티에 초대한다. 공주는 얼굴을 붉히며 빠져 나오려고 하지만 음식물을 떨어뜨리고 만다. 왕자는 공주를 붙잡고 자신이 스러쉬비어드 왕이라고 밝힌다. 가장무도회에서 거지로 분장하여 공주의 남편이 된 사람이 바로 자신이라고 말한다. 공주가 팔고 있던 도자기를 깬 병사도 바로 자신이었다고 말한다.[2]

2. 심리여행

본 설문에 편안한 마음으로 임하기 바랍니다. 하나 이상의 항목
을 선택하거나 개인의 의견을 제시해도 좋습니다.

1. 공주는 왜 청혼자들을 모욕했나요?

① 워낙 귀하게 커서 버릇이 없었기 때문에
② 청혼자들이 모두 한결같이 마음에 들지 않아서
③ 아버지와 함께 살고 싶어서
④ 남자들을 보면 아버지의 권위적인 모습이 생각나서
⑤ 기타(   )

2. 왕은 왜 공주를 거지에게 주었나요?

① 공주가 청혼자들에게 대하는 태도가 불손해서
② 귀하게 큰 공주를 고생시켜 성숙하게 하려고
③ 거지가 왕의 마음에 들었으므로
④ 공주가 남자를 우습게 아니까 벌주는 의미에서
⑤ 기타(   )

3. 공주는 왜 집안일을 잘하지 못했나요?

① 왕궁에서 할 필요가 없으니까
② 엄마가 계시지 않아 가르쳐주지 않아서
③ 자신이 그런 일은 전혀 할 필요가 없다고 생각해서
④ 자신을 괴롭힌 거지 남편이 싫어서
⑤ 기타(   )

4. 술에 취한 병사가 왜 공주의 도자기를 깨뜨렸나요?

① 도자기를 팔고 있는 아름다운 공주에게 매혹되었기 때문에

② 말을 타면서 실수로

③ 공주의 관심을 끌기 위해

④ 그날 기분이 나빠 공주에게 화풀이를 하려고

⑤ 기타(   )

5. 부엌에서 종들이 던져 준 음식을 주머니에 넣은 공주의 심정은 어떨까요?

① 별 느낌이 없이 배고파서 그랬다.

② 공주라는 신분을 잠시 잊고 평민처럼 느꼈다.

③ 자존심이 상하고 수치스럽게 느꼈다.

④ 남편에게 갖다 주려고 주머니에 넣었다.

⑤ 기타(   )

6. 스러쉬비어드 왕은 왜 공주에게 자신의 정체를 밝혔나요?

① 지금까지 공주를 고생시킨 것이 미안해서

② 공주에게서 겸손한 모습을 보았기 때문에

③ 공주 아버지인 왕의 체면을 생각해서

④ 공주와 함께 춤을 추기 위하여

⑤ 기타(   )

7. 이야기의 결핍된 요소는 무엇이며 어떤 방식으로 보완되고 있나요?

8. 이야기를 집단과 개인의식 차원에서 분석해 봅시다.

9. 이야기를 읽고 난 후의 느낌을 서로 나누어 봅시다.

10. 이혼에 대해서 어떻게 생각하나요?

> **Tip**
> • 1번은 남성에 대한 태도를 보기 위함이다.
> • 2번은 아버지와 딸의 관계를 보여 준다.
> • 3번은 여성의 성장배경을 묻고 있다.
> • 4번은 우연한 사건이 인생이 미치는 영향을 보기 위함이다.
> • 5번은 상황이 바뀐 상태에서 여성의 감정을 묻고 있다.
> • 6번은 남성과 여성의 건강한 만남을 보여 준다.

3. 아니무스 원형

　'스러쉬비어드 왕' 이야기는 공주가 한 남성을 만나는 과정을 소개하고 있다. 공주는 왜 자기에게 청혼한 남성들은 모욕했을까? 그 남성들의 어떤 면이 공주를 화나게 했을까? 이야기는 공주에게 청혼한 남성들에 관해서 말하고 있지 않다. 겉으로 볼 때 공주는 그냥 남성들이 싫다. 공주는 결혼하기를 원치 않았을까? 아니면 왕에 대한 이유 없는 반항일까?

　이야기는 왕과 공주 사이의 갈등과 더불어 거지로 상징되는 민중의 역할을 보여 주고 있다. 집단적 차원에서 볼 때 왕은 지배원리로 나타난다.[3] 왕과 공주의 갈등은 지배구조에 문제가 발생했음을 암시한다. 지배구조의 갈등은 정반대 편에 놓여 있는 거지의 출현으로 해소되기 시작한다. 지배자는 피지배층의 세계관을 간과하기 쉽다. 민중들의 삶은 지배계층에게 보조적인 것으로 비추어지는 경우가 많다. 그러나 지배구조에 심각한 문제가 발생하여 자체적으로 해결할 수 없을 때 그것은 전혀 다른 세계의 도움을 받을 수밖에 없다. '민심은 천심'이라는 말은 여기에도 적용된다.

왕가의 타락은 민중의 힘에 의해 교정된다. 타락한 지배원리에 의해 사회구조가 뿌리 채 흔들릴 때 그것은 민중의 힘에 의해 교정될 수밖에 없다. 평소에 온순하던 민중은 성난 파도처럼 모든 것을 삼켜버린다. 그곳에 지배원리나 순종의 원리는 이미 효력을 상실한다. 이야기에서 왕가의 생활과 판이하게 다른 거지 남편의 생활패턴이 공주를 변화시킨다. 왕가에서는 볼 수 없고 경험할 수 없는 철저한 낮아짐이 거지 남편을 통해 체득된다. 공주를 변화시킨 것은 왕가의 편안한 삶이 아니라 거지 남편의 평범한 삶이었다. 그것은 왕가의 눈으로 볼 때 거칠고 몰인정한 것이지만 서민들의 눈에는 삶을 살아가는 그저 평범한 모습이다. 지배원리가 이런 평범한 삶의 원리를 망각할 때 그 역할을 감당하지 못하고 새로운 세력에 의해 대체된다.

심층심리학적 관점에서 볼 때 왕가의 문제는 의식차원에서 인지된다. 그러나 문제의 근본적인 해결책은 의식과 반대편에 있는 무의식의 영역에 있다. 무의식의 세계, 즉 민중의 세계에 왕가가 보지 못하는 보물이 있다. 그것은 지극히 평범한 삶의 원리이다. 의식의 원리와 무의식의 원리가 조화를 이룸으로써 정신의 균형은 이루어진다. 결국 거지는 천대 받아야 할 진짜 거지가 아니라 새로운 세상을 이끌어갈 숨은 왕자이다. 이전 세계에서의 거지가 미래의 세계에서 왕이 될 수 있다. 민중적 차원에서 볼 때 스러쉬비어드 왕 이야기는 민중들이 지배계층을 향해 던지는 경고이자 가르침이다.

이제 폰 프란츠 견해를 중심으로 왕과 공주를 개인의 인격적 차원에서 검토해 보자. '스러쉬비어드 왕' 이야기는 여성이 남성을 만나는 과정을 상징적으로 드러낸다. 이야기에는 왕과 공주만 등장한다. 왕비는 출현하지 않는다. 여성적 요소의 결핍은 이야기가 결핍된 요소를 보완하려는 방향으로 진행되는 것을 암시한다. 어머니의 부재는 공주에게 여성원리의 약화를 초래하여 자연스럽게 위험한 아니무스에게 사로잡히게 한다.[4] 아버지의 영향을 강하게 받으면서 성장한 공주는 자신도 모르게 부성콤플렉스(father complex)에 사로잡혀 있다. 이야기 속에서 부성콤플렉스는 부정적 아니무스와 결합하여 공주가 남성을 찾아가는 것을 방해한다. 권위적인 남성에 대한 거부반응이 청혼자들을 모욕하는 현상으로 표출되고 있다. 이야기는 부성콤플렉스 때문에 남성과 건강한 관계를 맺지 못한 공주가 아니무스를 의식화함으로써 여성의 원래자리를 찾아가는 모습을 보여 준다.

공주가 자기에게 청혼한 모든 남성들을 모욕한 것은 그녀가 아버지하고만 살았던 데서 기인한다. 남성에 대한 부정적 성향은 아니무스에 의해 지배당한 여성에게 나타나는 전형적인 특성이다. 그런 태도는 다른 사람들과의 관계를 순탄하지 못하게 하는 원인이 된다. 표면상으로 아버지의 분노를 자극하는 것은 딸의 오만한 태도이다. 그러나 실제적으로 아버지는 딸을 자기 곁에 두려고 하며 미래의 신랑이 될 사람 앞에 장애물을 설치한다.[5] 이런 현상은 딸이 결혼하고자 할 때 갖가지 이유를 대서 새로운 남성을 만나지 못하게 하는 아버지에게서 흔히 나타난다. 물론 겉으로 보기에 아버지는 그 남성의 단점을 지적하면서 자신의 주장에 대한 합리적인 이유를 찾고 있다. 어머니 역시 아들이 결혼할 때 비슷한 경험을 하게 된다. 대개의 부모들은 이처럼 양가감정을 가지고 있다. 한편으로는 자식을 영원히 곁에 두고 싶어한다. 또 다른 한편으로는 자식이 삶의 현장으로 나가 독립하기를 원한다. 이런 성향은 한 부모 중심으로 형성된 가족에서 두드러지게 나타난다. 딸이 아버지로부터 독립하고자 하는 욕망은 아버지에 대한 보복의 형태로 드러난다. 부성콤플렉스는 딸이 아버지의 기대에 미치지 못하거나 전혀 예상 밖의 사람을 배우자로 선택하게 함으로써 아버지에게 상처를 주게 한다.[6]

딸 역시 아버지에 대한 애정과 증오의 양가감정을 가지고 있다. 딸은 아버지의 권위적인 태도를 싫어하면서도 자신도 모르게 그 모습을 닮아간다. 공주가 특별한 이유 없이 모든 청혼자들을 모욕한 것이 그 증거이다. 이런 현상은 다음에 제시한 실례에서 보듯이 아버지와 아들 사이에 더욱 두드러진다.

> 미구엘의 아버지는 체벌을 당연한 것으로 생각했으며 혁대로 아들을 자주 때렸다. 이런 경험으로 인해 미구엘은 무의식적으로 아버지의 권위에 대해 이렇게 생각했다. 즉 가장은 집에서 존경을 받아야 하며, 가족에게 아버지는 두려운 대상이어야 한다는 것이다. 미구엘은 자신이 그토록 싫어했던 아버지의 권위주의적인 모습을 따르려고 애썼다. 미구엘은 아내와 아이들에게 권위적이고 지배적인 태도를 보이지 않으면 존경을 받지 못한다고 생각했다. 그는 존경과 두려움을 혼동하고 있었다. 그는 가족을 지배하는 것이 필요하며 그렇지 않으면 남편과 아버지로서 실패한 것이라고 믿었다.[7]

공주 역시 청혼자를 모욕함으로써 자신의 권위를 세우려 했을까? 딸은 아버지를 통해 처음으로 아니무스 원형을 경험한다. 반면에 아들은 어머니를 통해 아니마 원형을 경험한다. 아니무스의 공격적 성향과 그에 대한 여성의 방어적 행동은 아니무스의 이중적 성향을 보여 준다. 아니무스는 여성을 한편으로는 양같이 순한 여성으로, 다른 한편으로는 공격적인 여성으로 만든다. 이야기 속에서 아버지의 사랑을 받고 자란 딸은 구혼자로 대변되는 모든 남성에게 거만하게 대함으로써 아버지의 분노를 촉발시킨다. 아버지의 그늘에서 순탄한 삶을 살았던 공주는 자기도 모르게 아버지의 귀여운 장난감이 되어 그의 손을 벗어날 수 없게 된다. 그것은 무의식 차원에서 이루어진다. 자신의 의지대로 살아가기보다는 아버지의 의지에 끌려 다닐 때 공주의 무의식은 반발한다. 그것은 아버지로 상징되는 남성 자체에 대한 거부감으로 나타난다. 이때 아버지는 딸의 거만한 행동에 대한 강한 실망감을 느낀다. 의식적인 차원에서 보면 아버지는 딸의 비합리적 태도를 비난하고 있다. 그러나 무의식 차원의 담론에서는 딸과 아버지의 대결양상이 드러난다. 모든 남성을 거부함으로써 아버지로부터 독립하려는 딸의 욕구와 딸을 자기 곁에 두려는 아버지의 심리가 교착상태를 이루고 있다. 이야기 속에서 아버지와 딸 사이의 교착상태는 아버지가 딸을 가난한 남자에게 줌으로써 해결의 실마리를 찾는다. 딸을 가난한 사람에게 주는 것은 거만한 딸에 대한 일종의 처벌이며 동시에 아버지와 딸이 각자 자신의 길을 가는 상징적 사건이다.

'스러쉬비어드 왕' 이야기에서 공주가 베를 짜는 행위는 내적 소망과 관련이 있다. 공주는 베를 짜고자 하는 여성적 소망이 있음에도 불구하고 왕궁에서 자랐기 때문에 그 일을 할 수 없다. 이때 아니무스는 여성의 행동을 지배한다. 아니무스가 여성의 행동을 앞서갈 때 그 여성은 여성으로 지녀야 할 실질적 사고력을 잃게 된다. 무의식이 의식을 앞서갈 때 건전한 판단을 할 수 없는 것과 같은 이치이다. 남편에게 지나치게 의존적인 아내는 여성으로서의 전인적인 능력을 잃게 된다. 모든 것을 남편이 지시하는 대로 따라하는 아내는 처음에는 편할지 모르지만 갈수록 힘들어진다. 이야기 속에서 새로운 환경에 직면한 공주가 스스로 여성의 역할을 하기도 전에 남편이 먼저 집안일을 하도록 강요한다. 남편은 공주에게 요리를 만들고, 바구니를 만들고, 실로 옷을 짜게 하지만 그녀는 아무것도 하지 못한다. 이처럼 본래 모습을 상실한 여성은 그로 인해 정신적 피로감과 열등감을 느낀다. 그 결과 현실적인 사고 대신에 백일몽에 사로잡히거나 원래의 자리로 돌아가려는 환상에 빠지게 된다.[8]

가끔 빈약해 보이는 무의식은 결코 그 안에 있는 엄청난 보물을 드러내 보이지 않는다. 가난한 남자나 거지 역할을 하면서 아니무스는 공주로 하여금 자신이 아무것도 가진 것이 없다는 사실을 일깨워 준다. 이야기에서 '열등한' 사람이 공주를 구원하는 경우가 종종 있다.[9] 이것은 '무의식에는 아무것도 없다'는 의식의 태도에 대한 처벌이다. 왕궁에 사는 사람들은 일반 서민들에게 그들이 보지 못하는 진귀한 보물이 있다는 사실을 알지 못한다. 이는 이성적 합리주의에 빠져 있는 사람이 심미적 세계를 볼 수 있는 감성의 기능을 무시하는 것과 같다. 부유한 환경에서 살다가 갑자기 경제적 빈곤을 겪게 되는 것은 다른 세계를 보지 못한 것에 대한 일종의 벌칙이다. 빈곤은 일시적으로 고통이 되지만, 그것이 의식화되면 빈곤은 풍요로운 삶으로 이끄는 원동력이 된다. 가난한 남자에게 시집간 공주는 처음에 집안일을 할 수 없다. 공주의 무능함은 아니무스의 또 다른 면을 자극한다. 매사에 열의가 없으며 타성에 젖어 사는 상태는 수동적인 여성에게서 발견된다. 자신의 일을 능동적으로 처리하지 못한 여성은 몽환상태에서 막연히 잘

될 것을 기대하는 '타성적 아니무스'(animus-inertia)의 함정에 빠지게 된다.[10] 이것은 정신분석학에서 말하는 방어기제인 고착에 해당된다. "고착(fixation)이란 만족을 얻는 방식, 대상과 관계를 맺는 방식 그리고 위험에 반응하는 방식에서 원초적 양식이 계속 유지되는 것, 즉 자아기능이 발달의 초기단계에서 '고착' 되는 것을 말한다."[11]

이야기 속의 공주처럼 자기 확신에 빠져있거나 높은 이상에 사로잡혀 현실을 보지 못하는 여성에게 아니무스는 보상기능을 발휘한다. 아니무스는 공주를 자신의 능력으로 감당할 수 없는 낮은 곳으로 밀쳐낸다. 그녀가 새로운 환경에 적응하지 못한다면 원래의 자리를 회복하지 못할 것이다. 낮은 곳에서 겸손하게 일함으로써 공주는 여성성을 회복하는 계기를 마련한다. 심리적 압력을 가하는 아니무스로 인해 공주는 더욱 깊은 차원의 여성성을 경험한다. 이것이 가능하려면 공주 자신이 아니무스에게 사로잡힌 자아를 발견하고 그 내용을 현실차원으로 의식화해야 한다. 최악의 상황은 여성이 강력한 아니무스를 소유하고도 그 안에 살지 못하는 경우에 발생한다. 그때 그녀는 아니무스에게 끌려 다니면서 원래의 여성성을 잃게 된다. 새로운 환경에 적응하지 못함으로써 현실을 보지 못할 때 부부간의 관계는 지속되지 못하고 이혼하는 경우가 있다.[12]

아니마와 아니무스 사이에 중요한 차이점이 있다. 미분화된 사회에서의 남성은 본능적으로 사냥꾼과 전사 기질이 있기 때문에 다른 대상을 죽이는 데 익숙하다. 아니무스는 바로 이러한 성향을 드러낸다. 반면에 여성은 삶을 다스린다. 아니마는 삶 속에서 남성을 혼란에 빠뜨리는 경향이 있다. 이야기 속에서 아니마의 특성은 대개 남성을 위한 생명원형(archetype of life)으로 나타난다. 아니무스가 부정적인 형태로 드러날 때 생명원형인 아니마와 정반대로 경험된다. 죽음의 땅과 관련된 부정적 아니무스는 여성을 생명으로부터 격리하여 죽음으로 몰고 간다. 어떤 여성이 고문당하는 느낌 속에서 삶을 더 이상 지속할 수 없는 절망감에 빠져있다면, 그녀는 부정적 아니무스의 파괴적 속성에 의해 지배당하고 있는 상태이다. 이처럼 부정적 아니무스는 여성이 삶에 참여하는 것을 방해한다.

공주가 집안일을 잘하지 못하자 남편은 시장에서 도자기를 팔게 한다. 병은 여성의 상징이다.[13] 시장에서 장사하는 공주의 모습은 값싸게 팔려나가는 도자기와 같다. 아니무스에게 사로잡힐수록 여성은 더욱 더 남자로부터 멀어짐을 느낀다. 생각만 해도 마냥 좋은 남성이 있을 때 그 여성은 남성으로부터 소외감을 자주 느끼는 것과 같다. 그 결과 더욱더 남자와 좋은 감정을 갖기 위해 필사적으로 노력한다. 사랑의 감정을 통해 보상을 받으려고 하지만, 그녀는 진짜 사랑을 경험하지 못한다. 남성과 좋은 관계를 갖기 위해서 여성은 자기만의 감정에서 해방될 필요가 있다. 아니무스에 사로잡힌 혼자만의 사랑은 진짜 사랑을 보지 못하고 결국 자신과 주변을 망가뜨린다. 아니무스에 사로잡힌 여성은 어렴풋이 무언가 잘못된 것을 깨닫고 그것을 보상해 줄 돌파구를 찾는다. 이때 자신도 모르게 새로운 국면에 접어든다. 새로운 아니무스의 공격이 이어진다. 폰 프란츠는 이야기 속에서 술에 취한 병사가 바로 새로운 아니무스라고 말한다. 그 병사가 공주의 도자기 병을 깨는 행위는 감정이 격정적으로 분출되는 것을 상징한다. 사납고 통제 불가능한 아니무스는 모든 것을 파괴시킨다. 의식의 정신에너지가 현저히 약화될 때 무의식의 자율적 보상기능은 나타나지 않는다. 오히려 심리적 부담감이 가중될 뿐이다.[14]

공주는 거지 남편과 함께 살면서 낮아지는 체험을 한다. 공주가 왕궁의 부엌에서 일할 때 종이 던져준 음식을 받아 넣는 순간 그녀의 자존심은 여지없이 깨지며 열등감은 최고에 이른다. 그때 그녀는 스러쉬비어드 왕이 실질적으로 자기 남편이라는 사실을 깨닫는다. 이야기 속에서 아니무스는 세 모습으로 나타난다. 스러쉬비어드, 술취한 병사, 그리고 거지 남편 등 각각은 공주의 아니무스 이미지로서 그녀로 하여금 현실을 보게 하는 요인이다. 이들이 처음에는 부정적 아니무스 이미지로 나타나지만 결국 긍정적인 아니무스가 되어 공주를 제자리에 돌려놓는다.[15] 보편적인 속성을 지닌 아니무스는 자아의 반응에 따라 다르게 경험된다. 부정적인 이미지로 나타나는 아니무스로 인해 공주는 겸손해질 수 있는 기회를 얻는다. 공주의 낮아짐은 이른바 대극의 합일을 위한 필수적인 과정이다. 지성은 감성과 조화를 이루어야 하며, 의식은 무의식의 세계와 균형을 이룰 때 개성화의 길은 열린다.

공주가 왕궁의 세계에서 현실세계를 깨닫게 되는 데는 많은 고통이 따른다. 아니무스에게 사로잡힌 상태에서 벗어나기 위해 공주는 많은 경험을 해야 한다. 내면에 긍정적인 아니무스를 잘 보존함으로써 자기 자신을 지키기 위해 노력해야 한다. 무의식의 내용에 사로잡힌 상태를 극복하는 것은 영웅의 위대한 승리와 같다. 이를 위해 우선 아니무스의 의식화 작업이 필요하다. 아니무스의 부정적 요인을 긍정적인 에너지로 바꾸기 위해 여성은 지적이면서 창조적인 로고스 원리를 배워야 한다.[16] 부성콤플렉스나 모성콤플렉스가 자아의 기능보다 강한 영향을 끼친다는 사실이 지각

될 때 그것은 비로소 인격성장의 요소가 된다. 무의식에 잠재된 콤플렉스의 정체가 의식화될 때 그 부정적 요소는 훨씬 감소할 것이다.[17] 건강한 자아는 무의식의 내용에 주목함으로써 정신의 전체성을 이룬다.

4. 임상사례: 매력적인 남성에게 사로잡힌 여성

조앤은 매력적인 여성이었지만 그녀의 삶은 그렇게 순탄하지는 않았다. 화려한 파티에 가고, 해외여행을 다니고, 사치스런 생활을 하면서 자연스레 그녀는 마약을 하게 되었다. 그리고 그녀는 파산했다. 코카인을 하던 시절 조앤은 여러 남자들과 사귀며 관계를 가졌다. 코카인을 하면서 조앤이 원했던 것은 단지 '황홀함' 밖에 없었다. 만나는 사람이 그것을 이해하지 못하면 그녀는 더 이상 만나지 않았다. 그러나 그것은 감정이 소통하는 진실한 것이 아니라 필요에 의해 만나는 피상적인 관계였다. 이제 그녀는 다르게 상대를 만나려 노력했다.[18]

조앤이 좋아했던 남성은 섹스와 마약을 즐기고 이해하는 사람들이었다. 그녀의 공격성과 파괴성을 자극한 것은 그녀의 아니무스라고 볼 수 있다. 그녀의 아니무스는 과거의 아픈 경험이나 상처와 결부되어 섹스와 마약을 즐기는 남성에게 투사되었고 그것은 자아에게 부정적으로 영향을 끼쳤다.[19] 부정적 아니무스에게 사로잡힌 상태에서 빠져 나오기 위해서는 어떤 계기가 필요하다. '스러쉬비어드 왕' 이야기에서처럼 술에 취한 병사가 자신의 병을 깨트리는 사건이 있어야 한다. 술에 취한 병사는 자신이 알지 못하는 전혀 새로운 요소이다. 이전의 세계관에서 새로운 세계관으로

의 이동은 전혀 인식되지 않은 차원에서 우연히 이루어지는 경우
가 많다. 때로는 상담사나 주변 사람에 의해 새로운 환경을 경험
하게 된다.

조앤은 우선 자신의 아니무스와 직면하여 그 정체를 알아야 한
다. 자신이 마약과 섹스 중독에 빠지게 된 배경, 그리고 그것과 관
련된 남성에 대한 경험을 의식화함으로써 해결의 실마리가 풀리
게 된다. 임상사례에는 밝혀지지 않았지만 조앤에게 부정적인 부
성콤플렉스가 있었을 것이다. 그녀가 최초로 경험한 아니무스 이
미지인 아버지로부터 받은 감정들이 성장과정 내내 영향을 끼치
게 된다.[20] 조앤의 부정적 아니무스는 마약과 섹스에 몰입하게 했
고 자아를 파괴하고 있었다. 다행히도 상담사의 도움으로 조앤은
아니무스의 긍정적 모습을 새롭게 찾아가고 있다.

아니무스에 사로잡힌 현상은 모든 사람이나 대상을 비판하는 형
태로 나타난다. 자신이 선호하는 남성상은 항상 옳고 그렇지 않은
것은 틀리다는 잘못된 생각이 여성을 지배한다. 이런 태도를 근절
시키고자 노력하는 여성은 자신의 그림자를 봄으로써 아니무스의
정체를 파악할 수 있다. 아니무스가 그림자의 형태로 다가오는지,
아니면 건전한 모습으로 다가오는지를 판단함으로써 아니무스와
그림자의 관계를 조명하게 된다. 강한 아니무스는 강한 그림자를
동반한다. 여성은 그림자와 아니무스를 동시에 경험함으로써 의식
적 자아를 강화시켜야 한다. 여성은 자신의 여성적 자아와 내면에
있는 남성적 아니무스를 구별하는 법을 배워야 한다. 그렇지 못할
때 끝없는 문제로 시달릴 것이다.[21]

조앤처럼 어떤 남성이 자신이 선호하는 모습일 때 막연히 좋아
하는 경우가 있다. 예를 들면, 축구를 무척 좋아하는 여성은 축구

잘하는 남성에게 호감을 느낄 것이다. 축구를 잘한다는 이유 때문에 그녀는 다른 점을 보지 못한다. 그녀의 아니무스가 축구선수인 남성에게 투사되어 맹목적인 사랑을 추구하게 한다. 그 남성에 관한 모든 것이 아름답게 보이면서 정당화된다. 이처럼 아니무스에게 사로잡히면 '은밀한 팽창'(secret inflation) 상태에 놓이게 된다. 집단무의식에 속한 아니무스는 끝없이 팽창할 수 있는 초인격적인 속성을 가지고 있다.[22] 아니무스가 팽창하게 되면 여성의 자아는 건전한 판단을 하지 못한다. 그녀의 부정적 아니무스는 과연 그 남성이 결혼상대로 적합한 것인지, 경제적인 능력은 있는지, 그리고 자신과 어울리는 사람인지 판단하는 것을 방해한다. 이처럼 부정적 아니무스에 의해 사로잡힌 상태는 정신의 불균형을 초래하여 엉뚱한 결과를 낳기도 한다. 이런 상태에서 벗어나기 위해서는 자신의 아니무스가 어떤 대상에게 투사되는가를 관찰할 수 있는 로고스 기능을 강화해야 할 것이다. 또 하나의 예가 있다.

> 사춘기가 지나면서 다른 사람들의 관심을 끌려는 사라의 노력은 남자 친구들과의 관계에서도 그대로 이어졌다. 외로웠던 사라는 남자 친구들과의 섹스를 통해 자신이 원하는 친밀감을 얻었다. 그리고 사라는 자신이 원하는 것을 얻기 위해서는 오직 그들이 원하는 것을 주어야만 한다고 믿었다.

사라는 성격에 결함이 있어서가 아니라 마음속에 그리던 아버지의 사랑을 찾기 위해 남성들과 섹스를 시도했다. 사라의 부성콤플렉스는 아니무스를 자극했고 그것은 남성들과의 문란한 성관계로 이어졌다. 부정적 아니무스에 사로잡히게 되면 더욱더 자기가 좋

아하는 사람의 관심을 끌기 위해 노력하게 되고 극심한 백일몽과
환상에 시달리게 된다. 사라가 제자리로 돌아올 수 있었던 것은 자
기의 모습을 진실하게 표현하고, 다른 사람과의 조건 없는 관계를
수립하게 됨으로써 가능했다.[23] 내면에 있는 욕망과 콤플렉스의
정체가 인식될 때 우리는 자신의 참모습을 보게 된다. 남녀 간의
건전한 관계는 의식과 무의식이 균형을 이룰 때 가능하다.

▦ 미주

1) 스러쉬비어드(Thrushbeard)는 '개똥지빠귀 새의 턱수염'이라는 뜻이다.
2) Marie-Louise von Franz, *The Interpretation of Fairy Tales*, 168-169.
3) Sibylle Birkhäuser-Oeri, *The Mother: Archetypal Image in Fairy Tales*, 60.
4) Marie-Louise von Franz, *animus and anima in Fairy Tales*, 14.
5) CW 17, par. 338.
6) Marie-Louise von Franz, *The Interpretation of Fairy Tales*, 169-171.
7) Mark. W. Baker, 심리학자 예수, 232.
8) CW 7, par. 319.
9) Marie-Louise von Franz, *animus and anima in Fairy Tales*, 73.
10) Marie-Louise von Franz, *The Interpretation of Fairy Tales*, 172-174.
11) 미국정신분석학회 편, 정신분석용어사전, 42.
12) CW 9i, par. 61.
13) E. Ackroyd, 꿈상징사전, 224.
14) Marie-Louise von Franz, *The Interpretation of Fairy Tales*, 174-175.
15) 참조. Marie-Louise von Franz, *Archetypal Patterns in Fairy Tales*, 63.
16) Marie-Louise von Franz, *The Interpretation of Fairy Tales*, 176-181.
17) 참조. Marie-Louise von Franz, *animus and anima in Fairy Tales*, 21.
18) Mark. W. Baker, 심리학자 예수, 195-197.
19) 이부영, 아니마와 아니무스 (한길사, 2001), 225.
20) CW 17, par. 338.
21) Marie-Louise von Franz, *animus and anima in Fairy Tales*, 36.
22) Marie-Louise von Franz, *animus and anima in Fairy Tales*, 40.
23) Mark. W. Baker, 심리학자 예수, 130-132.

제 9 장

자기: 그리스도 이야기

1. 혼인잔치의 비유

예수님은 다시 비유로 이렇게 말씀하셨다. "하늘나라는 자기 아들을 위해 결혼 잔치를 베푸는 어떤 왕과 같다. 왕은 종들을 시켜 잔치에 초대한 손님들을 불렀으나 그들은 오지 않았다. 왕은 또 다른 종들을 초대한 사람들에게 보내 "살진 소를 잡아 모든 음식을 푸짐하게 준비해 놓았으니 어서 잔치에 오십시오" 하라고 하였다. 그러나 그들은 들은 척도 않고 어떤 사람은 자기 밭으로 가고 어떤 사람은 장사하러 가고, 또 다른 사람들은 그 종들을 잡아 모욕하고 죽여버렸다. 그러자 왕은 화가 나서 군대를 보내 살인자들을 죽이고 마을을 불태워버렸다. 그리고 나서 왕은 종들에게 말하였다. '잔치는 준비되었으나 초대받은 사람들은 자격이 없다. 그러니 너희는 길거리에 나가 만나는 사람마다 잔치에 초대하여라' 그래서 종들이 나가 좋은 사람이건 나쁜 사람이건 만나는 대로 데려오자 잔치 자리가 가득 찼다. 왕이 손님들을 보려고 들어갔다가 예복을 입지 않은 한 사람을 보고, '그대는 어째서 예복도 입지 않고 여기 들어왔는가?' 하고 묻자 그는 아무 대답이 없었다. 그때 왕은 종들에게 '이 사람의 손발을 묶어 바깥 어두운 곳에 던져라. 거기서 통곡하며 이를 갈 것이다' 하였다. 이와 같이 초대받은 사람은 많지만 선택받은 사람은 적다."[1]

2. 심리여행

본 설문에 편안한 마음으로 임하기 바랍니다. 하나 이상의 항목을 선택하거나 개인의 의견을 제시해도 좋습니다.

1. 혼인잔치에 처음 초대받은 사람들은 왜 왕의 요청을 거부했나요?

  ① 자기 일이 바빠서
  ② 왕자의 혼인잔치에 가기가 거북해서
  ③ 왕의 억압적인 태도가 못마땅해서
  ④ 왕과 대면하기 싫어서
  ⑤ 기타(   )

2. 어떤 사람은 왜 잔치에 초대하러 온 왕의 종들을 모욕하고 죽였나요?

  ① 왕에게 평소에 앙심을 품고 있었기 때문에
  ② 잔치에 가기 싫다고 했는데 귀찮게 해서
  ③ 다른 일로 화가 나 있었는데 그들에게 대신 화풀이 하려고
  ④ 그냥 귀찮아서
  ⑤ 기타(   )

3. 왕은 왜 도시를 불사르고 살인자를 죽였나요?

  ① 왕의 명령을 듣지 않고 살인을 했기 때문에
  ② 당초의 계획이 무산되었기 때문에
  ③ 백성들에게 왕의 뜻이 엄하다는 것을 알리기 위해
  ④ 왕의 권위를 과시하기 위해
  ⑤ 기타(   )

4. 왕은 왜 길거리에 있는 사람들을 혼인잔치에 초대했나요?

  ① 마땅한 사람들이 없어서
  ② 악한 사람과 선한 사람을 구별하지 않으려고
  ③ 혼인잔치 자리를 채우기 위해서
  ④ 혼인잔치에 참여하지 못한 많은 사람에게 기회를 주려고
  ⑤ 기타(   )

5. 어떤 사람은 왜 혼인예복을 입지 않았나요?

　　① 예복이 없어서
　　② 예복을 입기가 귀찮아서
　　③ 자기 옷이 더 좋기 때문에
　　④ 왕의 뜻에 따르기 싫어서
　　⑤ 기타(　　　　　　　　　　　　　　　)

6. 왕은 왜 예복을 입지 않은 사람을 쫓아냈나요?

　　① 왕궁의 질서를 지키지 않았기 때문에
　　② 왕의 권위에 도전했기 때문에
　　③ 전체 분위기를 깨뜨렸기 때문에
　　④ 혼인잔치를 엄숙하게 진행하기 위해
　　⑤ 기타(　　　　　　　　　　　　　　　)

7. 혼인잔치에 초대받은 나의 모습을 적극적 상상을 통해 재현해 봅시다.

8. 혼인잔치에 등장하는 왕의 모습을 그려보거나 왕에 대한 느낌을 나누어 봅시다.

9. 내가 다시 쓴 '혼인잔치 이야기'를 소개해 봅시다.

10. 나는 하나님(예수님)을 언제, 어떻게 경험하는가?

11. 꿈이나 환상 속에서 그리스도는 어떤 이미지로 나타나는가?

12. 이야기 속에서 결핍된 요소는 무엇이며 어떤 과정을 통해 보완되고 있는가?

13. 이야기를 집단차원과 개인차원에서 분석해 봅시다.

Tip
- 1~2번은 의식적으로 표출된 행동과 무의식적인 성향의 관계를 규명하기 위함이다.
- 3~4번은 왕의 심층적인 의도를 살피기 위함이다.
- 5번은 동일화(identification)에 대한 두려운 감정이나 회피감정을 살펴보기 위함이다.
- 6번은 왕과 예복의 관계를 살피기 위함이다. 예복은 왕의 혼인잔치에 연합하기 위한 태도다.

3. 자기원형

성서에 소개된 혼인잔치의 비유는 몇 가지 측면에서 현대인을 당황하게 한다. 왕으로부터 초대받은 사람이 잔치에는 참석하지 않은 채 왜 왕의 종들을 붙잡아서 모욕을 주며 죽이는가? 왕이 그에 대한 보복으로 그들을 잔인하게 진멸하고 마을을 불사른 일 또한 이해가 되지 않는다. 왕자의 혼인잔치가 한 도시를 불사를 정도로 중요한 일인가? 아무나 불러 잔치에 참여하게 한 후에 예복을 입지 않은 사람을 어두운 곳으로 내몬 왕은 도대체 어떤 사람인가? 혼인잔치의 비유를 현대인의 시각에서 보면 이해할 수 없는 사건의 연속이다. 예수시대의 사회적 정황에 비추어 보더라도 그런 일은 현실적으로 발생하기 어렵다. 그렇다면 예수의 비유를 어떻게 이해할 것인가? 그러기에 예수는 '귀있는 자는 들으라'고 하지 않았던가. 성서에 의하면 비유야말로 태초부터 감춰진 것을 드러내는 비밀의 열쇠이다.[2] 비유 속에는 원형적 요소가 상징적으로 드러난다. 따라서 천국에 대한 혼인잔치의 비유는 역사적인 시각

이나 종교적인 시각보다는 인간의 정신세계 측면에서 바라볼 때
그 의미가 더욱 드러나게 된다. 예수에게 천국은 적어도 시간과
공간의 개념을 초월하고 있다. 혼인잔치 비유에 나타난 천국은 살
아 있는 동안에 경험하는 '내면의 하나님 나라' 다.[3]

우선 혼인잔치의 비유를 집단적 차원에서 볼 때 지배구조의 변
화에 대한 피지배계층의 반발, 그리고 그에 대한 지배원리의 보복
적 내용을 암시하고 있다. 비유에 왕비는 출현하지 않고 있다. 이
야기는 여성원리의 부재를 보상하려는 방향으로 진행된다.[4] 왕비
가 없는 이전의 왕은 남성과 여성의 균형을 이루는 새로운 왕으로
대체되어야 한다. 이것은 왕자의 혼인잔치로 구체화된다. 혼인을
통해 미래의 왕이 될 왕자는 내적영혼인 아니마와 결합한다. 이제
정신적 요소가 결핍된 낡은 자아는 사라지고 새로운 자아가 새로
운 세계를 지배해야 한다. 이전의 왕은 새로운 세대의 도래를 준
비하고 있다. 하지만 현실세계에 안주하고자 하는 민중들은 왕의
의도를 알아차리지 못한다. 눈앞의 현실에만 매달림으로써 다른
세계를 보지 못할 뿐만 아니라 변화된 세상에 대한 준비를 하지
못한다. 왕은 이들을 용납할 수 없다. 과거의 세계관에 매여 발목
을 붙잡고 있는 그들에게 미래의 희망을 줄 수 없기 때문이다.

혼인잔치의 비유를 개인적 차원에서 검토해 볼 수 있다. 한 개
인의 창작물이 공동체에 의해 수용되기까지는 이야기를 통해 공
감대가 형성되어야 한다. 일단 공동체에 의해 수용된 이야기는 개
인적인 차원에서 벗어나 집단의 창작물이 되어 전수된다. 따라서
이야기 안에는 개인심리를 포함한 집단심리가 내재되어 있다. 혼
인잔치의 비유는 어떤 사람들에게 치유의 효과가 있을까? 새로운
환경의 도래에 적응하지 못해 불안해하고 있는 사람은 혼인잔치

의 비유를 통해 내면의 음성을 들어야 한다. 기존의 지배원리나 도덕적, 종교적 신념을 통해 성공적인 삶을 살아온 사람들은 변화를 수용하지 못한다. 과거의 안락함에 안주하는 사람은 새로운 세계에 대한 두려움이 있다. 자신이 모르는 세계에 대한 두려움은 공격성으로 표출된다. 보수세력은 안전성을 방패로 삼고 미래지향적인 사람들을 위험한 진보주의자로 공격한다. 왕의 종들을 살해한 사람들은 세상의 변화에 저항하는 과거의 사람들이다.

비유에 나타난 왕은 또한 자기의 상징(symbol of the self)이다.[5] 현실에 안주함으로써 자아가 위기에 대처할 능력이 떨어질 때, 무의식은 약화된 의식을 보완함으로써 정신의 균형을 추구한다.[6] 무의식은 꿈, 상징, 환상, 이야기 등을 통해 의식의 세계에 자신을 드러낸다. 왕이 보낸 종들은 무의식의 중심이자 전체정신의 중심인 자기(self)의 전달수단이다. 하지만 현실적 삶에 길들여진 사람들은 무의식의 언어를 쉽게 이해하지 못한다. 그들은 '혼인잔치에 가는 것은 내 뜻에 달려있다'는 강한 확신이 있다. 이들은 현실세계의 안락함에서 떠나기를 원하지 않는다. 어떤 이들은 밭에 가서 농사를 지어야 한다. 어떤 이들은 사업 때문에 바쁘다. 대부분의 사람들은 현재 누리고 있는 명예와 사회적 지위를 버릴 수 없다. 그러나 무의식은 이런 사정을 고려하지 않는다. 현재의 삶이 정신을 황폐화시킬 때 무의식은 스스로 생명력을 발휘한다. 무의식의 중심인 자기(self)는 자아(ego)가 혼인잔치에 참여해서 새롭게 태어나기를 원한다. 그럼에도 불구하고 자아(ego)가 무의식의 전령들을 죽일 때 신경증의 원인이 된다. 예를 들면, 유사한 꿈이 반복되어 나타날 때가 있다. 그 때 무의식의 언어인 꿈에 주목해야 함에도 불구하고 그것을 무시한 채 시간을 보낼 경우 심리적 불안은 가중된다.

　이처럼 합리적 세계관과 집단적 이데올로기는 꿈이나 환상, 또는 이야기 속의 상징적 이미지와의 대화를 가로막는다. 눈에 보이는 세계만이 인간을 지배할 수 있다고 믿는 사람에게 자기(self)는 강한 경고의 메시지를 보낸다. 하지만 의식 차원에 있는 자아는 무의식의 세계를 두려워한다. 이것은 무의식의 관문인 그림자를 대면할 때 마치 죽음의 공포를 경험하는 것과 같다.[7] 역사적 관점에서 볼 때 왕이 잔치에 초대한 사람들은 유대사회에서 명망이 있는 바리새인들이거나 서기관들이었을 것이다. 이들은 의식세계의 주류를 이루면서 세상을 이끌어가고 있다. 개혁의 대상은 바로 이러한 주류 계층이다. 현실세계에 안주하면서 독단적인 사고와 생활습관에 빠진 이들이 혼인잔치에 초대될 첫 번째 대상이다. 예수는 천국이 마치 왕자의 혼인잔치에 사람들을 초대하는 왕과도 같다고 말한다. 자기(self)의 상징인 왕은 의식을 초월하는 하늘나라의 주인이다. 심층심리학적 관점에서 볼 때, 의식차원에서 인식되지 못하는 모든 영역은 일단 무의식의 영역으로 간주될 수 있다. 천국에 대한 종교적인 의미와 심리학적 무의식의 개념은 물론 다르다. 그럼에도 불구하고 무의식의 세계관은 인간이 알 수 없는 영역이라는 점에서 초월적 세계관과 유사점이 많다.[8] 이점에서 볼 때 무의식은 영혼의 세계와도 같다. 혼인잔치의 비유에서 왕으로 나타난 자기원형은 때때로 하나님 이미지 혹은 그리스도 이미지로 나타난다.[9]

　종들이 무참히 살해당하자 왕은 군대를 보내어 처음 초대된 사람들을 진멸하고 마을까지 불사르는 대참사를 일으킨다. 이처럼 무의식은 의식이 통제할 수 없을 정도로 강력하며 본능적인 힘을 지니고 있다. 본능적인 힘은 곧 자연의 힘과 같다. 자연 속에는 죽음의 원리와 생명의 원리가 공존한다. 자연 속에서 생명과 죽음은 순환적으로 반복된다.[10] 대지의 여신은 봄에 씨앗을 뿌려 여름에 키우고 가을에 열매를 거둔 뒤에 겨울에 잠든다. 겨울잠은 죽음의 잠으로서 봄의 생명을 잉태하기 위한 부활의 잠재력이다. 자기원형(self archetype) 또한 죽음과 생명의 양면성이 있다.[11] 왕이 잔치에 나오기를 거부한 사람들을 무참하게 죽이는 현상은 자기의 어두운 면을 보여 준다. 자기(self)의 어두운 면(그림자)은 어디까지나 의식적 차원에서의 부정적인 면이다. 현실적 차원에서 선과 악은 구별되지만, 자기(self) 안에서는 선과 악이 통합되어 인격의 성숙을 유도한다. 왕의 부정적 이미지는 결국 긍정적 이미지로 변하여 개성화의 주역이 된다. 왕이 길거리에 있는 사람들을 끌어다가 강제로 혼인잔치에 참여시키는 모습은 자기의 파괴적 속성에서 비롯된다. 하지만 그 파괴적 속성은 새로운 세계로의 초대를 위해 불가피하게 이루어지는 잠정적인 모습이다. 이런 관점에서 융은 하나님에게도 어두운 면이 있다고 말한다.[12] 이처럼 무의식은 자율적 의지를 가지고 의식세계를 통제하게 되는데, 이런 현상은 의식의 정신에너지가 제기능을 다하지 못할 때 발생한다. 이야기치료 현장에서 자신이 혼인잔치에 처음 초대받은 사람처럼 느껴질 때 그는 자기(self)에 의해 죽는 체험을 하게 될 것이다. 어떤 사람들은 평범한 길거리의 사람이 되어 이웃과 함께 혼인잔치에 참여하는 자신의 모습을 발견할 것이다. 적극적 상상을 통해 혼인잔치에 대한 자신의 모습을 그려볼 필요가 있다.

비유 속에서 왕은 잔치에 초대된 사람 가운데 예복을 입지 않은 사람을 발견하고 그를 결박해서 어둠 속으로 던지라고 명령한다.

그 사람은 왜 예복을 입지 않았을까? 그 잔치는 어떤 잔치일까? 잔치에 참여하는 사람은 모두 예복을 입어야 할까? 예복이 없는 거리의 사람들은 어떻게 잔치에 초대될 수 있을까? 아니면 잔치 집에서 미리 예복을 준비해 두었을까? 우리는 그 잔치에 대해 현실적으로 전혀 아는 바가 없다. 다만 분명한 것은 왕이 베푸는 잔치에는 반드시 예복을 입어야 한다는 사실이다. 이야기 속에서 옷은 사회적 인격인 페르소나를 의미할 때가 많다.[13] 무의식의 세계에 초대된 자아는 본래의 모습을 유지해야 한다. 의식과 무의식의 균형있는 조화만이 정신의 안정을 이룬다. 무의식의 강한 힘(drive)에 휘말려 의식의 기능을 상실한다면 그는 또 다른 위험상태에 빠지게 될 것이다.[14] 이런 관점에서 예복은 의식의 모든 영역이 될 수 있다.

혼인잔치에 입을 예복은 또한 '통일성'과 '권위' 혹은 '정당한 지위'를 상징한다. 잔치에 온 사람들이 입어야 할 예복은 무엇일까? 그것은 그 잔치를 진심으로 축하하고 잔치를 베푸는 임금과 그 아들과 한 마음이 되어야 하는 일치감이 아닐까? 다른 사람과 일치된 감정을 갖기 위해서는 우선 나(ego)를 앞세우면 안 된다. 나 대신에 '너와 나'라는 공동체 의식이 있어야 한다. 공동체 의식은 사랑의 마음이다. 공동체 의식은 흔히 단체복에서 드러난다. 이웃을 네 몸과 같이 사랑하라는 그리스도의 명령을 마음에 품지 않고는 혼인잔치에 임할 수 없다. 상담현장에서 '공감의 옷'이 바로 혼인잔치의 예복이 아닐까? 상담자와 내담자의 치료관계는 무의식 차원의 공감을 통해 이루어진다.[15]

혼인잔치의 비유는 예수의 인간관을 의미한다. 인간의 정신세계는 우리가 인식하고 있는 의식의 세계와, 전혀 인식하지 못하는 무의식의 세계로 구성되어 있다. 의식과 무의식은 정신세계의 두 축을 이루면서 인간의 삶을 지배하고 있다. 우리는 눈에 보이는 현실세계에 집착한 나머지 내면의 자기(self)를 경험하지 못할 때 육체적 정신적으로 고통을 당한다. 무의식은 우리가 평소에 주목하지 못했던 것들을 통해 의식을 바른 방향으로 인도한다. 때로는 무의식이 본능적인 파괴적 힘을 이용해 의식의 세계를 변화시킨다. 그리스도 또한 우리가 보이는 세계에만 집착할 때 내면의 깊숙한 곳에서 의식을 깨운다. 현실세계와 영적인 세계가 서로 만나 적절한 조화를 이룰 때 우리의 정신세계는 온전한 평화를 경험하게 된다.

메시야잔치의 원형을 담고 있는 혼인잔치의 비유는 현실세계에 안주하고자 하는 자아(ego)와 정신세계의 온전한 상태를 유지하려는 자기(self)가 통합하여 개성화에 이르는 과정을 보여 준다.[16] 의식과 무의식의 서로 상반되는 대극이 합일에 이를 때 신비한 영적 성장이 일어난다. 혼인잔치의 비유를 통해 예수는 천국의 비밀이 우리 안에 있으며 그것은 자아가 십자가를 지고 그리스도에게로 가는 고통과 환희의 여정임을 보여 준다.

4. 임상사례: 40대 남성의 파멸

A씨는 40대 중년 남성으로서 소위 '잘나가는' 사람이었다. 그는 일류대학을 졸업하고 대기업의 중견간부로 일하였다. 하지만 지금은 거의 폐인이 되어 가족들로부터 외면당한 채 혼자 살고 있다. A씨는 거의 완벽한 성격의 소유자로서 자부심이 강하고 일에 대한 집념이 대단해서 남보다 일찍 인정받아 출세가도를 달렸다. 문제는 40대에

들어서면서부터 생기기 시작했다. 정신없이 일하다보니 자신을 돌아볼 여유가 없었다. 회사일로 손님을 접대하다보면 술에 만취되기 일쑤고 집에 들어오지 않은 날도 많았다. 30대까지는 그런대로 견딜 만했다. 남들보다 우수하고 정확한 판단력과 왕성한 정력을 과시하면서 젊은 후배들의 추적을 따돌릴 수 있었다. 하지만 40대에 들어서면서 몸이 피곤해지고 예전과 달리 정력적인 활동을 할 수 없었다. 직장에서는 유능한 후배들이 자신이 해 온 일들을 빼앗아 갔다. 자신이 점점 무능해져간다고 느낀 A씨는 다른 여성을 만나기 시작했고 건강은 갈수록 악화되었다. 이 사실을 알고 있는 절친한 친구가 이성관계를 청산하고 가정에 충실하라고 조언을 했지만 무시해 버렸다. 나중에는 집요하게 충고하는 그 친구와 아예 절교해 버렸다. 남편의 외도와 부부간의 갈등이 가정파탄으로 이어진다는 TV 프로그램을 보면서도 자신에게는 그런 문제가 전혀 없다고 생각했다. A씨는 아내가 학벌이 나쁘며 세련미가 없다는 이유로 평소에 무시해 왔으며, 일한다는 핑계로 자식들을 돌보지도 않았다. 그에게는 돈이면 모든 것이 해결된다는 생각이 지배적이었다. 아내와 자녀들 역시 자신이 벌어들인 돈에 의존하고 있는 떨거지라고 생각하면서 살았다. 자연히 아내와 성적인 접촉도 줄어들었으며 자녀들과의 대화도 막힌 상태였다. 그런 와중에 아내는 남편의 외도를 알게 되었고, 설상가상으로 회사에서 명예퇴직을 하게 되었다. 술로 인해 간경화를 앓게 되고 병원에 입원하면서 그동안 모아 두었던 재산을 거의 탕진해 버렸다. 직장에서 퇴직한 후에도 A씨는 가족들을 무시했으며 자신을 알아 주지 않는다고 불만을 터트렸다. A씨가 아내와 자녀들을 폭행하기까지 이르자 지금은 가족과 별거 중이며 아직도 가족들에게 서운한 감정을 가지고 있다.

위의 사례는 한국에서 흔히 볼 수 있는 40대 가장이 겪는 현실을 가정하여 소개한 것이다. 한국은 경제발전과 IMF 위기를 거치면서 40대 남성이 '가장 위험한 시기의 남자'로 평가되기도 한다. 직장에서는 명예퇴직 압력을 가장 강하게 받고 있고, 가정과 사회에서도 혹독한 책임을 져야 하는 나이가 바로 40대이다. 40대 가장의 파멸은 왜 일어나는가? 출세를 위해, 혹은 가족을 부양하기 위해 열심히 일하다가 갑자기 밀어 닥치는 불행 앞에서 아무런 대책 없이 허물어지는 경우가 허다하다. A씨의 문제는 그동안 자신을 돌아볼 시간과 마음의 여유가 없었다는 것이다. 사실 시간에 쫓기다보면 자신을 돌이켜 볼 여유가 없다. 경제적인 어려움이 가중될 때는 더욱 그러하다. 그렇다면 바쁘게 살아가는 현대인이 어떻게 자신의 내면을 돌아볼 수 있는가? 우리가 마음의 평화를 얻을 수만 있다면 그것이 이미 천국을 소유한 것이 아닐까? "하나님의 나라는 볼 수 있게 임하는 것이 아니요, 또 여기 있다 저기 있다고도 못하리니 하나님의 나라는 너희 안에 있다"[17]는 예수의 말씀은 우리의 마음이 곧 천국을 이루는 바탕임을 암시한다.

마음이 이미 천국에 있다면 A씨의 경우에 문제될 것이 없다. 하지만 그의 생각은 온통 세상에서의 출세와 경제적인 부를 누리는 것에 혈안이 되어 있었다. 그것이 그로 하여금 사랑하는 아내와 자녀들까지 귀하게 여기지 않게 하였다. 세상의 주인이 되어야 할 인간이 세상의 노예로 전락해 버릴 때 천국은 우리에게 동경의 세계로 남을 수밖에 없다. A씨가 예수님을 찾아와 자신의 문제를 호소한다면 예수께서는 어떤 말씀을 할까? 예수는 혼인잔치 비유를 통해 진정한 천국의 의미를 가르쳐 주었을 것이다. 진정한 진리의 세계는 우리의 정신세계가 통전성(integration)을 이룰 때 경험된다.

혼인잔치의 비유는 A씨의 경우처럼 현실세계에 사로잡혀 내면의 소리를 듣지 못한 경우를 상징적으로 보여 준다. 절친한 친구의 계속된 충고를 거부하고 그와 절교한 사실은 친구를 통해 자신을 돌아볼 기회를 상실했음을 의미한다. 친구의 충고를 무시하고 자신의 고집을 굽히지 않은 A씨는 결국 직장을 떠나게 되었으며 건강을 해치게 된다. 이처럼 다른 대상을 통해 전달된 무의식의 전언을 무시할 때 정신세계는 황폐해진다. A씨는 내면에 있는 자기(self)의 목소리를 듣지 못하고 결국 파멸의 길을 간 것이다.

> 자기(self)는 우리에게 온전해지라고 요구한다. 만일 우리가 온전해 지라는 이러한 요구에 맞지 않은 삶의 자세나 방향을 고집한다면, 우리는 정신 장애나 육체적 질병 속에서 자기의 어두운 면을 경험하게 될 것이다. 우리가 잘못된 삶의 방향으로 가다가 우리의 앞길을 가로막는 힘을 보지 못한다면 우리는 결국 파멸에 직면할 것이다. 불의의 사고, 질병, 정신이상, 강박적인 망상, 이 모든 것은 자아의식과 온전해지라는 자기의 요구 사이에서 일어나는 대립의 조짐일 수 있다. 우리는 자기(self)가 우리의 앞길을 가로막는 사탄이 되었다고 말할 수 있을 것이다. 우리가 잘못된 삶의 방향을 고집할 때, 자기(self)는 우리를 파멸시킬 수 있는 대적자의 자세를 취한다.[18]

A씨는 자신이 가지고 있는 모든 것을 잃어버린 후에야 그동안 무관심했던 아내와 자녀들의 귀중함을 깨닫는 기회를 얻었다. 가족의 중요성을 잊고 살아왔던 A씨에게 가족과의 만남은 새로운 출발을 의미했다. 이제 가족의 일원이 된 A씨도 혼인잔치에 초대받게 된다. 하지만 A씨는 여전히 이전의 세계를 버리지 못했다.

과거에 누렸던 영광과 부요함의 환상을 깨지 못하고 여전히 열등
의식에 사로잡혀 가족들을 학대했다. A씨가 돌아올 수 있는 가정
은 사실 천국이었다. 그곳은 상처받은 가족들이 치유되는 사랑의
공동체이다. A씨는 명예와 사회적 지위를 상실하고 가정에 돌아
올 수 있는 기회를 얻었지만 결국 혼인잔치에서 밀려나고 말았다.
A씨는 모든 것을 박탈당하고 가족에게 돌아옴으로써 잔치에 초대
받았다. 하지만 그는 여전히 과거의 습관에 얽매어 있음으로 해서
혼인잔치에 참여할 수 없었다. A씨는 결국 남성과 여성, 로고스와
에로스, 의식과 무의식의 대극이 연합하는 장소에서 밀려난 것이
다. A씨는 결국 혼인잔치의 예복인 '사랑의 예복'을 입지 않았던
것이다. 사랑의 예복은 다른 사람을 용납하면서 자신을 바라보게
하는 개성화의 원동력이다. 성서에 소개된 혼인잔치의 비유는 A
씨처럼 눈에 보이는 세계관을 절대화함으로써 내면을 보지 못하
는 사람들에게 좋은 이야기치료 소재가 된다.

5. 성서에 나타난 하나님(그리스도) 이미지의 대극

　성서에 나타난 하나님은 대체로 선한 이미지로 나타난다. 하지
만 신약성서에 비해 구약성서는 인간이 보기에 하나님의 선한 면
과 악한 면을 동시에 보여 주는 경우가 많다. 대체로 인간이 두려
워하는 하나님은 신의 어두운 면으로 경험된다. 구약성서에서 선
한 하나님 이미지는 아벨을 죽인 가인을 보호하는 하나님에서 발
견된다. "여호와께서 그에게 이르시되 그렇지 않다. 가인을 죽이
는 자는 벌을 칠 배나 받으리라 하시고 가인에게 표를 주사 만나
는 누구에게든지 죽임을 면케 하시니라."[19] 악인을 심판하는 대신

구원을 베푸는 하나님의 모습은 선악에 대한 상벌교리에 익숙한 사람에게는 분명히 이상한 일이다. 이처럼 하나님에게는 선과 악, 보상과 심판이 구별되어 있지 않으면서 스스로의 자율성에 의해 그때그때마다 적절한 모습으로 드러난다. 이러한 하나님의 모습은 무의식의 자율성과 일치되는 속성이며 전체 정신을 통합하는 자기(self) 이미지를 대변한다.[20]

구약성서에는 또한 우리가 이해하기 어려운 하나님의 어두운 이미지들이 발견된다. 이스라엘을 비롯한 고대인들은 신의 얼굴을 보면 죽는다고 믿은 흔적이 모세이야기와 이사야의 소명설화에서 발견된다.[21] 다윗이 하나님의 법궤를 예루살렘에 옮기는 도중에 불행한 일이 발생한다. 갑자기 수레를 끄는 소가 뛰어 법궤가 땅에 떨어지려고 하자 웃사가 손으로 하나님의 궤를 붙든 순간 그 자리에서 즉사한 것이다. 성서는 웃사의 행동이 잘못된 것임을 지적하고 있다.[22] 고대 이스라엘 사람들은 그 사건을 이해할 수 있을지 모르지만 현대인에게는 무척 당황스런 일이다. 하나님의 궤가 땅에 떨어지지 않게 붙잡은 것이 생명을 앗아갈 만큼 큰 죄인가? 이것은 하나님의 신성함(numinose)이 갖는 이중성에서 비롯된다. 신성함 속에는 생명과 죽음이 동시에 존재한다. 가까이 가고 싶으나 근접할 수 없는 신의 속성은 거룩함의 본질이다. 인간은 신으로부터 생명력을 얻는다. 동시에 신과 대면하는 것은 죽음을 담보로 해야 한다. 이것은 거룩하게 구별된 모든 성물(聖物)에서도 나타나는 현상이다. 신과 관련된 물건을 함부로 대했을 때 재앙이 임한다는 고대인의 사고가 이를 대변한다. 거룩함 속에 나타난 죽음의 공포는 인간에게 신의 악한 모습으로 경험된다.

이스라엘의 초대 왕인 사울은 현대 심리학적 관점에서 볼 때 신경중에 시달리고 있었다. 이를 치료하기 위해 사울은 다윗을 불러 음악을 연주하게 한다. 성서는 사울이 "하나님이 부리는 악신에 의해 번뇌하고 있다"고 적고 있다.[23] 악신은 현대 기독교인에게 사탄이라는 이름으로 경험된다. 사탄이 하나님의 어두운 면을 대변한다면 그리스도는 그의 밝은 면을 드러낸다. 천상으로부터 하강한 그리스도와 사탄은 선과 악이라는 두 가지 모습으로 인간에게 경험된다.[24] 하지만 서로 상반되는 두 대극은 하나님 안에서 통합되어 인간에게 선악을 통합하는 능력을 부여한다. 선과 악이 신비하게 연합하여 조화를 이룰 때 개성화는 이루어진다. 이것은 마치 악으로 경험되는 그림자가 의식화될 때 개성화를 촉진하는 수단이 되는 것과 같다. 그 때 그림자는 이미 악이 아니라 선의 매체가 되는 원리와도 같다.

하나님 안에서 선악의 통합은 창조과정에서 드러난다. 하나님은 빛과 어둠을 함께 창조하여 낮과 밤을 주관하게 한다. "하나님이 두 큰 광명을 만드사 큰 광명으로 낮을 주관하게 하시고 작은 광명으로 밤을 주관하게 하셨다."[25] 태초에 만들어진 두 광명은 하나님 안에서 통합되어 낮과 밤을 주관한다. 낮의 광명과 밤의 광명은 하나님에게 모두 선하다. 하지만 인간에게는 낮의 광명이 선하게, 밤의 광명은 악하게 경험될 때가 많다. 예언자 이사야의 말씀은 대극을 통합하는 하나님의 속성을 분명하게 보여 준다. "나는 빛도 짓고 어두움도 창조하며 나는 평안도 짓고 환난도 창조하나니 나는 여호와라 이 모든 일을 행하는 자니라 하였노라."[26] 빛과 어둠을 동시에 창조한 하나님은 인간이 규정한 선악의 개념을 초월한다. 인간이 경험하는 평화는 하나님에게 환난이 될 수 있고, 인간의 악이 하나님이게 선하게 보이는 것은 언제든지 가능하다.

이것은 인간의 의식이 무의식의 원리를 모두 이해할 수 없다는 말이다. 이런 관점에서 융은 하나님을 현실 그 자체(God is Reality itself)라고 말한다.[27] 인간의 삶에는 선과 악이 혼재되어 있으며 상황에 따라 다르게 경험된다. 똑같이 내리는 비가 어떤 사람에게는 복된 소식이 되며, 어떤 사람에게는 재앙이 되는 것도 같은 원리이다.

신약성서에 나타난 예수의 이미지에서도 자기(self)의 이중성이 드러난다. "수고하고 무거운 짐 진 자들아 다 내게로 오라 내가 너희를 쉬게 하리라"[28]는 예수의 말씀에서 우리는 무조건적인 그의 사랑과 구원의지를 엿볼 수 있다. 하지만 "내가 세상에 화평을 주러 온 줄로 생각지 말라 화평이 아니요 검을 주러 왔노라"[29]는 그의 말씀은 우리를 혼란스럽게 한다. 전쟁과 갈등을 상징하는 칼은 예수의 선한 이미지와 거리가 멀다. 그것은 오히려 예수의 어두운 면을 드러내고 있다. 이 성서구절은 그리스도 안에서 선과 악이 통합되어 있다는 것을 암시한다. 그리스도의 선한 면과 악한 면이 신비한 조화를 이루어 인간-그리스도-하나님이 하나로 연합하는 계기를 이룬다. "그 날에는 내가 아버지 안에 너희가 내 안에 내가 너희 안에 있는 것을 너희가 알리라"[30]는 인간과 하나님이 예수 안에서 화해함으로써 인간이 하나님의 형상을 회복한다는 뜻이다. 그리스도에 의해 죄인이 의롭게 되는 것은 "화해시키는 상징"으로서의 예수가 자기 이미지로 경험되는 것을 보여 준다.[31] 이것은 자아(ego)로 대변되는 인간이 영혼의 세계인 무의식의 자기(self)와 극적으로 연합한 사건이다. 혼인잔치의 비유에 나타난 바와 같이 그리스도의 이중성은 선과 악의 분리가 아니라 인간을 개성화로 이끄는 대극의 통합이다. 자아와 건전한 관계를 원하는 자기의 음성을 듣지 못할 때 자아는 파멸의 길을 갈 수밖에 없다. 이런 대극 현상이 어떤 이에게는 선과 정의와 사랑으로, 어떤 이에게는 하나님의 무서운 심판(악)으로 경험될 것이다.

6. 욥기에 나타난 하나님 이미지

융은 자신의 저작인 『욥에게의 대답(*Answer to Job*)』을 통해 하나님 이미지의 대극성을 설명하고자 했다. 욥기는 그동안 '의인의 고난' 이라는 신앙적 관점에서 검토되었다. 이스라엘 공동체의 집단의식이 투사된 욥은 하나님께 신실한 의인이었음에도 불구하고 고난을 당한다. 욥의 고난은 사탄의 시기로 인해 시작되고 하나님은 사탄의 시기를 제지하지 못하는 어두운 면을 보여 준다. 이스라엘 역시 '아무런 죄도 없이 그동안 엄청난 고통을 받았는데 하나님은 왜 가만히 있느냐?' 는 항변이 욥기에 깔려 있다. '이스라엘은 하나님에게 신실하려고 최선을 다한 반면, 하나님은 사탄으로 대변되는 강대국의 횡포를 막아주지 못했다' 는 항의가 욥기에 나타난 집단의식을 암시한다.

이제 욥기를 주인공 중심으로 개인적 차원에서 검토해 보자. 욥기의 신학적 주제는 '의인이 왜 고난을 당하는가?' 에 그 초점이 모아졌다. 하나님은 의인이 왜 고난당하도록 내버려두는가? 그러한 하나님을 신뢰할 수 있으며 이 땅에 정의가 존재할 수 있는가? 이러한 의문은 예전부터 끊임없이 이어져 왔다. 다양한 의견이 제시되고 있지만 많은 사람들은 '고난을 통해 의인은 성숙하며 하나님을 볼 수 있는 눈이 생긴다' 는 해답을 제시한다. 하지만 욥기에 대한 심리학적 주제는 신학적 주제와 그 맥락을 달리한다.

분석심리학적 정신구조에서 보면 욥의 이야기는 욥에게 투사된 저자 혹은 이스라엘의 심리구조를 드러낸다. 욥기는 마치 꿈이나 환상과도 같다. 다른 고대의 이야기처럼 욥기 또한 의식과 무의식의 교량역할을 한다. 무의식의 내용이 저자의 적극적인 상상을 통해 의식상태에서 표현되고 있다. 이렇게 볼 때 욥기에 등장하는 인물들은 욥 자신의 인격(정신)의 일부 혹은 욥이 관계를 맺고 있는 대상과의 심리적 관계를 암시한다. 세상 사람들이 욥을 가리켜 의인이라고 부른다. 그들은 욥과 같은 의인이 왜 고난을 받느냐고 묻는다. 그런데 욥의 물음은 무엇일까? 욥 자신도 그들처럼 처음에는 "나와 같은 의인이 왜 고난을 받느냐?"고 물었다. 하지만 시간이 지나갈수록 욥의 물음은 달라진다. '세상 사람들은 나를 의인이라고 하는데 과연 내가 의인인가? 이것이 욥의 물음이다. 달리 말하면 '내가 의인이 될 수 있는가? 의인이 되려면 나는 어떻게 해야 하는가? 누가 의인인가?' 따위의 물음이 제기된다. 이렇게 볼 때 욥기의 주제는 의인의 고난이 아니라 '의인의 고뇌'일 것이다. 자신에 대한 회의는 자녀들에 대한 염려에서 드러난다. "욥이 말하기를 혹시 내 아들들이 죄를 범하여 마음으로 하나님을 욕되게 하였을까 함이라."[32] 자신의 그림자를 아들들에게 투사함으로써 마치 아들들을 위해 욥은 번제를 바치고 있다. 그러나 그것은 욥 자신을 위한 제사가 아닐까? 욥은 하나님 앞에서 온전한 제사를 드릴 수 없음을 이미 무의식적으로 감지하고 있는지 모른다. 그것은 욥의 그림자가 되어 번뇌의 소용돌이로 몰아간다.

욥의 고뇌와 회의는 하나님의 대극적인 모습을 동시에 경험하게 한다. 야웨 하나님은 욥에게 선한 하나님 이미지로 나타난다. 반면에 회의하는 자신을 심판하는 하나님의 어두운 모습은 사탄의 이미지로 의인화된다. "욥이 까닭 없이 하나님을 경외하겠느냐?"[33]는 사탄의 말은 욥의 무의식에 잠재된 그림자의 음성이다. 자기(self) 의 부정적인 면이 그림자를 자극하여 무의식의 억압을 가중시키 고 있다. 세상 사람들이 바라는 대로 진짜 의인이 되어야 한다는 욥의 심리적 부담은 억압이 된다. 그것은 '착한 아이 콤플렉스'와 도 같다. 착한 아이가 되어야 한다는 강박관념은 아이를 더욱 불 안하게 하고 예기치 않은 돌발행동을 유발한다. 소위 '의인 콤플 렉스' 또한 심리적 부담을 초래하고 그것은 급기야 의식의 약화를 부른다. 욥의 아내는 부정적 아니마로서 무의식의 억압을 가중시 키는 요인이 된다. 이런 상황은 어떤 형태로든 해결되어야 한다. 이때 발생한 꿈이나 환상은 '의인 콤플렉스'에 사로잡힌 신경증 환자에게 치유의 방향을 제시하기도 한다. 그것은 자기의 두 측면 을 모두 경험하는 일이다. 하나님 이미지로 드러나는 자기(self)는 다른 원형들과 마찬가지로 긍정적인 면과 부정적인 면 모두를 지 니고 있다. 욥은 "복과 화를 동시에 주시는 하나님"[34]을 고백함으 로써 하나님의 이중성을 이미 알고 있는 것처럼 보인다. 그럼에도 불구하고 욥의 회의는 계속된다.

융은 하나님의 안의 신비한 대극성을 다음과 같이 설명한다.

그(욥)는 하나님은 그 자체로 기묘한(odd) 분이라는 것을 분명히 알 고 있다. 총체적으로 신비한 상태에 있는 하나님에게서 욥은 도움이 (help)와 동시에 그에게 항거할 수 있는 변호인(advocate)을 찾고 있 다. 욥은 야웨에게서 악(evil)을 경험하며 그와 마찬가지로 동시에 선 (good)을 확인한다.… 그(야웨)는 한 존재 안에서 박해자이면서 동시 에 도와주는 분이다. 두 이미지는 대등한 모습으로 나타난다. 야웨는 분리되지 않으면서도 이율배반적(antinomy)이다. 그것은 곧 내적 대극의 총체이기도 하다. 이것이야말로 그의 엄청난 역동의 필수적인 조건이다.⋯ 신의 노여움에도 불구하고 야웨는 또한 인간이 불평을 토로할 때 그 자신에 대항하여 인간의 변호인이 된다.[35)]

7. 임상사례: 자기(self) 경험

1) 누미노제(신성함) 체험: 꿈에 나타난 만다라(자기) 이미지

다음은 필자가 심리적 부담감을 느끼고 있을 때 꾼 꿈이다.

> 내가 어디를 가고 있는데 어떤 남자가 내 차를 차고에 넣어 둔다. 비가 오자 나는 차에서 우산을 꺼내야 한다며 차고로 간다. 차고로 가는 길에는 수많은 사람들이 서로 얽혀서 우왕좌왕하고 있어 가지 못하고 있다. 나는 교통경찰에게 푸념이 섞인 항의를 한다. 도대체 무슨 일이 있기에 길이 이렇게 복잡하도록 방치하면서 교통정리를 하지 않고 있냐는 것이다. 나는 정부기관에서 행사를 할 때 서로 도로를 나누어서 사용해야 하는데 부처 이기주의 때문에 그렇게 하지 못하자 길이 복잡하게 되었다고 생각한다. 그 교통경찰 역시 정부기관끼리 서로 속이고 도로사용 내역을 제대로 알려주지 않고 줄도 잘 지키지 않아서 길이 혼잡하게 되었다고 말한다.
>
> 나는 사람들에게 밀려서 어디를 가는데 사방이 산으로 둘러싸인 넓은 공터에 다다른다. 안개가 자욱하지만 자세히 보니 그야말로 황홀할 정도로 아름다운 석양의 경치가 보인다. 어스름한 저녁노을이 물든 산에는 광채가 빛나는데 그 빛은 그렇게 밝지도 않고 화려하지도 않은 경이로움 그 자체이다. 사방이 산으로 둘러싸인 넓은 공간으로

밀려드는 장엄한 빛은 나를 환희의 세계로 인도한다. 그때 누군가가
이 땅이 교회 땅이라고 한다. 나는 "나도 교회에 다니는데 이런 땅은
없는데"라고 혼자 생각한다.

그 곳을 떠나 길을 따라가니 어떤 마을이 나타난다. 그 마을은 방금
철거를 당한 마을이라 건물이 부서져 있고 어수선하다. 철거한 마을
위로 올라가자 버스길이 나온다. 버스 안내판은 어느 대학 입구라고
되어있는 것 같다. 나는 버스를 타고 어디로 가려고 하다가 잠이 깬다.

(1) 연상

내 차: 어제 비가 올지 몰라 차 안에 있는 우산을 생각함
비: 우울함
우산: 비(우울함)을 피하는 수단
길거리 사람들: 내 주변사람들
교통순경: 노현자 이미지(길정리)
사방의 산: 숫자 4(온전수)
산으로 둘러싸인 평평한 곳: 만다라 이미지-교회부지-신성한
　곳-낙원
교회: 내가 좋아하는 교회
철거마을: 죽음과 부활을 상징
버스길: 미래의 여정
대학교 입구: 대학로

(2) 상황

나는 하루 전 아내와 함께 "이번 주일에는 교회를 가자"고 말한
적이 있다. 교회는 요즘 성전건축 문제로 대지구입을 서두르고 있

다. 꿈을 꾼 당일 대학로 근처에 있는 학회 모임에 참석할 예정이었다. 최근에 나는 마치 주변사람들에 의해 떠밀려가는 느낌이었다. 무언가 모를 힘에 이끌려 시작한 분석심리학이 나도 모르게 통제가 불가능할 정도로 빠르게 나를 인도하고 있었다. 분석심리학의 이론적 체계에 매료된 나는 임상을 경험하면서 점점 혼란한 상태로 빠져들고 있었다. 분석심리학은 이미 나와 한몸이 되어 있었기 때문에 결별할 수도 없는 처지이면서 동시에 큰 부담으로 다가 왔다. 특별히 상담과 관련된 대인관계에서의 어려움은 그 고통을 가중시켰다. 내 자신과의 처절한 싸움과 인간에 대한 절실한 이해는 나로 하여금 이전의 나와 결별하고 새로운 자아상을 요구하고 있었다.

(3) 분석

내가 어디를 가고 있다. 그 목적지는 모른다. 하지만 꼭 가야하는 곳이다. 어떤 사람이 내 차를 차고에 넣어 둔다. 그는 나(ego)의 또 다른 모습이다. 비가 오자 나는 내 차에 있는 우산을 찾으러 가지만 결국 차고도 우산도 찾지 못하고 꿈을 깬 것이다. 내 차는 나를 움직이는 과거의 자아상이다. 그 안에 나의 우울증을 해소해 줄 수 있는 우산이 있다. 하지만 나의 문제는 과거의 자아에 의해 해결되는 것이 아니라 앞으로 전개될 미래의 세계로 향하는 버스를 탈 때 해결될 수 있다. 우산을 찾으러 가는 길은 복잡하다. 교통순경은 내 영혼의 안내자인데 그마저 신통치 않다. 의식과 무의식의 균형은 깨지고 혼돈의 상태이다. 친절함과 냉소적인 반응의 교통순경 이미지는 노현자의 이중적 이미지를 상기시킨다. 길을 안내해 줄 수 있는 교통순경은 나와 함께 넋두리를 늘

어놓는다. 결국 나 스스로 내 일을 해결하라는 것 아닌가? 그러나 그 혼돈의 상태는 갑자기 환희의 세계로 인도된다. 사방이 산으로 둘러싸인 곳은 거룩한 곳이며 그곳에서 나는 신성함을 경험한 것이다. 그곳은 또한 내가 사랑하는 교회가 들어설 곳이다. 하나님이 계신 곳, 그곳은 곧 분석심리학이 말하는 자기(self)의 자리이다. 마치 에덴의 동산과도 같다. 그곳은 석양에 노을이 지고 안개가 자욱했지만 하나님이 계신 곳이기에 경외감 그 자체이다. 혼돈의 세계를 지나 자기(self)의 세계로 들어선 나는 환희의 감정을 경험한 것이다. 그리고 나서 철거가 진행 중인 마을로 들어선다. 철거한 마을은 죽음과 부활을 의미한다. 파괴된 후에 건설될 새로운 세계가 나를 기다리고 있다. 철거된 마을을 보고도 마음이 편한 것이 바로 그 증거이다. 그 길을 따라 나는 어디론가 가야 한다. 버스를 기다리는 나는 무의식이 안내하는 대로 갈 것이다. 그것은 아마 자기가 인도하는 개성화의 길일 것이다. 현재 진행 중인 자신과의 싸움은 곧 평정되고 마음의 평화를 얻게 될 것이다. 그것은 개성화의 길임을 보여 주는 자기경험의 꿈이다.

2) 하나님 이미지의 통합된 이중성(노현자 이미지)

다음의 꿈은 이혼을 고려 중인 한 중년 여성이 꾼 것이다.

사람들이 어디를 가고 있는데 구멍이 난 지구에서 연기가 난다. 상체는 남자 머리를 하고 하체는 말같은 괴물이 물(구멍) 속에서 살면서 손에 닿은 사람을 바다 속으로 끌어당긴다. 괴물의 손에 닿은 사람은 끝없는 구멍 속으로 빨려 들어간다. 나는 빨려 들어가지 않으려고 소리를 지른다. 그 때 할아버지가 나타나 나를 번쩍 들어 올려서 어떤 기

차 안에 둔다. 기차는 정차하지 않고 빙빙 돌기만 한다. 나는 내리고
싶다. 할아버지는 나를 내려 준다. 내리고 나니까 빛과 열매가 보이고
음악이 들린다. 그것은 예전에 보았던 빛과 음악이다. 음악이 너무 좋
은데 사람이 없다. 나는 사람이 사는 곳에서 살고 싶다. 나는 어린 아
이들을 위한 유치원을 운영해야겠다고 생각하고 신발장을 만든다. 하
지만 마음대로 신발장이 만들어지지 않는다. 그 때 할아버지는 "아직
네 때가 아니다"고 말씀하신다.

 꿈속에 나타난 노인은 이 여성에게 구원자이면서 동시에 혼란을
부추기는 사람이다. 괴물의 남자 머리는 인간의 이성을, 말 모양
의 하체는 본능적(동물적) 욕구로 보인다. 남편으로 대변되는 불행
한 현실이 그 괴물에게 투사되어 자신을 괴롭힌다. 그것은 합리주
의와 본능적 욕구의 경계에서 갈등하는 자기 자신인지도 모른다.
상반신은 인간이며 하반신은 말의 모습을 한 켄타우로스(Centaur)
는 그리스 신화에 등장한다. 켄타우로스는 인간과의 접촉이 허락
되어 있지 않으므로 인간에게는 원래 우호적이다. 하지만 마법에
능하고 성격이 난폭한 무서운 괴물이다.[36] 이 괴물에 의해 자신이
파멸의 구렁텅이로 빠지는 순간 노인이 나타나 자신을 구원한다.
그러나 노인의 안내는 완전한 구원이 아니다. 무의식의 노현자는
제자리에서 맴도는 기차 안에 자아를 가둠으로써 또 다른 세계로
인도한다. 융이 말하는 노현자 이미지 역시 이중적인 모습으로 나
타나 자아를 돌아보게 한다. 그녀는 이제 자신의 길을 가야 한다.
노현자의 말대로 아직은 때가 이르지 못했지만 그 때에 이를 날이
있다. 여성의 꿈은 그날을 준비하라는 꿈의 보상기능을 드러낸다.
이 여성은 꿈에서 본 그 노현자를 하나님으로 느꼈다고 한다. 그

녀의 말처럼 자신을 구원해 준 이는 하나님일 수 있다. 하지만 그 하나님은 인간에게 항상 선한 구원자의 모습으로 다가오지 않는다. 하나님의 일면은 일시적인 구원자로서 우리로 하여금 또 다른 여정을 가도록 부추긴다. 때로는 불쌍한 어린이를 감싸주고 안아주는 어머니의 모습으로, 때로는 정의로운 칼로 인간과 역사를 심판하시는 엄한 아버지의 모습으로 나타나는 분이 하나님이다. 인간이 보기에 고통과 축복을 함께 안겨 주는 하나님의 모습에서 노현자의 정체는 드러난다.[37] 하나님의 밝은 면과 어두운 면을 동시에 경험하게 할 때 이 여성은 현실 속에서 선과 악을 조화롭게 융합하는 지혜를 터득할 것이다.

▉▉ 미주

1) 마태복음 22:2-14(현대인의 성경).
2) 마태복음 13:9.
3) 누가복음 17:20-21.
4) Marie-Louise von Franz, *The Interpretation of Fairy Tales*, 39.
5) Marie-Louise von Franz, *shadow and Evil in Fairy Tales*, 27.
6) C. G. Jung, 회상, 꿈 그리고 사상, 391.
7) C. G. Jung, 회상, 꿈 그리고 사상, 203-214.
8) 참조. CW 11, par. 767.
9) W. G. Rollins, 융과 성서, 130-131.
10) 자연은 곧 신의 성전(temple)과도 같다. C. G. Jung, 회상, 꿈 그리고 사상, 59.
11) Marie-Louise von Franz, *shadow and Evil in fairy Tales*, 34-35.
12) C. G. Jung, *Answer to Job*; CW 11, pars. 553-758.
13) Marie-Louise von Franz, *shadow and Evil in fairy Tales*, 22.
14) C. G. Jung, 회상, 꿈 그리고 사상, 213.
15) Ralph R. Greenson, 정통정신분석의 기법과 실제(1), 376.
16) Edward F. Edinger, *ego and self: The Old Testament Prophets-From Isaiah and Malachi* (Canada: Inner City Books, 2000), 30.

17) 누가복음 17:20-21.

18) John A. Sanford, 융학파 정신분석가가 본 악, 61-62.

19) 창세기 4:15.

20) E. F. Edinger, *Transformation of the God-Image: An Elucidation of Jung' s Answer to Job* (Toronto: Inner City Books, 1992), 35-38.

21) 출애굽기 33:20; 이사야 6:5.

22) 사무엘하 6:6-7.

23) 사무엘상 16:14-16.

24) Edinger, *Transformation of the God-Image*, 73, 95.

25) 창세기 1:16.

26) 이사야 45:7.

27) CW 11, par. 631.

28) 마태복음 11:28.

29) 마태복음 10:34. 여기서 검은 분리를 의미한다. Edinger, *Transformation of the God-Image, 104.*

30) 요한복음 14:20.

31) David Cox, *Jung and St. Paul* (New York & Toronto: Longmans, 1959), 325.

32) 욥기 1:5.

33) 욥기 1:9.

34) 욥기 2:10.

35) CW 11, par. 567.

36) 오비디우스, 신들의 전성시대: 변신이야기, 이윤기 역 (도서출판 민음사, 1994), 403-413. 켄타우로스의 이중성은 마치 노현자의 이중성을 암시하기도 한다.

37) 노현자의 이러한 이중성은 자아와 자기를 중재하는 아니마 · 아니무스의 원형적 속성에서 드러난다. "지혜와 바보스러움은 요정과 같은 존재 속에서 하나이며 동일한 것으로 나타날 뿐 아니라, 그것이 아니마를 통해서 표현될 때 하나이며 같은 것이다. 인생은 바보스럽고 동시에 의미가 깊다." C. G. Jung, *Von den Wurzehn des Bewu teins*, (Zurich: Rascher verlag, 1954), 83; 이부영, 아니마와 아니무스 (한길사, 2001), 66에서 인용.

제 부

심리치료를 위한 이야기

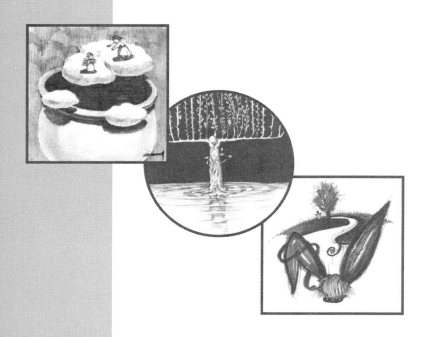

악성 피부병을 치료한 이야기

1. 나아만 장군

시리아군의 총사령관 나아만은 자기 왕의 총애를 한몸에 받고 있었다. 이것은 그가 여호와의 도움으로 시리아군에게 승리를 안겨다 주었기 때문이었다. 이와 같이 그는 훌륭한 장군이었지만 악성 피부병 환자였다. 전에 시리아 사람들이 떼를 지어 나가서 이스라엘 소녀 하나를 잡아온 적이 있는데, 그 소녀는 나아만의 아내를 시중드는 하녀가 되었다. 어느 날 그 하녀는 자기 주인에게 이렇게 말하였다. "주인 어른께서 사마리아에 사는 예언자를 한번 찾아보시면 좋겠습니다. 아마 그가 주인어른의 병을 고쳐 주실 것입니다." 나아만은 이 말을 듣고 왕에게 가서 그 소녀 이야기를 하였다. 그러자 왕이 "갔다 오너라. 내가 이스라엘 왕에게 드릴 편지도 한 장 써 주겠다" 하였다. 그래서 나아만은 은 340킬로그램과 금 약 68킬로그램, 의복 10벌을 가지고 이스라엘로 갔다. 그가 이스라엘 왕에게 전한 편지 내용은 다음과 같았다. "내가 이 편지와 함께 내 신하 나아만을 당신에게 보냅니다. 아무쪼록 이 사람의 문둥병을 고쳐 주시기 바랍니다." 그러나 이스라엘 왕은 그 편지를 읽고 나서 자기 옷을 찢으며 이렇게 외쳤다. "내가 사람을 죽이고 살리는 하나님이란 말인가? 어째서 이 사람이 피부병 병자를 고치라고 나에게 보냈는가! 시리아 왕이 나에게 시빗거리를 찾는 것이 틀림없다!" 하나님의 사람 엘리사가 이스라엘 왕이 자기 옷을 찢었다는 말을 듣고 이런 전갈을 보냈다. "왕은 어째서 그처럼 걱정하십니까? 그 사람을 나에게 보내십시오. 이스라엘에 예언자가 있다는 것을 내가 그에게 보여 주겠습니다." 그래서 나아만은 자기 말과 전차들을 이끌고 가서 엘리사의 집 문 앞에 멈춰 섰다. 그러자 엘리사는 사람을 그에게 보내 요단강에 가서 몸을 일곱 번 씻으면 피부병이 깨끗이 나을 것이라고 일러 주게 하였다. 그러나 나아만은 화가 나서 그 곳을 떠나며 말하였다. "나는 그가 직접 나와서 상처를 어루만지며 그의 하나님 여호와께 기도하여 내 병을 고쳐 줄 것으로 생각하였다. 다마스커스에는 이스라엘의 그 어느 강보다도 좋은 아바나와 바르발 강이 있지 않은가? 나는 거기서 몸을 씻어도 깨끗이 나을 수 있다." 그리고서 그는 격분하여 돌아가려고 하였다. 그러자 그의 부하들이 다가서며 말하였다. "만일 그 예언자가 이보다 더 어려운 일을 하라고 명령했다면 장군은 그것을 하지 않았겠습니까? 그러나 몸을 씻고 깨끗이 되라고 말씀하셨는데 어째서 장군은 그것도 못하십니까?" 그래서 나아만은 요단강으로 가서 강물에 몸을 일곱 번 담갔다. 그러자 정말 엘리사의 말대로 문둥병이 깨끗이 나아 그의 살결이 어린아이 살결처럼 되었다.[1]

2. 심리여행

나아만 장군 이야기를 읽고 다음 물음에 답하시기 바랍니다. 한 개 이상의 답을 제시해도 좋습니다.

1. 나아만 장군과 그의 아내는 부부관계가 어떠했나요?

① 좋았을 것이다. 그 이유는?(   )
② 나빴을 것이다. 그 이유는?(   )
③ 잘 모르겠다.

2. 내가 나아만 장군의 아내라면 어떻게 했을까요?

① 장군이 나에게 잘 해 준다면 나도 잘해주겠다.

② 남편이 나에게 잘 하지 못하더라도 남편의 병세를 걱정할 것이다.

③ 남편의 병이 나에게 전염될까봐 걱정할 것이다.

④ 이스라엘 소녀의 말을 무시했을 것이다.

⑤ 남편이 나를 무시한다면 소녀의 말을 남편에게 전하지 안했을 것이다.

3. 나아만의 아내와 이스라엘 소녀는 어떤 관계였나요?

① 이스라엘 소녀가 나아만의 아내에게 인정을 받았을 것이다.

② 소녀는 고달픈 종살이를 했을 것이다.

③ 나아만의 아내가 소녀를 학대했을 것이다.

④ 기타(   )

4. 내가 이스라엘 소녀라면 어떻게 했을까요?

① 나아만 장군의 병을 못 본 척 했을 것이다.

② 나아만 장군의 아내 입장을 생각해서 엘리사를 소개했을 것이다.

③ 나아만 장군의 인품에 감동을 받아 엘리사에 대한 이야기를 전했을 것이다.

④ 이스라엘의 원수이기에 나아만을 증오했을 것이다.

⑤ 기타(   )

5. 나아만은 왜 시리아왕을 찾아갔나요?

① 왕이 자신을 도울 수 있는 사람이기에

② 왕에게 자신의 일을 보고해야 하므로

③ 시리아 왕이 이스라엘 왕에게 보내는 편지를 쓰게 하려고

④ 기타(   )

6. 시리아 왕은 어떤 사람인가요?

① 신하의 사정을 잘 살펴서 도움을 주려는 친절한 사람이다.

② 권력에 의존하는 거만한 왕이다.

③ 다른 사람의 말을 잘 들어 주는 사람이다.

④ 기타(   )

7. 시리아 왕의 편지는 나아만에게 도움이 되었나요?

① 나아만에게 큰 도움이 되었다.
② 별로 도움이 되지 못했다.
③ 나아만의 치유에 전혀 도움이 되지 못했다.
④ 기타(   )

8. 시리아 왕의 편지에 어떤 문제가 있었나요?

① 솔직하지 못했다.
② 왕은 왕과만 상대한다는 거만함이 있다.
③ 엘리사에 대한 언급이 없다.
④ 지나치게 외교적이다.
⑤ 기타(   )

9. 이스라엘 왕은 어떤 사람인가요?

① 어려운 일을 당할 때 덤벙대는 사람이다.
② 어려울 때일수록 신중한 사람이다.
③ 소심하고 겁이 많은 사람이다.
④ 당당하고 용감한 사람이다.
⑤ 기타(   )

10. 엘리사는 어떤 사람인가요?

① 나아만을 친절하게 치료해 준 사람이다.
② 거만한 예언자다.
③ 나아만의 거만한 태도를 돌아보게 한 사람이다.
④ 나아만과 신경전을 벌인 사람이다.
⑤ 기타(   )

11. 나아만은 엘리사에게 왜 화를 냈나요?

　　① 자신을 무시했기 때문에
　　② 자신에게 절을 하지 않았기 때문에
　　③ 자신을 반갑게 맞이하지 않았기 때문에
　　④ 외국인 장수를 푸대접했기 때문에
　　⑤ 자기가 기대한 방식으로 치료를 하지 않았기 때문에
　　⑥ 기타(　　　　　　　　　　　　　　)

12. 엘리사는 나아만에게 왜 요단강에서 몸을 일곱 번 씻으라고 했나요?

　　① 요단강이 치료에 효력이 있어서
　　② 일곱 번 씻어야 병이 완쾌될 수 있으므로
　　③ 나아만이 순종하는가를 시험하려고
　　④ 나아만이 스스로 자신을 돌아보게 하려고
　　⑤ 기타(　　　　　　　　　　　　　　)

13. 나아만의 부하들은 어떤 사람인가요?

　　① 장군을 지극히 사랑하는 사람
　　② 엘리사의 의도를 알아차린 사람
　　③ 장군보다 더 지혜로운 사람
　　④ 지극히 평범하면서 지혜로운 사람
　　⑤ 나서기를 잘하는 사람
　　⑥ 기타(　　　　　　　　　　　　　　)

14. 내가 나아만 장군이라면 엘리사의 태도에 어떤 반응을 보였을까요?

　　① 엘리사의 말에 순종했을 것이다.
　　② 나도 장군처럼 화를 냈을 것이다.
　　③ 나를 무시한 대가로 이스라엘을 공격했을 것이다.

④ 이스라엘 왕에게 다시 가서 따졌을 것이다.
⑤ 기타(　　　　　　　　　　　　　　　　　)

15. 내가 나아만의 부하였다면 어떤 행동을 했을까요?

① 모른 척 가만히 있었을 것이다.
② 적극적으로 나서서 장군을 설득했을 것이다.
③ 장군의 명령에 순종했을 것이다.
④ 한번 설득해보고 반응이 없으면 그만 둘 것이다.
⑤ 기타(　　　　　　　　　　　　　　　　　)

16. 나아만의 병은 왜 나았나요?

① 선지자의 말에 순종했기 때문에
② 자신을 성찰하는 겸손함 때문에
③ 요단강 물이 깨끗해서
④ 요단강 물이 약효가 있기 때문에
⑤ 기타(　　　　　　　　　　　　　　　　　)

17. 내가 가장 자존심이 상한 때는 언제인가요? 왜 그런가요?

18. 나아만 장군 이야기에 결핍된 요소는 무엇이며 어떤 과정을 통해 보완되나요?

19. 이야기가 등장 인물 가운데 한 사람의 꿈내용이라고 생각하고 분석해 봅시다.

20. 내가 만든 '나아만 장군' 이야기를 소개해 봅시다.

- 1~4번은 대인관계 속에서의 행동유형을 보기 위함이다.
- 5~8번은 시리아왕과 나아만의 관계에 있는 문제점을 보기 위함이다.
- 9번은 약자가 강자의 위협을 받을 때 드러나는 행동유형을 본다.
- 10~12번은 나아만과 엘리사와의 관계를 조명한다.
- 13번은 이름 없는 사람들의 역할을 보기 위함이다.
- 14~15번은 등장인물의 입장에서 나를 조명하기 위함이다.
- 16번은 나아만이 치유된 결정적인 원인을 찾기 위함이다.
- 17번은 나의 그림자를 찾는 과정이다.

3. 집단상담을 위한 이야기

성서이야기를 비롯한 동화, 민담, 신화 등을 들을 때 자연스럽게 떠오르는 이미지들에 주목함으로써 콤플렉스의 내용을 추적할 수 있다. 이야기 가운데 어떤 장면이 가장 생생했는가? 이야기의 어떤 내용이 자신의 감정을 자극했는가? 이야기를 듣는 과정에서 떠오른 동화, 민담, 신화 혹은 영화의 한 장면 또는 음악이나 예술 작품이 있는가? 이런 질문에 따라 자신이 느끼고 경험한 것을 그룹원들과 나누며 이야기한다.[2] 또한 이야기를 들으면서 떠오르는 영상에 따라 그림을 그리거나, 음악을 듣거나, 춤을 출 수도 있다. 그룹원들과 함께 각자가 그린 그림에 대한 느낌을 나눈다. 이때 각자가 느낀 감정이나 감각적 경험을 있는 그대로 소개하는 것이 중요하다. 분석가는 피분석가의 느낌과 경험에 근거해서 그림에 표출된 무의식의 내용을 추적한다. 미술치료는 이런 관점에서 개발되고 응용된 것이다.[3] 각자가 느낀 감정은 모두 소중한 것들이다. 어떤 이들은 이야기를 들으면서도 전혀 느낌이 없다고 말할 수 있다. 그런 경우에 다음과 같은 질문을 던짐으로써 내담자를 이야기장으로 초대할 수 있다. "무엇이 당신으로 하여금 그 이야기에 무관심하게 했는가?", "그 이야기가 당신에게 허위로 들리는가?", "이야기가 어떻게 전개되었더라면 당신은 흥미를 가졌겠는가?"

이야기와 함께 하는 집단상담은 이야기 속의 '대상'을 통해 사람들이 만나는 과정이다. 그룹원들은 자신에 대해서 직접적으로 말하는 대신에 이야기 안에 인물이나 대상을 통해 간접적으로 말할 기회를 얻는다. 이때 이야기는 변화가능한 다양한 역할을 한다. 이야기를 분석하는 과정에서 역할극을 통해 자신의 모습을 객관화 할 수 있다. 명상, 환상, 그림그리기, 놀이를 통해 이야기를 재현하는 과정에서 이야기의 원래 모습과 다르게 나타날 수 있다.[4] 이 과정에서 내담자의 내적 이미지가 드러난다. 로렌스(Richard Lawrence)가 제안한 명상순서는 이야기에 적극적으로 참여하는데 도움이 된다.[5]

① 눈을 감고 등받이가 있는 딱딱한 의자에 앉아 2~3번 깊은 숨을 들이켜고 내쉰다. 최대한 편안한 자세로 긴장을 푼다.

② 영화장면을 보고 있다고 상상하라. 당신 앞에 있는 스크린과 함께 당신은 캄캄한 방안에 오직 혼자 있다. 당신이 보고 있는 것은 스크린뿐이다.

③ 방 안은 아무런 제약을 받지 않는 중립지대이다. 당신의 관심은 오직 스크린에 있다.

④ 처음에는 스크린에 아무것도 없다. 긴장을 풀고 스크린에 무엇이 떠오르는지 살피라. 경계를 늦추지 말고 자신을 조절하

면서 스크린이 어떻게 변하는지 보라.

⑤ 영상뿐만 아니라 소리가 있거든 그 영상과 함께 소리가 들리
도록 하라.

⑥ 냄새와 맛을 느끼고 무엇인가 만질 수 있다면 그것을 만져
보라. 화면에서 발생되는 모든 사건에 능동적으로 참여해 보
라. 사건 속에서 자신은 누구이며, 어디에 있는지, 그리고 무
엇을 하고 있는지 살펴보라. 자신과 다른 사람들과의 관계는
어떠한가?

⑦ 화면에 글씨가 있거든 자세히 보라.

⑧ 자신을 조절하면서 스스로 명상에 잠기든지 명상을 그치든
지 하라.

⑨ 2~3분 후에 스크린의 영상을 모두 보았다면 당신의 원래 자
리로 돌아오라. 2~3분간 깊은 호흡을 하면서 긴장을 푼다.
이때 스트레칭을 통해 긴장을 완화할 수 있다.

⑩ 명상 중에 보았던 이미지와 느꼈던 감정을 다른 사람과 나누
어 보자. 자신이 명상을 통해 느낀 점을 그림으로 그리거나
음악, 혹은 다른 예술 활동을 통해 표현해 보자.

나아만 장군에 대한 이야기를 들려주고 가장 인상 깊은 장면을
그림으로 표현해 보기로 했다. 각자가 그린 그림에 대한 다른 사
람들의 느낌을 나눌 때 자신도 느끼지 못했던 새로운 정보를 얻게
된다. [그림 10-1]은 나아만 장군을 연상하는 도중 나아만과 남편
의 모습이 중복되면서 그린 것이다. 처음에는 남편의 모습을 작게
그렸다가 뒷면에 다시 크게 그렸다. 한 남자가 화면의 중앙에 크
게 자리 잡고 있다. 자신에게 남편의 존재는 화면의 반 이상을 차

지할 정도로 컸던 것이다. 그런데 남편의 전면은 보이지 않고 오
직 뒷면만 보일뿐이다. 그의 등에는 종기처럼 보이는 돌기가 솟아
있다. 최근에 신장이식 수술을 했던 남편이 약을 먹고 부작용이
생겨 등 뒤에 종기가 났다고 한다. 이 여성은 나아만의 상처를 떠
올리며 남편의 약물부작용이 걱정되었던 것이다. 남편의 뒷모습만
보이는 것은 등위의 상처를 보이게 하는 효과도 있지만 무엇인가
대화를 가로 막는 장벽이 있는 느낌을 받았다. 의식의 영역인 오
른쪽에 나무 한그루가 있다. 호숫가의 모습과는 달리 육중한 나무
에는 잎이 없다. '바람' 이라는 제목을 붙인 이 그림은 남편에 대
한 아내의 걱정과 건강에 대한 바람이 교차하고 있다.

[그림 10-2]는 '바람' 을 그린 여인의 남편 작품이다. 이 그림에
대한 그룹원들의 느낌은 저마다 달랐다. 어떤 사람은 자신이 말을
타고 한 집에 도착했는데 문을 열어주지 않아서 기다리고 있다고

[그림 10-1] 바람

한다. 자신은 나아만 장군처럼 상당히 고귀한 신분이고 자존심이 강한 사람인데 문을 열어 환영하지 않자 자존심이 상하고 따돌림을 당하는 느낌이었다는 것이다. 이런 느낌은 자기애가 강한 사람에게 나타난다. 문에 손잡이가 없다는 사실을 나중에야 알았다. 손잡이가 있을 때 문을 편하게 열 수 있다. 그 손잡이는 집에 들어갈 수 있는 중재자 역할을 한다. 바탕색만큼이나 열정은 있으나 손잡이가 없어 아쉽게 느낀 사람은 아마 주변의 도움을 필요로 할지도 모른다. 그림을 그린 사람은 "어디를 여행하려는데 문이 닫혀있어서 기다리고 있는 중"이라고 했다. 말 위에 있는 나아만 장군의 얼굴이 보이지 않는다. 그룹원 가운데 한 사람은 말이 그 사람의 얼굴을 대변한 것처럼 느꼈다. 그는 말을 앞세워 자신의 모습을 감추려고 했을까? 평소에 온화하며 다른 사람의 부탁을 거절하지 못하는 성격이 그림에도 나타나고 있다. 말과 사람이 왼쪽을 향하고 있음을 볼 때 그림을 그린 사람은 내면세계를 향해 여행 중인지도 모른다.

'큰 사랑'이라는 제목을 붙인 [그림 10-3]은 보라색 바탕 위에 여러 가지 이미지들이

[그림 10-2] 여행

[그림 10-3] 큰 사랑

화면 곳곳을 차지하고 있다. 우선 무의식과 종교적 성향을 드러내는 왼쪽 윗부분에 태양이 있는 점을 볼 때 목회자로서의 그의 영성이 활발하게 작용하고 있음을 느낀다. 그와 동시에 의식의 영역에는 달과 별이 있다. 그 달은 해보다는 잘 드러나지 않는다. 중앙에서부터 왼쪽 아래의 집단무의식으로 향하고 있는 강물의 흐름은 그의 퇴행적 성향을 보여 준다.[6] 나아만에게 자신을 투사하고 있는 그는 말 위에 앉아 강물에 있는 네 사람을 바라보고 있다. 보라색 바탕에 노랑 색연필로 그려진 희미한 말과 사람의 모습은 그의 심리상태를 보여 준다. 말밑에 있는 나아만의 종들 역시 잘 보이지 않는다. 그림을 그린 자신 역시 말과 사람이 잘 보이지 않자 불안함을 느꼈으며 보이게 하려고 노력했는데 잘 되지 않았다고 한다. 그는 왜 검정색이나 파란 계통의 진한 색을 사용하지 못했을까? 잘 보이지 않는 자신은 말 위에서 다른 사람을 보며 '큰 사랑'을 베풀기 위해 노력하고 있다. "요즘 여러 가지 일을 동시에 벌이고 있기 때문에 약간은 혼란스럽고 피곤하다"는 그의 말에서 이 그림의 메시지는 전달되고 있다. 다행인 점은 의식의 영역인 오른 편에 생기 있는 녹색 나무가 있다. 해와 달, 강물과 나무가 그나마 조화를 이루기 위해 노력하고 있음을 나타낸다.

상담이나 치료현장에서 그림에 대한 해석은 신중해야 한다. 그림을 그리는 순간 내담자는 이미 치료과정에 들어간다. 창작활동은 내면의 세계를 의식화시키는 매우 좋은 수단이다. 치료자가 자신의 느낌이나 해석을 환자에게 주입시킬 때 환자의 의식화 작업은 방해를 받는다. 조심스런 대화를 통해 환자 스스로 자신의 문제를 발견하도록 치료자는 돕는 역할을 수행해야 한다. 미술치료에서 흔히 활용되는 해석원리나 상징의 사전적 의미는 제한적으로 적용되어야 한다. 사회 문화적 환경과 환자의 심리적 상황에 따라 창작품이 주는 의미는 모두 다르다는 사실이 전제될 때 바람직한 치료관계가 형성된다.

적극적 상상을 통해 이야기 속의 등장인물과 대화를 시도할 수도 있다. 예를 들면 나아만에게, "왜 처음에 요단강에서 몸을 씻지 않았느냐?", "혹시 다른 이유는 없었느냐?"고 물을 수 있다. 어떤 이들은 이런 대화를 통해 사실 나아만에게 투사된 자신의 영적 세계와 대화를 하게 된다. 어떤 경우에는 무생물이나 동식물과도 대화가 가능하다. 상상의 세계에서는 어떤 이미지라도 의인화가 가능하기 때문이다. 그런데 이 경우 대단히 심각한 문제가 발생할 수 있다. 예를 들어, 성서를 읽다가 예수와 대화를 할 수 있다. 그때 예수께 투사된 자신의 목소리를 진짜 예수의 목소리와 동일시할 수 있다. 사업을 하기 위해 예수께 물었더니, "잘 될 것이다.

빨리 시작하라"는 말을 듣고 사업을 시작했는데 그 사업이 실패했다면 어떻게 할 것인가. 자의적인 환상(백일몽)은 무의식의 내용에 직면하려는 적극적 상상과 다르다. 백일몽은 심리적 질병을 유발하지만, 적극적 상상은 무의식의 내용을 의식화시키려는 의도적인 노력이다. 따라서 적극적 상상은 건강한 자아상태에서 가능하다. 자신과 예수(하나님)가 전혀 분리되지 않은 채로 혼돈의 삶을 살고 있다면 그것은 자아팽창(ego-inflation)을 초래한다. 자아(ego)가 개성화의 과정을 이루기 전에 자기(self)와 동일시될 때 심각한 정신적 질환을 앓게 된다.[7] 따라서 적극적 상상은 자아가 긴장이 해제된 가운데 평형상태에서 진행되어야 한다.

4. 등장인물에 대한 심리분석

이야기 속에서 시리아는 이스라엘의 적이요, 강자의 이미지로 등장한다. 나아만은 시리아를 대변하는 인물이다. 반면에 이스라엘은 약한 나라이며 그 이스라엘을 대변하는 인물은 예언자 엘리사이다. 겉으로 보기에 강한 시리아는 나아만이 병든 것처럼 심한 질병에 시달리고 있다. 그 질병은 영적인 지도자인 예언자에 의해 치유될 수 있다. 시리아는 정치적, 군사적, 물질적으로 이스라엘을 능가할지 모르지만 정신적인 면은 이스라엘의 지도를 받아야 한다는 것이 이야기의 이면에 숨어 있다. 따라서 예언자의 치유방식 또한 초현실적이고 영적일 수밖에 없다. 시리아와 나아만은 또한 강자의 지배원리를 상징한다. 반면에 이스라엘과 엘리사는 지배를 당하는 민중의 대변인이다. 이야기는 지배원리에 심각한 질병이 생겨 치료받지 않으면 위급한 상황임을 암시한다. 지배원리의 심각한 병은 스스로 해결할 수 없다. 외부적인 요인, 즉 그것은 민중의 지혜를 요구한다.[8] 예언자 엘리사는 자기 이미지(self image)로서 의식을 지배하는 지배원리의 병을 치유할 능력을 가지고 있다. 이것은 병든 의식에 대한 무의식의 보상작용을 보여 준다. 나아만의 악성 피부병은 의식적 차원의 치유, 즉 겉에 난 상처를 제거한다고 해서 해결되는 것은 아니다. 의식의 병은 무의식과의 조화와 균형을 통해 치유된다.[9]

집단의식을 반영하는 이야기는 원형적 요소를 내포하고 있다. 그 원형적 이미지들은 신화, 민담, 동화 등 다른 이야기 속에 나타난 유사한 내용들을 비교함으로써 그 의미가 드러난다. 융은 이러한 방법을 확충법(method of amplification)이라고 불렀다. 확충은 또한 꿈에 나타난 원형적 이미지의 의미를 파악하기 위해 적용된다. 나아만 이야기에 대한 집단적 차원의 분석과 함께 그 안에 출현하는 등장인물에 대한 개인적 차원의 심리분석 또한 유용한 통찰력을 제공한다. 이야기에 출현하는 등장인물의 사고나 행동을 통해 우리 자신의 모습을 볼 때가 많다.[10]

융학파 분석가인 카스트는 그룹차원의 '이야기하기'를 통해 간접적인 방식으로 우리 자신을 드러낸다고 말한다. 이야기 속의 대상은 위니캇이 말하는 중간대상(Übergangsobjekt)이 되어 참여자의 심리적 변화과정을 보여 준다.[11] 이야기 속의 등장인물을 분석하다보면 우리는 자신의 모습을 보게 된다. 어떤 이는 이야기 속의 등장인물과 자신을 동일시하면서 심각한 심리적 반응을 보이기도 한다. 이 과정에서 자신의 콤플렉스가 자연스럽게 드러난다. 융에 의하면 콤플렉스(complex)는 적응에 대한 요구와 개인의 무능력의 충돌로 인해 발생한다.[12] 자율적이며 독립적인 존재처럼 활동하는 콤플렉스는 마치 분열된 인격과도 같다.[13] 어떤 몸집이 큰 사람이 덩치에 걸맞지 않게 병마에 시달리는 자신의 모습을 나아만 장군에게 투사하게 되면 그에게 연민의 감정을 느낄 것이다.

이야기에 나타난 인물들을 분석할 때 주의할 점이 있다. 성서이야기를 비롯한 신화, 전설, 민담 등의 이야기는 개인의 심리상태를 드러내는 꿈이나 환상과는 다르다. 꿈에 등장하는 인물들은 대개 자신의 모습이거나 그림자 혹은 아니마·아니무스를 상징하는 경우가 많다. 하지만 이야기 속의 등장인물들은 개별인물들이 서로 관계를 맺는 모습을 보여 준다. 이야기는 개별인물 사이의 관계성을 통해 집단의식을 드러낸다. 따라서 이야기에 출현하는 등장인물들은 일단 집단적인 차원에서 검토될 필요가 있다. 동시에 현실 속에서 발생할 가능성이 있는 인간관계는 개별적 인물을 분석함으로 그 의미가 드러난다.[14]

1) 나아만 장군

나아만[15]은 사회적 지위에 따라 장군의 직책을 잘 수행했음을 알 수 있다. 그가 시리아 왕에게 가서 자신의 문제를 말했을 때, 시리아왕이 호의를 베푼 것을 보면 왕과의 관계가 좋았음을 짐작할 수 있다. 그는 가장으로서의 역할도 비교적 성실하게 수행했던 것 같다. 아내의 몸종이었던 외국소녀의 말을 듣고 이스라엘로 향한 것은 그의 온화한 성품을 반영한다.

하지만 다른 견해가 있을 수 있다. 나아만이 아내의 말을 듣게 된 것은 그가 인격적으로 성숙해서가 아니라 불치병을 앓다보니 다급하기도하고 심신이 연약해진 결과라는 것이다. 이 두 가지 가능성은 모두 존재한다. 그러나 이야기의 후반부를 보면 나아만의 모습이 드러난다. 비록 처음에는 엘리사의 제안을 거절했지만 나중에 부하들의 조언을 듣고 요단강에서 몸을 씻은 내용은 그가 인격적으로 어느 정도 성숙해 있음을 뜻한다. 나아만은 또한 자신의 문제를 외부에 알려 소녀의 도움을 받을 수 있었다. 문제해결을 위해 왕에게 자신을 도와줄 것을 청하는 나아만은 외향적 사고형처럼 보인다. 사고기능이 강화된 사람은 지극히 합리적이며 자기주관이 강하다. 반면에 자기의 지식이나 합리적 판단력에 대한 자부심으로 인해 다른 견해를 수용하려하지 않는 경향이 있다. 엘리사의 거만한 듯한 태도는 마치 나아만이 다른 사람에게 대했던 권위적인 태도를 반영한다. 자신의 그림자를 다른 대상으로부터 본 순간 나아만은 화가 치민 것이다. 자아는 그림자의 열등한 면을 긍정적으로 받아들여 의식의 균형을 위한 거울(mirror)로 활용할 때 무의식과 대화할 수 있는 기회를 얻게 된다. 융은 이런 관점에서 '그림자를 없애는 것이 아니라 그림자와 함께 사는 법'을 말한다.[16] 외향적 사고형은 열등기능인 내향적 감정기능을 개발할 필요가 있다.[17]

2) 이스라엘 소녀

우리는 성서에 소개된 어린 소녀에 대해 아는 바가 거의 없다. 시리아사람들에게 잡혀온 이스라엘 소녀라는 것 외에는 밝혀진 것이 없다. 그럼에도 불구하고 그 소녀에 대해서 어느 정도 짐작할 수 있다. 외국 소녀의 말을 귀담아 듣고 자기 남편에게 알린 것은 나아만의 아내가 그 소녀를 매우 신뢰했음을 짐작할 수 있다. 그 소녀는 아마 성실하고 사리에 밝아 총애를 받았을 가능성이 있다. 그것이 아니라면 나아만의 아내가 다급한 마음에서 소녀의 말을 전한 것이라고 생각할 수 있다. 하지만 그 이름 없는 소녀가 이야 기가 끝날 때까지 우리의 마음에서 떠나지 않는 이유가 무엇일까? 이야기가 꿈의 한 장면이라면 무대의 분위기를 은근히 지배하고 있는 이름 없는 소녀의 정체는 마치 나아만 장군의 아니마처럼 보 인다. 용맹한 장군인 나아만에게 여성적인 성향은 거의 찾아보기 힘들다. 가부장사회, 그것도 남성성만이 강조되는 군대사회에서 여성적 이미지는 매우 열등한 것으로 치부되거나 숨어 있다. 나아 만의 내적인 영혼인 아니마 역시 그동안 의식에 조화되지 못하고 억압당해 왔을 것이다. 그러던 어느 날, 나아만의 자아(ego)가 불 치병으로 인해 약화된 틈을 타서 그의 아니마가 활성화되기 시작 한다. 나아만의 아니마는 이름 없는 '어린 소녀'의 얼굴을 하고 그의 의식을 두드린 것이다.[18] 의식적 세계관에 사로잡혀 있던 나 아만에게 무의식의 지혜가 스며들기까지는 악성 피부병이라는 고 통이 뒤따랐던 것이다. 이처럼 의식과 무의식의 조화는 우리에게 고통을 요구할 때가 많다. 이야기 속의 어린이 원형은 '신적 아 이'의 형태로 나타날 때가 있다. '어린 예수'와 마찬가지로 '어린 소녀'가 나아만을 구원하는 데 결정적인 역할을 한 것이다.[19]

3) 나아만의 아내

나아만의 아내는 누구일까? 어린 소녀와 마찬가지로 그녀 또한 베일에 가려져 있다. 그럼에도 불구하고 나아만과 소녀와의 관계 에서 그녀의 정체를 파악하기란 그리 어렵지 않다. 그녀는 비교적 집안 살림을 잘 꾸려나간 것 같다. 남편이 장군으로서의 소임을 다하도록 내조를 잘 했으며 자기의 몸종들에게도 인격적인 대우 를 한 것 같다. 화목한 가정을 이끌었던 그녀였기에 어린 몸종이

나아만의 병을 염려하게 되고 엘리사를 추천한 것이다. 그러나 나
아만의 아내는 현실적인 면보다는 상징적인 이미지가 더 강하다.
나아만은 아내를 통해 어린 소녀의 조언을 듣게 된다. 어린 소녀
에게 나아만의 아니마가 투사되었다면, 나아만의 아내는 아니마의
또 다른 면으로서 의식(나아만)과 무의식(어린 소녀)을 연결해 주는
교량역할을 하고 있다. 꿈과 환상, 그리고 예술 활동을 비롯한 창
의적 놀이는 의식과 무의식의 교량역할을 한다. 이런 관점에서 융
분석가들은 모래놀이를 심리치료에 적극 활용하고 있다.[20]

4) 시리아 왕

'나아만 장군' 이야기가 있는 성서는 시리아 왕이 구체적으로
누구인지 전하지 않고 있다. 집단적 차원에서 볼 때 시리아 왕은
지배원리를 상징한다.[21] 개인적 차원에서 보면 그는 호탕하고 대
담해 보인다. 나아만의 부탁을 듣자마자 그를 이스라엘 왕에게 보
내면서 편지와 각종 선물을 딸려 보냈다. 반면 그는 사려 깊지 못
한 성격을 갖고 있기도 하다. 나아만을 치료해 달라는 그의 편지
는 이스라엘 왕에게 두려움을 주는 원인이다. 그 편지가, 시리아
왕이 나아만의 말을 대충 듣고 쓴 것인지 아니면 국가간의 외교문
서인지는 확실하지 않다. 그럼에도 불구하고 시리아 왕이 엘리사
를 언급하면서 겸손하게 선처를 부탁했다면 이스라엘 왕이 그렇
게 두려워지는 않았을 것이다. 남에게 호의를 베푼다고 하면서
일을 그르치는 사람을 우리는 주변에서 종종 볼 수 있다. 그런 사
람들은 대개 외향적 감정형일 가능성이 높다. 큰소리치면서 장담
하지만 조심성이 없는 관계로 일을 그르치는 사람일 경우가 많
다.[22] 이처럼 지배계층은 권위의 함정에 빠져서 민중의 세계를 보

지 못할 때가 있다. 시리아 왕의 이미지가 나아만 장군 인격의 일부라면 그것은 나아만의 자아 혹은 그림자 성향을 보여준다. 권위주의 이면에 있는 어설픈 투박함이 바로 그것이다.

5) 이스라엘 왕

이스라엘 왕은 약자의 대리인으로 보인다. 시리아 왕과 대조적으로 그는 무척 소심하게 보인다. 시리아의 군사적 위협 때문에 늘 걱정 가운데 있다가 그러한 편지를 받으니 심리적 불안감이 가중된 것이다. 그는 문제해결을 위해 적극적으로 노력하는 대신 옷을 찢으며 통곡하는 방법을 선택한 내향적 감정형으로 보인다. 내향적 감정형은 자신의 문제를 외부에 노출시키지 않고 혼자 문제를 해결하려다 더 큰 어려움에 봉착하기도 한다. 더군다나 합리적인 사고력이 부족한 사람들은 감정에 휩싸이기 쉽다. 자신의 문제를 노출하기를 꺼려하는 내향성의 사람들은 대체로 독단에 빠질 가능성이 높다.[23] 이야기의 이미지가 나아만 인격을 대변한다면 이스라엘 왕은 그의 그림자 성향을 드러낸다. 나아만은 겉으로는 용맹한 장수이지만 그 이면에는 이스라엘 왕처럼 불안에 떨고 있는 또 다른 모습을 갖고 있다.

6) 엘리사

이야기 속의 예언자는 가끔 자기(self) 상징으로 나타나 신의 역할을 대변한다.[24] 성서에 등장하는 예언자는 원형적인 인물이다. 예언자는 일상사에서 흔히 볼 수 없는 신적인 힘이나 주술적 능력을 가진 초월적 존재로 등장한다. 한국을 비롯한 동양의 민담에서는 산신령이나 노인 혹은 스님 등의 종교 지도자가 예언자의 역할

을 대행한다.[25] 따라서 예언자들은 신비한 인물로 묘사되며[26] 그
들의 행동은 일상적인 범위를 넘어선다. 엘리사 역시 나아만 장군
이 이해할 수 없는 처방을 내림으로써 그를 당황하게 한다. 엘리
사가 나아만 장군에게 요단강에서 몸을 씻게 한 것은 자아가 내면
세계를 찾아가는 것과 같다.[27] 이처럼 예언자들의 기이한 행동은
대개 상징적인 의미를 지닌다. 이것은 초월(무의식)의 세계를 경험
하기 위해서는 특별한 주의력과 영적인 통찰력을 필요로 한다는
암시다.

확충(amplification)을 통해 엘리사가 나아만에게 요단강에서 일곱
번 몸을 씻으라는 의미를 살펴볼 필요가 있다. 확충은 꿈의 상징
적 의미를 보다 보편적인 관점에서 찾아내기 위해 신화적, 문화
적, 역사적으로 유사한 평행구들을 찾아내는 작업이다.[28] 융이 꿈
해석을 위해 주로 사용했던 확충은 성서이야기의 원형적 이미지
들의 의미를 파악하는데 필요한 과정이다.[29]

요단강은 성서의 여러 곳에서 상징적 의미를 보여 준다. 출애굽
의 마지막 관문이 요단강이었다. 이스라엘 사람들이 가나안에 들
어갈 때, 여호수아는 요단강의 흐름을 멈추게 하여 백성들을 건너
게 했다.[30] 신약성서 시대 이후에는 요단강이 세례의 상징이기도
했다. 요단강에서의 세례는 이전의 자아가 죽고 새롭게 거듭나는
중생의 체험을 암시한다.[31] 엘리야 선지자가 요단강 앞의 그릿 시
냇가에 숨어있을 때, 까마귀들이 떡과 고기를 가져와 굶주림을 면
했다는 이야기도 전해진다.[32] 요단강에 얽힌 이런 소재들이 그 신
화적 내용을 구성하고 있다.

나아만은 예언자로부터 요단강에서 일곱 번 몸을 씻으라는 주문
을 받는다. 숫자 7은 주로 행운과 완전함의 상징이다.[33] 숫자 7은

또한 새로운 세계를 향한 종교적 의미를 담고 있다. 숫자 7은 또한 창조의 완성이며 안식을 의미한다.[34] 정결한 짐승 암수 일곱 쌍만 노아의 방주에 들어갈 수 있었던 것도 숫자 7의 종교적 상징성을 의미한다.[35] 태양계의 일곱 혹성 역시 숫자 7의 완전성을 보여주며, 결혼한 지 7년째의 권태처럼 변화와 갈등을 암시하기도 한다.[36] 이집트 신화인 '이시스와 일곱 전갈'(Isis and the Seven Scorpions)에서 7과 갈등의 관계가 드러난다. 일곱 전갈에 의해 호위를 받으며 이시스가 여행 중에 있었다. 어느 마을로 들어서자 한 귀부인이 그들을 맞이하기 싫어서 문을 닫아버리는 것을 보고 일곱 전갈이 그녀와 아이들에게 독약으로 해를 끼치고자 했다. 이때 이시스는 위대한 주술로 그녀와 아이들을 구했다. 이로 인해 그 귀부인은 더욱 겸손해지고 이시스는 '주술의 위대한 여신'(goddess great in magic)으로 알려지게 되었다.[37]

하나님 이미지의 대변자인 엘리사는 개인적 차원보다는 원형적 차원에서 이해될 필요가 있다. 그의 치유수단에 동원된 것은 요단강과 7이라는 숫자였다. 요단강에서의 목욕은 의식이 무의식의 강에 빠졌다가 다시 의식으로 돌아오는 개성화의 과정을 상징적으로 보여 준다.

7) 나아만의 부하들

나아만에게 결정적인 충고를 했던 그의 부하들은 지혜자의 이미지를 드러내고 있다. 사회적인 신분은 낮지만 고위층에 있는 장군에게 상당히 합리적으로 설득함으로써 그를 돌이키는 데 성공한다. 그들의 모습은 마치 '무의식의 원리'를 생각하게 한다.[38] 그것은 삶의 보편적인 지혜가 아닐까? 겸손하고도 부드러운 종들의 충

고는 그림자의 함정에 빠져 있는 나아만을 구해내고 자기실현의
과정으로 인도한다.[39] 비천함과 지혜로움을 동시에 소유한 민중의
모습은 곧 융이 말하는 자기(self) 이미지와 일치한다. 의식과 무의
식을 포함한 정신세계의 중심인 자기(self)는 낮에는 빛과 같고 밤
에는 어둠과도 같은, 마치 비천한 종과 고귀한 주인의 모습을 함
께 지닌(coincidentia oppositorum) 신적인 속성을 지닌다.[40] 다듬어
지지 않은 원시적 모습을 하면서도 지혜의 원천인 자기는 본능의
세계를 뛰어넘어 정신세계를 지배한다. 의식과 무의식의 세계가
신비한 연합을 통해 균형을 이루면 그 때 개성화(individuation)가
이루어진다.[41]

   등장인물들에 대한 심리분석을 통해 내담자는 자신의 모습을 발
견하게 된다. 나는 어떤 유형의 사람인가? 나의 그림자는 구체적
으로 무엇인가? 나는 나의 아니마 혹은 아니무스의 외침을 듣고
있는가? 나는 무의식의 세계를 들여다보기 위해 얼마나 노력하고
있는가? 나아만의 개성화(자기실현)는 어떤 과정을 거치고 있는가?
나라면 이 상황에서 어떻게 행동했을까? 이런 식의 질문들을 던지
면서 이야기를 음미한다면 그 과정에서 자신의 콤플렉스가 드러
나고 그 해결책을 스스로 발견하게 될 것이다. 나아만 장군의 이
야기는 그가 어떻게 심리적 불안감을 해소하고 건강한 모습으로
돌아올 수 있었는가를 상징적으로 보여 준다. 그것은 단지 신체적
치유만을 의미하지 않는다. 신체와 정신의 조화는 개성화의 첫걸
음이며 자아가 자기를 찾는 고통의 과정을 통해 완성된다.[42]

   나아만에게 결핍된 요소는 겉으로 보기에 신체적 결함이지만 내
면적으로는 겸손한 자기성찰이 일어나지 않고 있는 점이다. 이런
결핍요소가 자기상징인 예언자에 의해 보완되고 있다.

5. 이야기 속의 중간대상

내담자는 이야기 내용이 자신의 견해와 다를 때 이야기를 다시 정의함으로써 그동안 발견되지 않았던 심리적 문제들과 직면하게 된다. 예를 들면, 나아만 장군이 치료된 것에 대한 결정적인 공헌자가 '어린 이스라엘 소녀' 라는 결론에 이르게 되는 경향이 있다. '선택된 백성인 이스라엘 소녀의 말을 듣는 것이 곧 하나님의 명령이요 복음' 이라는 도식이 오히려 자유로운 심리 활동을 방해할 수 있다. 이야기를 분석하는 과정에서 어떤 사람은 어린 소녀보다는 나아만 장군의 부하들에게 집중한다. 나아만이 돌아가려고 했을 때 그의 자존심을 지켜주면서 엘리사의 말을 따르도록 충고한 종들이야 말로 구원자의 이미지라는 것이다. 성서이야기에 대한 일방적이고 배타적인 종교적 해석은 이야기치료에 참여한 사람들의 심리적 역동을 방해한다. 성서이야기를 자유롭게 재구성하고, 때로는 이야기 자체를 각색하거나 변화를 줌으로써 자신의 정신 세계를 드러내는 작업이야말로 이야기치료의 핵심적 과제다.[43]

이야기 안에서 우리는 또한 등장인물의 중간역할을 보게 된다. 나아만은 어린 소녀를 통해 아니마의 외침을 들었고, 아내는 나아만과 어린 소녀의 중간역할을 한다.

1) 어린소녀-아내-나아만의 관계

세 사람은 서로 좋은 관계를 유지했음을 엿볼 수 있다. 좋은 관계는 나아만의 치유를 위한 결정적 단서를 제공하게 했다. 사회적 지위와 체면을 중시했던 나아만은 긍정적인 아니마의 도움을 받아 자신의 결점을 보완하고 있다.

2) 나아만의 자아-엘리사-나아만의 그림자 관계

엘리사는 중간대상이 되어 나아만의 그림자가 투사된 대상이다. 강대국의 장군이었던 나아만은 이스라엘 왕을 안심시키지 못했던 것 같다. 이스라엘 왕의 불안함은 시리아 왕과 나아만의 거만한 태도에 기인한 것일 수도 있다. 환자로서의 태도를 그에게서 찾을 수 없었던 것이다. 나아만은 엘리사의 집에 가면서도 개선장군처럼 군대와 선물을 대동하고 거창하게 행진했다. 엘리사는 나아만의 자존심을 자극하여 자신의 그림자를 보게 했다. 나아만은 신체적 질병을 치유하기 전에 정신적 문제를 먼저 치료했던 것이다. 이처럼 예언자나 상담자는 중간대상이 되어 내담자로 하여금 자신의 내면세계를 보게 한다.

3) 나아만의 자아-나아만의 부하-나아만의 개성화

나아만은 부하들의 조언에 따라 요단강에서 치유를 받게 된다. 이것은 나아만의 자아가 중간대상을 통해 자기에 이르는 과정이다. 나아만의 부하는 의식적 차원에서는 별로 중요한 대상이 아니다. 그러나 그들은 얼른 눈에 띄지 않는 무의식의 지혜다. 의식이 약화되어 제기능을 하지 못할 때 무의식은 꿈이나 다른 대상을 통해 의식을 일깨운다. 나아만이 중간대상을 통해 개성화에 이르는 과정을 보면 〈표 10-1〉과 같다.

표 10-1

제1단계

어린 소녀	아내	나아만
아내	중간대상	자아

제2단계

나아만 의식	엘리사	나아만 무의식
자아	중간대상	그림자

제3단계

병든 나아만	엘리사, 부하들	치유된 나아만
자아	중간대상	개성화

6. 이야기 구조가 주는 치료과정

대개의 이야기는 짜임새 있는 구성을 통해 이야기꾼의 의도를 드러낸다. 나아만 이야기는 치료과정을 구체적으로 소개하고 있다.[44] 겉으로 보기에는 신체적인 질병이 예언자를 통해 치유된 것으로 보인다. 하지만 나아만과 엘리사에 얽힌 이야기는 다양한 관점에서 검토되어야 한다. 본문의 이야기는 이스라엘의 종교적 전통과 민족적 자존심, 그리고 당시 고대사회의 집단심리와 문화적 요소를 모두 포함하고 있다. 따라서 우리는 이야기 안의 현실적인 요소와 더불어 상징적인 의미를 추적해야 한다. 요단강에서 몸을 일곱 번 씻는 행위는 다분히 종교적이며 상징적인 면이 강하다. 모든 사람들이 그런 과정을 거쳐 악성 피부병을 고칠 수 있는 것은 아니다. 나아만의 경우는 일상적인 상식을 초월하는 일종의 기적 사건에 해당된다. 무대 뒤에 있는 잠재적이며 상징적인 의미가 표면에 드러날 때 그 이야기의 참된 의미가 밝혀진다. 그것들은 대개 영적이며 정신적인 요소들이다. 원형적 이미지를 담지하고 있는 고대의 이야기나 신화를 분석함으로써 우리의 심리세계를 살펴보는 것이 이야기치료이다. 여기서는 이야기 자체가 안고 있는 구성을 통해 나아만 장군이 치료된 과정을 단계별로 검토해 보고자 한다.[45]

1) 문제를 외부에 노출시켜라

나아만 장군은 높은 사회적 신분에 연연하지 않고 자신의 문제를 다른 사람들에게 알림으로써 문제해결의 실마리를 찾기 시작했다. 현대인들은 신체적인 질환에 대해서는 매우 민감해서 유명한 의사나 큰 병원을 찾아다니는데 익숙하다. 하지만 정신적인 문제에 대해서는 지극히 부정적인 경향이 강하다. 자신의 문제가 외부로 유출됨으로써 사람들에게 조롱의 대상이 될 수 있다는 불안 심리가 심리치료를 가로막고 있다. 교회 현장에서 이런 현상은 두드러진다. 목회자에게 자신의 문제를 털어놓았다가는 교인들에게 알려지게 되고 목회자와도 서먹서먹한 관계가 될까봐 상담을 꺼려하는 분위기이다. 하지만 갈수록 정신적 문제로 시달리고 있는 현대인들에게 보다 적극적인 상담과 치유활동이 필요하다. 이를 위해 사람들이 자유롭게 자신의 문제를 노출시킬 수 있는 분위기를 마련하는 것이 중요하다. 이야기 심리치료가 그룹을 대상으로 할 때는 개인의 특정한 문제가 전체 분위기를 압도하는 일이 없도록 각별히 주의해야 한다. 개인이 자신의 문제를 드러냄으로써 정신적 불안이나 스트레스가 가중된다면 스스로 조절해야 한다. 상담자는 내담자로 하여금 편안한 분위기 속에서 자유롭게 자신의 문제를 노출시킬 수 있도록 최대한 배려해야 한다.

2) 주변의 사소한 조언이라도 무시하지 말라

평소에 무시해왔거나, 별로 중요하지 않게 보이는 것, 또는 흥미가 없거나 자신이 싫어하는 것 안에 의외로 '보물'이 담겨있는 경우가 종종 있다. 그것은 무의식의 지혜이다. 이름도 없는 한 소녀의 말을 무시하지 않고 남편에게 전했던 아내의 역할도 크다. 나아만은 평소에도 아내의 말을 무시하지 않고 귀담아 들었던 것 같다. 이런 화목한 분위기가 나아만으로 하여금 '소녀의 음성'을 들을 수 있게 한 것이다. 어린 소녀는 우리가 의식하지 못했던 무의식의 화신이다. 남성상의 대명사인 장군의 경우 어린 여자 아이의 말을 무시할 가능성이 크다. 자아의식이 지나치게 강한 사람은 다른 사람의 말을 듣지 않으려는 경향이 있다. 나아만은 어린 소녀를 통해 자신의 내면에서 들려오는 미세한 소리를 들었다. 그것은 어쩌면 영혼의 반려자인 아니마의 외침일 것이다. 이때 아내의 조언은 나아만과 어린 아이를 연결하는 통로였다. 프로이트와 융은 꿈이야말로 무의식에 이르는 가장 좋은 방법 가운데 하나라고 믿었다. 그동안 꿈에 대해서 미신적인 편견을 가졌거나 가볍게 여기는 경향이 있었다면 지금부터라도 꿈의 메시지에 귀를 기울일 필요가 있다. 꿈분석은 단순한 해몽이 아니라 심리치료를 위한 중요한 정보를 제공한다.

신체적인 질병뿐만 아니라 정신적인 문제 역시 전문가의 도움을 받아야 한다. 정신적 질환이 발생하면 치료는 의외로 난관에 부딪치는 경우가 많다. 신체적 질환과는 달리 정신적 질환은 치료에 오랜 시간을 요구하기 때문에 자신은 물론이거니와 주변의 모든 가족에게 심각한 짐을 안겨 주게 된다. 모든 인간은 영적인 존재이기에 정신적인 문제(스트레스)와 더불어 살고 있다. 다만 어느 정도의 차이만 있을 뿐이다. 상담자나 내담자 모두가 동일한 아픔 속에서 살아간다는 공감대가 형성될 때 상담과 치료는 효과적으로 진행될 것이다. '상처받은 치유자'(wounded healer)는 상담자나 내담자 모두 하나님 앞에서 돌봄을 받아야 할 대상임을 알려 준다.

3) 자신의 문제를 도와줄 사람을 구하라

신체적이나 정신적인 문제가 발생하면 자신의 문제에 적극적으로 개입해서 도와줄 사람을 찾아야 한다. 나아만의 경우 자신이 섬기는 왕을 찾아가 도움을 청했다. 하지만 왕은 이스라엘 왕에게 나아만을 고쳐줄 것을 요구하는 편지를 써서 일을 그르칠 뻔했다. 이처럼 자신을 도와주리라 생각했던 사람이 의외로 방해가 되는 경우가 있다. 다른 사람을 전적으로 의지하지 말고 자신이 주도적이어야 한다. 특별히 한국 사람들은 도움을 청한 사람에게 공손히 대하려는 마음에 자신의 의견을 숨기는 경우가 많다. '알아서 해 주겠지' 라는 막연한 기대가 일을 잘못된 방향으로 끌고 가는 경우가 있다. 이스라엘 왕이 시리아 왕의 편지를 받고 두려워하기 전에 나아만이 자세한 내용을 설명했다면 일은 순조롭게 진행되었을 것이다.

시리아 왕과 이스라엘 왕은 사실 나아만에게 결정적인 인물은 아니다. 나아만 자신을 치유할 사람은 엘리사이다. 자신의 문제에 결정적인 도움을 주지 못할 사람에게 얽매어 시간을 보내는 것은 치유를 그만큼 어렵게 한다. 신체적인 질병을 혼자 해결하기 어려울 때 우선 주변 사람 가운데 자신을 도와줄 사람을 찾는다. 그 다음으로 유능한 의사를 찾아가 정확한 진단을 받고 치료에 임해야 한다. 이와 마찬가지로 정신적인 문제역시 전문가를 찾아야 한다. 증세의 정도에 따라 정신과 의사나 심리치료사 혹은 상담자를 찾아야 한다. 과연 어떤 사람이 자신의 문제를 적극적으로 도와줄 것인가? 이것은 자신의 심리적, 경제적, 사회적 상황을 고려하여 결정될 문제이다. 신체적인 질환은 병원을 찾아가면 되지만, 정신적인 문제는 그리 단순하지 않기 때문이다. 문제는 나아만의 경우처럼 중간단계의 사람이 일을 그르칠 경우가 있다는 점이다. 우리에게 이 문제를 해결하기 위한 기준이 필요하다. 그것은 하나님의 사람, 즉 엘리사와 같은 영적(정신적) 지도자를 찾아가는 일이다. 엘리사와 같은 예언자는 단순히 종교 지도자를 의미하지 않는다. 상처받은 치유자로서 다른 사람의 아픔에 동참하는 사람이다.[46] 진실을 말하면서도 어떤 종교적 이데올로기보다는 인간 자체를 사랑하는 사람을 만나는 것이 무엇보다도 중요하다. 엘리사의 치유방법은 특별한 의술이나 신비한 종교적 행위에 있지 않았다. 그의 치유방법은 환자에게 자신을 돌아보게 하는 것이었다. 나아만이 새로운 모습으로 거듭난 것은 자신의 그림자를 발견하고 부하들의 충고를 받아들인 결과이다. 글자 그대로 '좋은 사람'은 조건이 없다. 그냥 좋은 사람이다. 이처럼 좋은 사람을 만나는 것은 치료를 위한 결정적인 요인이 된다.

4) 자신이 쓰고 있는 가면을 벗어라

사람들은 모두 가면을 쓰고 산다. 하지만 사회에 적응하기 위해 쓴 가면(페르소나)이 우리 자아를 지배하는 경우가 많다. 예를 들면, 어떤 목회자가 가정에 들어와서도 교회에서의 목회자상을 그대로 유지한다면 아내와 아이들은 숨이 막힐 것이다. 집에 와서는 따뜻한 남편과 아버지로서의 역할을 다할 때 가정이 화목해진다. 그렇다고 해서 목회자로서의 위엄을 벗어버리는 것은 아니다. 진정한 목회자는 식구들의 아픔에 동참하고 그들과 함께 하는 용기와 사랑을 지닌 사람일 것이다. 나아만 장군의 경우 자신의 사회적 신분에 얽매이지 않고 어린 소녀의 말에 귀를 기울이는 용기가 있었다. 하지만 이런 결단은 쉽게 행동으로 이어지지 않는다. 그에게 있던 자존심은 그를 유능한 장군으로 만드는 원동력이 되었을 것이다. 동시에 그의 자존심은 그림자(shadow)가 되어 늘 그를 압박하는 방해요소가 되기도 한다. 어린 소녀의 말을 듣고 이스라엘까지 갔던 나아만은 엘리사의 푸대접을 받고 자존심의 함정에 빠져든 것이다. 엘리사의 행위는 사실 푸대접이 아니었다. 치료자인 엘리사는 거창하게 세력을 과시하며 자신을 찾는 나아만에게 겸손하게 자신을 돌아보는 심리적 처방을 내린 것이다. 그러나 나아만은 엘리사가 자신을 무시하는 것으로 생각했고 급기야 그의 처방에 따르지 않기로 마음먹은 것이다. 이전에 벗어 던졌던 자존심의 그림자가 다시 그를 사로잡은 것이다. 이처럼 그림자는 때와 장소를 가리지 않고 기회가 있을 때마다 자아를 혼돈 속으로 빠트린다. 우리에게 흔히 발견되는 그림자는 대개 사회적 지위, 윤리관, 종교적 신념에 대한 지나친 확신이 부정적인 방향으로 작용할 때 표출된다.[47] 다행히도 나아만은 그림자의 외투를 벗어던지고 부하들의 충고를 들은 것이다. 심리적 외상이 크면 클수록 치료에 대한 저항이 크다. 동시에 자기애적 경향이 강한 사람이거나 정체성에 대한 신념이 강한 사람일수록 자신의 어두운 면을 드러내기를 꺼려한다.[48] 자신에게 드리워진 그림자의 한계를 극복하고 분석가의 치료과정에 능동적으로 참여할 때 바람직한 심리치료의 단계로 들어갈 수 있다.

5) 내면(무의식)의 소리에 주목하라

적극적 상상과 확충을 통해, 그리고 이야기 속에 나타난 인물들을 분석하는 과정에서 자신의 성향을 파악하는 것이 심리치료의 기본과제이다. 개성화로 인도하는 심리치료는 의식과 무의식과의 조화를 치료의 목표로 삼는다. 본인이 깨닫지 못하는 무의식의 지혜를 접하는 방법은 여러 가지가 있다. 꿈분석, 예술 활동, 창의적 놀이, 이야기나누기 등을 통해 자신의 내면에 감추어진 무의식의 세계를 엿볼 수 있다. 분석가와 피분석가의 공동작업을 통해 이루어지는 심리분석은 상담과 치유를 위한 공통의 과제이다. 요단강에서 몸을 씻는 행위는 의식이 무의식을 만나는 거룩한 예식(ritual)이다. 새롭게 태어나기 위해서는 철저하게 변화되는 과정을 거쳐야 한다. 이것은 인공적 처리과정을 거쳐 비금속을 금속으로 변화시키는 연금술에서의 변화과정과 같다. 여기서 자아(ego)는 비금속으로, 자기(self)는 연금술을 통해 탄생한 귀금속, 즉 '철학자의 돌'과도 같다.[49] 요단강에서 '일곱 번' 몸을 씻는 것은 단순한 반복의 의미가 아니다. 여기에 수많은 인내와 고통의 과정이 수반된다. 그 '일곱 번'은 7일이 될 수 있고 7년도 될 수 있다. 의식의 자아가 무의식의 지혜를 들을 수 있을 때 자기실현의 길을 걷게 된다. 그것은 곧 인격의 성숙이요 치유의 완성이다.

6) 개성화를 위해 구체적으로 노력하라

요단강에서 일곱 번 몸을 씻는 것을 구체적으로 실현하는 것이
중요하다. 그림자를 발견하고 자신의 문제를 노출시켜 무의식의
전언을 듣는 과정은 심리치료에서 매우 중요하다. 하지만 무엇보
다도 중요한 것은 자신을 발견하기 위한 실제적인 노력을 아끼지
말아야 한다는 것이다. 심리분석을 통해 얻어진 통찰들을 겸허하
게 받아들이고 그것들을 삶 속에서 실현하는 구체적인 계획을 세
워야 한다. 우선 반드시 문제를 해결하겠다는 강한 의지를 가지고
분석과정에서 주어진 과제들을 하나하나 실천한다. 요단강에 가서
몸을 씻는 것을 몸소 실천할 때 새로운 세계는 열린다. 나아만 장
군의 치유과정을 지켜보면서 자신이 느낀 점을 서로 나누어 보자.
이전의 행동에 무엇이 문제였으며 앞으로 그 문제를 어떻게 해결
해 갈 것인지를 구체적으로 생각해 보자. 개성화(자기실현)과정은
무의식 중에 일어나는 것이 일반적 현상이지만, 때로는 의식적인
노력을 통해 어느 정도 달성된다.[50] 명상이나 수행과 더불어 정신
세계의 균형과 조화를 이루는 피나는 노력은 우리의 삶을 보다 아
름답게 이끌 것이다.

미주

1) 열왕기하 5:1–14(현대인의 성경).
2) 참조. Sharon Falter, "Ten Steps to Telling a Story," http://www.story-maven.com/10steps.htm
3) 참조. Ingrid Riedel, 융의 분석심리학에 기초한 미술치료(*Maltherapie*), 정여주 역 (학지사, 2000).
4) Verena Kast, *Märchen als Therapie*, 75–96.

5) Richard Lawrence, *The Meditation Plan*. rep. (London: Piatkus, 2002), 23.

6) 정여주, 미술치료의 이해: 이론과 실제 (학지사, 2003), 80.

7) CW 9 ii, par. 44.

8) 참조. Marie-Louise von Franz, *The Interpretation of Fairy Tales*, 168-192.

9) CW 8, pars. 34-35.

10) J. Gold, 비블리오테라피, 349.

11) Verena Kast, *Märchen als Therapie*, 103, 206.

12) CW 6, par. 926.

13) CW 8, pars. 202, 253.

14) 참조. 정신구조에 대한 융의 이론은 개인적 차원에서 제시된 것이지, 다른 사람과의 관계에서 객관적으로 증명되는 것은 아니다. Marie-Louise von Franz, *Archetypal Patterns in Fairy Tales*, 14.

15) 나아만(Naaman)은 우가릿신화에 왕궁인물의 별칭으로 등장하며, "공정하다" 혹은 "자비롭다"는 의미를 담고 있다. 누만(Numan)이라는 이름이 이슬람이전의 아랍시대에 널리 사용되기도 했다. John Gray, *I & II Kings*, 452.

16) GW 9, 91; 이부영, 그림자 (도서출판 한길사, 1999), 195에서 인용.

17) 참조. 이부영, 분석심리학-C. G. Jung의 인간심성론 (도서출판 일조각, 1998), 147-50.

18) 아니마는 남성의 꿈속에서 가끔 모르는 여인으로 등장하여 그의 열등한 측면을 보여 주기도 한다(CW 12, pars. 145, 150). 동시에 아니마는 신적인 소녀(divine maiden)로 나타나기도 한다(CW 14, par.103). 참조. Edward F. Edinger, 성서와 정신 (서울: 한국심리치료연구소, 2001), 207.

19) C. G. Jung, 원형과 무의식, 융기본저작집. 2 (도서출판 솔, 2002), 237-73; CW 9i, pars 259-305.

20) 참조. Ruth Ammann, *Sandplay: Creative Processes Become Visible*, Chicago: Open Court, 1991.

21) Sibylle Birkhäuser-Oeri, The Mother: Archetypal Image in Fairy Tales, 60.

22) 이부영, 분석심리학-C. G. Jung의 인간심성론, 156-59.

23) Ibid., 159-62.

24) CW 18, pars. 1518-1531.

25) 꿈에서 지혜노인이나 노파는 턱수염을 기른 노인 도사, 사제나 예언자, 마법사, 왕, 혹은 교사나 의사 등으로 출현할 수 있다. 이들의 조언은 자아(ego)를 자기(self)로 이끄는 요인이 된다. Ackroyd, 꿈상징사전, 346.

26) CW 18, pars. 1518-31.

27) Edward F. Edinger, 성서와 정신, 208.

28) Andrew Samuels et al. *A Critical Dictionary of Jungian Analysis*, 16.

29) Verena Kast, *Märchen als Therapie*, 130.

30) 여호수아 3-4장.

31) Edward F. Edinger, 성서와 정신, 208.

32) 열왕기상 17:6.

33) E. Ackroyd, 꿈상징사전, 367.

34) 창세기 2:2-3.

35) 창세기 7:2-3; 참조. G. H. Jones, *1 and 2 Kings vol 2.* (Grand Rapids: Wm. B. Eerdmans, 1984), 416.

36) Eric Ackroyd, 꿈상징사전, 367.

37) http://www.egyptianmyths.net/scorpion.htm

38) "무의식에게 조언을 구한다는 생각은 합리적인 자아에게는 불쾌한 것이다." Edward F. Edinger, 성서와 정신, 208.

39) 이스라엘 소녀가 치료의 시작이라면 나아만의 부하들은 치료의 완성을 돕는 이들이다. T. R. Hobbs, *2 Kings WBC* (Waco: Word Books, 1985), 60.

40) CW 14, par.176.

41) CW 18, par. 1419.

42) Sibylle Birkhäuser-Oeri, The Mother: *Archetypal Image in Fairy Tales, 40.*

43) Michael P. Nichols & Richard C. Schwartz, 가족치료-개념과 방법, 489.

44) 에딘저는 나아만의 이야기가 심층 심리치료를 위한 패러다임 기능을 갖는다고 말한다. Edward F. Edinger, 성서와 정신, 207.

45) 이야기의 플롯이 주는 치료과정은 문화적, 사회적 환경에 따라 그 내용이 달라진다. 따라서 나아만의 치료과정을 심리치료나 상담과정에 일방적으로 적용시킬 수는 없다.

46) Harry A. Wilmer, *Practical Jung*, 117-121.

47) 이부영, 그림자 (도서출판 한길사, 1999), 52-54.

48) Ralph R. Greenson, 정통 정신분석의 기법과 실제(1), 53-54.

49) CW 9 I, par. 238.

50) CW 9 I, pars. 489-524.

제11장

성인아이 이야기

1. 콩쥐팥쥐

'콩쥐팥쥐전'은 우리나라에서 아주 유명한 전래 동화의 하나로, 지은이를 알 수 없는 작품이다. 그런데 이 소설과 유사한 이야기가 세계 곳곳에서 발견된다. '신데렐라 이야기'가 바로 그것이다. 전라도 전주 근방에 최만춘이란 사람이 부인 조씨와 딸 콩쥐를 데리고 화목하게 지내고 있었다. 그러나 콩쥐의 어머니 조씨가 병이 들어 세상을 떠나게 되어, 최만춘은 배씨라는 과부를 얻어 후처로 삼았다.

배씨는 팥쥐라는 딸을 데리고 왔다. 콩쥐 아버지는 어미 없는 콩쥐를 불쌍히 여겨 팥쥐보다 더 사랑하였다. 이에 배씨는 콩쥐를 학대하기 시작하였다. 하루는 배씨가 두 딸을 불러 호미를 주며 농사일을 배우라 하였다. 팥쥐에게는 쇠호미를 주며 집 근처에 있는 모래밭을 매게 하였고, 콩쥐에게는 나무호미를 주면서 먼 곳에 있는 돌밭을 매라고 하였다. 콩쥐는 밭을 얼마 매지 못하고 호미 자루가 부러졌다. 콩쥐는 어쩔 줄을 몰라하며 울고 있었다. 그러자 하늘에서 검은 소가 내려와 쇠호미를 주고, 맛있는 과일을 많이 주고 올라갔다. 콩쥐는 밭을 다 매고 과일을 가지고 집으로 돌아왔다. 새엄마는 콩쥐에게 욕을 하면서 과일을 모조리 빼앗아 가지고 팥쥐만 먹였다. 또 하루는 구멍이 난 독에다 물을 길라고 하였다. 콩쥐가 아무리 물을 갖다 부어도 물은 채워지지 않았다. 콩쥐는 할수없어 울고 있는데, 두꺼비가 나와서 독의 구멍을 막아 물을 채울 수 있었다.

하루는 외갓집에서 잔치가 있으니 놀러오라는 소식을 받았다. 새엄마에게 이야기하고 떠나려고 하였으나 배씨는 팥쥐와 함께 자신들이 가겠다고 하면서 콩쥐에게 짜던 베를 다 짜고, 또 곡식 세 섬을 말려서

찧어놓고 오라고 하였다. 콩쥐는 외갓집에 갈 수 없게 되어 울고 있는
데, 하늘에서 선녀가 내려와서 베를 짜 주고 좋은 옷과 신을 주고 올라
갔다. 또 이상한 새들이 와서 곡식의 껍질을 모두 까서 물고 갔다. 콩
쥐는 선녀가 준 옷을 입고 신을 신고서 외갓집으로 떠났다. 콩쥐가 시
냇가에 이르렀을 때 감사의 행차를 알리는 소리가 들렸다. 콩쥐는 이
소리에 놀라 빨리 내를 건너려다가 신 한 짝을 빠뜨렸다. 감사가 시냇
가를 지나다가 광채가 나는 신 한 짝을 물에서 건져내어 돌아가서 신
잃은 사람을 찾았다. 처음에는 새엄마 배씨가 무슨 상이라도 받을 수
있을까하여 자기 신이라 하면서 관가에 갔다가 매만 맞고 돌아왔다.
콩쥐는 감사가 신 잃은 사람을 찾는다는 말에 부끄러움을 무릅쓰고
관가로 찾아갔다. 감사를 만나 신에 대한 내력과 새엄마에게 학대를
받던 이야기를 하였다. 감사는 그 때 마침 부인을 잃어 혼자 살고 있었
는데, 콩쥐의 현숙함을 보고 자신의 후처로 삼았다.

배씨와 팥쥐는 하루아침에 콩쥐가 부귀를 누리는 것을 보고 질투하
던 끝에 흉계를 꾸몄다. 팥쥐는 콩쥐에게 연꽃 구경을 가자고 유인하
여 콩쥐를 연못에 밀어 넣어서 죽였다. 그리고 팥쥐가 콩쥐 행세를 하
여 감사의 부인이 되었다. 하루는 감사가 연꽃을 꺾어다가 병에 꽂아
두었다. 그런데 그 연꽃은 팥쥐가 드나들 때마다 팥쥐의 머리를 쥐어
뜯었다. 팥쥐는 그 연꽃을 태워버렸다. 이때 이웃집 노파가 감사의 집
으로 불씨를 얻으러 왔다가 오색으로 빛나는 구슬이 아궁이에 있는
것을 보고 가지고 갔다. 그 구슬은 콩쥐로 변하여 자기가 팥쥐에게 죽
은 사실을 말하고, 노파에게 '감사를 한 번 초대하라'고 말하였다.

노파의 초대를 받은 감사는 밥상 위에 있는 젓가락의 짝이 맞지 않
자 불쾌하여 노파를 꾸짖었다. 그러자 병풍 뒤에서 갑자기 "감사는 젓
가락의 짝이 틀린 줄은 알면서도 사람의 짝이 틀린 것은 분간하지 못

하시오"하는 소리가 났다. 감사는 놀라 음식을 먹을 생각도 않고 돌아
가려 하였다. 그러자 콩쥐의 모습이 나타나 자기가 죽게 된 이야기를
하였다. 감사는 돌아가서 팥쥐를 잡아 물으니 연못에 빠뜨려 콩쥐를
죽인 일을 자백하였다. 감사는 연못의 물을 퍼내게 하니 콩쥐가 있었
는데, 콩쥐는 아직 죽지 않고 살아 있었다. 감사는 콩쥐를 집으로 데려
온 뒤 다시 부인으로 삼았다. 그리고 팥쥐를 죽여 독에 넣어 어미 배씨
에게 보냈다. 배씨는 독을 열어 보고 기절하였는데, 다시는 깨어나지
못하였다.[1)]

2. 심리여행

본 설문에 편안한 마음으로 임하기 바랍니다. 하나 이상의 항목
을 선택하거나 개인의 의견을 제시해도 좋습니다.

1. 콩쥐의 가족은 화목했나요?

① 콩쥐 엄마가 살아계실 때만 화목했다.
② 콩쥐 엄마가 돌아가신 후에도 화목했다.
③ 콩쥐 아빠가 콩쥐를 항상 사랑해 주셨으니까 화목했다.
④ 콩쥐네 가족은 화목하지 못했다.
⑤ 잘 모르겠다.

2. 콩쥐의 아빠는 왜 새엄마를 맞이했을까요?

① 콩쥐 엄마가 돌아가셨기 때문에 외로워서
② 어린 콩쥐를 돌봐줄 엄마가 필요해서
③ 콩쥐가 새엄마를 구해달라고 졸라대서
④ 배씨라는 여자가 예뻐보여서
⑤ 기타(   )

3. 배씨라는 새엄마는 왜 콩쥐를 미워했나요?

   ① 자기가 낳은 자식이 아니라서
   ② 팥쥐가 콩쥐를 미워하니까
   ③ 콩쥐가 말을 듣지 않기 때문에
   ④ 콩쥐 아빠가 팥쥐보다 콩쥐를 더 사랑하니까
   ⑤ 기타(   )

4. 새엄마는 콩쥐에게 왜 구멍이 난 항아리에 물을 채우라고 했을까요?

   ① 콩쥐의 능력을 시험하려고
   ② 콩쥐는 모든 일을 잘하니까 샘이 나서
   ③ 구멍이 난 항아리에 물을 채우지 못하면 혼내려고
   ④ 콩쥐가 괜히 미우니까
   ⑤ 기타(   )

5. 하늘에서 온 소는 누구를 생각나게 하나요?

   ① 아버지
   ② 엄마
   ③ 형
   ④ 누나
   ⑤ 동생
   ⑥ 기타(   )

6. 콩쥐는 왜 외갓집에 가고 싶었나요?

   ① 이모가 보고 싶어서
   ② 죽은 엄마가 생각나서
   ③ 잔치에서 맛있는 음식을 먹고 싶어서
   ④ 새엄마 친정집을 구경하고 싶어서
   ⑤ 기타(   )

7. 지금 콩쥐 아빠는 어디에 계시나요?

　　① 집
　　② 밭
　　③ 새엄마와 함께
　　④ 콩쥐와 함께
　　⑤ 기타(　　　　　　　　　　　　　　　　　　)

8. 콩쥐 아빠는 어떤 사람인가요?

　　① 콩쥐를 잘 돌보아 주는 사람
　　② 콩쥐와 팥쥐를 모두 사랑해 주는 사람
　　③ 자신의 일이 바빠서 가정 일에 무관심한 사람
　　④ 새엄마만 좋아하는 사람
　　⑤ 기타(　　　　　　　　　　　　　　　　　　)

9. 하늘에서 내려온 선녀는 왜 콩쥐를 도와주었나요?

　　① 콩쥐가 착하니까
　　② 콩쥐가 불쌍하게 보여서
　　③ 선녀는 불쌍한 사람을 도와주어야 하니까
　　④ 콩쥐와 사귀고 싶어서
　　⑤ 기타(　　　　　　　　　　　　　　　　　　)

10. 콩쥐는 왜 신발을 잃어버렸는가요?

　　① 냇가를 건너면서 실수로 빠트렸다
　　② 감사가 오는 행차소리에 놀라서 빠트렸다.
　　③ 감사를 만나기 위해 일부러 꾸민 일이다.
　　④ 콩쥐는 원래 자기 것을 잘 잃어버린다.
　　⑤ 기타(　　　　　　　　　　　　　　　　　　)

11. 팥쥐는 왜 콩쥐를 미워했나요?

　　① 자기의 행복을 빼앗아 가니까

② 새 아빠의 사랑을 독차지 하니까
③ 멍청하고 못생겼으니까
④ 항상 울기만 하고 다른 애들에게 놀림을 당하니까
⑤ 기타(　　　　　　　　　　　　　　　　　　)

12. '콩쥐팥쥐' 이야기에서 결핍된 요소가 보완되는 과정을 살펴봅시다.

13. '콩쥐팥쥐' 이야기를 집단의식 차원에서 분석해 봅시다.

14. '콩쥐팥쥐' 이야기가 콩쥐의 꿈에 나타난 내용이라고 가정하고 분석심리학적으로 해석해 봅시다.

15. 내가 다시 쓴 '콩쥐팥쥐' 이야기를 소개해 봅시다.

> **Tip**
> - 1~2번은 이전상황을 재현하기 위함이다.
> - 3~4번은 새엄마의 심리를 묻는 질문이다.
> - 5번은 내담자가 누구를 가장 의지하고 있는가를 알아보기 위함이다.
> - 6번은 콩쥐의 무의식적 욕망을 알아보기 위함이다.
> - 7~8번은 콩쥐 아빠의 역할을 살펴보기 위함이다.
> - 9~10번은 의식과 무의식의 교감을 알아보기 위함이다.
> - 11번은 팥쥐의 심리를 묻는 질문이다.

3. 성인아이 팥쥐 엄마

여러 형태로 전해지고 있는 콩쥐팥쥐 이야기는 그 구조와 내용이 서양동화인 신데렐라 이야기와 유사하다. 이것은 두 이야기 안에 있는 원형적 요소들이 시간과 공간을 초월해서 전파되는 현상을 보여 준다. 콩쥐 어머니가 죽자 아버지는 새엄마를 맞이함으로써 어머니의 빈자리를 메우고자 한다. 그런데 새로 들어온 두 여성으로 인해 콩쥐 아버지의 역할은 감소되고 가정의 분위기는 여성원리가 지배하는 상황이 된다. 집단차원에서 볼 때 이전 세력의 약화는 새로운 세력의 대두를 초래한다. 콩쥐팥쥐 이야기의 주제는 백설공주 이야기에서 원래의 왕비가 죽고 새엄마가 들어와 백설공주를 어려운 상황으로 몰고 가는 것과 유사하다. 이전의 왕비가 죽은 것은 예전의 지배원리가 쇠퇴했음을 의미한다.[2] 새로운 세력이 남성과 여성, 로고스와 에로스, 양과 음의 조화를 깨고 지나치게 한쪽으로 기울 때 새로 형성된 공동체는 혼란에 빠지게 된다. 따라서 이야기는 콩쥐, 팥쥐, 새엄마로 대변되는 여성성은 남성성을 보완하려는 방향으로 진행한다. 이야기가 진행되는 과정에서 콩쥐 아버지는 부각되지 않는다. 이전 세대는 새로운 세대를 이끌어갈 힘이 없다. 결핍된 남성적 요소를 감사가 채워주고 있다. 새로운 에너지원인 감사가 나타나 콩쥐와 결합함으로써 공동체는 안정을 되찾는다. 그 과정에서 혼란의 원인이 되었던 두 여성은 제거된다.

이야기에 등장하는 인물들이 주인공 콩쥐의 인격적 요소라고 생각해 보자. 이부영 박사의 지적대로 팥쥐는 콩쥐의 그림자로 보인다.[3] 선한 모습의 콩쥐 이면에는 팥쥐와 같은 악한 그림자(shadow)가 있다. 선한 콩쥐는 상황에 따라 언제든지 자신을 위해 팥쥐와 같은 도전적인 모습을 보일 수 있다. 자신을 죽인 팥쥐에게 복수하는 콩쥐의 마지막 모습은 처음에 등장한 연약한 모습과는 대조를 이룬다. 콩쥐를 구해 준 검은 소와 두꺼비는 콩쥐의 본능적 속성이다. 검은 소가 하늘로부터 내려온 것과 선녀가 내려온 것은 자아가 무의식의 상태로 하강함을 암시한다.[4) 꿈에 나타난 동물들은 주로 본능적인 충동과 같이 어떤 원시적인, 즉 야수 같은 속성을 드러낸다. 이런 원초적 속성은 의식차원에서 두려운 것으로 경험된다. 하지만 무의식의 본능적 속성은 생명력과 파괴력을 동시에 가지고 있다.[5) 콩쥐에게 두꺼비는 약화된 아버지 대신 새로운 생명을 불어넣는 긍정적인 힘이다.

이야기 속에서 왕과 같은 통치자는 지배원리를 상징한다. 여기서 콩쥐를 구해 준 감사는 내적인격인 아니무스이자 동시에 구원자 원형으로서 자기(self) 상징으로 나타난다.[6) 모든 원형에는 대극이 있다. 감사의 모습에도 대극의 양면성이 나타난다. 정의로운 감사는 콩쥐행세를 한 팥쥐를 몰라본다. 어떻게 이런 일이 가능할까? 융은 자기원형에도 대극이 있음을 지적한다. "전체로서의 자기는 항상 대극의 복합체(complexio oppositrium)로 정의된다. 의식이 스스로 명석함을 주장하면서 도덕적 권위를 강조하면 할수록, 자기는 어둡고 위협적인 존재로 나타난다."[7) 감사가 일시적으로 콩쥐와 팥쥐를 구별하지 못한 것을 콩쥐가 항의한 것은 자아(ego)가 자기(self)의 태도를 비판적 시각에서 본 것이다. 하지만 자기는 자아를 구별해야 할 의무는 없다. 반면에 자아는 자기를 발견해야만 개성화에 이른다. 기독교적 관점에서 보면 하나님은 인간의 요구를 모두 들어줄 의무는 없다. 오히려 인간이 하나님을 발견할 때 구원에 이른다. 여기서 자아와 자기의 서로 다른 본질적 속성을 알 수 있다. 또한 자아에 대한 자기의 무관심은 자기의 어두운 면으로 이해될 수 있다. 이런 관점에서 융은 하나님에게도 그림자가 있다고 본다.[8) 그 과정에서 가끔 자기(self)와 동일시되기도 하는 노현자의 도움을 필요로 한다.

콩쥐로 하여금 감사를 만나게 해 준 장본인은 노파다. 꿈이나
동화에서 노인이 등장하여 갈 길을 제시해 준다거나, 그 반대로
방해요인이 되는 것을 그 예로 들 수 있다. 우리나라 동화에서는
산신령이나 도인들이 나타나 그와 같은 역할을 한다.[9] 서양동화에
서는 흔히 난쟁이(troll)로 출현하는 마법사가 선한 모습과 악한 모
습을 띠고 있다.[10] 한국의 도깨비상 또한 상반된 양면을 동시에
보여 준다. 익살스럽고 장난기 많은 어린이 도깨비는 사람들과 잘
어울리면서 복을 주는 경우가 많다. 하지만 심술궂은 도깨비는 악
마의 형상으로 나타나 사람들을 골탕 먹이며 해를 끼친다.[11] 콩쥐
팥쥐 이야기에서 노파는 현자원형으로 출현한다. 위니캇의 관점에
서 보면 노파는 중간대상으로서 콩쥐가 감사에게 다가갈 수 있는
길을 제공한다. 서양의 콩쥐팥쥐 이야기로 알려진 신데렐라 이야
기에서는 노파대신 마녀가 중간대상으로 등장한다. 이처럼 꿈이나
이야기 속의 노파나 마녀는 '노현자(wise old man)원형'으로서 때
로는 구원자로 때로는 무서운 심판자로 등장한다.

팥쥐에 의해 콩쥐가 죽은 것은 그림자에 의해 자아가 압도당함
으로써 일시적으로 퇴행한 것에 비유할 수 있다. 그림자로 인해
자아는 죽음의 고통을 느낄 수 있다. 하지만 콩쥐는 내면에 있는
본능적 에너지를 통해 감사를 찾아간다.[12] 자신의 그림자를 극복
하고 내적인격을 만난 콩쥐는 감사를 만날 수 있는 상태가 된 것
이다. 이것은 이야기가 안고 있는 개성화과정을 드러낸다. 이부영
박사는 이런 관점에서 콩쥐팥쥐 이야기가 "여성의 자기실현을 표
현하고 있다"고 말한다.[13]

이제 관심을 돌려 새엄마에게 주목해 보자. 문제는 팥쥐와 새엄

마의 이미지가 구별이 안 된다는 점이다. 이미 어른이 된 팥쥐 엄마는 팥쥐를 위한 일이라면 어떤 일이든지 마다하지 않는다. 콩쥐에게 어려운 일을 시켜 괴롭힌 일은 새엄마가 단순히 악한 여인이라는 설명으로는 부족하다. 그녀에게는 그럴 수밖에 없는 내적인 문제가 있다. 팥쥐 모녀에게 콩쥐는 그들의 행복을 앗아갈지도 모르는 위험요소다. 이것은 남편의 전처 소생의 딸을 제거함으로써 자신의 딸이 행복을 보장받을 수 있다고 믿는 새엄마의 심리를 나타낸다.[14] 대부분의 이혼 가정에서 딸은 어머니를 대신하려고 하며, 아들은 아버지를 대신하려는 태도가 보인다. 그것은 어린 자녀에게 '다 큰 아이(grownup child)'가 되어야 하는 고통을 안겨주기도 한다. 이것은 프로이트가 말한 오이디푸스 콤플렉스에서 연유되기도 한다. 아버지에 대한 콩쥐의 세심한 배려는 새엄마로 하여금 아내의 역할에 대한 심각한 도전이 될 수 있다. 그녀에게는 콩쥐의 태도가 딸보다는 이전 엄마의 역할을 떠올리게 하는 부정적인 촉매제역할을 한다. 그 결과 콩쥐는 새엄마와의 관계에서 딸과 어머니로서가 아닌 아버지를 정점으로 하는 삼각관계에 놓이게 된다. 결국 가족구조에서 힘이 없는 콩쥐는 새엄마에 의해 희생양이 된 셈이다.

새엄마의 악역은 자신이 살아남기 위한 외적인격으로서 이기적이며 부정적인 사회적 가면이다. 이처럼 부정적인 페르소나가 의식의 중심인 자아와 동일시될 때 건전한 자아형성은 불가능하다.[15] 새엄마의 부정적 페르소나는 팥쥐에게 전염되어 두 사람이 공동의 운명을 짊어질 수밖에 없는 상황으로 이어진다. 이점에서 보면 팥쥐는 엄마의 부정적 인격에 의한 희생양으로 간주될 수 있다. 이것은 정신적으로 건강하지 못한 부모 아래 있는 아이 역시

건강하지 못할 확률이 높음을 의미한다.[16] 엄마와 아이의 동일시
는 어린 시절에는 자연스런 현상이다. 그러나 성장과정에서 적절
한 분리(detachment)가 이루어지지 않을 때 엄마의 이미지는 자녀
에게 부정적으로 남는다.[17]

아이는 사회화 과정에서 어른의 행동을 모방한다. 이 과정에서
적절한 정체성이 형성되지 않을 때 아이는 부모의 행동을 무비판
적으로 수용하면서 건전한 자아구조를 확립하지 못한다.

> 원시인이나 특별히 민감한 어린이에게서 발견되는 활기찬 모방성
> 은 부모와의 두드러진 내적 동일시를 촉진한다. 그러한 모방성은 부
> 모와 유사한 정신적 태도를 야기시킴으로써 실제 삶 속에서의 효과는
> 가끔 세부적 내용까지도 부모의 개인적 경험을 닮아간다.… 아주 가
> 끔 부모와 아이들 사이의 연상에서 무의식적인 일치가 발생한다. 그
> 것은 오직 의도적인 모방이나 동일시(identification)로 설명될 수 있
> 다. 이런 연구결과는 생물학적 경향과도 매우 일치된다. 그것은 부모
> 와 자녀의 운명에서 놀랄만한 유사성이 쉽게 발견된다는 점이다. 우
> 리의 운명은 심리적 경향의 귀결이다.[18]

융은 아이가 자신을 엄마와 동일시하는 현상을 무의식 상태에
머물고 있는 현상으로 설명한다. 성인이 되어서도 엄마와의 동일
시가 일어나면 그는 유아기 상태에 머물게 된다.

> 아이가 엄마와 무의식적인 동일시 상태에 있는 한, 그는 여전히 동
> 물적 정신상태에 있으며 그것은 마치 무의식 상태와 같다. 의식의 발
> 전은 반드시 엄마와의 분리(separation)를 수반할 뿐만 아니라 부모

와 전체 가족 구성원과의 분리를 동반한다. 결국 이러한 분리는 무의
식과 본능세계로부터의 상대적인 이탈(detachment) 정도를 유도한
다. 그러나 어려운 환경으로 인해 상실된 세계에 대한 동경이 계속되
는 한, 책임회피와 퇴보를 조장하여 유아기적 과거로 퇴행하게 한다.
따라서 어린애 상태로부터 분리되는 순간 아이의 가장 중요한 관계인
엄마와의 관계는 어머니 원형에 의해 보상될 것이다.[19]

　이런 관점에서 융은 정신분석 이론과는 달리 개인적인 어머니의
영향뿐만 아니라 아이로부터 어머니에게 투사된 원형이 어린이
외상의 원인이 된다는 사실을 지적한다.

　　즉, 나는 개인적인 어머니에 단지 제한된 의미를 부여할 뿐이다. 문
헌에서 묘사하고 있는 어린이의 정신에 미치는 어머니의 모든 영향은
개인적인 어머니로부터 나온 것일 뿐만 아니다. 그것은 어머니에게
투사하고 있는 원형이며, 이것이 어머니에게 신화적인 배경을 제공하
고, 그와 함께 권위, 심지어 누미노제를 부여하는 것이다. 어머니의 병
인적 또는 외상적 영향은 두 그룹으로 나누어 생각할 수 있다. 첫째는
개인적인 어머니에게 실제로 존재하는 성격특징이나 태도에 해당되
는 경우고, 둘째는 어린이 쪽에서의 환상적인(원형적인) 투사 때문에
그런 특징이나 자세를 가지고 있는 것처럼 보이는 경우다.[20]

　새엄마의 어두운 그림자는 어른이 어른답지 못하고 여전히 어린
아이 상태로 남게 한다. 이런 경우 우리는 팥쥐 엄마와 같은 사람
을 성인아이(adult child)라고 부른다. 본인도 모르게 어린아이처럼
살아가는 '어른'이 주변에 얼마나 많은가? 어른이 어른답지 못하

고 어린이처럼 행동한다는 것은 본인뿐만 아니라 가정이나 사회적으로 많은 문제점을 야기한다. 이것은 성인이 된다는 것은 육체적 성숙뿐만 아니라 정신적 성숙이 병행되어야 함을 의미한다. 육체만 성장하고 정신적 성장이 멈춰버릴 때 그 사람은 어린아이의 상태로 살아갈 수밖에 없다. 하지만 어린아이처럼 살아가는 것이 항상 부정적인 것만은 아니다. 긍정적인 어린아이 마음은 성인의 어두운 면을 치유한다. 정신적으로 고달플 때 어릴 적 순수함을 되새기면서 마음을 정리하기도 한다. 때로는 우리 안의 어린이는 세속에 물든 자아를 거룩하고 정결한 상태로 인도하기도 한다. 융은 이런 특별한 어린이 원형을 '어린이 영웅' 혹은 '신적인 아이'라고 부른다.[21] 콩쥐는 새엄마에게 신적인 아이로서 얼마든지 긍정적인 역할을 할 수 있다. 그럼에도 불구하고 새엄마는 그림자의 함정에 빠짐으로써 콩쥐를 제거해야 할 대상으로 여긴 것이다. 자신을 구해줄 선한 내면아이는 제거되고 악한 내면아이가 팥쥐 모녀의 삶을 어둡게 한다.

그림자가 투사된 대상을 제거함으로써 행복을 찾을 수 있다는 사람이 곧 팥쥐와 새엄마다. 착한 아이와 정직한 사람을 볼 때마다 그것이 허위로 보이며 그에 대한 분노의 감정을 품게 된다면 그것은 심각하게 그림자의 함정에 사로잡혀 있는 상태이다.[22] 새엄마의 경우 내면의 신적 아이를 발견함으로써 어두운 면을 극복할 수 있다. 가장 행복한 순간을 회고한다거나, 자신 있던 시절을 기억하면서 이전의 긍정적인 에너지를 회복해야 한다. 우울하고 부정적인 그림자가 자아를 지배하지 않게 해야 한다. 이를 위해서는 우선 그림자의 정체를 발견해야 한다. 콩쥐를 제거하려는 마음속의 어두운 면이 어디에서 유래했는지를 깨닫는다면 그림자는

파괴적 힘을 상실한다. 가난하고 어두웠던 과거가 팥쥐 엄마의 그
림자를 형성한 것이다. 새엄마는 새로운 환경에서 적절하게 적응
하지 못함으로써 가정을 파탄으로 몰고 간 것이다. 긍정적인 페르
소나가 자아발전을 위해 기여할 때 새엄마는 건강한 인격의 소유
자가 될 것이다.

팥쥐 또한 엄마의 그림자로부터 벗어나야 한다. 이부영 박사는
가족관계에서 부모의 그림자를 자식이 대변하는 경우를 지적한다.
이런 현상은 그림자가 투사되기 전에 무의식 중에 다른 사람에게
옮겨가는 경우다.

> 딸이 어머니의 그림자를 의식 또는 무의식 간에 자기의 삶 속에 받
> 아들임으로써 어머니의 무의식의 그림자를 자극하는 경우가 있다. 기
> 겁을 한 어머니는 어머니대로 자기의 그림자를 보지 못하고 딸에게
> 투사하여 딸의 잘못된 행동을 야단치거나 몹시 걱정하고 통제하려든
> 다. 그것은 둘 사이의 관계를 더욱 악화시키다가 둘 다 불행하게 만든
> 다.[23]

하지만 팥쥐 엄마의 경우 딸에게 투사된 자신의 그림자를 바라
보지 못한다. 이미 약화된 의식은 딸과 동화되어 자신과 딸을 구
별하지 못한다. 아버지를 대신하여 아들이 그림자 역할을 한다거
나, 아내가 남편을 대신하여 그림자 역할을 하는 경우도 이와 비
슷한 현상이다.[24]

아이는 이처럼 부모와 환경의 영향을 받으면서 성장한다. 그럼
에도 불구하고 융이 말하는 어린이 원형은 의식이 형성되기 훨씬
이전부터 정신적 에너지(psychic life)를 가지고 있다.[25] 아이의 성

장은 부모 이미지를 내사(introjection)하거나 주변의 대상과 동일시하면서 성장한다.[26] 환경과 성숙을 지향하는 정신작용 사이에 지속적인 관계가 있을 때 아이는 성장한다.[27] 이것은 의식과 무의식의 균형과 조화의 원리를 말한다. 어린아이는 아직 의식과 무의식의 영역이 분화되지 않은 채 통합된 상태에 있다. 성장하는 과정에서 의식의 영역이 자리잡아 가면서 정신의 균형을 추구한다. 팥쥐는 새엄마와 마찬가지로 아직 미분화된 상태에 있다. 몸은 어른이 되었지만 정신적으로 미성숙한 상태에 있는 두 모녀는 서로 분리 개별화가 필요하다.

윌머는 자아-자기 축의 형성정도에 따라 정신발달 측면을 설명한다. 자아와 자기의 연합과 분리는 아동기나 성인기를 막론하고 인생의 전 주기에 나타난다. 심리발달은 태어나서 죽을 때까지 나

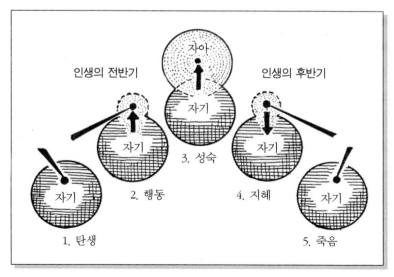

[그림 11-1] 자아-자기 축

선형의 순환적 형태로 나타난다. 대체로 보면 인생의 전반기에는 자아와 자기의 분리가 이루어지며, 인생의 후반기에는 자아와 자기의 재통합이 이루어진다. [그림 11-1]은 자아-자기 관계를 보여준다.[28)

[그림 11-1]에서 1. 탄생과 5. 죽음은 자기-만다라(self-mandala) 외에는 아무것도 없는 상태이다. 자아의 싹은 아직 잠재되어 있다. 자아와 자기는 하나로 존재한다. 이것은 아직 자아가 없다는 것을 의미한다. 이러한 현상은 '원초적 자아-자기 동일시'로서 분화되지 않은 정신의 전체성을 보여 준다. 이 상태는 출생과 죽음의 순간에서 발생한다. 이때 자아-자기 축(ego-self axis)이 전혀 구별되지 않는다.

2. 행동과 4. 지혜는 자아가 수면 위로 떠오르는 것을 보여 준다. 자아가 자기로부터 분리되기 시작하는 모습이다. 그러나 자아는 아직 여전히 정신의 중심인 자기와 대부분 동일시되고 있다. 이때 자아-자기 축은 의식 상태에서 아직 구별되지 않는다. 인생의 전반기는 2처럼 자아가 자기로부터 분리되는 시기며 이때 성찰보다는 행동을 중시한다. 인생의 후반기는 자아가 다시 자기에게 회귀하게 되어 다시 4처럼 된다. 이 시기에 높은 의식수준을 갖춘 자아와 자기가 연합함으로써 지혜의 기운(aura)을 발산하게 된다.

3. 성숙은 비교적 성숙한 단계로 더욱 진전된 심리발달 단계를 보여 준다. 그러나 아직까지도 자아-자기 동일시의 흔적이 남아 있다. 이 단계에서 자아-자기 축은 이제야 부분적으로 구별되기 시작한다. 자아와 자기가 완전히 분리된 상태는 이론적으로는 가능하다. 그러나 실제 삶 속에서는 거의 볼 수 없는 현상이다.[29)

▓▓▓ 미주

1) http://gugeo.netian.com/oldnovel/family/konhjwipatjwi.htm

2) Sibylle Birkhäuser-Oeri, *Mother: Archetypal Image in Fairy Tales*, 32.

3) 이부영, 그림자, 242-243.

4) Marie-Louise von Franz, *Archetypal Patterns in Fairy Tales*, 54.

5) E. Ackroyd, 꿈상징사전, 176.

6) Marie-Louise von Franz, *shadow and Evil in Fairy Tales*, 27.

7) CW 11, "Answer to Job," par. 716.

8) 참조. C. G. Jung, *Answer to Job*. CW 11, pars. 553-758.

9) Eric Acroyd, 꿈상징사전, 346.

10) 참조. Marie-Louise von Franz, *Archetypal Patterns in Fairy Tales*, 9-72.

11) 김종대, 한국의 도깨비연구 (국학자료원, 1994), 37-46.

12) 어떤 콩쥐팥쥐 이야기는 그 감사가 이전에 콩쥐와 혼담이 있었던 정도령
이라고 말한다. 엄기원 엮음, 콩쥐팥쥐전 (교학사, 1989), 72.

13) 이부영, 그림자, 242.

14) Verena Kast, *Folktales as Therapy*, (New York: Fromm International
Publishing Corporation, 1995), 82.

15) 이부영, 아니마와 아니무스, 47.

16) Marie-Louise von Franz, *Archetypal Patterns in Fairy Tales*, 81.

17) Sibylle Birkhäuser-Oeri, *The Mother: Archetypal Image in Fairy tales*, 117.

18) CW 4, pars. 308-309.

19) CW 5, par. 351.

20) C. G. Jung, 원형과 무의식, 204.

21) CW 16: pars. 378-379.

22) "신데렐라와 그 자매들"을 저술한 율라노프 부부는 신데렐라를 시기하는
마음은 정신의 중심에 있는 자기를 거절하는 마음이라고 말한다. Ann
and Barry, 신데렐라와 그 자매들-인간의 시기심, 이재훈 역 (한국심리치료연
구소, 1999), 144.

23) 이부영, 그림자, 97.

24) Marie-Louise von Franz, *Archetypal Patterns in Fairy Tales*, 81.

25) CW 9i, par. 299.

26) 내사는 투사(projection)에 반대되는 용어로서 내면화 경험이다. 내향적
성품인 융은 리비도를 그의 내적 세계에 투자하려 했다. 공감에 대한 융
의 접근은 투사보다는 내사를 활용하는 방향으로 진행된다. A. Samuels
et al. *A Critical Dictionary of Jungian Analysis*, 85-86.

27) Michael Fordham, "The Importance of Analysing Childhood for Assimilation

of the shadow," in *The Journal of Analytical Psychology.* vol. 10:33−47.

28) Harry A. Wilmer, *Practical Jung, 196.*

29) 참조. E. F. Edinger, "The ego−self Paradox," in *Journal of Analytical Psychology* vol. 5:3−18.

제 **12** 장

자신감 회복을 위한 이야기

1. 토끼와 거북이

햇볕이 따뜻하게 비치는 어느 봄날이었습니다. 토끼가 풀밭 위를 깡총깡총 뛰어 다녔습니다. 그 때 개울 쪽에서 거북이가 엉금엉금 기어오고 있었습니다. 심심하던 토끼는 거북이와 놀고 싶었습니다. 그래서 거북이가 가까이 오기를 기다렸습니다. 그런데 거북이가 너무도 천천히 기어오니까 답답해 보였습니다. 토끼는 자기가 빨리 뛸 수 있다는 것을 거북이에게 뽐내고 싶었습니다. 그래서 거북이에게 깡총깡총 다가가서 말을 걸었습니다.

"느림보 거북아! 안녕!"

"아! 토끼구나! 잘 지냈니?"

"응. 우리 누가 더 빠른지 경주해 보자. 저기 보이는 산꼭대기까지 누가 먼저 올라가는지 시합하는 거야."

"좋아. 한번 해보자."

"그러면 저기 산꼭대기에 있는 작은 바위가 보이지? 그곳에 먼저 도착하면 이기는 거다. 알겠지?"

이리하여 토끼와 거북이는 산등성이를 넘어 산꼭대기까지 올라가는 경주를 하게 되었습니다. 토끼는 자기하고 경주하겠다는 거북이가 미련스럽게 보였습니다. 토끼는 속으로 비웃었습니다.

"이런 바보. 내가 얼마나 빨리 달리는지 모르나? 경주 끝나고 놀려 줘야지."

토끼는 빨리 자랑하고 싶어서 견딜 수가 없었습니다.

"자, 그럼 시작하자. 준비 땅!"

토끼는 깡총깡총 힘차게 뛰었습니다. 한참 동안 열심히 달리던 토끼는 어느새 산 중턱에 있는 나무에 도착했습니다.

"헉헉. 아이고 힘들어! 아이고 숨차다!"

뒤를 돌아다보니, 거북이가 산 아래에서 엉금엉금 기어오는 것이 보였습니다.

"어휴! 저 느림보 거북이 좀 봐! 아직도 저 밑에 있네. 여기까지 오려면 한참 걸리겠지? 그럼 시원한 나무 그늘 밑에서 조금 쉬었다 갈까?"

토끼는 나무 그늘 밑에 털썩 주저앉았습니다. 다리를 쭉 뻗고 기지개를 펴니 몸이 나른했습니다. 그늘 밑은 참 시원합니다. 솔솔 불어오는 봄바람이 땀을 식혀줍니다. 잠이 솔솔 옵니다.

"아—함! 아! 졸려! 거북이가 여기까지 오려면 아직 멀었지? 그렇다면 조금만 누웠다가 가도 괜찮겠네."

토끼는 풀밭에 누웠습니다. 그리고는 이내 잠이 들었습니다.

한편 거북이는 땀을 뻘뻘 흘리며, 쉬지 않고 산 위를 향해 엉금엉금 기어갔습니다. 햇볕이 따뜻하게 비치고 있었습니다. 거북이는 무척 더웠습니다. 이마에는 땀이 비 오듯이 흘러내렸습니다. 그렇지만 계속 앞만 보고 산을 올라갔습니다.

쉬지 않고 산을 오르던 거북이는 어느 덧 산꼭대기 바위 근처까지 왔습니다.

그것도 모르고 쿨쿨 잠을 자던 토끼가 잠에서 깨어났습니다.

"아아아—함. 아! 잘 잤다. 여기가 어디지?"

기지개를 펴던 토끼는 갑자기 거북이와의 경주가 생각났습니다.

토끼는 졸린 눈을 비비고 나서 거북이를 찾아보았습니다.

"거북이가 어디에 있지?"

산 아래를 내려다보았습니다. 그러나 거북이는 보이지 않았습니다.

토끼는 눈을 또 비볐습니다. 눈을 비비니까 토끼의 눈이 빨갛게 되었습니다.

"거북이가 어디 갔을까?"

거북이를 찾으려고 두리번거리던 토끼는 산 위를 쳐다보고 깜짝 놀랐습니다. 거북이가 산꼭대기에 있는 바위 가까이 기어가고 있는 것이 보였습니다. 놀란 토끼는 빨개진 눈을 동그랗게 떴습니다.

"어이쿠! 큰일 났네! 빨리 가야지."

토끼는 있는 힘을 다해서 힘껏 뛰어 산꼭대기에 도착했습니다. 그러나 거북이는 이미 바위 위에 올라서서 두 손을 번쩍 들고 만세를 부르고 있었습니다.

"만세! 만세!"

거북이의 만세 소리가 울려 퍼지면서, 시원한 봄바람과 함께 이마에 흐르는 땀을 시원하게 식혀 주었습니다.[1]

2. 심리여행

다음 질문에 적당하다고 생각하는 곳을 지적해주기 바랍니다. 아무런 원칙과 제한 없이 생각나는 대로 느낀 대로 답해 주시기 바랍니다. 본문의 내용과 다를지라도 자신의 의견을 자유롭게 표현하기 바랍니다.

1. **토끼는 어디에서 사나요?**

① 바다   ② 강

③ 풀밭   ④ 산

⑤ 기타(   )

2. 거북이는 어디에서 사나요?

  ① 바다   ② 강
  ③ 풀밭   ④ 산
  ⑤ 기타(   )

3. 바다에서 토끼와 거북이가 빨리가기 시합을 하면 누가 이길까요?

  ① 토끼   ② 거북이   ③ 잘 모르겠다.

4. 토끼는 거북이를 볼 때 왜 답답해 보였을까요?

  ① 너무 천천히 기어오니까
  ② 거북이가 너무 게을러서
  ③ 거북이가 장난치니까
  ④ 거북이는 항상 최선을 다하지 않으니까
  ⑤ 기타(   )

5. 토끼는 왜 거북이에게 빨리 뛰는 것을 자랑하고 싶었나요?

  ① 거북이는 빨리 뛰지 못하니까
  ② 거북이가 바보같이 보여서
  ③ 자기가 잘 뛰는 것을 보여 주려고
  ④ 토끼는 같은 또래의 토끼 친구가 없어서
  ⑤ 기타(   )

6. 토끼는 거북이에게 왜 '느림보 거북이'라고 부르나요?

  ① 원래 느리니까
  ② 느린 거북이를 놀려 주려고
  ③ 느림보라고 해야 직성이 풀리니까
  ④ 거북이를 무시해야 자신이 돋보이니까
  ⑤ 기타(   )

7. 토끼는 왜 거북이에게 경주를 하자고 제안했나요?

① 거북이에게 이길 자신이 있으니까

② 심심해서 그냥

③ 느린 거북이를 놀려 주려고

④ 경주를 할 다른 토끼가 없어서

⑤ 기타(   )

8. 거북이는 왜 토끼의 제안을 받아들였나요?

① 토끼가 방심한 틈을 이용한다면 이길 수 있다고 생각해서

② 토끼는 원래 낮잠을 잘 자니까

③ 심심해서 토끼와 놀려고

④ 토끼 말을 듣지 않으면 혼나니까

⑤ 기타(   )

9. 토끼가 보기에 거북이가 왜 미련하게 보였나요?

① 경주에서 질 것을 뻔히 알고도 시합에 응해서

② 자신의 부족함을 너무도 몰라서

③ 생김새가 미련하게 보여서

④ 토끼 자신이 너무 잘나서

⑤ 기타(   )

10. 토끼는 깡충깡충 뛰는데 왜 거북이는 엉금엉금 기나요?

① 거북이는 노력을 하지 않아서

② 엉금엉금 기는 것이 안전하니까

③ 엉금엉금 기어도 토끼에게 이길 수 있으니까

④ 타고날 때부터 기어가게 되어 있으니까

⑤ 기타(   )

11. 토끼는 왜 나무 그늘 아래에서 잠을 잤나요?

① 나무 그늘이 너무 시원하니까

② 너무 빨리 뛰어 와서 지쳐서
③ 거북이가 너무 천천히 오니까
④ 경주에서 이길 것이 뻔하니까
⑤ 기타(   )

12. **거북이는 왜 쉬지 않고 산꼭대기까지 올라갔나요?**

① 한 번 쉬면 다시 올라가기 힘드니까
② 토끼를 이기기 위해
③ 쉬지 않고 기어가는 것이 거북이의 특기니까
④ 한 번 시작한 것은 최선을 다해야 되기 때문에
⑤ 기타(   )

13. **잠에서 깨어난 토끼는 왜 거북이와의 경주가 생각났나요?**

① 잠을 자는 동안 잊어버렸기 때문에
② 처음부터 거북이와의 경주를 중요하게 생각하지 않았기 때문에
③ 토끼는 처음부터 거북이와 경주할 마음이 없었기 때문에
④ 토끼는 경주에서 이길 것이 확실하기 때문에 기억하지 않아서
⑤ 기타(   )

14. **잠에서 깨어난 토끼는 왜 산 위를 보고 깜짝 놀랐나요?**

① 산 위가 너무 아름다워서
② 거북이가 아직 아래쪽에 있을 것이라고 생각해서
③ 거북이에게 질 것을 생각하니까 창피해서
④ 거북이의 모습이 장하게 보여서
⑤ 기타(   )

15. **거북이는 토끼를 어떻게 이겼나요?**

① 최선을 다해 시합에 임했으니까
② 거북이도 열심히만 하면 토끼를 이길 수 있으니까
③ 토끼가 낮잠을 잤기 때문에

④ 산꼭대기에 오른 다음에 쉬기 위해서 노력하다보니까
⑤ 기타(   )

16. 바다에 사는 거북이가 왜 들로 나왔을까요?

　① 심심해서
　② 들에서 무슨 일이 있나 보려고
　③ 토끼와 시합하려고
　④ 세상을 경험하기 위해
　⑤ 기타(   )

17. 토끼가 거북이에게 '느림보 거북이'라고 했을 때 거북이의 심정은 어떠했을까요?

18. 내가 토끼라면 어떻게 했을까요?

19. 내가 거북이라면 어떻게 했을까요?

20. 토끼와 거북이에게 결핍된 요소는 무엇이며 어떤 방식으로 그것을 보완하려고 했나요? 그 결과는?

21. 토끼와 거북이 이야기를 통해 느낀 점은 무엇인가요?

22. 내가 만든 '토끼와 거북이' 이야기는 어떤 내용일까요?

Tip

• 1~2번은 자신의 환경과 처지를 분명하게 깨닫기 위한 질문이다. 토끼는 물에서 살 수 없고 거북이는 산에서 살 수 없다는 현실을 인식하는 것이 중요하다.
• 3번은 자신이 처한 환경에 따라 적응력이 달라진다는 사회심리학적 견해로서 인지-행동치료법에 적용된다.

- 4번은 토끼의 편견이 거북이를 답답하게 생각하는 원인이 됨을 보여 준다. 사람들은 자기 위주로 다른 사람을 평가하려는 경향이 있다.
- 5번은 자기보다 못한 듯이 보이는 사람에게 자신을 과시하려는 자기애적 성향을 보여 준다.
- 6~7번에서 느림보라고 놀리는 것은 상대방의 약점을 들추어내서 자신의 우수함을 과시하려는 욕망 때문이다.
- 8번은 거북이는 자신의 약점을 감추기 위해 토끼의 제안을 받아들인다. 자신의 그림자를 수용할 수 있는 마음의 여유가 있어야 한다.
- 9~11번은 토끼의 자기중심적인 사고를 보여 준다.
- 12번은 뒤늦게 깨달은 거북이의 정체성을 보여 준다.
- 13~14번은 토끼의 자기인식에 대한 질문이다.
- 15~16번은 거북이의 현실인식에 관한 물음이다.
- 17~22번은 토끼와 거북이의 입장을 객관적으로 바라보면서 자신을 돌아보게 하는 질문들이다.

3. 토끼의 그림자 거북이

초등학교 교과서에 실린 토끼와 거북이 이야기는 '토끼처럼 자만하지 말고 거북이처럼 성실함을 배우라'는 교훈으로 알고 있다. 하지만 공동체적 관점에서 바라보는 토끼와 거북이는 교훈적인 내용 이상을 담고 있다. 우선 토끼는 '지배자, 능력 있는 사람, 재빠르게 남을 앞지르는 사람'을 대변한다. 반면에 거북이는 '남들보다 능력이 없고 재빠르지 못하지만 성실하게 노력하여 성공을 거두는 지극히 평범한 사람'으로 인식된다. 토끼와 거북이 이야기에서 강자의 논리와 약자의 논리가 팽팽하게 대립되고 있다. 강자는 강자대로, 약자는 약자대로 자기만의 세계관 안에 살고 있다. 강자는 수단과 방법을 가리지 않고 시합에서 이기면 된다. 약자는 강자가 허락한 범위 내에서 기회를 엿볼 수밖에 없다. 하지만 이 두 원리는 충분한 해결책이 되지 못한다. 강자와 약자가 정당한 관계를 유지할 때 사회구성원이 건강해진다.

토끼는 왜 거북이에게 시합을 하자고 했을까? 누가 보아도 거북이가 질 것은 뻔하다. 토끼의 의도를 충분히 알아차릴 수 있는 거북이는 왜 시합에 응했을까? 집단적 차원에서 볼 때 약자는 강자의 논리에 수긍하지 않을 수 없다. 그래야만 생명을 유지한다. 얼마 전만 해도 지주들의 고리대금업 때문에 농민들이 평생을 종처럼 살아오지 않았는가? '너희들도 땅을 사면 될 것 아닌가!' 지극히 정당한 것처럼 보이는 강자의 논리가 사회를 지배한다. 토끼의 논리 역시 '힘이 없다고 한탄하지 말고 시합을 통해 나를 이겨보라' 는 것이다. 약자는 강자가 허락한 범위 내에서 재기의 기회를 노린다. 그러다가 강자가 실수라도 하거나 허점이 보일 때 약자가 이기는 경우가 있다. 이처럼 강자와 약자 사이에는 정당한 원칙보다는 힘의 논리가 적용된다.

토끼와 거북이 관계를 분석심리학적 관점에서 본다면 둘은 서로 자신의 그림자를 투사하고 있다. 토끼가 보기에 거북이는 능력이 없고 엉금엉금 기는 게으른 동물이다. 토끼는 자신의 열등한 면을 거북이를 통해 본 것이다. 거북이로부터 자신의 그림자를 본 순간 토끼는 거북이를 미워하게 되고 궁지에 몰아넣을 연구를 하게 된다. 토끼는 거북이의 약점을 건드려 자존심을 상하게 한 다음 자신의 요구를 수용하게 만든다. 이것이 강자의 논리이다. 억압된 상태에 있는 약자의 자존심을 건드리는 것은 심리적인 부담감을 가중시킨다. 그 결과 약자는 정상적인 판단을 하지 못하고 감정에 휩싸여 불합리한 결정을 내리게 된다. 거북이가 시합에 응한 것은 분명히 불합리한 것이다. 거북이는 기죽지 않으려고 시합에 응한 것이다. 다행히 거북이가 시합에 이겨서 더 이상 마음의 상처는 없었지만 시합에서 졌다면 거북이는 심한 상처를 받았을 것이다.

시합을 하자는 토끼의 제안은 거북이에게 투사된 자신의 그림자와 맞서는 일이다. 토끼는 자신의 무의식에 잠재된 어두운 면을 보기가 두렵다. 하지만 토끼의 어두운 면은 시합 도중 낮잠을 자는 것으로 드러난다. 낮잠은 토끼가 거절할 수 없는 그의 그림자의 상징이다. 이처럼 그림자는 다른 대상에 의해 인식되거나 무의식적인 실수를 통해 경험되기도 한다.[2] 토끼가 거북이에게 자신의 그림자를 투사하지 않았다면 두 사람 모두 잘 할 수 있는 공정한 시합을 요구했을 것이다. 그것도 아니라면 토끼는 다른 토끼와 정정당당하게 시합을 해야 했다. 다른 토끼와 시합해서 이길 자신이 없는 겁쟁이 토끼는 자기보다 느린 거북이와 함께 시합을 함으로써 더욱 더 못난 토끼로 전락한다.

거북이 역시 토끼에게 자신의 그림자를 투사하고 있다. 토끼처럼 잽싸게 뛰지 못한 것에 대한 열등감이 그를 사로잡고 있다. 토끼가 그의 그림자를 건들자 거북이는 이성적인 판단을 하지 못하고 시합에 응한 것이다. 그 순간 '열심히 노력하면 토끼를 이길 수도 있다'는 환상적 기대심리가 거북이를 자극한다. 그러나 한번 생각해 보자. 토끼와 거북이가 달리기 시합을 하면 누가 이길까? 그것은 마치 어른과 어린아이가 육상경기를 하는 것과 같다. 다행히도 막연하게나마 기대했던 기회는 왔다. 예상하지 못했던 사건이 터진다. 토끼가 경기 도중에 낮잠을 잔 것이다. 한참이나 따돌린 토끼는 방심한 사이에 거북이가 서서히 다가오는 것을 예상치 못했던 것이다. 자신이 파놓은 함정에 빠진 토끼는 결국 거북이에게 지고 만다. 거북이는 순전히 토끼의 자만심과 실수로 시합에 이긴 것이다. 만약 토끼가 낮잠을 자지 않았다면 거북이는 어떻게 할 것인가? 당연히 지는 게임이니까 그 결과를 덤덤히 수용할 것인가? 아니면 다시 한 번 도전할 것인가? 그것도 아니라면 분통을 터트리며 토끼를 원망할 것인가?

심리학적 관점에서 볼 때 거북이는 결코 성실한 사람의 표본이 아니다. 그것은 현실을 망각하고 자신의 그림자에 사로잡힌 불안한 사람의 표상이다. 고소공포증이 있는 사람이 다른 사람에게 지기 싫어서 높은 곳에서 뛰어 내린다면 다리가 부러지거나 생명을 잃게 될 것이다. 토끼를 이겨보겠다고 하는 거북이의 영웅심리는 현실을 직시하지 못한 결과다.[3] 그렇다면 토끼와 함께 살아갈 수밖에 없는 거북이는 어떻게 해야 할까? 우선 약자인 거북이는 강자의 논리에 빠지면 안 된다. 강자는 약자보다 가진 것이 많다. 하지만 강자는 영원한 강자가 아니다. 강자에게 없는 것이 약자에게 있을 수 있다. 거북이는 자신의 강점을 찾아야 한다. 토끼와 달리기 시합을 한다면 당연히 거북이가 지게 되어 있다. 이것은 거북이의 능력과 아무런 상관이 없다. 타고 날 때부터 정해진 일종의 운명과도 같은 것이다.[4] 물론 운명의 노예가 되어 인간의 노력을 배제하자는 것은 아니다. 예를 들면, 우리에게 부모가 있다. 그 부모는 우리가 노력해서 바꿀 수 있는 것은 아니다. 이것이 우리에게 주어진 운명이다. 토끼는 산이나 들에서 살고 거북이는 강이나 바다에서 사는 것이 그들의 운명이다. 그 운명 속에서 각자 최선을 다해야 한다.

따라서 토끼와 거북이의 논리는 서로 달라야 한다. 그럼에도 불구하고 토끼는 거북이의 약점을 이용해서 자신의 논리 속으로 거

북이를 몰아간다. 거북이 역시 토끼의 의중을 깨닫지 못하고 그림
자의 노예가 되어 암울한 상태로 접어든다. 의식적 차원에서 거북
이는 토끼를 이기기 위해 최선을 다하려고 노력할 것이다. 하지만
그의 무의식에는 토끼가 실수하거나 거북이에게 유리한 조건이
갑작스럽게 생길지도 모른다는 기대감이 도사리고 있다. 이런 무
의식적 욕망이 거북이로 하여금 건전한 판단을 못하게 한다. 이런
현상은 무의식의 방어기제가 어떻게 우리를 곤경에 빠뜨리는가를
잘 보여 준다.

여하튼 거북이는 소망대로 경주에서 이겼다. 그러나 그것은 전
혀 예측할 수 없는 결과다. 이처럼 우연히 자신의 뜻을 이루는 경
우도 있다. 거북이가 이런 우연한 행운을 믿고 토끼에게 계속 도
전했다가는 참담한 실패를 맛볼 것이다. 그렇다면 거북이는 어떤
행동을 취할 수 있을까? 우선 토끼가 파놓은 함정에 빠지지 않아
야 한다. 그 함정으로 인도하는 것은 대개 거북이 자신 안에 있는
그림자이다. 자신의 그림자를 직면하고 친구로 삼을 때 그림자에
대한 두려움은 사라진다. 토끼의 제안에 거북이는 이렇게 말할 수
있다. "아니야, 나는 잘 달리지 못해. 대신 다른 게임을 하면 어떨
까?" 이런 식으로 토끼의 관심을 다른 곳으로 유도할 수 있다.

사실 거북이는 토끼보다 결코 능력이 없거나 게으르지 않다. 토
끼는 자신의 세계인 들에서 잘 뛴다. 거북이는 자신의 세계인 바
다에서 수영을 더 잘한다. 거북이는 토끼를 설득해서 자신이 유리
한 바다로 유인해야 했다. 강자의 논리를 대신할 약자의 정당한
논리를 찾아야 한다. 거북이는 바다로 갈 때 이미 약자가 아니다.
그 때는 토끼가 약자가 된다. 거북이는 자신이 토끼보다 잘 뛰지
못한다는 열등감에 빠질 필요가 없다. 바다에서는 토끼보다 수영

을 잘한다는 자신의 장점을 무기로 삼아야 한다. 사회적 지배원리에 지나치게 사로잡혀 있을 때 자신의 장점을 볼 수 없다. 가끔은 전혀 낯선 곳에서 자신을 발견할 필요가 있다.

토끼와 거북이 이야기는 주의력 결핍 및 과잉행동 장애(ADHD)로 인해 자신감이 떨어진 아동을 위한 이야기 치료 소재가 될 수 있다.[5] 기존의 교훈적 차원에서 벗어나 이야기에 대한 심리적 접근을 통해 자존감 상실로 어려움을 겪은 사람에게 희망을 줄 수 있다. 상담자는 자신이 약자라고 생각하는 내담자로 하여금 장점을 찾도록 도와야 한다. 동시에 현실 속에서 할 수 있는 일과 할 수 없는 일을 구별하도록 해야 한다. 현실 속에서 할 수 없는 일이 자신의 능력과는 무관한 것이 많다는 것을 알려줄 필요가 있다. 내담자는 자신이 무능해서가 아니라 현실적 상황이 나로 하여금 그 일을 할 수 없게 만들고 있다는 것을 인식할 수 있다. '나만의 세계'를 감사하게 생각하고 그것을 자신에게 유리한 방향으로 활용하는 것은 전적으로 내담자에게 달려 있다. 우리는 자신이 안고 태어난 천부적인 재능을 발견함으로써 그림자의 함정에 사로잡히지 않고 당당한 삶을 살게 된다. 상담자는 토끼와 거북이 이야기를 내담자에게 들려주고 심리여행을 위한 설문에 응하게 하면서 서로 진지한 대화를 나눌 수 있다. 다음에 제시한 세 왕자 이야기는 토끼와 거북이 이야기와 함께 정체성 회복을 위한 심리 치료 소재가 된다.

4. 세 왕자 이야기와 정체성 회복

옛날에 왕이 여행을 떠나면서, 세 왕자들을 불러서, 왕실의 재산을

그들에게 맡겼다. 왕은 왕자들의 능력에 따라, 재산을 나누어 주었다. 첫째 왕자에게는 황금 다섯 근을 주고, 둘째 왕자에게는 황금 두 근을 주고, 셋째 왕자에게는 황금 한 근을 주고 떠났다. 황금 닷 근을 받은 왕자는 곧 가서, 그것으로 장사를 하여, 황금 다섯 근을 더 남겼다. 황금 두 근을 받은 왕자도 그와 같이 하여, 황금 두 근을 더 벌었다. 그러나 황금 한 근을 받은 사람은 가서 땅을 파고, 왕이 준 황금을 숨겼다.

오랜 뒤에, 왕이 돌아와서, 왕자들과 셈을 하게 되었다. 황금 다섯 근을 받은 첫째 왕자는 황금 다섯 근을 더 가지고 와서 말하기를, "아바마마, 아바마마께서 저에게 황금 다섯 근을 맡기셨는데, 보십시오, 황금 다섯 근을 더 벌었습니다" 하였다. 왕은 그에게 말하였다. "착하고 신실한 아들아, 잘했다! 네가 작은 일에 충실하였으니, 이제 내가 많은 일을 네게 맡기겠다. 와서, 나와 함께 기쁨을 누려라." 황금 두 근을 받은 왕자도 다가와서 "아바마마, 아바마마께서 황금 두 근을 내게 맡기셨는데, 보십시오, 황금 두 근을 더 벌었습니다" 하였다. 왕이 그에게 말하였다. "착하고, 신실한 왕자야, 잘했다! 네가 작은 일에 신실하였으니, 이제 내가 많은 일을 네게 맡기겠다. 와서 나와 함께 기쁨을 누려라."

그러나 황금 한 근을 받은 사람은 나아와서 "아바마마, 나는, 왕께서 엄한 분이시라, 씨를 심지 않은 데서 곡식을 거두신 줄로 알고, 무서워하여 물러가서, 그 황금을 땅에 숨겨 두었습니다. 보십시오, 여기에 그 황금이 있으니, 받으십시오" 하고 말하였다. 그러자 왕은 그에게 말하였다. "악하고 게으른 놈아, 너는, 내가 나무를 가꾸지도 않으면서 열매를 거두고, 씨를 뿌리지도 않은 데서 곡식을 거두는 줄 알았느냐? 그렇다면, 너는 내가 맡긴 황금을 은행에 맡기거나 왕실 재산을 관리하는 사람에게 맡겼어야 했다. 그랬더라면, 내가 와서, 내가 맡긴 황금으로 이자가 생겨났거나 왕실재산을 늘리게 되었을 것이다. 왕은 화가 나서 이렇게 말했다. "셋째 왕자에게 준 황금 한 근을 빼앗아서, 황금 열 근을 가진 첫째 왕자에게 주어라. 가진 사람에게는 더 주어서 넘치게 하고, 없는 사람에게서는 있는 것마저 빼앗을 것이다. 이 쓸모없는 놈을 바깥 어두운 데로 내쫓아라. 거기서 슬피 울며 이를 갈 것이다."

1) 심리여행

1. 각 사람의 능력에 따라 황금을 맡긴 왕의 판단기준은 무엇인가요?

① 장사 수완   ② 재치

③ 지혜   ④ 현재의 능력

⑤ 사고력　　　　　　　　⑥ 기타(　　　　　　　　)

2. 황금 다섯 근을 받은 사람은 어떻게 해서 다섯 근을 더 벌었나요?

① 장사 수완을 발휘해서
② 싼 물건을 받아다가 곱절로 남겨서
③ 경기가 좋아서
④ 운이 좋아서
⑤ 기타(　　　　　　　　　　　　)

3. 황금 두 근을 받은 사람은 왜 두 근 밖에 벌지 못했나요?

① 황금을 두 근 밖에 받지 못해서
② 능력이 부족해서
③ 장사가 잘 안돼서
④ 경기가 좋지 않아서
⑤ 기타(　　　　　　　　　　　　)

4. 황금 한 근을 받은 사람은 왜 황금을 땅에 묻어두었나요?

① 황금을 잘못 사용할까봐 무서워서
② 내가 벌지 않아도 왕은 재산이 많으니까
③ 황금을 이용하지 않고 잘 보관하는 것이 좋다고 생각해서
④ 아무 일도 하기 싫어서
⑤ 기타(　　　　　　　　　　　　)

5. 왕은 황금 한 근을 땅에 묻은 왕자에게 왜 화를 냈나요?

① 장사를 해서 이익을 남기지 않았기 때문에
② 아무 일도 하지 않고 놀고 먹으려했기 때문에
③ 자신의 능력을 발휘하지 못하고 썩히고 있기 때문에
④ 왕실의 재산이 불어나지 않아서
⑤ 기타(　　　　　　　　　　　　)

6. 왕은 어떤 생각으로 세 왕자에게 황금을 나누어 주었을까요?

　① 각자의 능력을 보려고
　② 세 사람들에게 돈을 벌 수 있는 기회를 주려고
　③ 능력에 따라 일하는 것을 가르치려고
　④ 세 사람의 반응을 살피기 위해
　⑤ 기타(　　　　　　　　　　　　　　)

7. 왕은 어떤 사람인가요?

　① 성실하게 일하는 사람에게 상을 주고 그렇지 못한 사람에게는
　　벌을 주는 사람
　② 사람의 능력에 따라 기회를 주는 공평한 사람
　③ 모든 일을 자기 주관대로 생각하는 고집 센 사람
　④ 왕자들이 자신의 능력을 계발할 수 있는 기회를 주는 사람
　⑤ 기타(　　　　　　　　　　　　　　)

8. 황금 한 근을 받은 왕자가 그 돈을 자기 자신을 위해 썼다면 어떤 일이 발생할까요?

　① 왕은 몹시 화를 냈을 것이다.
　② 황금을 사용한 내용을 꼬치꼬치 캐물을 것이다.
　③ 돈을 사용한 내용을 자세히 묻지 않고 그냥 넘어갈 것이다.
　④ 좋은 일에 사용했다면 칭찬했을 것이다.
　⑤ 기타(　　　　　　　　　　　　　　)

9. 왕은 어떤 왕자를 가장 좋아했을까요?

　① 첫째 왕자
　② 둘째 왕자
　③ 셋째 왕자
　④ 자신에게 맡겨진 일에 최선을 다하는 왕자
　⑤ 기타(　　　　　　　　　　　　　　)

10) 내가 첫째 왕자였다면 어떻게 했을까요?

11) 내가 둘째 왕자였다면 어떻게 했을까요?

12) 내가 셋째 왕자였다면 어떻게 했을까요?

13) 내가 왕이었다면 어떻게 했을까요?

14) 왕과 셋째 왕자에게 결핍된 요소는 무엇이며 그것을 어떤 방식 으로 보완해 가나요? 그 결과는?

15) '세 왕자' 이야기를 집단차원과 개인심리 차원에서 분석해 봅 시다.

16) '세 왕자' 이야기가 주는 교훈은 무엇인가요?

17) 내가 다시 꾸민 '세 왕자' 이야기를 소개해 봅시다.

Tip

- 1번은 왕의 의도를 보기 위함이다.
- 2~3번은 능력있는 사람들에 대한 내담자의 견해를 보기 위함이다.
- 4~5번은 황금 한 근을 받은 왕자와 왕 사이의 감정교류 정도를 보기 위함이다.
- 6~9번은 왕의 의도를 보기 위함이다.
- 10~2번은 내담자로 하여금 부담감 없이 다른 사람의 입장을 생각해 보게 한다.

'세 왕자' 이야기는 성서에 소개된 '달란트 비유'를 동화처럼 각색한 것이다.[6] 성서의 달란트 비유는 천국에 대한 비유 가운데 하나로 알려져 있다. 세 왕자 이야기에서 왕은 천국의 주인, 곧 하

나님 이미지로 나타난다. 세 왕자들은 다음 세대를 이끌어갈 주역
이다. 왕이 먼 나라로 가는 것은 이전 세대는 가고 새로운 세대가
오고 있음을 암시한다. 새로운 세대는 새 인물에 의해 다스려진
다. 새 지도자에 대한 선정 기준이 이야기 속에 담겨 있다. 그것은
곧 정체성 확립으로 요약될 수 있다. 왕은 왕자들의 능력에 따라
황금을 나누어 주었다. 왕이 생각하는 능력은 과연 어떤 능력일
까? 겉으로 보기에는 왕은 왕자들의 장사 수완을 보고 있다. 이윤
을 남긴 사람이 칭찬을 받는다. 황금 한 근을 받은 사람은 땅에
숨겨 두었다는 이유로 추방당한다. 성서적 차원에서 보면 한 근
받은 왕자는 천국으로부터 추방당한 셈이 된다.

  이제 이야기 속으로 들어가 왕의 의도를 살펴보자. 많은 사람들
이 생각하는 것처럼 왕은 왕자들의 장사능력을 보고 있지 않다.
첫째 왕자나 둘째 왕자는 왕으로부터 동일한 칭찬을 듣는다. 첫째
왕자가 돈을 더 벌었다고 해서 왕의 칭찬을 더 들은 것은 아니다.
왕에게는 첫째 왕자나 둘째 왕자 모두 자신에게 맡겨진 일을 성실
하게 수행한 사람이다. 그 둘 사이에 차별은 없다. 그렇다면 첫째
왕자와 둘째 왕자 사이에 능력의 차이는 없다는 말인가? 결론적으
로 말하면 두 사람 사이에 능력의 차이는 없다. 왕이 보고자 하는
능력은 다른 사람과 비교되는 상대적인 능력이 아니라 자기가 할
수 있는 범위 안에서의 절대적 능력이다. 예를 들면, 황금 다섯 근
을 받은 사람은 다섯 근을 처리할 능력이 있다. 그런데도 불구하
고 그가 두 근 만을 남겼다면 능력발휘를 못한 것이다. 따라서 첫
째 왕자와 둘째 왕자는 자신의 능력에 맞는 책임을 완수했다는 점
에서 두 사람 모두 100퍼센트 능력을 발휘한 것이다. 왕의 칭찬에
차이가 없는 것도 바로 이런 이유이다. 왕은 얼마나 많은 양을 남

겼느냐에 관심이 있는 것이 아니라 자신의 능력을 얼마나 성실하게 발휘했느냐를 중시한다.

셋째 왕자는 왕의 뜻을 이해하지 못했다. 왕은 셋째 왕자가 황금 한 근을 처리할 수 있다고 판단했다. 그러나 셋째 왕자는 자신을 보지 않고 왕의 모습에 사로잡혀 있다. 그는 왕을 두려워한다. '왕은 심지 않고서도 무엇이든지 거둘 수 있는 분인데 왜 내가 고생하느냐?'는 이유가 있다. 또 한편으로는 자신의 행동에 대한 왕의 처벌을 두려워하고 있다. 개인적 차원에서 보면 셋째 왕자는 부성콤플렉스에 사로잡혀 있다. 그동안 아버지 그늘에서 안주해왔기 때문에 세상으로 나가는 것이 두려운 것이다. 또한 아버지 뜻대로 살아왔기 때문에 자신의 뜻을 펼치지 못한다.[7] 왕은 아들을 세상으로 내보내기를 원한다. 아들은 그것을 거부하고 있다. 이런 아들을 왕은 결국 어두운 곳으로 추방하게 된다.

분석심리학적 관점에서 보면 왕은 자기(self)의 상징으로 나타난다.[8] 천국에 이르게 하는 길을 제시하는 자기는 인간을 개성화로 인도한다. 매사에 자신감이 없는 사람은 어려서부터 스스로 할 수 있는 기회를 박탈당한 사람이다. 부모의 과잉보호나 혹은 어릴 때의 상처로 인해 자신감을 상실한 상태에 있다. 그런 사람은 자신에게 있는 황금 한 근을 두려워하고 있다. 그는 일단 지배원리에 순응한 것처럼 보인다. 하지만 정신세계는 건전한 자아를 요구한다. 건전한 자아는 나만의 자아이다. 태어날 때부터 나에게 주어진 나만의 자아(ego)는 자기(self)를 만날 수 있는 능력이 있다.[9] 기독교적인 시각에서 보면 우리 모두의 내면에는 하나님의 형상이 있다. 그 하나님의 형상은 자기이미지로서 스스로 하늘나라를 경험하게 한다. 자존감이 약화된 사람은 자신의 황금을 어떻게 활용할 것인가를 찾아야 한다. 내가 가진 황금 한 근은 다른 사람의 다섯 근 보다 더 귀하다. 이점에서 볼 때 왕이 분배한 황금에는 질적 차이가 없다. 자신에게 주어진 황금의 가치는 모두 100퍼센트의 가치가 있다. 그것은 곧 내 자신이기 때문이다. 상담자는 '세 왕자' 이야기 혹은 '달란트 비유'를 통해 내담자 스스로 자신을 돌아보고 새로운 자아를 형성할 수 있도록 도울 수 있다.

▓▓ 미주

1) http://user.chollian.net/~samsop/2list1.html
2) 이부영, 그림자, 41.
3) Carol S. Pearson, *Awakening the Hero Within*, 3-5.
4) Harry A. Wilmer, *Practical Jung*, 130.
5) 참조. Grad L. Flick, 주의력 결핍장애 아동 및 청소년을 위한 가장 좋은 양육법, 박형배, 서완석 역 (하나의학사, 2002), 189.
6) 마태복음 25:14-30.
7) 참조. Marie-Louise von Franz, *The Interpretation of fairy Tales*, 14.
8) Marie-Louise von Franz, *shadow and Evil in Fairy Tales*, 27.
9) C. G. Jung, 회상, 꿈 그리고 사상, 213.

한 사람 두 얼굴 이야기

1. 다윗과 우리아

그 다음 해 봄에, 왕들이 출전하는 때가 되자, 다윗은 요압에게 자기의 부하들과 온 이스라엘의 군인들을 맡겨서 출전시켰다. 그들은 암몬 사람을 무찌르고, 랍바를 포위하였다. 그러나 다윗은 예루살렘에 머물러 있었다. 어느 날 저녁에, 다윗은 잠깐 눈을 붙였다가 일어나, 왕궁의 옥상에 올라가서 거닐었다. 그 때에, 그는 한 여인이 목욕하는 모습을 옥상에서 내려다보았다. 그 여인은 아주 아름다웠다. 다윗은 신하를 보내서, 그 여인이 누구인지 알아보게 하였다. 다녀온 신하가, 그 여인은 엘리암의 딸로서, 헷 사람 우리아의 아내 밧세바라고 하였다. 그런데도 다윗은 사람을 보내어서 그 여인을 데려왔다. 밧세바가 다윗에게로 오니, 다윗은 그 여인과 정을 통하였다. 그런 다음에, 밧세바는 다시 자기의 집으로 돌아갔다. 얼마 뒤에 그 여인은, 자기가 임신한 것을 알고서, 다윗에게 사람을 보내서 자기가 임신하였다는 사실을 알렸다. 다윗이 그 소식을 듣고는, 요압에게 전갈을 보내서, 헷(히타이트) 사람 우리아를 다윗에게 보내니, 우리아가 다윗에게로 왔다. 다윗은 요압의 안부와 군인들의 안부를 묻고, 싸움터의 형편도 물었다. 그런 다음에, 다윗은 우리아에게 말하였다. "이제 그대의 집으로 내려가서 목욕을 하고 쉬어라." 우리아가 어전에서 물러가니, 왕은 먹을 것을 함께 딸려서 보냈다. 그러나 우리아는 자기 상전의 종들과 함께 대궐 문간에 누워서 자고, 자기 집으로는, 내려가지 않았다. 다윗은, 우리아가 자기 집으로 내려가지 않았다는 말을 듣고, 원정길에서 돌아왔는데, 왜 집으로 내려가지 않은지를 우리아에게 물었다. 우리아가 다윗에게 대답하였다. "언약궤와 이스라엘과 유다가 모두 장막을 치고 지내며, 저의 상관이신 요압 장군과 임금님의 모든 신하가 벌판에서 진을 치고 있습니다. 그런데 어찌, 저만 홀로 집으로 돌아가서, 먹고 마시고, 나의 아내와 잠자리를 같이 할 수가 있겠습니까? 임금님이 확실히 살아 계심과, 또 임금님의 생명을 걸고 맹세합니다. 그런 일은, 제가 하지 않겠습니다." 다윗이 우리아에게 말하였다. "그렇다면, 오늘은 날도 저물었으니, 여기에서 지내도록 하여라. 그러나 내일은, 내가 너를 보내겠다." 그리하여 우리아는 그날 밤을 예루살렘에서 묵었다. 그 다음날, 다윗이 그를 불러다가, 자기 앞에서 먹고 마시고 취하게 하였다. 그러나 저녁때에, 그는 여전히 왕의 신하들과 함께 잠자리에 들고, 자기 집으로 내려가지 않았다. 다음날 아침에 다윗은 요압에게 편지를 써서, 우리아의 편에 보냈다. 다윗은 그 편지에 다음과 같이 썼다. "너희는 우리아를, 전투가 가장 치열한 전선으로 앞세우고 나아갔다가, 너희만 그의 뒤로 물러나서, 그가 맞아서 죽게 하여라." 요압은 적의 성을 포위하고 있다가, 자기가 알고 있는 대로, 적의 저항 세력이 가장 강한 곳에 우리아를 배치하였다. 그 성의 사람들이 나가서 요압의 군인들과 싸우는 동안에, 다윗의 부하들 쪽에서 군인 몇 사람이 쓰러져서 죽었고, 그 때에 헷 사람 우리아도 전사하였다. 요압이 다윗에게 사람을 보내서 전쟁의 상황을 모두 전하였다. 요압은 전령에게 이렇게 지시하였다. "네가 이번 전쟁의 상황을 모두 임금님께 말씀드리고 났을 때에, 임금님이 화를 내시며 네게 말씀하시기를 너희가 왜 그토록 성에 가까이 가서 싸웠느냐? 적의 성벽 위에서 적병들이 활을 쏠 줄도 몰랐단 말이냐? 여룹베셋의 아들 아비멜렉을 누가 쳐서 죽였느냐? 어떤 여자가 성벽 위에서 그의 머리 위로 맷돌 위짝을 던져서, 그가 데벳스에서 죽지 않았느냐? 그런 것을 알면서, 너희가 무엇 때문에, 그토록 성벽에 가까이 갔느냐? 하시면, 너는 임금님의 부하 헷 사람 우리아도 죽었습니다하고 대답하여라." 전령이 떠나, 다윗에게 이르러서, 요압이 심부름을 보내면서 일러준 말을 모두 전하였다. 전령은 다윗에게 이렇게 말하였다. "우리의 적은 우리보다 강하였습니다. 적이 우리와 싸우려고 평지로 나왔으므로, 우리는 적들을 성 안으로 밀어 넣으려고, 성문 가까이까지 적들을 밀어붙였습니다. 그 때에 성벽 위에 있는 적들이 임금님의 부하들에게 활을 쏘았습니다. 그래서 임금님의 부하들 가운데서 몇 사람이 죽었고, 임금님의 부하인 헷 사람 우리아도 죽었습니다." 그러자 다윗이 전령에게 말하였다. "너는 요압에게, 칼은 이편도 죽이고 저 편도 죽이기 마련이니, 이번 일로 조금도 걱정하지 말라고 전하여라. 오히려 그 성을 계속 맹렬히 공격하여서 무너뜨리라고 전하여, 요압이 용기를 잃지 않도록 하여라." 우리아의 아내는, 우리아가 죽었다는 소식을 듣자, 자기의 남편을 생각하여 슬피 울었다. 애도하는 기간이 지나니, 다윗이 사람을 보내어서, 그 여인을 왕궁으로 데려왔다. 그 여인은 이렇게 하여서 다윗의 아내가 되었고, 그들 사이에서 아들이 태어났다. 그러나 주께서 보시기에, 다윗이 한 이번 일은 아주 악하였다.[1]

2. 심리여행

다음 질문에 편한 마음으로 대답해 주세요. 하나 이상의 답이 나올 수 있습니다.

1. **다윗은 이스라엘과 암몬이 싸우는 동안 예루살렘에 머물러 있었다. 그에게 어떤 일이 있을까요?**

   ① 나이가 들어 전쟁에 출전하지 못하고 예루살렘 궁에서 쉬고 있

　없을 것이다.

② 예루살렘에 남아 비상시를 대비하고 있었다.

③ 밧세바의 목욕장면을 보기 위해 일부러 예루살렘에 남았다.

④ 왕이니까 전쟁에 나설 필요가 없었다.

⑤ 기타(　　　　　　　　　　　　　　　　　)

2. **다윗이 옥상에서 밧세바의 목욕장면을 바라볼 때 어떤 생각이 들었을까요?**

① 밧세바와 동침하고 싶었을 것이다.

② 아름다운 여인과 단순히 대화를 나누고 싶었을 것이다.

③ 밧세바라는 여인이 누구인지 궁금했을 것이다.

④ 왕궁의 옥상에 저녁노을이 드리워진 분위기는 다윗의 성욕을 자극했을 것이다.

⑤ 기타(　　　　　　　　　　　　　　　　　)

3. **밧세바는 왕궁 지붕에서 내려다보이는 곳에서 왜 목욕을 했을까요?**

① 집구조가 그렇게 되어 있기 때문에 무심코 목욕했을 것이다.

② 저녁 무렵에 다른 사람이 볼 것을 예상하지 못하고 목욕했을 것이다.

③ 그 시간에 다윗이 옥상을 거닌다는 것을 짐작하고 의도적으로 그랬을 것이다.

④ 자신의 몸매를 과시하기 위해 그랬을 것이다.

⑤ 남편이 없는 동안 외로워서 그랬을 것이다.

⑥ 기타(　　　　　　　　　　　　　　　　　)

4. **밧세바의 임신을 보고 느낀 소감은?**

① 불륜에 의한 임신이므로 불결한 생각이 든다.

② 다윗은 왕이니까 얼마든지 여인을 취하고 자식을 낳을 수 있다고 본다.

③ 남녀간의 사랑에 의한 임신은 그 자체로 고귀한 것이다.

④ 아이의 생명은 하나님께서 주신 것이므로 감사하게 여기고 잘 키워야 한다.

⑤ 기타(   )

5. 우리아는 왜 다윗의 명령대로 밧세바에게 가지 않았나요?

① 전쟁터에서 싸움을 하고 있는 동지들을 생각해서

② 하급 군인이 편하게 지내는 것이 미안해서

③ 다윗의 행동이 수상해서

④ 다윗과 밧세바의 소문을 들었기 때문에

⑤ 아내가 보고싶지 않았기 때문에

⑥ 기타(   )

6. 우리아는 다윗의 편지를 왜 뜯어보지 않았나요?

① 하급 군인이기 때문에 뜯어 볼 수 없었다.

② 전쟁터로 빨리 돌아가야 하기 때문에 뜯어볼 겨를이 없었다.

③ 미래에 닥칠지도 모르는 위험한 사태에 대한 불안감 때문이다.

④ 모든 것을 체념했기 때문이다.

⑤ 다윗에게 속은 것처럼 자신을 위장한 것이다.

⑥ 기타(   )

7. 다윗과 요압의 관계는?

① 요압은 다윗에게 충성스런 신하이다.

② 다윗은 요압을 통해 자신의 악행을 감추는 사람이다.

③ 요압은 자신의 출세를 위해 왕에게 무조건 충성하는 사람이다.

④ 요압은 다윗의 계획을 미리 알고 적절하게 대처할 줄 아는 현명한 사람이다.

⑤ 기타(   )

8. '다윗과 우리아' 이야기를 집단의식 차원에서 이야기해 봅시다.

9. '다윗과 우리아' 이야기가 어떤 사람의 꿈에 나타난 것으로 생각하고 그 의미를 분석해 봅시다.

10. 내가 다시 쓴 '다윗과 우리아' 이야기를 소개해 봅시다.

다음 이야기는 35세의 여성이 다윗과 우리아 이야기를 듣고 적극적 상상을 통해 자신의 이야기를 재현한 것이다. 이 여성의 현재 심리에 대해서 서로 이야기 해보자.

밧세바는 아름답지만 밝아 보이지 않는 소녀였다. 그녀는 우리아의 성실한 모습에 반해서 결혼했지만 나중엔 그것이 밧세바를 가장 힘들게 한 요인이 되었다. 알콩달콩한 신혼을 보내지도 못했다. 잦은 전쟁 때문이었다. 다른 남자들은 갖가지 이유로 가끔 전쟁에 빠지기도 하고 중간에 돌아오기도 했지만 우리아는 결코 그런 적이 없었다. 밧세바는 전쟁에 나가지 않아도 되는 다윗을 생각한다: '전쟁에서도 뒷열에 있어도 되는 다윗의 아내가 되면 이렇게 초라한 내가 되지 않을 텐데…' 물론 다윗을 감히 바라볼 존재는 아니라는 것을 밧세바도 잘 알고 있다. 외롭고 슬픈 그녀의 생활은 일탈로 이어진다. '내가 할 수 있는 것이란 고작 남자를 만나는 것뿐이야!' 밧세바는 자기가 할 수 있는 것, 목욕하는 시간과 장소를 정해서 다윗의 눈에 띄게 하는 일을 감행했다. 우리아는 다윗의 제안을 거부함으로써 그가 마지막으로 밧세바를 지켜주고 행복하게 해 줄 수 있는 기회를 제공하지 못했다. 자신은 깨끗한 영웅의 모습이란 걸 많은 사람 앞에서 보여 주었다. 누가 봐도 뻔한 밧세바의 잘못을 감추어주기는커녕 그는 차라리 영웅으로 죽기를 각오했다. 밧세바는 결국 최후의 희생자가 된 것이다.

> Tip
>
> • 1~2번은 다윗의 현재 상황과 심리상태를 보기 위함이다.
> • 3번은 밧세바의 상황과 심리상태를 보여준다.
> • 4번은 밧세바의 임신에 대한 내담자의 느낌을 묻고 있다.
> • 5~6번은 우리아의 의식, 무의식 차원의 심리상태를 보고 있다.
> • 7번은 다윗과 요압의 그림자 관계를 본다.

3. 한 사람 두 얼굴

초등학교 3~4학년 때 쯤으로 기억된다. 내 옆에는 부하처럼 늘 나를 따라다니며 내말을 잘 듣는 아이가 있었다. 다른 아이들 이름은 거의 기억하지 못하지만 그 애 이름만큼은 기억 속에서 사라지지 않을 것 같다. 그 애는 내 명령이라면 즉시 행동에 옮겼다. 가만히 생각하니까 초등학교, 중학교, 고등학교 시절 내내 힘센 친구를 따라다니며 다른 애들을 괴롭히거나 마치 자신이 힘센 아이처럼 뻐기며 다니는 애들이 주변에 늘 있었던 것 같다. 나와 내 친구도 그런 관계였다. 당시 내가 힘센 아이였을까? 아마 그랬던 것 같다. 힘도 있었지만 공부도 잘해서 선생님에게 칭찬을 받았기 때문에 다른 아이들에게 선망의 대상이 되었을 것이다. 하지만 나는 선생님 앞에서는 착실하고 공부 잘하는 모범생이었지만 학교 밖에 나오면 전혀 다른 모습으로 행동할 때가 있었다. 하루는 방과 후에 집에 돌아오는 길이었다. 여느 때와 마찬가지로 내 부하는 내 가방을 들고 나를 따르고 있었다. 그 때 저 앞에서 통통한 다리를 내보이며 예쁜 옷을 입고 걸어가는 다른 반 여자아이가 있었다. 나는 내 부하에게 눈짓을 보냈다. 부하는 내 의도를 알아차리고 그 여학생에게 가까이 접근했다. 갑자기 내 가방 모서리가 그 여자아이 다리를 스친 순간 다리에서 피가 줄줄 흘렀다. 가방 모서리를 고정하는 양철조각이 튀어나와 그 여자아이의 다리에 스치자 피가 난 것이다. 내 부하 녀석은 장난삼아 그 애를 골탕먹였고 나는 멀리서 고소한 눈빛으로 그 애를 바라보고 있었다.

아득히 먼 과거의 일이지만 왜 잊혀지지 않고 내 주변을 맴도는 것일까? 내가 그렇게도 못된 아이였단 말인가? 아직 어려서 세상 물정을 몰라서 그랬을까? 아니면 원래 태어나기를 악하게 태어나서 그런 못된 짓을 할 수 있는 것일까? 부하노릇을 하며 매일 나의 가방을 들고 따라다니며 내 대신 못된 짓을 해 준 그 애는 지금 무엇을 하며 지낼까? 지금 생각해 보면 내 부하노릇을 했던 친구도 힘이 세고 고집도 있었던 땅딸보인 것 같은데, 왜 나를 졸졸 따라다니며 기쁜 마음으로 못된 짓을 했을까? 그와 나와의 관계는 무엇일까? 그 아이는 내가 무서워서 부하노릇을 한 것 같지는 않다. 그 애와 나는 같은 동네에서 살았다. 그래서 방과 후에는 같이 집에 올 때가 많았다. 그 애는 나보다 공부는 못했지만 그런대로 똑똑한 아이였다. 그 애를 통해 내 안의 분노가 외부에 드러난 것이다.

분석심리학적 정신구조에 의하면 나와 그 아이의 관계는 자아(ego)와 그림자(shadow) 관계로 설명될 수 있다. 나의 어두운 면은 내 친구에게 투사되었고, 내 친구는 나의 열등감과 분노를 대신 표출한 것이다.[2] 나는 친구를 통해 분노를 표출함으로써 다른 사람들의 눈을 피할 수 있었고, 친구는 내 말대로 함으로써 나와의 관계를 더욱 공고히 할 수 있었다. 나는 선생님이나 다른 사람들에게 여전히 모범생으로 인정받을 수 있으며, 친구는 공부 잘하는 모범생의 친구로 남는다. 하나의 인격에 서로 상반된 두 얼굴이 있는 셈이다. 그런데 나는 왜 아무런 잘못도 없는 그 여자아이에게 상처를 입혀가면서까지 골탕을 먹이려고 했을까? 그 여자아이 집은 신발가게를 운영하고 있었다. 당시만 해도 가게를 운영하는 것은 부유한 편에 속했다. 부잣집에서 호강하고 사는 그 애를 본 순간 나는 괜히 화가 났고 그동안 그 애한데 억눌렸던 분노를 표출한 것으로 생각된다. 내 친구 역시 가난하게 살고 있었기 때문에 나와 동병상련의 아픔이 있었을 것이다. 이처럼 자아와 그림자가 연합하는 일이 잦아지고 지속된다면 어떻게 될까? 나는 물론이고 내 친구 또한 한통속이 되어 타락의 길로 치달았을 것이다. 다행히도 그런 무지막지한 장난기는 한 번으로 끝난 것 같다.

'다윗과 우리아' 이야기 역시 다윗의 두 얼굴을 보여 준다. 다윗은 이스라엘에서 존경받는 왕이었다. 그러나 그의 내면에는 불륜을 감추기 위해 살인까지 저지른 무섭고도 어두운 면이 있다. 그가 불륜을 저지른 사건이 세상이 알려지면 그의 명성은 크게 금이 간다. 다윗은 밧세바의 임신사실을 감추려고 우리아를 전쟁터에서 불러다가 그의 아내와 동침을 유도했지만 실패한다. 다윗은 결국 자신의 수족인 요압에게 편지를 써서 우리아가 전쟁터에서 죽게 한다. 요압은 다윗의 의중대로 우리아가 전쟁터에서 싸우는 도중 전사하게 함으로써 두 사람의 공모는 일단 성공한 것처럼 보인다. 하지만 과연 다윗과 요압의 연합은 성공했을까? 이제 성서이야기를 분석심리학적 차원에서 차분하게 음미해볼 필요가 있다.

다윗은 암몬과 아람 사람들을 차례로 물리치고 예루살렘 왕궁에 머물렀다. 다윗이 왕궁에 머무는 동안 부하들은 전쟁을 치르고 있었다. 다윗이 어떤 연유로 예루살렘에 남게 되었는지에 대한 성서의 설명은 없다. 어떤 이들은 다윗이 이제 너무 나이가 들어 전쟁에 참여하지 않았을 것이라고 생각한다. 이처럼 불확실한 역사적 배경은 이야기의 도입과 그 신빙성을 더하기 위한 배려 외에 별다른 의미가 없다.[3] 다윗의 침대는 옥상에 마련된 것으로 보이며, 저녁 산책에 좋은 적당한 장소에 설치되었을 것이다. 그가 산책하는 도중 '매우 아름답게 보이는' 밧세바가 목욕을 하는 것을 보게 된다. 다윗은 밧세바가 히타이트 사람 우리아의 아내라는 사실을 알게 됨에도 불구하고, 그녀와 동침함으로써 불륜을 저지르게 된다. 사건이 일어나자마자 밧세바는 곧 임신하게 되고, 이 사실은 다윗에게 고해지면서 다윗과 우리아의 심리전이 전개된다.

우리는 사건의 추이를 지켜보면서 여러 가지 상상을 하게 된다. 우선 전쟁 중에 다윗이 홀로 남아 낮잠을 즐긴다는 것부터 이해하기 어렵다. 밧세바는 어떤 연유로 목욕하는 장면을 노출하게 되었는가? 그동안 성서독자들은 다윗과 밧세바 사이의 불륜관계에 주목하고, 간음에 대한 종교적 윤리적 해석을 시도해 왔다. 하지만 분석심리학적 관심은 표면적 행위보다는 내면의 정신세계에 주목한다. 성서이야기 역시 다윗과 밧세바 사이의 불륜사건보다는 주변 인물들 사이의 관계성과 그 안에서 발생하는 심리적 역동을 보여 준다. 그 실례로 다윗과 우리아 사이의 대화가 상세하게 전개되고 있다. 이런 관점에서 나는 이 사건을 '다윗과 우리아' 이야기로 부르고 싶다.

다윗은 전쟁 중에 있는 우리아를 불러 직접 전쟁에 대한 안부를 묻고, 그를 집으로 보내어 아내와 동침하도록 유도한다. 다윗의 호의에 우리아는 의아해 했음이 분명하다. 왜냐하면 외국인이었던 우리아에게 왕의 직접적인 위로와 후한 대접은 흔한 일이 아니기 때문이다. 그러나 우리아는 왕의 호의를 따르지 않고 왕궁 문에서 다른 병사와 함께 잠을 잔다. 왕은 다시 우리아를 불러 그 사연을 물은 즉, '다른 병사들이 전쟁 중인데 자기 혼자만 아내와 동침할 수는 없다'는 것이다. 다윗의 계교와 우리아의 '고집스런 신념'과의 싸움은 계속된다. 우리아가 이틀 밤이나 홀로 밤을 지내자, 초조해진 다윗은 더 이상 그를 설득시킬 수 없음을 알고 두 번째 계략을 세운다. 그것은 우리아를 전쟁터에 다시 보내 싸움의 선봉에 서게 함으로써 그를 죽게 한다는 것이다. 요압의 협조로 다윗의 계략은 성공하게 되고 우리아는 결국 죽게 된다. 요압은 다윗의 그림자를 행동에 옮긴 사람이다. 아버지의 명성을 지켜주기 위해 아들이 악한 일을 대신 한다면 그는 아버지의 그림자 역할을 수행한 것이다.[4] 요압은 다윗의 그림자 역할을 하면서 다윗과의 연대를 강화한다.

여기서 우리는 인간이 어디까지 악해질 수 있느냐에 대한 심각한 질문을 던지게 된다. 아무리 '바늘 도둑이 소도둑 된다'고 하지만 다윗의 처사는 너무나 비인간적이고 파렴치한 행동이다. 심리학적 관점에서 볼 때 다윗의 계략은 의도적이라기보다는 무의식적 방어기제에서 유래한 것으로 볼 수 있다. 다윗은 처음에는 우리아를 죽일 계획은 없었다. 하지만 자신의 계략에 말려들지 않은 우리아에게 분노하게 되고 결국 그를 죽이기로 결심하게 된다. 어떤 사람들은 자신이 세운 계획이 원래 의도한 대로 잘될 것이라는 기대를 한다. 물론 심리적으로 불안한 상태에 있는 사람들은 자신이 세운 어떤 계획도 성공할 수 없다는 자기비하에 사로잡히거나 자존감상실로 어려움을 겪는다. 그러나 대체로 건강한 사람

들은 자신이 하는 모든 일을 긍정적으로 생각하며 때로는 성공신
드롬에 사로잡혀 있다. 이것은 실패로부터 자신을 보호하려는 방
어기제인 기대심리(anticipation)이다. 기대심리가 지나치게 강할 때
현실감은 떨어지고 정신적 균형은 깨진다. 다윗 역시 우리아에 대
한 자신의 계략을 지나치게 신뢰한 것이다. 자신에 대한 지나친
신뢰가 좌절될 때 열등의식과 분노는 증가한다. 이때 그 모든 책
임은 우리아에게 달려 있다. '살려주려고 했는데 우리아가 말을
듣지 않아 할수없이 죽이게 되었다'는 것이다. 밧세바와의 불륜에
대한 죄책감은 순간적으로 사라지면서 그것은 우리아에게 전가된
다. 왕명을 거역하는 우리아의 죄아닌 죄는 다윗의 '정당한' 살인
으로 이어진다. 이처럼 자신을 보호하려는 방어기제가 강하면 강
할수록 정신세계는 급격히 황폐화되며 의식과 무의식의 균형이
깨지면서 판단력을 잃게 된다. 다윗은 자신을 왕으로 생각하면서
'인간 다윗'을 보지 못한 것이다. 다윗이 사회적 인격(persona)인
왕을 '인간 다윗'(ego)과 동일시할 때 자아의식은 약화된다. 이스
라엘 왕으로서의 다윗과 한 인간으로서의 다윗이 조화를 이룰 때
건전한 인격을 이룰 수 있다. 우리아와 인간 다윗이 만났다면 아
마 이야기는 비극적으로 끝나지 않았을 것이다.

　이처럼 부정적 방어기제는 주로 자신의 그림자와의 연대를 통해
활성화된다. 일개 이방인에 의해 자신의 계획이 좌절되자 다윗의
열등감은 고조된다. 이때 의식은 약화되고 무의식의 억압은 강화
된다. 다윗의 그림자로 대변되는 요압은 다윗의 의식이 약화되어
판단력이 흐려질 때 부정적인 방향으로 정신을 황폐화시킨다. 다
윗의 부정당한 요구를 들어줌으로써 자신의 입지를 강화하려는
속셈이 그 안에 깔려 있다. 다윗은 자신의 열등감과 비겁한 면을

표출하지 않으면서 소기의 목적을 달성할 수 있다는 일거양득의 환상에 사로잡혀 있다. 융은 "얌전한 모습 밑에 숨어 있는 악한 본능(그림자)을 다른 사람에게 옮겨서 그 사람으로 하여금 무의식간에 범행을 저지르게 하는 경우가 있음"을 지적한 바 있다.[5] 다윗에게 도사리고 있는 부정적 가면과 그림자와의 연대는 일시적인 성공을 이끌어내기도 한다. 하지만 정신세계의 불균형은 심리적 불안감을 가중시켜 일상적인 삶에 막대한 지장을 준다. 다윗의 말년이 이를 보여 준다. 밧세바와의 결혼으로 인해 자식들 사이의 권력암투에 휘말리게 되며 다윗은 형제간의 살육전을 경험해야 했다. 밧세바는 이점에서 볼 때 다윗에게는 부정적인 아니마로 경험된다. 자신이 갈망한 영혼의 반려자(아니마)가 부정적으로 작용할 때 정신세계는 표류하게 된다.[6] 다윗의 왕국을 이어받은 솔로몬이 죽자 이스라엘이 남북으로 분열되어 결국 강대국에 의해 멸망당한 것은 다윗의 정신세계가 분열된 것을 상징적으로 나타낸다.

다윗과 우리아 이야기는 겉으로 드러난 내용보다 훨씬 더 심층적인 원형적 요소를 담고 있다. 왕으로서의 다윗은 고대 이스라엘 공동체의 지배원리를 상징한다.[7] 반면에 우리아는 이스라엘 사회에서 환영받지 못했던 이방인으로 등장한다. 히타이트 사람이 이스라엘 사회에 동화되어 최선을 다해 이스라엘을 위해 싸웠지만 그 결과는 비참하다. 다윗은 누가 봐도 그럴듯한 계책을 세워 우리아를 현혹한다. 전쟁영웅에게나 베풀 호의를 우리아에게 베풀지만 우리아는 요지부동이다. 적어도 우리아에게는 다윗의 명령을 거절할 명분이 있다. 다른 사람들은 전쟁터에서 죽어 가고 있는데 어떻게 자기만 편하게 지낼 수 있냐는 것이다. 하지만 사람들은 왕이 시키는 대로 했으면 죽는 일은 없었을 것이라고 말할 것이다. 우리아는 다윗의 행위를 눈치챘을까? 그것은 아무도 모른다. 누군가는 다윗의 불륜을 알고 있었지만 우리아에게 그 사실을 폭로했을 가능성은 적어 보인다. 그렇다면 다윗의 행동을 어색하게 생각했던 우리아 스스로 불길한 상황을 예측한 것일까? 의식적 차원에서 보기에 우리아는 자신의 순진한 고집 때문에 죽음의 길을 간 것 같다. 하지만 세 번이나 다윗의 명령을 거절한 우리아의 심리상태가 불안하다면 그의 무의식은 이미 그 상황을 감지한 것이다. 무언가 엄습하는 불길한 조짐이 정신세계를 혼란에 빠트렸을 때 그는 어떤 행동도 쉽게 할 수 없다. 지배 이데올로기의 억압적 힘에 대항하는 우리아의 항거는 죽음으로 귀결된다. 하지만 그 죽음은 단순히 한 인간의 소멸을 의미하지 않는다. 우리아의 죽음으로 인해 다윗의 불륜과 부정과 정당하지 못한 행위들이 세상에 드러났기 때문이다. '민심은 천심'이라고 했던가? 민중을 대변하는 우리아의 외침은 죽음을 통해 드러났으며 그 죽음은 결국 지배 이데올로기의 후퇴를 초래한다.

여기서 우리아는 기독교의 그리스도 이미지와 연관될 수 있다. 우리아의 천진난만한 우둔함이 그를 죽음으로 몰고 갔지만 결국 진실을 드러내는 유일한 길임을 보여 주고 있다. 지배 이데올로기에 대항하여 민심과 하늘의 뜻을 세상에 전하고자 했던 예수의 이미지는 죽음과 부활의 상징으로 구체화된다. "하나님의 미련한 것이 사람보다 지혜 있고 하나님의 약한 것이 사람보다 강하니라"[8]는 성서의 가르침은 우리아 이야기 안에 내재된 그리스도 원형을 보여 준다.[9] 미련하게 보이는 진리의 세계는 인간의 지배원리보다 훨씬 더 지혜롭고 강하다. 분석심리학의 정신구조에서 자기(self)는 정신세계의 중심으로서 의식과 무의식의 통합을 이루는 핵심적 요소이다. 다윗이 우리아를 죽인 사건은 자아(ego)가 자기(self)와의 관계를 정상적으로 형성하지 못한 것에 비유될 수 있다. 이것은 자아와 자기를 연결하는 축(ego-self axis)이 무너짐으로 말미암아 정신세계의 균형이 깨졌음을 의미한다.[10]

4. 적극적 상상을 통한 이야기 재구성

'다윗과 우리아' 이야기는 단순한 역사보도 이상의 의미를 담고 있다. 기독교인의 시각에서 본다면 다윗의 성적인 타락과 하나님의 심판이라는 구조로 이야기를 이해할 수 있을 것이다. 하지만 분석심리학적 관점에서 본다면 이야기는 왕과 미래의 왕비, 왕의 신하와 이방인 등의 다양한 사회계층과 이데올로기를 포함하고 있다. 이야기 안에 담긴 원형적 요소는 윤리적 혹은 신앙적 관점에서 이해되지 않는다. 오히려 심리활동이 자유롭게 보장된 상황에서 자연스럽게 표출된다. 무의식의 심층에 있는 원형적 요소는 꿈이나 동화 민담 등을 통해 간접적으로 전달되며 의식적 차원에서 통제되지 않는다.

이야기해석은 결국 개인의 심리상황에 따라 그 결과가 달라질 수 있다는 전제에서 출발한다. 다윗이 왕궁에 남아 있었던 이유나 밧세바가 왕궁 옆에서 목욕하게 된 배경은 사람들마다 다르게 느껴질 것이다. 물론 역사비평학자들은 성서의 내용을 역사적 정황에 따라 설명하려고 할 것이다. 이와 대조적으로 심층심리학은 연상이나 적극적 상상을 통해 이야기의 심층에 근접하려고 한다. 이런 이유 때문에 심리여행 설문 항목마다 '기타' 혹은 '다른 의견'을 제시하도록 배려하고 있다. 물론 한 가지 이상의 질문과 대답이 나올 수 있다. 이러한 방법은 기존의 성서연구방법론과 그 맥락을 달리한다. 분석심리학이 바라보는 성서이야기는 원형적 요소가 자유롭게 드러나는 경우에만 심리치료의 효과를 발휘한다. 예를 들면, '밧세바가 왕궁 옥상에서 내려다보이는 곳에서 목욕한 이유'를 묻는 질문에, '집구조 때문'이라고 답한 사람은 합리적 사고를 추구한다. 그러나 '남편이 없는 동안 외로웠기 때문'이라고 답한 사람은 감성적 차원에서 이해한다. 따라서 이야기분석은 일종의 '고백'과도 같다.[11]

심리치료는 이야기 속의 원형적 이미지가 무의식에 내재된 원형을 자극하여 그것이 자유롭게 의식화될 수 있는 환경에서 발생한다. 이야기를 분석하는 과정에서 내담자는 자신을 돌아보게 된다. 이야기치료는 일반 교훈이나 신앙적 권면보다 훨씬 강력한 효과가 있다. 이야기 안에 등장하는 인물들은 중간대상이 되어 내담자를 개성화로 인도한다.[12] 내담자는 직접적인 방법에 의존하지 않고 다른 대상을 통해 자신을 들여다보기 때문에 죄책감이나 불안감에서 해방될 수 있다. 또한 이야기 재구성을 통해 자신의 견해를 말하게 함으로써 당면하는 문제에 직면하게 할 수 있다. 상담자와 내담자가 이야기 현장 안으로 직접 들어갈 때 치료효과는 극대화된다. 이야기 심리치료는 결국 이야기를 판단하고 해석하는 것이 아니라 이야기에 귀를 기울임으로써 심층에 있는 원형들과 대화를 나눌 때 구체화된다. '다윗과 우리아' 이야기는 이중적 인격의 소유자로 하여금 자신을 돌아보게 하는 소재가 된다.

조용히 눈을 감고 긴장을 푼 채 다윗과 우리아 이야기 현장에 들어가 보기로 하자.

나는 지금 이스라엘 왕궁으로 들어서고 있다. 해는 저물어가고 땅거미가 드러워질 저녁무렵이다. 병사들이 왔다갔다하고 어떤 병사들은 횃불을 성벽에 매달아 주변을 밝게 하고 있다. 성벽 모퉁이를 돌아가니 한쪽 구석에 한 사내가 쪼그리고 앉아있다.

"거기 쪼그리고 앉아 있는 사람은 누구요?"

"아, 나요? 우리아라는 사람이요."

"왜 이곳에 혼자 있나요?"

"다윗 왕께서 나에게 호의를 베풀어 집에서 편히 쉬게 하셨는데 나는 전쟁 중이라 다른 병사들과 함께 이곳에서 지내고 있습니다."

"다른 병사들은 어디로 가고 당신 혼자서 여기 있나요?"

"대부분의 병사들은 지금 전쟁터에 있고 몇몇 군사들만 남아서 왕궁을 지키고 있답니다. 나는 왕궁에서 직무를 부여받지 못해 이렇게 쉬고 있습니다."

"다윗 왕께서 왜 당신을 이곳에 불러들였나요?"

"아, 그야 전황도 물어보고 … 에 … 또 전쟁터에서 수고하는 병사도 위로하고 ….'"

"왜 당신만 이곳에 오게 되었나요? 당신은 전투상황을 알리는 전령이거나 지휘관인가요?"

"아니요, 나는 외국인인데 그런 직책이 나에게 주어질 리가 있겠어요?"

"아, 그렇다면 우리아 당신은 다윗왕에게 특별히 총애를 받고 있나보군요."

"나도 그 이유를 모르기 때문에 삼일째 이곳에서 잠을 자고 있다오. 이틀 간은 그런대로 버티었는데 오늘밤이 걱정되는군요. 내일도 집에 가서 자라고 하면 어떻게 하죠?"

"집이 바로 왕궁 옆에 있는데 왜 가지 않죠?"

"다른 병사들은 전쟁터에서 목숨을 바쳐 충성하고 있는데 나만 집에서 아내와 편히 잠자리를 할 수 있겠소?"

"한두번 사양하다가 못이기는 척 하고 왕의 명령에 따라 집에 가서 쉬는 것이 예의가 아닐까요?"

"나도 처음에는 그렇게 하려고 했소. 그런데 하루이틀이 지나면서 왠지 모르게 고집이 생기더라구요. 다윗 왕께서 나같은 이방인에게 지나친 호의를 베푸신 이유도 잘 모르겠고 … 갑작스런 호의에 내가 어떻게 처신해야 되는 건지도 잘 모르겠고 … 그러다가 삼일 째 밤을 맞이하게 되었다오. 내일이면 어떤 방식으로든 해결이 될 것 같기도 하고 …."

"아내 밧세바가 보고싶지 않나요?"

"뭘요, 엄청 보고 싶죠. 그런데 이 좋은 기회가 왔는데 왜 발걸음이 집으로 떨어지지 않은지 모르겠군요."

"혹시 아내에게 전하실 말씀이라도 있어요? 그렇다면 내가 전해드리겠습니다."

"그저 내가 돌아 올 때까지 건강하게 잘 지내라고 소식전해 주면 고맙겠습니다. 무척 사랑하고 있다는 말씀도 잊지 마시구요."

"네, 잘 알았습니다. 추운데 건강 주의하세요."

우리아와 헤어진 나는 왕궁을 돌아보다가 다윗의 침실을 엿본다. 화려하게 꾸민 방안에 다윗이 혼자 앉아 걱정스런 얼굴을 하며 무엇인가 주시하고 있다. 무엇을 그렇게 자세하게 들여다보고 있나 궁금해서 가까이 가보니 다윗은 왕궁 바깥에 있는 우리아를 주시하고 있다. 나는 다윗 왕에게 묻는다.

"왕이시여, 무엇을 보고 계시나요?"

"아, 나? 우리아를 보고 있지."

"저 밖에서 쪼그리고 앉아있는 우리아요?"

"그래, 맞아."

"우리아가 왕께 심려를 끼쳐 드렸나요?"

"아니. 전쟁터에서 고생하는 것 같아 불러다가 집에서 편히 쉬게 했더니 말을 듣지 않는군."

"우리아가 특별한 전공을 세웠나요? 왜 우리아만 특별대우를 하시나요?"

"아니 자네가 그걸 알 필요가 있나? 왕의 뜻은 곧 하늘의 뜻이야. 내가 그렇게 하겠다는데 누가 이유를 댈 수가 있나?"

"우리아에게 집에 가지 못할 말 못할 사연이 있는 것이 아닐까요?"

(화를 내며) "그걸 내가 어떻게 알겠나? 아무튼 내일은 다시 전쟁터로 보내야겠어. (혼자말로) 살려주려고 했더니 안 되겠군."

나는 다윗왕의 침실에서 나와 왕궁 밖에 있는 밧세바의 집으로 향한다. 밧세바는 예쁜 자태를 뽐내며 거울 앞에서 화장을 하고 있다. 나는 밧세바에게 말을 건다.

"밧세바, 소식들었나요?"

"무슨 소식요?"

"당신의 남편 우리아가 왕궁에 있다던데 …"

(시치미를 떼며) "아니, 누가 그래요?"

"내가 방금 만나고 오는 길이예요. 보고 싶지 않으세요?"

"보고 싶죠. 그런데 왜 집에는 오지 않고 왕궁에서 머문다죠?"

"다른 병사들과 함께 왕궁에서 지낸다고 하더군요."

"내가 그럴 줄 알았다니까. 왕이 호의를 베풀면 그냥 집으로 오면 되지. 자기가 뭐가 잘났다고 고집피우며 밖에서 잠을 잔담. 내가 그놈의 고집 때문에 속썩을 때가 한두번이 아니랍니다. 거기 있든 말든 내가 알바 아니죠."

"남편께서 건강하게 잘 있으라고 전하면서 사랑한다는 말을 전해달라고 하더군요."

(퉁명스럽게) "알았어요. 혹시 보면 몸조리 잘 하라고 그러세요."

다음날이 되어 우리아는 다윗이 준 편지를 들고 다시 전쟁터로 달린다. 나도 역시 우리아와 함께 전쟁터로 가면서 대화를 한다.

"아니 그래 왕궁 바로 옆에 집을 두고 바깥에서 잠을 자고 바로 전쟁터에 가다니 참으로 무던하군요."

"그래서 사람들은 나더러 속이 없느니, 바보같다느니, 고집스럽다고 하죠."

"그래서 얻은 게 뭐죠?"

"그건 나도 잘 모르죠. 무엇을 얻겠다는 것이 아니라, 그래야 된다는 느낌이 들어서 그럴 뿐입니다."

"손에 든 것은 뭐죠?"

"다윗 왕이 준 편지입니다."

"그 내용이 궁금하지 않아요?"

"내가 왜 궁금해 합니까? 전투에 관한 중요한 내용이겠죠"

"어쩌면 당신에게 불리한 말이라도 있지 않을까요?"

"그걸 내가 왜 생각합니까? 나는 그 편지만 전하면 됩니다. 그 편지를 내가 볼 하등의 이유가 없죠."

"어젯밤 다윗 왕을 만났는데 무언가 불길한 예감이 들어서요."

"불길한 예감? 그건 내가 왕궁에서 삼일밤 내내 느꼈던 거요. 그것이 내가 가야할 길이라면 가야죠. 어차피 이방인의 길은 그런 것 아니겠어요?"

어느덧 시간이 흘러 우리아와 나는 전투가 벌어지고 있는 곳에 도착한다. 그곳에서 이스라엘 군사들은 암몬 사람들과 전쟁을 하고 있다. 요압장군은 군대를 지휘하고 있다. 우리아는 다윗의 편지를 요압에게 건넨다. 요압의 얼굴에 묘한 웃음이 감돈다. 나는 요압에게 말을 건다.

"장군님, 다윗 왕이 어떤 편지를 썼나요?"

"자네는 알 필요 없네."

"세상에 비밀이 없다는데, 혹시 우리아에게 불길한 조짐이?"

"그래 자네는 이미 짐작하고 있었구먼. 우리아가 안됐지만 전투하다가 죽게 될 걸세."

"그게 다윗왕의 뜻인가요? 왜 우리아가 죽어야 하나요?"

"그건 나도 모르지. 나는 왕의 명령에 따를 뿐이니까."

"아무리 왕의 명령이라도 그렇지. 이스라엘을 위해 목숨을 다해 충성하는 우리아를 죽여야 하는 아무런 이유가 없지 않아요? 그건 너무 잔인한 일이 아닙니까?"

"우리의 정의는 왕과 나와의 관계에서 결정된다네. 왕의 명령은 항상 정의로우니까?"

"어떤 점에서 왕의 명령은 정의로운 건가요?"

"내가 왕의 명령을 잘 받들면 왕은 언제나 그에 걸맞는 보상을 하지. 나는 그 보상을 받고 왕 다음가는, 어쩌면 왕과 버금가는 권세를 누리게 되지. 이거야 말로 누이 좋고 매부 좋은 것 아닌가?"

결국 우리아는 전투에서 죽고 이 사실이 다윗에게 전해진다. 소식을 듣자마자 다윗은 밧세바를 궁으로 불러들여 왕비로 맞이한다. 다윗의 오른팔 역할을 하던 요압은 다윗의 말년에 서로 사이가 나빠져 브나야에 의해 죽임을 당한다.

 미주

1) 사무엘하 11:1-27(표준새번역)
2) 이부영, 그림자, 98.
3) 이야기 서두에 "옛날 옛적 어느 마을에"라는 표현은 무시간 무공간적 배경을 암시한다. 이것은 집단무의식의 속성과 일치한다. Marie-Lousie von Franz, *The Interpretation of fairy Tales*. rev. (Boston & London: Shambhala, 1996), 39.
4) Marie-Lousie von Franz, *Archetypal Patterns in Fairy Tales*, 81.
5) 이부영, 그림자, 98.
6) Sibylle Birkhäuser-Oeri, *The Mother: Archetypal Image in Fairy Tales*, 121-124.
7) Marie-Louise von Franz, *animus and anima in fairy Tales*, 15.
8) 고린도전서 1:25.
9) Marie-Louise von Franz, *shadow and Evil in Fairy Tales*, 26.
10) Harry A. Wilmer, *Practical Jung*, 196-197.
11) Marie-Louise von Franz, *The Interpretation of fairy Tales*, 15.
12) Verena Kast, *Folktales as Therapy*, 103, 206.

심리치료를 위한 이야기 주고받기

1. 과부와 하녀들

일을 너무 열심히 하는 과부가 여러 명의 젊은 하녀들을 거느리고 있었는데, 그 과부는 매일 새벽닭이 울면 하녀들을 깨워 일을 시키는 것이었다. 하녀들은 매일 고된 일을 하여 지칠대로 지쳐 있었다. 그래서 하녀들은 그 집에 있는 수탉을 잡아 죽이기로 결심을 했다. 자신들이 이처럼 고되게 일을 하게 되는 것이 해도 뜨기 전에 주인마님을 깨우는 얄미운 수탉 때문으로 생각되어서였다. 그러나 계획대로 수탉을 죽이고 났을 때 하녀들은 오히려 그전보다 더 힘들어지게 된 것을 발견했다. 주인마님은 시간을 알려 주던 수탉이 더 이상 존재하지 않게 되니까 깜깜한 새벽부터 하녀들을 모두 두드려 깨워서 일을 시키게 되었기 때문이다.[1]

2. 심리여행

1. 과부를 보면 누가 생각나나요?

① 아버지   ② 어머니
③ 형   ④ 누나
⑤ 동생   ⑥ 기타(   )

2. 수탉을 보면 누가 생각나나요?

① 아버지   ② 어머니
③ 형   ④ 누나
⑤ 동생   ⑥ 기타(   )

3. 하녀들은 왜 수탉을 잡아 죽이기로 했나요?

　　① 수탉이 울면 아침 일찍 일을 해야 하니까
　　② 수탉이 미우니까
　　③ 수탉만 없어지면 모두가 행복해지니까
　　④ 수탉이 울면 과부가 괴롭히니까
　　⑤ 기타(　　　　　　　　　　　　　　　　)

4. 수탉을 죽인 다음에 어떤 일이 생겼을까요?

　　① 과부가 하녀들을 더 괴롭혔다.
　　② 하녀들이 더욱 열심히 일했다.
　　③ 하녀들의 불만은 더 커졌다.
　　④ 과부는 다른 수탉을 사왔다.
　　⑤ 기타(　　　　　　　　　　　　　　　　)

5. 이야기 속에 결핍된 요소는 무엇이며 어떤 방식으로 보완되고 있는가?

6. 이야기가 어떤 사람의 꿈에 나타난 내용이라고 생각하고 분석해 봅시다.

7. 내가 다시 쓴 과부와 하녀들 이야기를 소개해 봅시다.

8. 주변 사람의 이름을 사용하지 말고 자유로운 상상으로 이야기를 만들어 봅시다.

Tip

• 1~2번은 과부와 수탉의 이미지가 투사되고 있는 주변 대상을 살펴보기 위함이다.
• 3~4번은 수탉과 관련된 현실인식 능력을 보기 위함이다.

3. 그림자 투사와 희생양

　이솝우화전집에 소개된 '과부와 하녀들' 이야기는 수탉의 존재를 재미있게 그려내고 있다. 우리말에 '뜨거운 감자'란 말이 있다. 감자를 먹자니 너무 뜨거워서 못 먹겠고, 안 먹자니 배고프다는 얘기다. 이야기 속에서 뜨거운 감자가 바로 수탉이다. 한참 곤하게 잘 새벽시간에 수탉이 울어대니 일하러 가야 하는 하녀들에게 수탉은 그야말로 귀찮은 존재다. 반면에 수탉은 과부에게 꼭 필요한 존재이다. 정확한 시간에 기상시간을 알려 주는 수탉의 도움으로 과부는 편하게 잘 수 있다. 이처럼 한 존재가 서로 다른 대상에게 전혀 다르게 느껴진다. 수탉은 과부편도 아니고 하녀편도 아니다. 수탉은 수탉 할 일을 했을 뿐이다. 그런데 하녀들은 애꿎은 수탉을 죽인다. 하녀들은 수탉만 제거하면 모든 일이 해결될 줄 알았다. 그러나 결과는 어떤가? 수탉이 죽은 다음에 상황은 하녀들에게 더욱 불리해진 것이다. 우리에게 귀찮은 존재, 혹은 우리가 원하지 않는 대상은 늘 가까이에 있다.

　'과부와 하녀들' 이야기는 삶의 현실을 보여 준다. 삶에는 우리가 좋아하는 것과 싫어하는 것이 동시에 있다. 선한 것은 악한 것이 있을 때 그 의미가 돋보인다.[2] 사실 선과 악은 상호보완적이다. 악만 존재하는 세상은 선을 모른다. 선만 존재하는 세상 역시 악의 실체를 모른다. 사실 선과 악은 동전의 양면일 경우가 많다. 수탉은 과부에게 선이면서 동시에 하녀들에게 악한 존재다. 그러나 수탉 자체는 선도 아니고 악도 아니다. 보는 사람의 관점에 따라 수탉은 선이면서 동시에 악이다. 이점에서 볼 때 선과 악은 서로 견제하면서 우리에게 중용과 조화의 원리를 가르친다. 따라서 하녀들은 수탉을 제거할 것이 아니라 그런 환경에서 적응할 방법을 찾아야 한다.

분석심리학 관점에서 과부와 하녀 이야기를 조명해 보자. 과부와 하녀들은 일단 여성원리를 대변한다. 그 여성원리 사이에 문제가 생긴 것이다. 수탉은 여성원리 내부에 있는 불균형을 바로잡는 남성원리의 대변자다. 민담에서 닭 울음소리는 가끔 무의식의 의도를 암시한다.³⁾ 남편을 잃은 과부의 심리적 에너지는 일을 열심히 하는 것으로 표출된다. 하녀들은 과부의 넘쳐나는 에너지에 부담을 느끼고 있다. 시어머니의 에너지가 넘쳐날 때 며느리는 힘들게 된다. 그 때 아들의 적절한 역할이 요구된다. 수탉은 과부의 열정을 일정한 수준으로 지속시키는 역할을 한다. 하녀들은 일에 미쳐있는 과부에게 자신의 그림자를 투사하고 있다. 자신도 그 위치에 있으면 과부보다 더할지 모른다. 하녀들은 과부에 대한 증오감정을 수탉에게 전가시킨 것이다. 따라서 수탉은 그림자 투사의 희생양이다. 희생양 만들기(scapegoating)는 악의 대상을 찾아 그 행위를 비난함으로써 공동체로부터 제거하는 것이다. 이렇게 함으로써 죄의식이 있는 사람들을 공동체에 남겨 둔다.

융학파 관점에서 보면 희생양 만들기는 인간이나 신의 그림자를 부정하는 행위이다. 이것은 자아이상(ego ideal)에 적합하지 않은 대상이 무의식적으로 억압되거나 거절되는 현상이다. 이렇게 함으로써 희생양을 만들어 낸 사람은 죄의식의 부담감에서 해방된다.⁴⁾ 하지만 그 사람은 자신의 그림자를 보지 못함으로써 인격의 성숙을 가져오기 어렵다. 수탉을 제거한 하녀들 역시 수탉을 제거함으로써 일시적인 부담감을 줄이고자 했지만 그 결과는 더욱 악한 상태를 초래했다. 여성원리가 일방적으로 적용될 때 남성원리를 필요로 한다. 그런데 수탉을 죽임으로써 남성원리가 사라진 것이다. 그 결과 여성원리가 지배하는 공동체는 더욱 악화된다. 수탉은 또한 '미운 오리새끼'에 비유될 수 있다.[5] 가족이나 집단에서 따돌림 당하는 사람은 집단구성원이 만들어낸 그림자 투사의 희생양이다. 과부와 수탉은 하녀 집단의 그림자 투사대상이 되어 희생양이 된다.

4. 자유연상에 의한 이야기 주고받기

이솝이 소개한 '과부와 하녀들' 이야기는 이솝 자신이나 어떤 사람의 자유로운 상상 혹은 삶의 경험을 상징적으로 표현한 것이다. 또한 이야기는 간접적인 방식으로 집단의식을 드러낸다. 자유연상에 의한 이야기는 꿈이나 환상처럼 무의식의 콤플렉스와 원형적 요소를 드러낸다. 정신분석학자인 가드너(Gardner)는 치료사와 환자 사이에서 주고받는 이야기가 어린이 심리치료에 도움이 되는 과정을 소개한다.

치료사는 어린이가 스스로 이야기를 지어내도록 유도한 다음 그 이야기를 통해 심리역동적 의미를 추적한다. 어린이의 이야기를 듣고 난 다음에 치료사는 자신이 만든 이야기를 통해 어린이가 만든 이야기에 응답한다. 이처럼 이야기 주고받기를 통해 치료사와 어린이는 부담감 없이 대화를 전개해 갈 수 있다. 이야기하기를 위해 인형, 그림, 또는 다른 장난감이 동원될 수 있다. 어린이들은 놀이를 통해 원형적 이미지를 재현하면서 무의식의 내용을 의식화한다.[6] 치료사는 어린이에게 철저하게 자신의 상상에 의해서만 이야기를 만들도록 주문한다. 이때 주의해야 할 점은 어린이 주변에 있는 대상이나 사물을 주제로 사용해서는 안 된다. 어린이 주변에 있는 대상이 이야기의 주제가 될 때 자유연상을 방해하기 때문이다. 예를 들면, 부모에 대한 이야기를 직접적으로 할 때 어린이는 심리적 부담감을 느끼고 저항하게 된다. 일반 이야기와 같이 어린이가 직접 만든 이야기 역시 시작과 중간, 그리고 끝이 있다. 그 안에 어린이가 생각하는 어떤 의도가 있다. 그러나 아이가 원하지 않을 때 이야기 만들기를 강요해서는 안 된다.[7]

가드너는 마크(Mark)의 사례를 통해 이야기 주고받기가 어떻게 심리치료에 활용되는가를 보여 준다.[8] 아홉살인 나이의 마크는 학교에서 지나치게 산만했기 때문에 치료를 받게 되었다. 그는 집안에서도 비협조적이며 다루기 힘든 아이였다. 특히 문제가 되는 점은 숙제를 하는 것을 자주 거부한다는 것이다. 부모들이 아무리 앞으로 일어날 결과들에 대해 설명을 하고 경고를 해도 무용지물이었다. 그는 자기 나름대로의 생활철학이 있었다: "나는 오늘 일은 오늘 걱정할 것이고 내일 일은 내일 걱정할 것이다." 마크는 또한 다음과 같은 표현으로 자기의 생활방식을 표현하기도 했다: "나는 내가 건너고 싶을 때만 다리를 건널 것이다." 마크의 부모들은 마크가 공부를 열심히 하지 않으면 장래 어려운 일을 겪을 것이라고 누차 얘기했지만 소용이 없었다.

가드너는 마크에 대한 사전 조사에서 명백하게 문제가 될 만한 원인을 발견하지 못했다. 가능성 있는 한 요인은, 마크의 아버지가 자기 분야에서 상당한 공헌을 했다는 점이다. 아마도 마크는 결코 아버지만큼 성공할 수 없을 것이라는 느낌을 받았을 것이다. 아버지와의 경쟁 외에도 세상에는 할 일이 많고, 성취감을 주는 다양한 길이 있다는 점을 마크는 모르고 있다. 마크는 아버지처럼 부와 높은 명성을 얻는다고 해서 보람찬 인생이 보장되지는 않는다는 사실을 모르고 있다. 치료 두 달째 접어들면서 마크는 이야기를 만들었다. 가드너의 해석을 중심으로 세 단위로 구성된 그의 이야기를 살펴보자.

〈농부와 돌멩이〉

옛날 옛적에 어떤 농부가 있었는데, 그 농부는 다양한 곡식과 채소를 재배하고, 닭, 소, 말 등을 키웠어요. 그는 밭에서 채소 가꾸는 것과 닭 모이를 주면서 달걀 모으는 일을 매우 즐겁게 했어요. 어느 날 농부는 달걀을 집으려고 했는데 닭이 농부를 쪼았어요. 그래서 농부는 당황했죠. 이런 일을 당한 적이 없기 때문이에요. 그래서 그 닭을 다른 사람한테 팔았는데 그 사람도 나중에 화가 나서 닭을 또 다른 사람한테 팔았어요. 닭을 판 사람도 화가 나서 닭을 돌려줬고 그 닭은 결국 농부한테 돌아갔어요. 나중에 닭이 죽었는데 농부는 은근히 좋아했어요.

농부는 이야기의 주인공으로 출현한다. 자신을 당황하게 한 닭이 죽자 농부는 은근히 좋아한다. 닭이 저절로 죽었는지 어떤 계기가 되어 죽었는지 알 수 없다. 분명한 것은 농부가 싫어하는 존재가 제거되었다는 것이다. 이야기는 농부와 닭 사이의 갈등을 암시한다. 농부와 닭은 누구일까? 마크는 이야기에서 농부의 모습으로 나타난다. 달걀을 농부가 집으려고 하자 닭은 농부를 쪼다. 달걀을 보호하려는 닭의 모성본능이 농부를 공격한 것이다. 여기서 농부는 닭에게 반갑지 않은 침입자로 인식되고 있다.

농부가 마크를 대변한다면 닭은 마크와 신경전을 벌이고 있는 대상이다. 닭의 상징적 의미를 살펴보자. 여성성을 잘 드러내는 닭은 생명과 식량의 근원인 알을 품고 있다. 가드너는 일단 닭을 마크의 어머니로 상정한다. 닭이 농부를 무는 행위는 아마도 마크 어머니가 마크를 숙제하라고 꾸중하는 것에 대한 상징으로 이해할 수 있다. 마크는 마치 닭을 처분하는 것처럼 어머니의 잔소리로부터 해방되고 싶어 할 것이다. 그러나 인간이란 부모와의 관계에 양면성이 있다. 한편으로는 어머니와 멀어지고 싶어 하면서도, 다른 한편으로는 어머니와의 이별이 주는 정신적 피해를 불안해 한다. 그렇기에 팔린 닭은 농부에게 되돌아온다. 마크 입장에서 볼 때 그 닭을 팔게 된 사연을 말하지 않아도 된다는 점에서 일단 안심이 된다. 엄마에 대한 증오감을 외부에 노출시키지 않아도 된다는 말이다. 닭을 산 사람은 닭에게 물린 후에 그 다음 사람에게 넘겼고, 다음 사람 역시 만족하지 않아 판 사람에게 돌려주게 되었다. 결국 환영받지 못한 닭이 원주인에게로 돌아간 것이다. 이 숍우화의 '과부와 하녀들' 이야기에서 수탉은 제거되었지만, 마크의 닭은 제거된 듯하다가 다시 되돌아 온다. 이처럼 삶의 현실은 선과 악이 공존할 때 조화를 이룬다. 하나의 악이 제거되면 그것을 대신할 다른 악이 생겨난다. 그렇지 않을 경우 제거된 악이 다시 되돌아 온다. 그 악은 어디까지나 주관적 입장에서 파생된 것이다.

다른 사람에게 불편을 주는 사람은 쉽게 제거되지 않는다는 것을 안 농부는 보다 적극적인 해결책을 동원한다. 닭은 다행히도 죽는다. 그러나 마크의 이야기에서 닭이 어떻게 죽었는지 알 수 없다. 마크는 아마 어떤 형태로든 닭이 사라지기를 바라는 마음에서 이야기를 그렇게 종결했을 것이다. 여기서 마크는 불편한 대인

관계로 인해 심리적 불안감을 느끼고 있다는 것을 엿볼 수 있다. 문제는 삶의 현실에서 자신을 괴롭히는 대상이 쉽게 제거되거나 사라지지 않는다는 점이다. 다른 사람을 폄하하고 학대하면서 고통을 안겨 주는 사람들은 그렇게 쉽게 죽지 않는다. 오히려 그들은 피해자들보다 오래 사는 경향이 있다.

또 한 가지 주목할 점은 우리는 닭이 왜 농부를 물었는지 그 이유를 알지 못한다는 것이다. 농부를 물었던 닭에게는 이유가 있을 것이다. 그러나 농부는 자신이 물릴 이유가 없다는 반응이다. 그래서 닭은 악한 존재가 되고 농부는 이유 없는 피해자가 된다. 자세히 살펴보자. 닭은 왜 농부를 쪼았을까? 사실 농부가 한 일이라고는 알을 취하는 것뿐이다. 현실상황에서 농부가 닭을 화나게 한 것 같지는 않다. 이유 없는 희생자가 된 농부는 닭에게 똑같은 방식으로 복수하려 들 것이다. 마크가 만든 두 번째 이야기를 보자.

그래서 농부는 평상시 하던 대로 농사일을 했어요. 곡식도 재배하면서, (어-) 옥수수도 심었어요. 옥수수 밭에서 (그 뭐라고 하더라) 돌멩이를 찾았어요. 예쁘게 보이니까 가지고 있었어요. 갖고 있으려니, (내 말은 말이죠) 옷장에다 보관했어요. 그는 일하러 나갈 때마다 그 돌멩이를 갖고 다녔어요. 주머니 안에다 돌멩이를 넣고 다니면 작물이 원하는 대로 쑥쑥 자라나면서 컸고요, 갖고 다니지 않으면 나쁜 일이 생겼어요. 그래서 계속 갖고 다녔죠. 그 돌멩이를 마법의 돌로 알게 된 것이에요.

여기서 농부는 지니고 있으면 행운을 주는 신기한 돌을 발견하게 된다. 그는 일하러 갈 때마다 돌멩이를 가지고 가야 한다. 그렇게 하지 않으면 농작물은 원하는 대로 자라지 않는다. 돌멩이는 지금 마크가 원하는 마법의 돌이다. 이야기는 마치 마크의 허황된 인생관을 보여주는 것 같다. '모든 일은 어떻게 하든 풀리게 되어 있다'는 마크의 막연한 기대가 마법의 돌을 만든 것이다. 가드너에 의하면 그는 부모들의 꾸중을 들으면서 받는 불안감을 마법의 돌로 대처하고 있다. 신비한 돌멩이 환상에 젖어 있으면서도 마크는 어떤 면에서는 모든 일이 순탄치 않다는 것에 대하여 두려워하고 있다. 마법의 돌은 노력 없이도 자신이 원한 것을 얻을 수 있게 한다. 이런 환상에 빠져 있는 마크는 학교생활에 적응하는 데 대단한 어려움을 겪을 수밖에 없다. 마크에게 그 돌멩이가 있는 한 공부에 집중할 필요가 없다. 마법의 돌이 시험문제와 정답을 알려 줄지도 모르니까. 이제 세 번째 이야기를 보자. 가드너는 이야기하는 분위기를 충분히 느낄 수 있도록 이야기 이후 일어난 대화 내용도 소개한다.

어느 날 그는 말이 끄는 수레를 몰고 있었어요. 다리를 건너려고 하는데 바퀴가 빠졌어요. 그런데 다리가 금이 가기 시작한 것이에요. 그래서 그는 마법의 돌을 주머니 안에 꼭 잡고 다리 건너편으로 걸어갔어요. 그 다음에 마차도 반대편으로 끌고 갔죠. 그 직후 다리가 무너진 것이에요. 그러니까, 돌을 주머니에서 빼내자마자 다리가 무너져서 강물로 빠진 것이에요. 그래서 다른 사람도 다리에 가지 않게 표지판을 만들어야 하니까 누구한테 말을 해야 했어요. 그래서 사람들은 '다리 없음' 표지판을 만들었죠. 마을 사람들은 돈을 내서 새 다리를 만들어야 했어요. 그런데 농부가 마법의 돌을 잃어버렸어요. 그는 매우 슬펐어요. 다른 사람들한테 마법의 돌이 있다는 사실을 절대 말하지 않았어요. 그런데 어느 날 농사일 하면서 원래 마법의 돌을 찾은 곳에서 그것을 다시 발견한 것이에요. 그는 영원히 행운 속에서 살았어요.

> 치료사: 설명해 주겠니? 그러니까 그 돌멩이를 주머니 밖으로 빼니까 다리가 무너졌니?
>
> 환　자: 그래요.
>
> 치료사: 그러면 그 바퀴는 말이야, 만일 농부가 계속 돌을 갖고 있다면—
>
> 환　자: (말을 끊으면서)그러니까, 바퀴가 부러지면서 마차의 무게가 다리를 누르면서 무너뜨린 것이에요.
>
> 치료사: 그랬구나. 그래서 농부는 돌을 갖고 다니지 않았으니까 다리가 무너진 것 맞지?
>
> 환　자: 맞아요.
>
> 치료사: 그리고 너의 이야기의 교훈이 무엇이야?
>
> 환　자: 뭔가를 믿고 있다면 노력해서 그것을 붙잡고 있어야 해요. 그러니까 잃어버리면 안 된다는 것이죠. 알잖아요, 진짜로 믿으니까, 그것 갖고 멋대로 하면 안 되죠.
>
> 치료사: 알겠어.

이야기 속에서 농부는 마차를 타고 있다. 마차는 개인의 인생 여정에 대한 방향성을 상징적으로 표현하면서 그에 대한 느낌을 전달한다. 꿈에 흔히 나오는 자동차는 인생의 여정을 의미한다. 꿈속에서 자동차의 타이어에 펑크가 나서 어딜 가지 못한다면, 그것은 자신의 인생여정을 진행할 능력이 부족하다고 느끼기 때문이다. 뇌 질환을 앓고 있던 어느 소녀는 자기 아버지의 자동차를 운전하는 꿈을 계속 꾸었는데, 계속 브레이크를 밟아도 멈출 수 없었다. 그것은 자신의 사고나 감정과 행동을 제어하지 못하는 자신의 현재 처지를 반영한 것이다. 자동차는 또한 새로운 행동양식의 표현이다.[9] 마차는 농부를 지탱해 주는 자아의 상징이다. 마크의 상상에 의해 탄생된 이야기 속에서 마차의 바퀴는 빠졌다. 이 대목에서 마크의 정서적 불안이 표출되고 있다. 마크는 낮은 학업 성취도가 인생 진로를 방해한다는 점을 자각했을 것이다. 성실하게 노력해야 한다는 부모님의 훈계를 어느 정도 깨닫고 있는지도 모른다.

그러나 바퀴만 빠지는 것으로 그치지는 않았다. 다리 전체가 금이 가기 시작한 것이다. 이 대목은 마크의 심리를 더욱 두드러지게 나타낸다. 마차를 지탱하는 구조물도 약했던 것이다. 마차가 다리를 건너는 장면은 마크의 삶의 수행 능력과 저력을 보여 준다. 다리는 한 곳에서 다른 곳을 연결하는 역할을 한다. 다리가 무너진다면 인생여정은 중단된 것이다. 바퀴가 빠지고 다리가 무너지는 현상은 마치 마크 발밑의 땅이 꺼져 설 땅이 없다는 듯한 느낌을 준다. 학교와 가정생활에 적응하지 못할수록 그는 인생에 대한 성취감을 느끼지 못했을 것이다. 그는 학교에서 배우는 지식과 인격의 성장에 필요한 충분한 가르침을 받지 못하면서 현실에 대응하지 못했다. 현실에 대한 대처능력이 떨어지면서 마크는 자신감을 상실한 것이다. 그 결과 자신이 느끼는 부족함을 스스로 보상하기 위해서 마크는 마법의 돌을 만들고, 그것이 앞으로 닥칠 위험으로부터 자신을 보호할 것이라고 믿는다. 학교나 집에서 자신을 지켜줄 대상을 찾지 못했던 마크는 마법의 돌을 만들어 수호신처럼 여긴 것이다. 마법의 돌 환상은 또한 '어떻게 되겠지'라는 마크의 막연한 기대심리를 보여 준다.

가드너는 마크의 이야기가 끝나자 질문을 던지면서 이야기의 내용을 재확인하고 있다. 치료사가 이야기의 세부내용을 완전히 파악하지 못할 때 분석작업은 어려워진다. 세 개의 마크 이야기를 들은 다음에, 정신분석가인 가드너 역시 마크의 심리상태에 대응하는 세 개의 이야기를 만든다. 그 첫 번째 이야기를 보자.

이제는 나의 이야기를 한번 말해볼게. 제목은 '닭과 돌멩이' 야.

옛날 옛적에, 어느 농부가 살았는데 그는 닭을 한 마리 키웠고 그 닭은 알을 낳았어요. 그래서 어느 날 그는 알을 가지려고 닭한테 다가왔는데 닭이 그를 문 것이에요. 그는 화가 나서 이런 생각을 했어요. "그래, 이렇게 해야지. 나한테 이런 닭은 필요 없어. 이 닭을 남에게 팔아버릴거야." 그는 이렇게도 생각했어요. "그 닭은 죽을 수도 있을거야. 그러면 난 아무 문제없을거야."

어느 남자가 다가오고 있었어요. 그래서 농부는 "닭 한 마리 구경하실래요?"라고 물어보았어요.

그래서 남자는 대답했어요. "그 닭에 대해서 말해 주세요. 그 닭 괜찮은가요? 물지는 않죠?"

그래서 농부는 "물 수도 있겠네요"라고 대답했어요.

남자는 대꾸했어요. "이봐요, 나는 무는 닭은 원치 않아요."

농부는 이제 팔 수도 없는 닭을 갖고 어찌할 줄 몰랐어요. 그는 이렇게 생각했어요.

"이 닭이 죽어버렸으면 좋겠어."

나중에 다른 남자가 와서 이런 얘기를 해 줬어요. "당신 말이에요, 무는 닭이 있잖아요. 그리고 그 닭을 없애고 싶은 거죠. 그 닭이 죽었

으면 하는 거죠. 무는 닭에 대한 문제를 해결하는 방법이 어디 그 뿐인
가요? 그러니까, 주변 사람들을 자신한테 방해가 된다고 팔아버리거
나 죽이는 것은 현실적으로 안 되는 일이잖아요. 그들과 같이 문제를
해결해야 해요. 무는 닭 한 마리 처리하기 어려운데 사람은 오죽하겠
어요? 그래서 권하는데, 그 닭 문제에 대해 곰곰이 생각한 후 다른 방
법을 찾아내세요."

그래서 농부는 닭하고 대화를 했어요. (이야기에서 닭은 말을 할 수
있는 것이에요.) 그렇게 해서 그는 자신이 닭에게 모이를 주지 않았거
나 불쾌감을 주었기 때문에 닭이 그를 물었다는 사실을 알게 되었어
요. 그는 닭과 타협하면서 문제를 해결했어요. 그는 닭한테 더 이상 불
쾌감을 주는 행위를 하지 않았고 닭은 그를 물지 않았어요. 닭은 계속
많은 알을 낳았고 농부는 '닭이 팔렸거나 죽었으면' 하는 마음을 다
시는 품지 않았어요.

원래 마크 이야기에 나온 첫 남자는 어떠한 질문도 하지 않고
속아 넘어가면서 닭을 산다. 농부는 겉으로는 속이지 않았지만,
닭의 문제를 구매자에게 알리지 않은 일종의 속임수가 마음속에
있다. 마크 이야기와는 달리 치료사의 이야기에서 구매자는 무는
닭인지 아닌지를 물어본다. 구매자는 판매자의 의도대로 쉽게 속
아 넘어가지 않는다. 치료사는 삶의 현실을 통해 마크가 자신의
뜻을 이루기 위해 거짓말을 하지 않게 되기를 바랐다. 농부가 닭
에게 진술하게 말하는 것은 환자에게 정직한 태도의 중요성을 보
여 준다. 농부는 닭을 처분하겠다는 계획이 좌절되자 이제는 닭이
죽기를 소원한다. 그러나 현실은 닭이 죽도록 내버려 두지 않는
다. 두 번째 남자는 치료사의 의도를 더욱 구체적으로 전달한다.

그것은 대인관계에서의 '건전한 대화와 타협' 형태로 전달된다. 치료사는 농부와 닭 사이에 내재된 문제를 직접적인 대화로 해결하도록 권고하면서, 농부가 앞서 생각한 방법보다 더욱 세련된 방법을 제시한다.

결국 농부는 닭이 자신의 감정을 말하도록 유도하고, 닭은 무는 대신 대화로 응하면서 문제는 해결된다. 마크가 닭의 문제를 구체적으로 지적하지 않았기 때문에, 치료사인 가드너 역시 그 문제의 원인을 규명하지 않는다. 한꺼번에 지나치게 많은 내용을 아이에게 주입하면 거부반응이 생길 수 있다. 이야기를 통해 치료사가 전달하고자 한 주제는 원만한 대인관계를 위한 적극적 대화법이다. 자신에게 부정적인 사람에게 해를 입히거나 제거하는 방식을 택하기보다는 진정한 마음으로 대화함으로써 갈등요소를 해소하는 것이다.

마크 이야기에서 두 번째 사람은 무는 닭을 사지 않았지만, 치료사는 그 사람으로 하여금 질문과 조언을 하도록 역할을 바꾸었다. 등장인물의 역할을 변경함으로써 새로운 세계관을 보게 하는 것이 바로 '이야기 주고받기 기술'(mutual storytelling technique)이다. 감수성이 예민한 어린이들은 이야기 만드는 기술이 성인보다 훨씬 뛰어나다. 그들은 모든 일에 대한 답을 나름대로 갖고 있으며 일부러 겸손한 척 하지 않는다. 그들은 마음속에 있는 것들을 가감 없이 표출한다. 이제 치료사의 두 번째 이야기를 보자.

어느 날 농부는 옥수수 밭에서 일하고 있었는데 아주 예쁜 돌멩이를 발견했어요. 반짝거리며 아주 예뻤어요. 농부는 이렇게 생각했어요. "이것은 마법의 돌이 아닐까? 마법의 돌이 있었으면 좋겠는데. 요즘 작물이 영 잘 자라지가 않아." 그래서 그는 돌을 만지작거리면서 잘 되기를 소원했어요. 그러나 아무 일도 없었어요. 농작물은 아직도 잘 자라지 않았어요.

어느 날 그는 장을 보기 위해 마을로 내려왔는데 가게 주인이 농부가 돌멩이를 갖고 만지작거리는 모습을 본 것이에요. 그래서 그는 물어봤어요. "당신 뭐 하는 겁니까?"

농부는 이렇게 대답했어요. "아, 이것은 제 마법의 돌이에요. 행운을 주죠."

"그 돌이 행운을 줍니까?"

"꼭 그런 것은 아니지만, 그래도 농작물 잘 자라라고 행운을 줬으면 하네요."

"이봐요, 마법의 돌 같은 것은 들어 본 적이 없네요. 당신 농사를 어떻게 하셨어요? 비료나 그런 비슷한 것 사용하셨나요?"

"그렇게 안 했네요. 그런 걸 별로 믿지 않고, 게다가 돈도 들고 비료 뿌리는 데 힘들잖아요."

그래서 가게 주인은 이렇게 말했죠. "그래요, 제 생각에는 충분한 정성이 없었기에 작물이 잘 자라지 않은 것 같아요. 비료를 뿌렸어야 했죠." 그래서 가게 주인은 농부한테 더 많은 것을 물어보았어요. 그래서 농부가 충분히 자기 일을 하지 못했다는 것이 확실해졌어요.

"그 돌을 계속 만지기만 하시지 말고 농사일 열심히 하시고 작물을 잘 돌보아 보세요. 그렇게 하는 것이 마법의 돌에게 소원을 비는 것보다는 나을 것이에요."

그래서 농부는 가게 주인이 한 말에 대해서 곰곰이 생각해 본 후 그대로 해보기로 마음먹었어요. 그는 비료도 사고 밭도 열심히 가꾸었어요. 그 해에는 놀랍게도 지금까지 없었던 풍년이었어요. 그래도 농부는 가게 주인의 조언을 고맙게 여겼지만 그 돌이 마법일 것이라는 생각을 버리지 못했어요.

　농부의 두 번째 이야기는 가게주인과의 대화 내용이다. 치료사는 가게주인이 되어 농부인 환자에게 간접적으로 말하고 있다. 마법의 돌은 치료사가 재구성한 이야기에서 작물 재배에 전혀 효력이 없다. 돌멩이를 아무리 만지고 비벼보아도 작물에 영양공급이 될 턱이 없고 자라지도 않는다. 치료사가 부모님이나 학교 선생님처럼 마크의 잘못을 직접적으로 지적했다면 마크는 반발을 일으킬지 모른다. 치료사는 이야기를 통해 마크가 현실을 보도록 유도한다. 하지만 농부는 가게 주인의 제안을 수긍하면서도 그 돌이 마법의 돌일 것이라는 희망을 버리지 못한다. 우리는 쉽고 간단하고 빠르게 할 수 있는 방법들을 선호하는 경향이 있다. 농부는 이러한 인간적 욕망을 뿌리치기 어렵다. 치료사는 돌멩이가 무용지물이라는 사실을 이야기로 꾸며 전달하지만 그것만으로는 환자의 마음을 바꾸는 데 충분하지 않다.

　이야기가 진행되는 동안 환자의 몸동작이나 반응을 살펴야 한다. 치료사가 만든 두 번째 이야기가 진행되면서 마크는 눈을 계속 깜박거리기 시작했다. 마법의 돌에 대한 비판적인 시각이 있자 마크에게 긴장감이 감돈 것이다. 치료사가 보기에 그의 오른손은 자연스럽지 못했고, 팔꿈치가 굽혀 있었고, 손은 컵을 쥐는 모양을 하고 있었다. 그것은 마치 그가 돌을 쥐고 있는 듯했다. 이와 같은 행동은 무의식차원에서 이루어진다. 환자는 치료사가 그 '마법의 돌'을 빼앗아 가는 것처럼 느끼고 있었다. 치료사는 환자의 반응을 보면서 이야기가 심리치료를 위한 적절한 소재임을 확인한다. 계속해서 치료사의 세 번째 이야기를 살펴보자.

그의 농장에는 낡고 허름한 다리가 있었어요. 농부는 그 다리를 보면서 "저 다리를 한 번 고쳐볼까? 아니야, 이 돌멩이를 만지고 있으면 다리가 잘 견딜 거야"라고 생각했어요. 그는 그 다리를 건널 때마다 그 돌멩이를 만지면서, 그렇게 하면 다리가 굳건해지리라고 믿었어요. 그러나 어느 날 그가 마차를 몰면서 다리를 건널 때 마차 바퀴가 부러졌어요. 마차가 무너지면서 그 충격으로 다리도 무너졌어요. 그 돌멩이를 계속 만지고 있었는데도 말이죠. 그는 물에 빠지고 말았어요. 마차의 말은 놀라서 팔짝팔짝 뛰어다녔고 마차는 완전히 망가졌어요. 다리는 폭삭 무너졌어요. 물웅덩이에 앉은 채로 흠뻑 몸이 젖은 농부는 이제야 깨달았어요. "이 돌은 마법의 돌이 아니구나!" 결과가 이렇게 되어서야 그는 깨달았어요. 그는 그 돌멩이를 던져버리고 튼튼한 다리를 새롭게 지었어요. 그는 더 이상 마법의 돌 따위를 믿지 않았어요. 이렇게 이야기가 끝나는데, 이야기의 교훈이 무엇인지 알겠니?

치료사는 세 번째 이야기를 마친 후에 마크에게 그 이야기의 교훈이 무엇인지 물었다. 치료사는 계속해서 마법의 돌은 환상의 산물이며 현실적으로 전혀 쓸모없는 것임을 강조한다. 환자가 '어떤 식으로든 해결책이 있을 것이다'는 생활방식을 고수할 때, 치료사는 이야기를 통해 환자 이야기 안에 담긴 허구성을 지적한다. 이야기를 하는 도중에 적절한 몸동작을 활용함으로써 이야기의 분위기에 몰입하게 된다. '물웅덩이에 앉은 채로 흠뻑 몸이 젖은 농부' 이야기가 나올 때, 치료사는 허벅지에 있는 물을 털어내는 시늉을 했다. 그 후 돌멩이를 잡는 자세를 다시 취했다. 돌멩이를 던지는 부분이 나왔을 때에 마크는 치료사의 유도가 없었는데도 불구하고 무엇을 던지는 동작을 하였다. 마크의 자발적 반응은 그가 이야기에 몰두하고 있었으며 심리적 영향을 받고 있음을 보여 준다.

가드너는 환자들에게 이야기의 교훈을 정리해서 알려 주기보다는, 환자들 스스로 그것을 깨달아 가도록 돕는다. 이야기 주고받기 과정에 나타난 환자의 반응을 통해 치료사는 환자에게 이야기의 메시지가 전달되었는지 확인할 수 있다. 이야기의 교훈을 받아들인 환자는 행동과 표정으로 그 수용여부를 드러낸다. 다음은 이야기 주고받기 이후에 치료사와 환자 사이에 이루어진 대화다.

치료사: 이야기의 교훈은 무엇일까?

환　자: 남이 자신의 일을 해 줄 것이라고 생각하거나 다른 것에 의존하지 않는다.

치료사: 맞아! 그것이 하나의 교훈이지. 마법의 돌 이야기가 바로 그것이야. 그러면 무는 닭 이야기는 무슨 의미였을까?

환　자: 자신의 문제를 스스로 해결한다. 그렇지 않으면 남이 해 준다.

치료사: 물론, 그것도 있고, 다른 사람들과의 사이에 문제가 있을 경우 그들을 처치한다는 것은 쉽지 않지.

환　자: 그들을 이해해야죠.

치료사: 서로를 이해해 줘야지. 그들을 죽이거나 팔아넘기는 것은 안 돼. 사람이란 닭처럼 그렇게 쉽게 죽이거나 팔 수 있는 게 아니지. 그래서 최선의 방법은 서로 같이 문제를 해결하

는 것이야. 이렇게 마치자. 잠깐만, 물어볼 것이 있는데. 내
이야기에 대해서 특별히 할 말이 있니?

환　자: 아니요.

치료사: 이야기는 어땠어?

환　자: 좋았어요.

치료사: 특별히 좋았던 부분은?

환　자: 농부가 반짝이고 예쁜 돌을 발견했을 때에요.

치료사: 그래, 다른 부분은?

환　자: 없어요.

치료사: 이야기 들으면서 배운 점 있어?

환　자: 없어요.

치료사: 정말 없었니?

환　자: 있긴 있었어요.

치료사: 무엇이었니?

환　자: 그러니까, 자신의 문제들에 대해서 스스로 생각해 보는 것
　　　　과 다른 사람들이 자기 일을 할 것이라고 생각해서는 안 된
　　　　다는 것이요.

치료사: 그래? 그러면 마법은? 이야기는 마법에 대해서 뭐라고 하
　　　　는 것 같아?

환　자: 마법이요? 뭐, 마법이 돌인지 아닌지 확인한 후 맞으면 계
　　　　속 써먹어야죠. (웃음)

치료사: 마법의 돌이 정말로 있을 것이라고 믿니?

환　자: 아니요. (웃음)

치료사: 나도 그렇게 믿어.

환　자: 그런 것은 갖고 다닐 수는 있죠. 장식품이나 행운을 위해서

말이에요. 그런데 마법은 무리겠죠.

치료사: 그러면 행운을 준다는 물건들도 정말 행운을 줄까?

환　자: 흠. 그렇지 않겠죠.

치료사: 나도 그렇게 생각해. 아닐 거야. 그러면 오늘 이만 마치자.
안녕.

　치료사와 어린이 환자 사이의 대화를 볼 때 어린이는 아직도 여전히 마법의 돌에 대한 매력을 버리지 않고 있다. 그것은 단순히 자신의 욕망을 채워주는 기적의 돌이 아니다. 어린이에게는 자신을 지켜줄 수호신이 필요했고, 위기에 처할 때 도움을 청할 대상이 있어야 했다. 마크의 어떤 경험이 그와 같은 마법의 돌을 만들게 되었는지 좀더 살펴볼 필요가 있다. 환자의 아픔이 편안한 분위기에서 의식화되도록 돕는 미술치료나 놀이치료가 이야기 주고받기에 동원될 수 있을 것이다. 가드너는 마크에게 무슨 일이 있었는가를 구체적으로 묻지 않았다. 여러 가지 정황을 통해 마크와 그의 엄마 사이의 갈등이 농부와 닭의 이미지를 통해 간접적으로 드러나고 있을 뿐이다. 하지만 마크의 무의식적 콤플렉스가 어느 정도 의식화되었을 때 그의 문제를 서서히 드러내는 것도 필요하리라 본다.

　물론 한 번의 이야기나 만남을 통해 환자의 문제를 영원히 해결할 수는 없다. 치료사는 이야기 치료를 통해 환자의 입에서 중대한 결단을 하리라고 기대할 필요는 없다. 급진적인 변화는 그만큼 저항력이 약하기 때문이다. 마크의 입에서 "다시는 마법의 돌을 지니지 않을 거예요"라는 말이 나오지 않는다고 해서 그가 이야기로부터 삶의 지혜를 얻지 못한 것은 아니다. 이야기치료로부터 삶사 개월 이후, 마크는 마법의 돌에 대해 한 번도 언급하지 않았다. 그 때부터 가드너는 마크의 정신건강에 긍정적 변화가 온 것으로 여기게 되었다.

분석심리학적 관점에서 볼 때 농부와 닭의 관계는 자아와 그림자로 비추어진다. 농부에게 닭은 미워하는 대상, 즉 그림자가 투사된 대상이다. 자신도 모르게 마음을 아프게 하는 것들, 그것은 닭이 이유 없이 농부를 쪼는 것과 같다. 사람들은 본능적으로 그림자가 투사된 대상을 제거하거나 회피하려고 한다. 그림자를 직면하는 것은 두려움 그 자체이다. 융은 그림자의 고통을 참고 견디어 낼 수 있을 때 비로소 자신의 문제를 해결할 능력이 생긴다고 말한다.[10] 그림자는 우리 정신의 일부이기 때문에 제거하거나 유기할 수 없다. 최선의 방법은 싫든 좋든 우리 옆에 있는 그림자와 친구가 되는 길밖에 없다.

자유연상에 의한 이야기 주고받기를 통해 환자의 콤플렉스는 어느 정도 의식된다. 그러나 자유연상에 의한 이야기는 집단무의식의 내용을 충분히 표현하지 못한다. 개인적 삶이나 기억과 관련된 자유연상은 때로는 분석상황에 적합하지 않는 경우도 있다. 따라서 분석가는 자유연상에 의해 만들어진 이야기가 삶 속에서 파생된 어떤 콤플렉스와 관련이 있는가를 조심스럽게 파악해야 할 것이다.[11]

▦ 미주

1) 이솝, 이솝우화전집, 신현철 역 (문학세계사, 1998), 182.

2) 이부영, 그림자, 116.

3) 이부영, 한국민담의 심층분석, 201.

4) Sylvia Brinton Perera, *The Scapegoat Complex* (Toronto: Inner City Books, 1986), 9.

5) 이부영, 그림자, 96.

6) Heidi G. Kaduson & Charles E. Schoefer, 101가지 놀이치료기법, 김광용, 유미숙 역 (중앙적성출판사, 2002), 37-40.

7) Richard A. Gardner, *Storytelling in Psychotherapy with Children*, 5-9.

8) Richard A. Gardner, *Storytelling in Psychotherapy with Children*, 14-25.

9) E. Ackroyd, 꿈상징사전, 326.

10) C. G. Jung, 원형과 무의식, 127.

11) Hans Dieckmann, *Methods in Analytical Psychology*, 124-127.

참고문헌

권석만(2000). 침체와 절망의 늪 우울증. 학지사.

김민주(2004). 어린이의 상한 마음을 돌보기 위한 독서치료. 한울 아카데미.

김선풍 외(1993). 민속문학이란 무엇인가. 집문당.

김성민 편(2002). 꿈의 해석과 영적 세계. 도서출판 다산글방.

김예숙(1995). 외도, 결혼제도의 그림자인가. 형성사.

미국정신분석학회 편(2002). 정신분석용어사전, 이재훈 외 역. 한국심리치
　　　료연구소.

박성희(2001). 동화로 열어가는 상담이야기. 학지사.

박종수 · 노세영(2000). 고대근동의 제의. 고대근동의 역사와 종교. 대한
　　　기독교서회.

박종수(1995). 히브리설화연구: 한국인의 문화통전적 성서이해. 도서출판 글터.

박종수(2002). 구약성서 역사이야기. 도서출판 한들.

안석모(2001). 이야기 목회, 이미지 영성. 도서출판 목회상담.

양유성(2004). 이야기치료. 학지사.

오성춘(1993). 목회상담학. 한국장로교출판사.

이기춘(2001). 목회와 목회자의 영성. 목회와 상담. 한국목회상담학회 봄
　　　호, 168-200.

이기춘(2002). 들음의 신학-상담신학의 이론과 실천. 도서출판 감신.

이부영(1995). 한국민담의 심층연구-분석심리학적 접근. 집문당.

이부영(1998). 분석심리학-C. G. Jung의 인간심성론(개정판). 일조각.

이부영(1999). 그림자. 한길사.

이부영(2001). 아니마와 아니무스. 한길사.

이부영(2002). 자기와 자기실현. 한길사.

이솝. 이솝우화전집(신현철 역, 1998). 문학세계사.

이현주(1993). 호랑이를 뒤집어라(수정판). 생활성서사.

일연. 삼국유사(이민수 역, 1983). 을유문화사.

장신목회상담학회(2003). 일반상담과 목회상담. 예영커뮤니케이션.

미국정신의학회. 정신장애의 진단 및 통계편람 제4판(이근후 외 14명 역, 1994). 하나의학사.

정여주(2003). 미술치료의 이해: 이론과 실제. 학지사.

한국여성신학회(2001). 혼외 성관계와 여성주의 목회상담의 실제. 성과 여성신학, pp. 101-130. 대한기독교서회.

Ackroyd, E. 꿈상징사전(김병준 역, 1997). 한국심리치료연구소.

Adams, J. E. 성서적 상담법(이종태 역, 1977). 월간목회사.

Ammann, R. (1991). *Healing and Transformation in Sandplay: Creative Process Become Visible*. La Salle, Illinois.

Baker, M. W. 심리학자 예수(이창식 역, 2002). 세종서적.

Birkhäuser-Oeri, (1988). *The Mother: Archetypal Image in Fairy Tales*. Toronto: Inner City Books.

Bolen, J. S. 우리 속에 있는 여신들(조주현 · 조명덕 역, 1992). 도서출판 또 하나의 문화.

Burns, G. W. (2001). *101 Healing Stories: Using Metaphors in Therapy*. New York: John Wiley & Sons, Inc.

Cattanach, A. (1997). *Children's Stories in Play Therapy*. London & Pennsylvania.

Clure, J., & John G. (1998). *The Encyclopedia of Fantasy*. New York: St. martin's Press.

Collins, G. R. 기독교 상담의 성경적 기초(안보현 역, 1996). 생명의 말씀사.

Collins, G. R. 심리학과 신학의 통합전망(이종일 역, 1992). 솔로몬.

Collins, G. R.(1991). *Case Studies in Christian Counseling.* Dallas: Word.

Covitz, J. (2000). *Visions in the Night: Jungian and Ancient Dream Interpretation.* Toronto: Inner City Books.

Cox, D. (1959). *Jung and St. Paul.* New York & Toronto: Longmans.

Cramer, R. L. 예수님의 심리학과 정신건강(정동섭 역, 1981). 생명의 말씀사.

Crawford, R., Brian B., & Paul C. (2004). *Storytelling in Therapy.* London: Nelson Thomas Ltd.

David, A. S. 심리학 용어사전(정태연 역, 1999). 도서출판 이끌리오.

Dieckmann, H. (1979). *Methods in Analytical Psychology: An Introduction.* Wilmette, Illinois: Chiron Publications.

Dreifuss, G., & Judith R. (1955). *Abraham: The Man and the Symbol.* Illinois: Chiron Publications,

Dwivedi, K. N. (ed., 1997) *The Therapeutic Use of Stories* London & New York: outledge,

Edinger, E. F. The Ego–Self Paradox, *Journal of Analytical Psychology* vol. 5:3–18.

Edinger, E. F. 성서와 정신–구약성서의 개성화과정(이재훈 역, 2001). 한국심리치료연구소.

Edinger, E. F. (1992). *Transformation of the God–Image: An Elucidation of Jung's Answer to Job,* Toronto: Inner City Books.

Edinger, E. F. (1996). *The Aion Lectures: Exploring the Self in C. G. Jung's Aion.* Tronto: Inner City Books.

Edinger, E. F. (2000). *Ego and Self: The Old Testament Prophets–From Isaiah and Malachi.* Canada: Inner City Books.

Flick, G. L. 주의력 결핍장애 아동 및 청소년을 위한 가장 좋은 양육법(박형배·서완석 역, 2002). 하나의학사.

Fordham, L. "The Importance of Analysing Childhood for Assimilation of the Shadow." *Journal of Analytical Psychology.* vol. 10:33–47.

Frankel, R. (1998). *The Adolescent Psyche: Jungian and Winnicottian*

Perspectives. New York: Brunner—Routledge.

Freud, S. 꿈의 해석(김기태 역, 1988). 선영사.

Freud, S. 정신분석학입문(서석연 역, 1990). 범우사.

Furth, G. M. (2002). *The Secret World of Drawings: A Jungian Approach to Healing Through Art*. Toronto: Inner City Books.

Gardner, R. A. (1993). *Storytelling in Psychotherapy with Children*. London: Jason Anson Inc.,

Gold, J. 책 속에서 만나는 마음치유법(이종인 역, 2003). 북키앙,

Gray, J. (1963). *I & II Kings*. Philadelphia: The Westminster Press.

Green, R. R. 정통정신분석의 기법과 실제(1)(이만홍 · 현용호 역, 2001). 도서출판 하나의학사.

Hall, C. S. 프로이트심리학 입문(김평옥 역, 1994). 학일출판사.

Hall, C. S., & Vernon J. N. (1973). *A Primer of Jungian Psychology*, pp. 81-84. New York: Mentor Book,

Hall, C. S., & Vernon J. N. 융심리학 입문(최현 역, 1985). 범우사.

Hall, J. A. (1983). *Jungian Dream Interpretation: A Handbook of Theory and Practice*. Toronto: Inner City Books.

Hannah, B. (1981). *Encounters with the Soul: Active Imagination as Developed by C. G. Jung*. Wilmette, Illinois: Chiron Publication.

Hobbs, T. R. (1985). *2 Kings*. WBC Waco: Word Books.

Hurding, R. 치유나무(김예식 역, 2000). 한국장로교출판사.

Jones, G. H. (1984). *1 and 2 Kings* vol 2. Grand Rapids: Wm. B. Eerdmans,

Jung, C. G. 심리학과 종교(이은봉 역, 2001). 도서출판 창.

Jung, C. G. (2001). 융기본저작집. 1권 정신요법의 기본문제. 도서출판 솔.

Jung, C. G. (2002). 융기본저작집. 2권 원형과 무의식. 도서출판 솔.

Jung, C. G. (2002). 융기본저작집. 5권 꿈에 나타난 개성화과정의 상징. 도서출판 솔.

Jung, C. G. (2004). 융기본저작집. 3권 인격과 전이. 도서출판 솔.

Jung, C. G. (2004). 융기본저작집. 9권 인간과 문화. 도서출판 솔.

Jung, C. G. *Memories, Dreams, Reflections.* (ed.) Aniela Jaffé. 회상, 꿈 그리고 사상(이부영 역, 2000). 집문당.

Jung, C. G. *Collected Works* (CW). Princeton (ed.), 1953–1979. N. J.: Princeton University Press.

Jung, C. G. *Jung on Active Imagination: Key Readings selected and introduced by Joan Chodorow*, 1997. London: Routledge.

Jung, C. G. (1971). *Man and His Symbols.* New York: Doubleday & Co.

Jung, Emma. 아니무스와 아니마(박해순 역, 1995). 동문선.

Kaduson, H. G., & Charles E. S. 101가지 놀이치료기법 (김광용, 유미숙 역, 2002). 중앙적성출판사.

Kast, V. (1986). *Märchen als Therapie.* München: Water–Verlag.

Lawrence, R. (2002). *The Meditation Plan*(rep). London: Piatkus.

McGuire, W. (ed.) (1984). *Dream Analysis: Notes of the Seminar Given in 1928–1930 by Jung*, C. G.. New Jersey: Princeton University Press.

Morgan, A. 이야기치료란 무엇인가?(고미영 역, 2003). 도서출판 청목출판사.

Morgan, Alice. 어린이 이야기치료(손철민 역, 2004). 은혜출판사.

Nasio, J–D. 프로이트에서 라깡까지: 위대한 7인의 정신분석가(이유섭 외 역, 1999). 백의.

Nichols, M. P., & Richard C. S. 가족치료-개념과 방법(김영애 외 역, 2002). 도서출판 시그마프레스.

Ovidius, Publius. 신들의 전성시대: 변신이야기(이윤기 역, 1994). 민음사.

Pearson, C. S. (1991). *Awakening the Heroes within.* New York: Harper Collins Publishers.

Perera, S. B. (1986). *The Scapegoat Complex.* Toronto: Inner City Books.

Riedel, I. 융의 분석심리학에 기초한 미술치료(정여주 역, 2000). 학지사.

Rogers, C. R. (1961). *On Becoming a Person.* Boston: Houghton Mifflin Company

Rogers, C. R. 카운슬링의 이론과 실제(한승호 · 한성열 역, 1998). 학지사.

Rosen, D. (2002). *Transforming Depression: Healing the Soul through*

Creativity. York Beach, Maine: Nicolas—Hays, Inc.

Rollins, W. G. 성서와 융(이봉우 역, 2002). 분도출판사.

Samuels, A., Bani S., & Fred P. (1986). *A Critical Dictionary of Jungian Analysis.* London and New York: Routledge.

Sanford, J. A. 하나님의 잊혀진 언어-꿈(정태기 역, 1988). 대한기독교서회.

Sarna, N. (1989). *Genesis.* The Jewish Publication Society.

Statt, D. A. 심리학 용어사전(정태연 역, 1999). 이끌리오.

Sultanoff, S. M. Integrating Humor into Psychotherapy, in *Play Therapy with Adults* (ed.), 2003. Charles E. Schaefer. Canada: John Wiley & Sons, Inc.

Ulanov, A., & Barry. 신데렐라와 그 자매들(이재훈 역, 1999). 한국심리치료연구소.

Vardey, L. 사랑의 등불 마더 데레사(황애경 역, 1995). 서울: 고려미디원.

von Franz, Marie—Louise. (1980). *The Psychological Meaning of Redemption Motifs in Fairy Tales.* Toronto: Inner City Books.

von Franz, Marie—Louise. (1990) *Individuation in Fairy Tales* (rev). Boston& London: Shambhala.

von Franz, Marie—Louise. (1995). *Shadow and Evil in Fairy Tales* (rev). Boston & London: Shambhala.

von Franz, Marie—Louise. (1996). *The Interpretation of Fairy Tales* (rev). Boston & London: Shambhala,

von Franz, Marie—Louise. (1997). *Archetypal Patterns in Fairy Tales.* Toronto: Inner City Books.

von Franz, Marie—Louise. (1999). *Archetypal Dimensions of the Psyche.* (rev). Boston& London: Shambhala.

von Franz, Marie—Louise. (2002). *Animus and Anima in Fairy Tales.* Toronto: Inner City Books.

Weaver, R. (1973). *The Old Wise Woman: A Study of Active Imagination.* New York: G. P. Putnam's Sons.

Welch, John & Calm, O. 영혼의 순례자들-칼 융과 아빌라의 데레사(심

상영 역, 2000). 한국기독교연구소

Westermann, C. (1985). *Genesis 12-36*. Minneapolis: Augsburg Publishing House.

Wilmer, H. A. (1987) *Practical Jung: Nuts and Bolts of Jungian Psychotherapy*. Wilmette, Illinois: Chiron Publication.

Winnicott, D. W. 놀이와 현실(이재훈 역, 1997). 한국심리치료연구소.

찾아보기

저자소개

■ 박 종 수

　감리교신학대학을 졸업하고 미국 드류대학교에서 구약
성서해석학으로 철학박사 학위를 취득했다. 고대근동학,
문화인류학을 공부했으며, 최근에 분석심리학에 매료되
어 취리히 융연구소에서 수학한 바 있다(2003 ISP). 또한
한국전통민간요법 과정과 이혼상담사 과정을 이수했다.
　현재 심리상담전문가로 활동하면서 강남대학교 신학부
에서 성서와 분석심리학을 강의하고 있다.

〈저서〉
고대근동의 역사와 종교
구약성서 역사이야기
성서와 정신건강
이스라엘 종교와 제사장신탁
히브리 설화연구

〈논문〉
꿈에 나타난 어린아이와 노현자 원형에 대한 연구
목회상담을 위한 요나이야기
분석심리학으로 본 하갈이야기
성서를 활용한 이야기치료 기법
심리치료를 위한 꿈분석

E-mail: jspark45@kangnam.ac.kr
한울상담심리연구소: http://hanul2000.net
강남대 홈페이지: http://sheep.kangnam.ac.kr/~jspark45

삽화 : 한정규, 이은희 선생님(thimble@hanmail.net)

분석심리학에 기초한
이야기 심리치료

2005년 2월 25일 1판 1쇄 발행
2021년 4월 20일 1판 7쇄 발행

지은이 • 박 종 수
펴낸이 • 김 진 환
펴낸곳 • (주) **학지사**
04031 서울특별시 마포구 양화로 15길 20 마인드월드빌딩 5층
대표전화 • 02) 330-5114   팩스 • 02) 324-2345
등록번호 • 제313-2006-000265호
홈페이지 • http://www.hakjisa.co.kr
페이스북 • https://www.facebook.com/hakjisabook

ISBN 978-89-5891-089-3 93180

정가 **15,000**원

출판 · 교육 · 미디어기업 **학지사**

간호보건의학출판 **학지사메디컬** www.hakjisamd.co.kr
심리검사연구소 **인싸이트** www.inpsyt.co.kr
학술논문서비스 **뉴논문** www.newnonmun.com
원격교육연수원 **카운피아** www.counpia.com

프로이트와의 대화
이창재 지음

2004년
신국판 · 반양장 · 368면

개정판
독서치료
김현희 외 공저
한국독서치료학회

2004년
크라운판 · 반양장 · 368면

시치료
Nichoals Mazza 저
김현희 외 공역

2005년
신국판 · 반양장 · 336면

현대 심리치료
Raymond J. Corsini ·
Danny Wedding 편저
김정희 역

2004년
4×6배판 · 반양장 · 716면

대상관계치료
Sheldon Cashdan 저
이영희 · 고향자 · 김해란 ·
김수형 공역

2005년
신국판 · 양장 · 340면

상처받은
내면아이 치유
John Bradshaw 저
오제은 역

2004년
4×6배변형판 · 양장 · 408면

문학치료
변학수 지음

2005년
크라운판 · 반양장 · 488면

상담심리치료
수퍼비전
Maria C. Gilbert ·
Kenneth R. Evans 공저
유영권 역
2005년
신국판 · 양장 · 388면

이야기치료
양유성 지음

2004년
신국판 · 양장 · 312면

이마고 부부치료
Wade Luquet 저
송정아 역

2004년
신국판 · 양장 · 356면

사이코드라마
−이론과 실제−

최헌진 지음

2003년
4×6배판 · 양장 · 808면

이야기 상담

John Winslade ·
Gerald Monk 공저
송현종 역

2005년
신국판 · 반양장 · 244면

대인관계 치료

Gerald L. 외 공저
이영호 · 박세현 · 이혜경 ·
정효경 · 황을지 · 허시영
공역

2002년
신국판 · 양장 · 352면

사랑만으로는 살 수 없다

아론 T. 벡 저
대구가톨릭대학교 제석봉 역

2001년
크라운판 · 양장 · 376면

가족미술심리치료

Helen B. Landgarten 저
김진숙 역

2004년
크라운판 · 반양장 · 396면

용서는 선택이다

로버트 D. 엔라이트 저
채규만 역

2004년
신국판 · 양장 · 352면

융학파의 꿈 해석
− 마리 루이제 폰
프란츠와의 대담 −

Fraser Boa 저
박현순 · 이창인 공역

2004년
신국판 · 반양장 · 320면

마음치료의 열쇠
춤 · 동작치료

류분순 지음

2004년
4×6배판 · 양장 · 256면

환상적인 가족만들기

Nick & Nancy Stinnett ·
Joe & Alice Beam 공저
제석봉 · 박경 공역

2004년
신국판 · 반양장 · 312면

신비스러운 모래놀이치료

김보애 지음

2004년
신국판 · 반양장 · 416면